KB205308

부활의 아침을 향하여:
누가복음과 함께하는 사순절

강산 지음

부활의 아침을 향하여:
누가복음과 함께하는 사순절

지음   강산
편집   김덕원, 이찬혁

발행처   감은사
발행인   이영욱
전화   070-8614-2206
팩스   050-7091-2206
주소   서울특별시 강동구 암사동 아리수로 66, 401호
이메일   editor@gameun.co.kr

종이책
초판발행   2023.02.15.
ISBN   9791190389884
정가   18,000원

전자책
초판발행   2023.02.15.
ISBN   9791190389891
정가   14,400원

To the Resurrection Morning:
Lent with Luke

Mountain Kang

| 일러두기 |

1. 본서에서 성경 번역을 가리키는 약어 MBT는 Mountain's Bible Translation의 약어로, 본서 저자 강산의 풀어쓴 성경 역본, 곧 '강산역'을 뜻합니다. 부록에 나온 MLT는 Mountain's Literal Translation의 약어로, 저자 강산의 문자적 번역, '강산문자역'을 뜻합니다.

2. 부록으로 담긴 '강산문자역'은 최대한 헬라어 성경에서 일대일로 상응되는 문자적 번역에 치중하여서 단어나 문장 배열이 구성되었으며, 묵상집의 본문에 담긴 '강산역'은 이러한 '강산문자역'에서 도출된 기본 번역을 근간으로 하되, 더 쉽고 풍성하게 이해되도록 사전과 주석 및 배경 지식을 해설로 추가하고 확장한 번역입니다.

3. 묵상집 본문인 '강산역'의 문단 분리는 내용의 전개와 화자의 대사 및 독자가 좀 더 수월하게 의미군을 끊어서 이해할 수 있도록 역자가 임의로 결정하였습니다.

4. 강산문자역에 사용된 슬래쉬(/)는 여러 번역 가능성 또는 유사한 표현을 보여줍니다. 또한 (일반 괄호)는 문자적 의미를 문맥에 적절하게 푼 것을 의미합니다. [대괄호]는 역자의 해설을 뜻합니다.

Nestle-Aland, Novum Testamentum Graece, 28., revidierte Auflage, hg. v. Barbara und Kurt Aland, Johannes Karavidopoulos, Carlo M. Martini und Bruce M. Metzger in Zusammenarbeit mit dem Institut für Neutestamentliche Textforschung, Münster, © 2012 Deutsche Bibelgesellschaft, Stuttgart.

사랑하는
장인어른, 강봉주 권찰님
장모님, 장정순 권사님께
이 묵상집을 헌정합니다.

| 목차 |

서문
소중한 시간, 소중한 묵상

교회에 오래 다닌 성도님들 중에서도 '사순절'이라는 말을 들어 본 적이 없다고 하시는 분들이 종종 있습니다. 또한, 사순절이라는 이름은 들어 봤지만, 그 시간이 정확히 어떤 시간인지 잘 모르셔서, 의미 있게 보내지 못하시는 분들도 많습니다. 그래서 부족하나마 사순절의 뜻을 간략하게 소개하고, 그 시간을 의미 있게 보내기 위한 묵상집을 이렇게 나누게 되었습니다.

사순절(四旬節)은 단어 뜻 그대로 사(4) + 순(10) 절기입니다. 40일의 절기지요. 여기서 중요한 것은 무조건 40일이 아니라 부활절을 맞이하기 전의 40일입니다. 하지만 더 정확하게 말하면 이 40일 중에서 6번의 주일을 빼야 합니다. 그래서 부활절을 맞이하기 전에, 6번의 주일을 뺀 나머지 40일간의 기간을 사순절이라고 합니다. 그래서 실제로는 총 46일간의 여정이 됩니다. 전통이 무조건 좋은 것은 아니지만, 사순절의 전통은 기독교 교회 역사에서 훌륭한 일을 많이 했습니다. 왜냐하면, 어떤 일이 닥치기 전에 그것을 준비하는 것은 매우 중요한 일이기 때문입니다. 예수님께서 오시기 전에 세례 요한이 등장해서, 그분이 오실 길을 예비하고 회개의 세례를 베풀었습니다. 그것은 이미 이사야가 예언하고 기대한 것이기도 했습니다.

오늘날 너무나 분주해지고 약속 시각과 장소조차 출발하면서 전화로 정하는 시대가 되다 보니, 우리는 준비의 소중한 의미나 기다림의 위대한 영성을 잃어버렸습니다. 그래서 예수님의 부활절을 맞이하기 전 40일, 정확히는 46일의 시간을 준비하는 시간으로 보내는 것은 참으로 귀하며 그렇게 맞이한 부활절을 더 의미 있게 만듭니다.

그래서 많은 위대한 사람들은 이 사순절의 기간 동안 금식도 하고 절제도 하고 사랑의 구제와 섬김을 하기도 했습니다. 하지만 가장 좋은 것은 말씀을 묵상하고 그 말씀이 주신 감동에 따라서 부활의 주님을 맞이할 준비를 하는 것이라고 생각합니다. 그것은 마치 임신한 한 여성이 태어날 아기의 출산일을 기다리며 마음과 몸을 건강하게 하고 어머니가 될 준비를 하는 것과 같고, 결혼을 앞둔 남자와 여자가 이제 혼자 살던 삶을 정리하고 함께할 가정의 배우자가 되고 남편과 아내가 되는 준비를 하는 것과 같다고 봅니다.

이 책은 사순절 기간이 시작되는 첫 번째 수요일부터 부활주일을 지나 그 주간 화요일까지 총 49번의 묵상을 위해서, 제가 쉽게 의역한 누가복음 본문(추가로 일부 주일과 토요일에는 묵상의 흐름을 더 넓게 이끌고자 개역개정판본의 시편과 요한복음을 추가적으로 담았습니다)에 개인적으로 묵상한 내용과 기도를 진솔하게 담았고, 마지막으로 주어지는 여백에 각자의 결단이나 다짐을 담을 수 있도록 하였습니다. 아울러 부록으로 사순절 묵상 본문으로 선택된 누가복음의 헬라어(NA28)와 문자역으로 개인 번역한 내용도 추가했으니, 말씀을 더 깊게 보려는 독자들에게 도움이 될 것입니다.

특히 이 모든 과정은 십자가 교회 성도들과 함께한 결과물입니다. 성도님들에게 보여 주고자 준비한 것은 아니지만 모범을 보이고자 노력한 내용이 이렇게 책이 되었습니다. 저의 번역과 묵상이 목적지가 아니라 귀한 성도님의 영혼을 더 귀한 부활의 아침으로 이끌어 갈 징검다리만 되면 좋겠습니다. 마지막으로 부족한 묵상과 번역 내용을 꼼꼼하게 다듬고 완성하여 저의 책들 중에서 처음으로 감은사의 옷을 입고 출간하는 기회를 선물해 주신 이영욱 대표님과 최종본을 읽고 오탈자 점검을 해 주신 정방울 집사님에게 특별한 감사를 드립니다.

2023년 부활절을 기다리며,
강산 목사

사순절 제1일
재의 수요일
(누가복음 1:46-55)

첫 번째 날의 말씀: 누가복음 1:46-55 MBT

그러자 마리아가 말했다. "내 혼이 주님을 높여드립니다. 그리고 내 영이 나의 구원자이신 하나님으로 인해 기뻐합니다. 왜냐하면 하나님께서 비천한 종과 같은 나의 상황을 살펴보아 주셨기 때문입니다. 이제부터는 모든 사람들이 나를 복된 여자라고 할 것입니다. 왜냐하면 전능하신 하나님께서 나에게 위대한 일을 행하셨기 때문입니다. 그분의 이름, 그분의 존재는 거룩하시기에, 그분을 거룩한 마음으로 경외하는 자들에게는 그분의 긍휼하심, 곧 그분이 나 같은 사람들을 불쌍히 여기실 뿐만 아니라 상황을 역전시켜 하나님의 이야기를 이어갈 통로로 삼아주시는 놀라운 역사가 바로 나 같은 사람들에게 영원히 임할 것이기 때문입니다! 하나님께서는 그분의 능력으로 강력한 일을 역전적으로 행하실 것입니다. 자신들이 대단하다고 생각하며 교만해진 자들을 낮추시고 가루처럼 부서트려 버리실 것입니다. 또한 하나님께서는 하나님을 무시하고 높은 자리에 앉은 자들을 끌어내리시고 반대로 겸손하게 낮아진 불쌍한 사람들을 높은 곳으로 올리실 것입니다. 하나님께서는 가진 것 없어 굶주린 자들에게는 선한 것들로 풍족히 채워주시고, 욕심만 부리고 나눔이 없는 부자들은 하나님 나라에서 쫓아내실 것입니다. 이 모든 역전적인 능력은 하나님께서 우리 신앙의 조상 된 아브라함에게 말씀하신 것이며, 그 후손들에게 이어서 계속 말씀해 주신 것입니다. 바로 이와 같이 하나님께서는 우리를 언제나 불쌍히 여겨주시고 그분의 사명을 감당할 이스라엘을 붙잡아 도우시며 지켜 주실 것입니다!"

첫 번째 날의 묵상: 기대 그리고 기다림

어떤 사람이 자살하려고 굳게 마음을 먹고 옥상에 올라갔는데, 뛰어내리기 직전에 온 문자 하나 때문에 자살을 그만두었다고 한다. 바로 내일 기다리던 택배가 온다는 소식 때문이었다. 언제나 의미 있는 기대는 오늘을 견디며 내일을 기다릴 수 있게 만든다. 사람들이 인생을 포기하는 것은 더 이상 기다릴 만한 기대가 남아 있지 않기 때문이다.

사순절 첫날, 자신에게 물어보자. 나는 지금 어떤 기대와 기다림을 가지고 삶을 살아가고 있는가? 물론 우리는 40일 후에 만나게 될 예수님의 부활절을 기다린다. 하지만 조금 더 솔직해져 보자. 내가 진정으로 기대하고 기다리는 것은 무엇인가? 그것이 예수님의 부활절 아침에도 의미 있는 것인가? 이루어지지 않을 기대를 기다리는 것도 안타까운 일이지만, 그것이 이루어질 때 자신의 영혼과 이 세상을 비참하게 만들 것을 기다리고 있다면 그런 인생은 너무나 비극적인 결과를 맞이하게 될 것이다.

참된 신앙으로 바로잡고 싶다면, 위대한 신앙의 사람들이 기대하고 기다렸던 것과 내가 지금 기대하며 기다리는 것이 같은지, 아니면 다른지를 가장 먼저 점검해야 한다. 오늘 본문에 등장하는 마리아는 결혼하지 않은 처녀였다. 그녀가 임신한다는 것은 당시의 문화로 볼 때 매우 위험하고 비참해질 수 있는 상황이 되는 것이다. 그런데도 그녀는 하나님을 찬양하고, 하나님께서 자신에게 하신 일을 노래한다. 그 이유는 바로 하나님께서 마리아를 통해 하시려는 놀라운 일에 대해서 그녀가 기대하고 기다리기로 결정했기 때문이다. 다시 말해서 하나님의 기대와 마리아의 기대가 일치한 것이다. 우리가 예수님을 믿으면서도 불평하고 원망하는 이유는 하나님께서 나를 향해 가지고 계신 기대와 내가 가진 하나님을 향한 기대가 일치하지 않기 때문이다. 그래서 우리는 그분을 향해 감사도 찬양도 할 수 없고, 더 나아가 기다릴 수도 없는 것이다.

그러므로 이 시간 조용히 내가 하나님을 향해 바라는 수많은 기대들을 내려놓고, 그분께서 나를 향해 바라시는 그 기대를 찾아보고, 들어봐야 할 것이다. 진정으로 역전된 삶을 살고 싶다면 기대가 역전되어야 한다. 그러면 우리는 놀라운 사실을 하나 깨닫게 된다. 그 무엇이 아니라, 바로 나 자신이 하나님의 가장 특별한 기대였다는 사실 말이다.

첫 번째 날의 기도

"하나님! 저는 수많은 날, 심지어 예수님을 믿고 나서도 나의 기대만을 하나님께 요구했습니다. 하지만 이 사순절을 시작하는 첫날 그 기대를 전환시켜 보려고 합니다. 하나님께서는 저에게 무엇을 기대하십니까? 저는 그것을 발견하기 원하며, 그것을 이루기를 원합니다. 그래서 저의 기대가 아니라 하나님의 기대를 기다리며 마리아처럼 찬양할 수 있기를 소망합니다. 예수님의 이름으로 기도합니다. 아멘!"

- 아래의 여백에 오늘 말씀과 묵상을 읽고 느낀 점을 적어 보세요. 그리고 기억하기 쉬운 단어나 짧은 문장으로 만들어서 하루 종일 생각하며, 또 감동을 주신 대로 실천해 보세요. 오늘도 위대한 하루가 될 것입니다.

사순절 제2일
재의 수요일 다음 목요일
(누가복음 1:67-79)

두 번째 날의 말씀: 누가복음 1:67-79 MBT

1:67-75　　그때 요한의 아버지인 제사장 사가랴는 성령으로 충만해져서 다음과 같이 예언하였다. "우리의 주님이신, 이스라엘의 하나님을 찬양합니다. 당신께서 이 백성을 돌보아/방문해 주셔서 구원을 행하셨기 때문입니다! 즉 당신께서 왕으로 삼으신 다윗의 혈통에서 강력한 능력을 가진 구원자가 태어나게 해 주신 것입니다! 이것은 오래전에 거룩한 사람들인, 하나님의 선지자가 예언한 내용으로서, 그 강력한 구원자를 통해 우리가 우리를 미워하는 대적자들의 손에서부터 벗어나 자유를 얻게 되는 것입니다. 그래서 이 구원은 하나님께서 우리 조상들에게 베푸셨던 그 동일한 긍휼을 우리에게 베풀어주신 것이며, 우리 조상들과 맺으신 거룩한 언

약을 기억하시고 실행하신 것이 되었습니다. 더 나아가, 우리 조상
인 아브라함과 하신 그 신실한 사랑의 맹세를 우리에게 실현시켜
주셔서, 우리는 원수의 영향력에서부터 벗어나 자유를 얻게 되었
고, 바로 그 두려움 없는 자유의 담대함으로 하나님만 예배하고
섬김으로써 우리의 평생을 당신의 임재 속에서 경건하고 의롭게
살게 하신 것입니다."

　　1:76-79　　"그리고 나의 아들, 요한아! 너는 가장 높으신 분, 곧
하나님의 선지자가 될 것이다. 너는 주님 앞에서 그분이 오실 길
을 준비하는 사람이 될 것이다. 너는 자신의 죄가 용서받고 해결
됨으로써 얻는 구원에 대해 하나님의 백성들에게 바르게 알리는
사역을 감당하게 될 것이다. 우리를 불쌍히 여기시는 하나님의 특
별한 긍휼과 자비가 마치 높은 하늘에 있는 태양 빛이 낮은 땅을
비추듯이 사람들에게 오게 할 것이다. 그래서 죄와 죽음이라는 어
둡고 두려운 그늘 아래에 신음하는 사람들에게 구원의 빛이 비침
으로 모두가 앞으로 생명과 평안의 길로 나아갈 수 있도록 말이
다."

두 번째 날의 묵상: 선물과 기쁨

　　정말 너무나 간절히 바랐던 선물을 받은 행복감을 느껴본 적
이 있는가? 그런데 그렇게 특별하게 받은 선물을 다시 그것을 준
사람에게 돌려줘야 한다면 마음이 어떨까? 그때 당신은 허무한
슬픔에 빠지게 될까? 아니면 그로 인하여 더 놀라운 기쁨을 누리

게 될까?

사가랴와 엘리사벳은 정말 아이를 너무나 간절하게 기다렸을 것이다. 두 사람은 경건한 사람이었고 제사장의 가문이었다. 그런데 아이가 없었다. 얼마나 힘들었을까? 얼마나 오랜 세월을 기도했을까? 역전의 하나님은 그들의 기대와 소망이 다 사라진 순간, 기적을 행하셨다. 아들이 태어난 것이다. 요한! 바로 그 이름의 뜻대로 하나님의 은혜였다!

하지만 더 놀라운 사실은 바로 그렇게 얻은 아들을 사가랴는 하나님께 다시 돌려 드리고 있다. 바람 불면 사라질까 애지중지 품에 안으려고만 한 것이 아니라, 바로 자신의 아들을 통해 오실 하나님의 아들 메시아를 위해 바치고 있다. 단순히 "어차피 없었던 아들인데, 하나님께 바치리라"라는 그런 좁은 시야가 아니라, "내 아들을 통해 하나님의 아들이 펼치실 위대한 구원과 역사가 시작되리라"라는 넓은 시야로 선포하고 찬양한다.

우리는 모두 생명과 인생을 선물 받았다. 다만 어떤 사람은 받은 것을 자기 것이라고 주장하며 자기 마음대로 살다가 그 소중한 선물을 허비해 버리고, 다른 어떤 사람은 하나님께서 주신 것을 하나님을 위해 드리며 살다가 그 소중한 선물이 더 위대한 선물로 이어지게 만든다. 나도 한때 내게 주신 것들을 내 것인 줄 착각하며 살았던 날들이 있었다. 그런데 참 이상하게도 내 맘대로 나를 위해 내 인생을 사용한 모든 날이 무의미했다. 하지만 어느 순간 나의 전부를 하나님께 드리기로 결심한 다음부터 나의 인생은 귀하게 바뀌었다.

오늘은 하나님께서 나에게 주신 것들을 돌아보며 살아 보려고 한다. 그 모든 것이 나의 것이 아닌데도 내 것처럼 함부로 사용하고 있는 것들을 두고 회개한다. 내가 가진 모든 것은 하나님의 나라와 영광을 위해 드리고 싶다. 놀라운 사실은 내 모든 것을 하나님께 드릴 때, 그 모든 것이 사라지는 것이 아니라, 오히려 하나님의 모든 것으로 내가 돌려받게 된다는 것이다. 진정한 신앙은 나의 일부를 드려서 하나님의 일부를 받는 것이 아니라, 나의 전부를 드려 그분의 전부를 누리는 것이다. 원래 처음부터 나의 것이 아니었던 것을 말이다. 나도 오늘 하루 사가랴처럼 드리고, 사가랴처럼 위대한 기쁨의 찬양을 부르고 싶다.

두 번째 날의 기도

"하나님! 저에게 주신 모든 것이 하나님의 것입니다. 주님께서 저에게 맡겨주신 시간, 물질, 자녀, 그리고 은사와 달란트를 함부로, 내 맘대로 사용한 것을 이 시간 회개합니다. 단 한 사람도 이 세상에 목적 없이 태어난 사람이 없듯이, 저의 인생과 저에게 주신 모든 것들도 하나님 나라의 방향을 발견하고 그 목적을 향하는 데 사용하게 해 주십시오. 하나님께 전부를 드릴 때 하나님의 전부를 누리는 이 놀라운 신비를 저와 저의 가족들, 사랑하는 성도들이 오늘도 체험하며 살아가게 이끌어 주십시오. 그래서 사가랴처럼 오늘 하루 찬양하며 살게 하여 주소서! 예수님의 이름으로 기도합니다. 아멘!"

- 아래의 여백에 오늘 말씀과 묵상을 읽고 느낀 점을 적어 보세요. 그리고 기억하기 쉬운 단어나 짧은 문장으로 만들어서 하루 종일 생각하며, 또 감동을 주신 대로 실천해 보세요. 오늘도 위대한 하루가 될 것입니다.

사순절 제3일
재의 수요일 다음 금요일
(누가복음 2:8-15)

세 번째 날의 말씀: 누가복음 2:8-15 MBT

2:8-12 　그 아기가 태어난 밤에, 한 무리의 목자들이 들판에서 야영하고 있었는데 잠을 자지 않고 깨어 자신들의 양 떼를 지키고 있었다. 갑자기 하나님의 천사가 그 목자들에게 나타났고 하나님의 영광이 빛처럼 그들을 비추었다. 그러자 목자들은 너무나 무서워하였다. 그 천사는 목자들에게 이렇게 말했다. "두려워하지 마세요! 여러분에게 큰 기쁨이 될 좋은 소식을 전해주려고 합니다. 이 좋은 소식은 세상 모든 사람들에게 기쁨이 될 소식입니다. 바로 오늘, 여러분을 위해 구원자가 태어나셨습니다. 그분은 바로 다윗의 마을인 베들레헴에서 태어나신 메시아 주님이십니다! 여러분이 그분을 확인할 수 있는 표적, 곧 증거는 이렇습니다. 여러분이 베들레헴에 가면, 한 집에 금방 태어난 아기 하나가 천으로

잘 감싸져서 여물통에 뉘어 있는 것을 발견하게 될 것입니다."

2:13-15   그리고 갑자기 하늘에서 엄청나게 많은 천군 천사들이 나타나 하나님을 찬양했다. "가장 높은 하늘에 계신 하나님께 영광을! 그리고 이 땅 위에서 하나님의 선한 뜻과 선한 의지를 품은 사람들에게 평화를!"

찬양을 마친 천사들이 하늘로 떠나가고 나자, 목자들은 서로 이렇게 말했다. "우리, 지금 바로 베들레헴까지 가봅시다. 천사들이 우리에게 말해준 그 일들을 보러 갑시다!"

세 번째 날의 묵상: 탄생의 소식

동갑인 아내와 함께 살다가 마흔이 넘은 어느 날이었다. 아내가 계속 몸이 좋지 않다고 해서 나는 솔직히 '가난한 개척교회 사모가 너무 고생하여 암에 걸린 것은 아닌가?' 하고 걱정이 되었다. 그런데 그게 아니었다! 아내가 늦둥이 셋째를 임신한 것이었다. 나와 우리 가족은 물론이고 교회 성도들과 나를 아는 모든 사람이 깜짝 놀랐다. 그리고 모두 축하해 주었다. 전혀 예상치도 못했던 새 생명의 임신 소식이었기 때문이다.

지금까지 인생을 살면서 전혀 예상치 못했지만 가장 기뻤던 소식을 생각해 보라. 오늘 바로 그 일이 일어났다. 온 세상을 구원하실 메시아 주님이 태어나신 것이다! 그것이 바로 기쁜 소식, 복된 소식, 복음인 것이다!

사람들은 좋은 소식, 기쁜 소식을 듣고 싶어 한다. 좋은 대학에

합격했다는 소식, 로또에 당첨되었다는 소식, 승진했다는 소식, 아파트에 당첨되었다는 소식, 병이 나았다는 소식, 심지어 자신이 싫어하는 누군가가 죽었다는 소식까지. 이 모든 소식의 문제점은, 이것들이 자신의 자아가 주인 되어 자신이 원하는 것이 이루어졌다는 소식들이라는 점이다. 성경은 진짜 복된 소식을 다르게 말한다. 죄와 사망이 주인 되어 살아가는 인생 속에 진정한 주인께서 자리를 잡으시는 소식이다. 바로 아기 예수께서 태어나는 소식이며, 그 예수께서 우리 삶의 주인이 되시는 소식이다. 우리는 바로 이 소식을 들어야 한다.

어떻게 우리는 그 소식을 들을 수 있을까? 우리의 죄를 찔림받아서 회개할 때다. 우리의 자아가 죽을 때다. 우리가 주인 삼고 있는 것을 포기하고 그분께 자리를 내어 드릴 때다. 바로 그때 우리는 세상에서 가장 기쁘고 행복한 소식을 진정으로 듣게 되는 것이다.

나는 오늘도 수많은 영혼 속에 아기 예수께서 태어나려 하신다고 믿는다. 다만 그 아기의 탄생 소식에 자신의 모든 것을 내려놓고 바로 그 탄생 앞에 무릎을 꿇으며 천사의 찬양 소리에 함께 마음을 맞추고 위대한 구원의 이야기 속에 함께 들어갈 때, 바로 그 아기 예수께서 실제로 태어나시는 것이다. 오늘 나의 영혼에는 누가 태어나고 있는가? 원망과 불평과 시기와 분노인가? 아니면 아기 예수이신가? 놀라운 사실은 아기 예수가 태어나는 것을 환영하는 그 순간에, 바로 내가 새롭게 태어나게 된다는 것이다.

세 번째 날의 기도

"하나님! 지금 우리의 눈과 귀는 온통 세상 뉴스와 쾌락과 무가치한 정보에 사로잡혀서 바로 지금 이 자리에 태어나시는 아기 예수의 이야기, 바로 그 가장 행복하고 복된 이야기를 놓치면서 살고 있습니다. 예수님께서는 우리의 찔림과 감동과 은혜와 깨달음을 통해 오늘도 지금 여기서 다시 우리 영혼의 주인으로 태어나려고 하십니다. 그러니 사방으로 흩어진 우리의 눈과 귀를 우리 영혼 안쪽에서 태어나는 그 소식으로 돌려서 함께 기뻐하고 함께 찬양할 수 있도록 도와주십시오. 오늘 다시금 아기 예수께서 내 영혼 안에 태어나시기를 소망합니다. 그래서 바로 내가 다시 태어나기를 기대합니다. 예수님의 이름으로 기도합니다. 아멘!"

- 아래의 여백에 오늘 말씀과 묵상을 읽고 느낀 점을 적어 보세요. 그리고 기억하기 쉬운 단어나 짧은 문장으로 만들어서 하루 종일 생각하며, 또 감동을 주신 대로 실천해 보세요. 오늘도 위대한 하루가 될 것입니다.

재의 수요일 다음 토요일
(누가복음 4:1-13)

네 번째 날의 말씀: 누가복음 4:1-13 MBT

요단강에서 세례를 받으신 후에 성령님의 충만하심으로 돌아오신 예수님은 그 성령님의 이끄심으로 광야로 들어가셨다. 광야에 계시는 동안, 마귀는 계속 예수님을 시험했다. 예수님도 육신을 가지고 계셨기에, 40일간 아무것도 먹지 못하셔서 매우 배가 고프셨다.

마귀가 나와서 첫 번째로 이렇게 시험했다. "당신이 하나님의 아들이라면, 지금 즉시 저 돌들을 음식으로 변화시켜 보시오! 그리고 그 음식을 드십시오!" 그러자 예수님은 신명기 8장 3절의 말씀으로 이렇게 대답하셨다. "사람은 육신의 존재이기에 음식이 필요하지만, 그것만을 중심으로 살아서는 안 된다!"

마귀는 두 번째 시험을 하려고 예수님을 높은 곳으로 끌고 간 후에, 온 세상 나라들의 화려한 부귀 영화를 한순간에 펼쳐 보여 주었다. 그리고 이렇게 말했다. "지금 당신이 보고 있는 이 모든 세상 나라들의 부귀와 영화를 마음대로 할 권세가 지금 나에게 있습니다. 그래서 나는 내가 원하는 사람, 누구에게든지 이것들을 선물로 줄 수 있습니다. 만약 당신이 나에게 한 번만 절하고 경배한다면 이 모든 것을 당신에게 주겠습니다. 그렇게만 한다면 당신은 십자가를 지지 않아도 됩니다." 그러자 예수님께서는 신명기 6장 13절의 말씀을 가지고 이렇게 대답하셨다. "사람들은 그들을 만드신 창조주 곧 하나님께만, 오직 그분께만 경배하고 예배해야 한다!"

마귀는 이제 세 번째로 예수님을 끌고 예루살렘 성전 꼭대기로 가서 이렇게 말했다(예수님께서 계속 말씀으로 시험을 이기시니, 마귀도 성경 말씀을 이용한다). "만약 당신이 하나님의 아들이면, 이 위에서 저 아래로 몸을 한번 던져 보십시오. 시편 91편 11절에 '하나님의 천사들이 명령을 받아 당신을 지킨다'고 했고 12절에 '발이 땅에 닿기도 전에 천사들이 손으로 당신을 잡아 올려준다'고 쓰여 있으니 당연히 천사들이 당신의 발이 땅에 부딪쳐서 부서지기 전에 자신의 손으로 당신을 붙잡아 줄 것입니다. 그런 기적이 일어나면 한번에, 당신은 사람들에게 대단하고 유명한 사람이 될 것입니다." 그러자 예수님은 신명기 6장 16절의 말씀으로 이렇게 대답하셨다. "주인 되신 하나님을 함부로 시험하지 마라! 이것이 더 근본적인 하나님의 말씀이다!"

그렇게 마귀는 모든 인생의 시험을 다 해 보았으나, 예수님은 말씀으로 승리하셨다. 결국 마귀는 기회가 올 때까지 물러나야 했다.

네 번째 날의 묵상: 시험의 승리

십자가 교회는 지하철 금정역 앞에 있는 10평도 안 되는 허름한 상가 교회에서 10년을 버텼다. 죽을 것만 같던 순간들이 지나가더니 조금씩 사람들이 모이고 뜨겁게 기도했다. 더 앉을 곳도 없었고 함께 밥 먹기도 힘들었다. 드디어 성도들은 교회를 이전하자고 진지하게 나에게 제안했다. 나는 기도하며 여러 곳을 알아보았으나, 우리 교회가 갈 수 있는 교회는 단 한 곳도 없었다. 그런데 기적처럼 한 교회가 장소를 비우면서 꼭 우리 교회가 들어왔으면 좋겠다고 제안했다. 문제는 보증금 2천만 원밖에 없는 우리 교회가 4억이 넘는 교회를 매매해야 한다는 것이었다. 천생 대출을 할 수밖에 없었다. 내가 이 소식을 목회자 모임에서 기도 제목으로 나누자, 많은 선배 목사님들이 자기 교회의 교적부와 자기 교회의 연간 재정 보고서를 빌려줄 테니 어떻게든 서류를 꾸며서 대출받으라고 했다. 하지만 그렇게 하는 것은 거짓말을 하는 것이었다. 나는 하나님의 교회를 이전하는 데 거짓으로 옮기지 않겠다고 했다. 그러자 교회 이전을 적극적으로 주도하던 한 집사님은 나를 세상 물정 모르고 기도밖에 안 하는 인간 취급하며 안타까워했다. 나는 기도밖에 못 하는 세상 물정 모르는 목사가 아니었다. 나는 하나님의 말씀을 알고 그대로 순종하려는 하나님의 종이었다. 결론적으로 우리는 성도 숫자 하나, 수입 지출 금액 하나 조작하지 않고 그대로 대출하여 지금 있는 교회로 이전하였다. 내가 만약 조금이라도 세상 법을 속여서 교회를 이전했다면 지금은 사람들 앞에서 웃을 수 있겠지만 나중에 하나님 앞에서 어찌 고개를 들리요!

이 세상에서 하나님 뜻대로 살려고 하면 반드시 시험이 있다. 나는 오늘 본문을 읽으며 항상 "예수님도 시험받으셨는데, 그 누가 시험받지 않겠는가!"라고 선포한다. 핵심은 시험을 받느냐 받지 않느냐가 아니라, 그 시험에 넘어가느냐 아니면 그 시험에 승리하느냐이다. 그러면 어떻게 시험을 이기는가? 정답은 성경에 다 있다. 바로 말씀뿐이다! 말씀대로 살면 시험을 이긴다. 예수님을 믿는 것은 시험이 없어지는 것이 아니라, 그 시험에서 말씀으로 이기는 것이다. 말씀은 바로 예수님이시다. 내가 이기는 것이 아니라 내 안에 계신 말씀, 바로 그분의 이름으로 이기는 것이다.

너무나 많은 성도들이 날마다 시험에서 진다. 왜냐하면 말씀을 모르고, 말씀을 깊게 묵상하지 않고, 말씀을 기억하지 않고, 말씀대로 살지 않기 때문이다. 그래서 매일 지는 것을 자연스럽게 생각하고 그것을 당연하게 생각하며 합리화한다. 하지만 그것은 예수 믿는 것이 아니다. 예수 믿는 척하는 것일 뿐이다. 예수님은 말씀으로 세상을 이기셨다. 그러므로 우리도 그분의 말씀으로 이길 수 있다. 그리고 마지막으로 시험은 다가와야 이기는 것이다. 전쟁을 참여해 봐야 위대한 전사가 되듯이, 시험을 통과해 봐야 위대한 하나님의 사람이 되는 것이다. 지금 어떤 시험이 있는가?
예수 그리스도의 말씀으로, 예수 그리스도의 이름으로 승리하라!

네 번째 날의 기도

"하나님! 오늘도 믿음의 길에 수많은 시험이 밀려옵니다. 나의
감정, 나의 생각, 나의 가족과 교회를 공격하는 사탄의 시험이 말
할 수 없이 많습니다. 이전에는 나의 지식, 나의 경험, 나의 물질로
해결해 보려고 했습니다. 잠시 피하는 것 같고 잘되는 것 같았지
만 결국 모두 실패한 것이었습니다. 이제는 두 손을 들고 주님의
이름을 부르며 주님의 말씀을 기억하고 주님의 말씀대로 승리하
고 싶습니다. 사탄의 시험을 이기신 예수님! 사망 권세를 이기신
예수님! 지금 저에게 오셔서 승리가 되어 주소서! 그리고 이 시간
에도 수많은 어려움과 시험으로 낙심하고 좌절하는 성도들을 도
와주시옵소서! 그들에게 말씀을 보내사 위험한 지경에서 건져 주
시옵소서(시 107:20)! 예수님의 이름으로 기도합니다. 아멘!"

• 아래의 여백에 오늘 말씀과 묵상을 읽고 느낀 점을 적어 보세요.
 그리고 기억하기 쉬운 단어나 짧은 문장으로 만들어서 하루 종일
 생각하며, 또 감동을 주신 대로 실천해 보세요. 오늘도 위대한 하
 루가 될 것입니다.

다섯 번째 날의 말씀: 시편 91편 개역개정

지존자의 은밀한 곳에 거주하며

전능자의 그늘 아래에 사는 자여,

나는 여호와를 향하여 말하기를 그는 나의 피난처요

나의 요새요 내가 의뢰하는 하나님이라 하리니

이는 그가 너를 새 사냥꾼의 올무에서와

심한 전염병에서 건지실 것임이로다

그가 너를 그의 깃으로 덮으시리니

네가 그의 날개 아래에 피하리로다

그의 진실함은 방패와 손 방패가 되시나니

너는 밤에 찾아오는 공포와 낮에 날아드는 화살과

어두울 때 퍼지는 전염병과

밝을 때 닥쳐오는 재앙을 두려워하지 아니하리로다
천 명이 네 왼쪽에서, 만 명이 네 오른쪽에서 엎드러지나
이 재앙이 네게 가까이 하지 못하리로다
오직 너는 똑똑히 보리니 악인들의 보응을 네가 보리로다
네가 말하기를 여호와는 나의 피난처시라 하고
지존자를 너의 거처로 삼았으므로
화가 네게 미치지 못하며
재앙이 네 장막에 가까이 오지 못하리니
그가 너를 위하여 그의 천사들을 명령하사
네 모든 길에서 너를 지키게 하심이라
그들이 그들의 손으로 너를 붙들어
발이 돌에 부딪히지 아니하게 하리로다
네가 사자와 독사를 밟으며
젊은 사자와 뱀을 발로 누르리로다
하나님이 이르시되 그가 나를 사랑한즉
내가 그를 건지리라 그가 내 이름을 안즉
내가 그를 높이리라
그가 내게 간구하리니 내가 그에게 응답하리라
그들이 환난 당할 때에 내가 그와 함께하여
그를 건지고 영화롭게 하리라
내가 그를 장수하게 함으로 그를 만족하게 하며
나의 구원을 그에게 보이리라 하시도다

다섯 번째 날의 묵상: 이용하기가 아닌 의뢰하기

어제 나는 누가복음 4장을 묵상하며 하나님 말씀의 중요성에 대해서 강조했다. 하지만 하나님의 말씀을 피상적으로 아는 것처럼, 또한 피상적으로 사용하는 것처럼 무서운 것이 또 없다. 사탄이 예수님을 시험할 때, "그들이 그들의 손으로 너를 붙들어 발이 돌에 부딪치지 않게 할 것이다"라고 사용한 말이 바로 방금 우리가 읽은 시편 91편 12절에 있는 말이다. 나는 이 사실을 처음 알았을 때, 소름이 끼쳤다. 사탄도 말씀을 알고 있으며 심지어 그 말씀을 이용해서 예수님을 시험했다는 것이다.

내가 하고 싶은 말은 이것이다. 대다수의 그리스도인이 말씀을 너무 모르고, 그나마 안다고 자부하는 사람들조차 지극히 피상적으로 알고 있다는 것이다. 목사들은 평생 목회하며 성경 전부를 알려줄 마음도 실력도 없으면서 목사라고 뻐기고, 성도들도 어떻게든 66권 성경을 잘 배우고 알아서 하나님의 말씀 전부를 건강하고 균형 있는 삶으로 살아낼 노력과 수고가 없다. 교리 공부를 성경 전부를 아는 것으로 착각하고, 빠르게 흘러나오는 성경 녹음을 틀어 놓고 졸다가 듣다가 한 것을 성경 통독했다면서 자부한다.

시편 91편을 대충 읽어 보면, 하나님께서 무조건 그 어떤 어려움과 시련에서 다 보호해 주시고 도와주시는 것처럼 보인다. 그래서 사탄도 무조건 나를 도와주시는 하나님을 시험해 보라고 한 것이다. 하지만 시편 91편을 바로 읽어보면, 하나님의 사람들은 무조건적인 도움이나 해결을 받는 존재, 즉 하나님을 이용해 먹는 존 재가 아니다. 1절에 하나님의 사람들은 지존자의 은밀한 곳에 거 주하고, 그늘 아래서 사는 사람들이다. 2절을 보면 우리는 그분을 이용하는 것이 아니라 그분을 의뢰하는 자가 되어야 한다는 사실 을 알 수 있다.

나는 성도들에게 자주 물어본다. 당신은 하나님을 종으로 부 려 먹는 존재인가? 아니면 주인으로 섬기는 존재인가? 교회만 다 닌다고 십일조만 낸다고 하나님이 무조건 당신 인생을 도와줘야 하는 것이 아니다. 우리는 전능하신 하나님에게 머물며 그분을 우 리 인생의 주인으로 삼아 그 통치 아래 순복해야 한다. 바로 그때 우리는 시험과 어려움이 일절 없는 상태가 되는 것이 아니라 그 어떤 어려움과 시련이 와도 주님과 함께 십자가를 통과해서 부활 을 누리는 존재가 되는 것이다. 그러니 정신을 차리고 오늘 예배 와 말씀 앞에 서라! 오늘 내가 이 말씀 앞에서 예수님이 될 것인 가? 아니면 사탄이 될 것인가?

다섯 번째 날의 기도

"하나님! 오늘은 사순절 첫 번째 주일입니다. 하나님을 믿는다 면서도 말씀 몇 구절을 사탄처럼 이용해서 자기 유익만 챙기려는 종교인의 모습으로 예배하지 않게 하여 주소서! 목사들은 정신을 차리고 하나님의 말씀을 말씀대로 바로 전하게 하시고, 모든 성도 는 그 말씀의 전 문맥과 흐름 속에서 살아계신 하나님을 만나 그분 앞에 경배하게 하소서! 자신의 인생 일부가 아니라 전부를 그 분의 그늘 아래에 내려놓고 오직 하나님만 의지하게 하옵소서! 예수님께서 십자가 위에서 자신의 영혼을 아버지께 맡기셨던 것처럼, 우리도 우리의 전부를 주님께 맡기게 하옵소서! 그것이 바로 오늘의 예배가 되게 하시고, 그것이 바로 오늘 하루가 되게 하옵소서! 예수님의 이름으로 기도합니다. 아멘!"

- 아래의 여백에 오늘 말씀과 묵상을 읽고 느낀 점을 적어 보세요. 그리고 기억하기 쉬운 단어나 짧은 문장으로 만들어서 하루 종일 생각하며, 또 감동을 주신 대로 실천해 보세요. 오늘도 위대한 하루가 될 것입니다.

여섯 번째 날의 말씀: 누가복음 2:22-32 MBT

2:22-24 　아기 예수가 태어난 지 40일이 되었다. 모세의 율법에 따라서(레 12장) 아기 예수를 낳은 어머니 마리아와 그녀의 가족은 출산으로 인해 부정해진 상태가 정결하게 되는 날이 된 것이다. 그래서 요셉과 마리아는 첫 번째로 태어난 아들, 아기 예수를 하나님께 바치고자 예루살렘으로 올라갔다. 구약 율법의 말씀대로 첫 번째로 태어난 남자 아이는 하나님께 거룩한 존재가 되어서 하나님 앞에 바쳐야 하기 때문이다(사람은 동물처럼 제물로 바치지 않고 대신 5세겔을 바친다). 구약 율법에 규정된 대로 아기 예수의 가족은 산비둘기 한 쌍이나 어린 집비둘기 두 마리로 제사를 드리려고 했다.

2:25-26 　그때, 갑자기 그곳 예루살렘에 한 사람이 나타났다. 그는 '시므온'이라는 사람으로 의롭고 경건하며 이스라엘의 위로

(구원)를 기다리고 있었다. 그리고 성령님과 동행하였다. 시므온은 거룩한 계시를 받았는데, 자신이 메시아를 만나기 전까지는 절대 죽지 않으리라는 것이었다.

2:27-32   아기 예수의 가족이 예루살렘 성전으로 제사를 드리고자 올라오던 바로 그때, 성령님께서는 시므온에게 그들을 만나러 그곳으로 가라고 말씀하셨다. 그래서 시므온이 예루살렘 성전으로 갔더니, 그곳에서 아기 예수의 가족을 만났고 아기 예수를 자신의 팔에 안고는 하나님께 찬양하면서 이런 말을 했다. "주권자 되시는 하나님! 이제야 저를 평안히 놓아 주시는군요! 참으로 저의 두 눈이 온 세상을 구원하실 분을 이렇게 보게 되었습니다! 예수께서 이루실 이 구원은 온 세상 모든 사람들의 미래와 소망을 위해 당신께서 직접 준비하신 것입니다. 예수께서 이루실 그 구원은 바로 빛입니다. 먼저 완전한 어둠 속에 있는 이방인들에게는 그 닫힌 어둠의 상태를 열어줄 계시의 빛이며, 또한 당신의 백성인 이스라엘 사람들에게는 율법의 희미한 여명의 상태를 넘어서 온전한 밝음이 될 영광의 빛입니다."

여섯 번째 날의 묵상: 예수님 기다리기

저녁 늦은 밤, 무거운 짐을 들고 집으로 돌아오는 길, 가로등 하나 없는 골목길에서 누군가 나를 알아보고 달려온다. 어두운 저녁 길에 집으로 돌아오는 사람의 실루엣만 보면 솔직히 그 사람이 그 사람인 것 같은데, 어떻게 나를 알아 보았을까? 그 이유는 나를 기다렸기 때문이다. 나를 유심히 지켜보았기 때문이다. 나의 무거운 짐을 나눠 들어 주고 나를 위로하며 나를 반갑게 맞아준다. 세상을 살면서 이런 사람이 하나 있다는 것은 얼마나 행복한 일인가? 나의 말뿐만 아니라 나의 침묵도 알아주고, 나의 웃음 뒤에 있는 눈물을 알아주는 사람말이다.

태어난 아기 예수를 성전으로 데려가 그 부모가 정결예식을 행하던 어느 날, 그날도 얼마나 많은 부모들이 새로 태어난 아이들에게 정결예식을 행하고 있었을까? 그런데 거기 한 사람 바로 시므온이라는 나이 많은 할아버지가 아기 예수를 알아보고 다가와 감동스런 고백과 찬양을 하나님께 올린다. 아기 예수를 처음으로 알아본 사람, 아기 예수의 운명과 사명을 처음으로 노래한 사람, 나는 가끔 시므온이 얼마나 오랜 세월을 거기서 기도하며 간절히 그분을 기다렸을지를 생각하면 눈물이 난다.

요즈음은 정말이지 그런 사람이 거의 없다. 간절히 기도하며 예수를 기다리는 사람이. 아침에 대충 일어나 피곤한 얼굴로 예배당에 와서 조는 듯 예배를 참석하고 돌아가 텔레비전과 스마트폰에 빠져서 주일을 그저 하루 쉬는 날로 마감해 버리고, 그런 식으로 보내는 주일이 1년이 되고 10년이 되고 평생이 된 사람들. 그래서 그들은 바로 옆으로 아기 예수가 지나가도, 심지어 십자가에 못 박히시고 부활하신 주님이 지나가도, 큰 소리로 부르며 간절히 그 사람의 이름을 외쳐도 그는 알아차리지 못한다. 그 이유는 진정한 기다림이 없기 때문이다.

오늘은 주일 예배를 마치고 다시금 맞이하는 월요일이다. 일상이라는 분주함, 여러 가지 세상 소식이라는 혼란함에 사로잡혀 지금 내 옆을 지나가시는 예수님을 놓치고 있는 것은 아닌지 돌아본다. 멈춰야 보인다. 집중해서 들어야 들린다. 기다려야 만날 수 있다. 머물러야만 진리를 담을 수 있다. 심호흡을 크게 하고 바로 지금 내 앞으로, 내 곁으로 지나가시는 예수님, 내 안에서 내 영혼 깊은 곳에서 내 이름을 부르는 그분을 만나기를 바란다. 그러면 누구든지 오늘 시므온이 한 고백처럼 그분을 찬양할 수 있으리라! 성전과 예배는 어떤 특별한 장소와 시간에만 있는 것이 아니라 바로 지금 여기서 나를 향해 다가오시는 예수님을 기다리고 발견한 사람에게 일어나는 위대한 장소요 특별한 시간인 것이다.

여섯 번째 날의 기도

"하나님! 오늘은 사순절 첫 주일을 지난 월요일입니다. 여러 가지 분주한 일들로 인해, 저의 마음은 혼란스러워지려고 합니다. 하지만 주일의 말씀을 다시 한번 기억하며, 오늘 읽은 말씀에 나의 눈과 생각을 멈추어서 주님을 기다립니다. 속도보다 중요한 것은 방향이며, 나의 염려보다 강력한 것은 하나님의 이끄심입니다. 오늘도 주님께서 내 앞과 옆에서 일하시는 것을 보게 하소서! 오늘도 내 영혼 안에서 양심이 되고 감동이 되어 역사하시는 주님의 음성에 순복하게 하옵소서! 주님께서 나를 알아주기만을 바라기 전에, 내가 먼저 주님을 알아차리기를 바랍니다. 주님을 기다리게

하시고 주님을 인정하게 하옵소서! 주여! 이 하루가 나의 날이 아
니라 주님의 날이 되게 하소서! 예수님의 이름으로 기도합니다.
아멘!"

- 아래의 여백에 오늘 말씀과 묵상을 읽고 느낀 점을 적어 보세요.
  그리고 기억하기 쉬운 단어나 짧은 문장으로 만들어서 하루 종일
  생각하며, 또 감동을 주신 대로 실천해 보세요. 오늘도 위대한 하
  루가 될 것입니다.

일곱 번째 날의 말씀: 누가복음 3:4-14 MBT

3:4-6   요한이 이러한 사명을 감당하게 된 것은 구약성경에 기록된 선지자 이사야의 예언이 이루어진 것이다. "광야에서 큰 소리로 외치는 메시지가 있다! 너희들은 주님이 오시는 길을 준비해라! 그분이 오시는 좁은 길을 평평하게 만들어라! 낮아져 있는 모든 골짜기는 채워질 것이며 높아져 있는 모든 산과 언덕은 낮추어질 것이다. 그리고 굽은 길은 곧게 되고 거친 길은 평탄하게 될 것이다! 그래서 모든 사람이 하나님의 그 구원을 보게 될 것이다!"

3:7-9   그러자 많은 사람들이 자기가 사는 곳에서 떠나 요한에게 세례를 받으려고 왔다. 요한은 그 사람들에게 이렇게 말했다. "독사의 자식들아! 너희들에게 임박한 진노를 그런 식으로 피하라고 누가 너희들에게 알려 주었느냐? 너희들은 단순히 세례 의식

하나만 요식행위로 받으려고 하지 말고, 세례가 진정으로 의미하는 회개에 합당한 삶으로 먼저 너희 자신을 바꾸라! 너희들 스스로 '아브라함이 우리 조상이다'라고 자랑하지 마라. 하나님께서는 여기 있는 돌들로도 아브라함의 후손이 되게 하실 수 있기 때문이다. 너희들의 영적 현실은 이렇다! 이미 도끼가 나무를 찍어 버리려고 뿌리에 놓여진 상황이다. 나무와 같은 운명에 처한 너희들이 삶을 바꾸어서 변화된 열매를 맺지 않는다면, 즉시 찍혀서 불에 던져질 것이다!"

3:10-14　그러자 사람들은 요한에게 물었다. "우리가 무엇을 해야 합니까! 어떻게 우리의 삶을 바꾸어야 합니까?" 요한이 이렇게 대답했다. "너희들 중에서 옷을 두 벌 이상 가진 사람은 옷이 없는 사람들에게 나눠주고, 먹을 것에 여유가 있는 사람도 없는 사람들에게 나눠주라!"

세리들도 세례받으러 와서 요한에게 물었다. "선생님! 우리는 무엇을 해야 합니까! 어떻게 삶을 바꾸어야 합니까?" 그러자 요한이 이렇게 대답했다. "너희들에게 지정된 세금 액수 그 이상을 사람들에게 걷는 것으로 사람들의 돈을 착취하지 마라!"

군인들도 세례받으러 와서 요한에게 물었다. "우리는 무엇을 해야 합니까! 어떻게 삶을 바꾸어야 합니까?" 그러자 요한이 군인들에게 이렇게 대답했다. "너희들의 공권력을 함부로 사용하여 사람들의 돈을 빼앗거나 협박하는 일을 그만두어라. 너희들이 받는 봉급에 만족하며 살아라!"

일곱 번째 날의 묵상: 세례 요한 앞에 서기

목사로서 주님의 일을 하는 데 가장 힘든 일이 무엇이라고 생각하는가? 매일 끊임없는 설교 준비나 상담, 재정적인 어려움이나 정신적인 스트레스도 물론 만만치 않다. 하지만 정말 어려운 것은 하나님의 목소리가 되는 것이다. 정확하게 말하면 하나님의 소리만 되고 사라지는 것이다. 나의 어떤 것도 드러나지 않고 오직 하나님의 목소리만 되는 것, 그것은 해보지 않은 사람에게는 어쩌면 불가능에 가까운 일이다. 그리고 그보다 더 어려운 것이 있다면, 그 목소리 중에서도 회개를 요청하는 목소리가 되는 것이다. 따뜻하고 좋은 말로 구슬려도 어려운 판국에 "독사의 자식"이라고 부르며 사람들이 가장 듣기 싫어하는 죄를 선포하고 그들이 회개하도록 이끄는 일은 목숨을 걸어야 하는 일이다.

세례 요한은 바로 그 일을 했다. 자신을 위해서가 아니라, 다가올 메시아 예수님의 길을 준비하려고 말이다. 목사들끼리 모이면 말한다. 이제는 더 이상 죄에 관한 설교나 회개에 관한 상담을 하면 안 된다고. 목회를 어느 정도 성공한 목회자들도 말한다. 절대로 사람들을 죄인 취급해서는 안 되고 직접적인 죄를 지적하거나 고치라고 말해서도 안 된다고. 그렇지 않으면 성도들은 교회를 떠나고 목회는 실패한다고.

하지만 나는 다시 물어보고 싶다. 그러면 우리가 도대체 왜 목사가 되었냐고. 하나님의 목소리가 되지 못하고, 회개를 선포하지 못한다면 우리는 그저 장사꾼이 되고 사기꾼이 되어야지, 도대체 왜 목사가 되었냐고.

　나는 이런 교회에서 목회하고 싶다. "목사님 저희의 죄를 마음
껏 지적해 주십시오! 목사님 저희가 잘못한 것을 분명하고 구체적
으로 알려주셔서 회개하게 해 주십시오!" 하지만 한 번도 그런 사
람을 만나 본 적이 없다. 이따금 그런 부탁을 하길래, 말을 해 주었
더니 바로 그날, 그 성도와 헤어졌다. 아주 불쾌한 얼굴을 하면서
말이다. 하지만 나는 한 성도 한 성도의 영혼 안에 있는 진정한 목
소리를 듣는다. 자신의 죄를 깨닫게 해 달라고, 자기 잘못을 지적
해 달라고. 그리고 내 영혼 안에서도 성령님의 목소리가 들린다.
너는 분명한 죄를 말해 주고 미움받으라고, 오직 하나님의 소리가
되고 사라지라고.

　그렇게 하기 위해 내가 가장 먼저 해야 할 일은 세례 요한 앞
에 서는 것이다. 그의 강한 목소리, 갈라진 음성으로 터져 나오는
그 회개의 메시지가 실제로는 나를 너무나 사랑해서 전해준 하나
님의 음성이었음을 깨닫는다. 나는 세례 요한 같은 성령님께 기도
한다. "성령님 저의 죄를 알려 주소서. 그리고 제가 회개한 후에,
담대하게 성도들에게 자신의 죄를 회개하라고 사랑으로 전할 수
있도록 도와주시옵소서! 그런 뒤 그저 소리가 되어 사라지게 하소
서! 제가 전한 메시지 때문에 미움받고 욕을 먹더라도, 사랑하는
성도들이 회개하여 변화되게 하소서. 그래서 예수님께서 오시는
길, 하나님의 나라가 오는 그 길을 예비하게 하소서!"

일곱 번째 날의 기도

"하나님! 오늘도 저는 주님의 말씀 앞에 섭니다. 그저 감정적인 위로나 오늘의 운세처럼 하루의 유익을 위해서가 아니라, 제가 잘못하고 있는 것을 지적받고 고침받아 회개하고자 말입니다. 저는 아직도 무엇을 잘못하고 있는지 잘 모르고 있고, 사랑이 부족해서 늘 실수합니다. 그러니 저의 죄와 부족함을 알려주소서! 제가 먼저 바로 선 후에, 저에게 보내 주신 성도들을 바른길로 인도할 수 있도록 도와주소서! 섭섭하고 억울하고 인정받지 못해도 마지막 날까지 주님의 소리가 되게 하소서! 어쩔 수 없이 전해야 할 회개의 메시지를 두루뭉술하게가 아니라 분명하게 외치게 도와주소서! 그래서 그들이 지금은 저를 미워해도 나중에 주님 앞에서 감사하게 해 주소서! 주여, 세례 요한의 그 불타는 심령을 저에게도 부어 주소서! 예수님의 이름으로 기도합니다. 아멘!"

• 아래의 여백에 오늘 말씀과 묵상을 읽고 느낀 점을 적어 보세요. 그리고 기억하기 쉬운 단어나 짧은 문장으로 만들어서 하루 종일 생각하며, 또 감동을 주신 대로 실천해 보세요. 오늘도 위대한 하루가 될 것입니다.

여덟 번째 날의 말씀: 누가복음 4:14-30 MBT

4:14-15　　그 후, 예수님께서는 강력한 성령님의 이끄심으로 갈릴리 지역으로 돌아오셨다. 광야에서 시험받으신 후에 여러 지역에서 말씀을 전하시고 치유를 행하신 그분에 대한 소문과 명성이 그 지역 일대에 퍼져나갔다. 특히 예수님께서는 유대인들의 여러 회당에서 말씀을 가르치셨다. 그곳에서 말씀을 들은 사람들은 모두 은혜를 받았고 예수님께 영광을 돌리며 칭송했다.

4:16-19　　예수님께서는 어린 시절 자라나신 고향 땅, 나사렛으로도 가셨다. 마침 안식일이었기에 늘 예수님께서 하시던 신앙의 습관을 따라서 회당으로 들어가셨고 회당 예배의 순서에 따라서 말씀을 읽으시려고 서셨다. 두루마리로 된 성경 이사야서를 넘겨받으신 후에, 예수님께서는 다음과 같은 내용이 기록되어 있는

곳을 펼치셨다.

"하나님의 성령께서 내 위에 임하셔서 내게 기름을 부으셨다. 그 이유는 가난하고 궁핍하여 아무런 소망이 없는 사람들에게 새로운 소망을 주는 기쁜 소식을 전하며, 포로처럼 다양한 영육의 중독과 갇힘 속에 있는 사람들에게 참된 자유를 얻게 하고, 육체의 눈과 영혼의 눈이 어두워진 사람들이 밝히 보게 하며, 억눌리고 무너진 자들에게 새로운 힘과 삶을 선물해 주기 위해서이다. 그래서 그들의 삶에 하나님의 희년을, 하나님의 나라를 선포할 것이다"(사 61:1-2).

4:20-27   이렇게 이사야서 61장의 말씀을 낭독하신 후에, 예수님께서는 두루마리 성경을 감아서 그 성경을 책임지고 있는 사람(회당장)에게 넘겨 주었다. 그리고 나서 자리에 앉으셨다. 그러자 그 회당 안에 있던 모든 사람들의 시선이 예수님께 고정되었다. 예수님은 이어서 방금 읽은 말씀에 대해 다음과 같이 설교하셨다. "바로 오늘, 지금 여기에서, 이 말씀을 들은 여러분에게 이사야가 한 예언의 말씀이 이루어졌습니다! 하나님의 나라가 도래했고 그 나라의 왕인 메시아가 여러분 앞에 왔습니다!"

그러자 사람들은 한편으로 예수님께서 전해주신 이 은혜로운 말씀을 듣고 놀라며 감동받은 고백을 분명히 증언하고 말했다. 그러나 동시에 그들은 예수님의 말씀에 대해 반대했다. "어떻게 이 사람이 하나님 나라의 왕인, 메시아가 될 수 있겠는가? 이 사람은 요셉의 아들일 뿐이지 않은가?"

예수님께서는 그들의 마음속에서 일어나고 있는 의심과 불편한 생각을 미리 아시고 이렇게 말씀하셨다. "아마도 지금 여러분의 마음속에는 '당신이 의사라면 당신의 병부터 고치라'라는 유명한 속담이 떠오르고 있을 것입니다. 다시 말해서 '당신이 메시아라면 어디 증명을 해 보아라. 가버나움 지역에서 여러 가지 기적을 행했다고 하는데, 바로 여기 고향 땅에서도 한번 놀라운 일들을 일으켜서 자신을 증명해 보라'고 말입니다."

예수님은 이어서 말씀하셨다. "정말 그렇군요! 선지자는 자신의 고향 땅에서 인정받을 수 없나 봅니다. 여러분이 나를 너무나 잘 안다고 착각하기 때문이죠. 하지만 진실을 말해야겠습니다. 잘 들어 보십시오. 선지자 엘리야가 활동하던 시대에 이스라엘 땅은 3년 6개월 동안이나 비가 내리지 않아서 큰 가뭄과 기근의 고통을 겪어야 했습니다. 당연히 그 땅의 불쌍한 사람들 중에는 수많은 과부들도 있었지요. 하지만 하나님께서는 이스라엘의 과부들 중에 그 누구에게도 선지자 엘리야를 보내지 않으시고, 오직 이방 땅, 시돈 지역에 있는 사렙다의 과부 한 여인에게만 보내셨습니다. 또한 선지자 엘리사가 활동하던 시대에 이스라엘 땅에서는 많은 악성 피부병 환자들이 고통받고 있었습니다. 하지만 하나님께서는 그 사람들 중에서 그 누구에게도 선지자 엘리사를 보내지 않으셨습니다. 오직 수리아 사람 나아만에게만 엘리사를 보내셔서 그를 깨끗하게 고쳐 주셨습니다. 제가 무슨 말을 하는지 아시겠지요!"

4:28-30   예수님의 말씀을 들은 나사렛 사람들은 분노로 가
득 찼다. 자기 조상들과 같은 태도로 선지자를 무시하고 있기에
그들에게는 기적이 일어나지 않는다고, 예수님께서 말씀하신 것
을 깨달았기 때문이다. 나사렛 사람들은 일어나서 예수님을 회당
에서 쫓아내고 그분을 끌고 도시 밖으로 나가서 그 마을이 자리
잡고 있는 지역의 높은 언덕으로 데리고 갔다. 거기서 예수님을
낭떠러지 아래로 떨어뜨리려고 했다. 하지만 예수님께서는 그 성
난 사람들 사이를 통과해 나오셨다.

여덟 번째 날의 묵상: 선입견과 완고함을 포기하기

이따금 목회를 하다 보면, 정말 참을 수 없는 사람들을 만나게
된다. 그날도 분주한 주일 아침이었는데 갑작스럽게 한 사람이 교
회로 찾아와 상담하고 싶다고 했다. 자신을 최근에 이 지역으로
이사 온 성도라고 소개한 이 사람은 몇 달 동안 이 지역에 있는 거
의 모든 교회를 다 돌아다녀봤다고 했다. 그중에서 가장 설교를
잘하는 교회를 두 군데 뽑았는데 우리 교회와 또 다른 한 교회라
고 했다. 그리고 결국 그 두 교회 중에서 우리 교회를 선택했다고
말했다. 그래서 내가 그 이유를 물어보았더니 그 사람은 이렇게
대답했다. "나중에 알고 보니 담임목사가 여자더라구요. 여자가
설교하는 것을 남자인 제가 듣고 있을 수는 없잖아요!" 그 순간 나
는 너무나 화가 났다.

하지만 감정을 추스르고 천천히 성경의 위대한 여자들의 이야

기를 찾아서 소개해 주었다. 특히 하나님께서는 부활의 첫 번째 증인으로 여자를 선택하셨고, 기독교 역사 속에서 훌륭한 여자 사역자들과 평신도들이 얼마나 많으며 지금도 얼마나 많은 여자를 통해서 하나님께서 일하고 계시는지에 대해서도 말해 주었다. 게다가 그동안 남성 중심적인 사역자 구조에서 나온 아쉬움과 부족함도 함께 말이다. 하지만 그 사람은 고집스럽고 단호했다. 자신은 절대로 여자가 하는 설교는 들을 생각이 없다는 것이다.

　오늘 본문에도 그런 모습이 나온다. 예수님께서 처음으로 회당에서 메시지를 전하시는 순간이었다. 이사야 61장의 말씀, 곧 하나님의 나라가 시작된다는 위대한 말씀을 읽으신 후에, 바로 그 예언이 지금 이루어지기 시작했으며, 예수님이 바로 그 메시아임을 알리셨다. 하지만 이 위대하고 감격스러운 순간에 사람들은 자신들이 가진 선입견으로 예수님을 판단하고 거절했으며 심지어 나중에는 그 마을의 높은 언덕으로 끌고 가서 죽이려고까지 한다.

　왜 우리는 위대한 인생의 전환점 앞에서 새로운 시작을 누리지 못하는 것일까? 그것은 바로 각자가 가진 선입견을 진리처럼 고수하는 완고함 때문이다. 어떤 목사들은 성경보다 자기 교단의 교리를 더 진리처럼 전하기도 한다. 예수님을 믿는다는 것은 그리스도와 함께 죽고 그리스도와 함께 사는 것인데, 내가 가진 틀과 아집을 절대로 죽이지 않으면서 끝까지 자기가 원하는 것만 받으려 하기 때문이다. 예수님과 함께 죽어야 예수님과 함께 사는데, 절대로 죽으려고는 하지 않으면서 부활을 원한다고 하니, 평생 예수님을 믿어도 결국 고집스러운 꼴통 종교인으로 끝나는 것이다.

오늘도 예수님은 우리 인생 속에 오셔서 하나님 나라의 빛을 비추신다. 그 빛은 나의 어두운 구석에 들어와 감추어진 죄를 드러내며 잘못 알고 있는 틀을 부서트리고 나의 고집스러운 고정관념에 일격을 가하신다. 그때 우리는 어떻게 해야 할까? 우리가 할 수 있는 일은 두 가지 중에 하나밖에 없다. 빛으로 오신 주님 앞에 나를 죽이든지, 아니면 바로 그 빛이신 주님을 죽이든지. 그대는 누구를 죽이려는가?

여덟 번째 날의 기도

"하나님! 얼마 살지도 않았고, 얼마 알지도 못하면서, 고집스럽게 아는 척하며 완고한 저의 모습을 포기하게 하소서! 제가 듣기 좋은 말씀보다 제가 듣기 싫은 말씀에 더 귀를 기울여서, 저는 죽고 예수님께서 사시기를 원합니다. 제가 옳다고 여기는 것들을 주님의 말씀으로 다시 점검하고, 제가 반드시 그렇게 되어야 한다고 주장하는 것들을 주님의 심정으로 다시 돌아보게 하소서! 저는 얼마든지 틀릴 수 있으며 수없이 틀려 왔음을 인정하게 하소서! 내 뜻과 내 계획이 이루어지는 것이 아니라, 하나님의 나라와 그 뜻만이 이루어지게 하소서! 그래서 오늘 내가 잘못 알고 있는 그 무엇에 더 완고하게 머무르는 하루가 아니라, 주님께서 새롭게 열어 주시는 놀라운 것으로 한 걸음 더 올라가는 하루가 되게 하소서! 아니 제가 한 걸음 내려갈 때, 주님께서 한 걸음 올라가시는 신비

를 체험하고 기뻐하는 하루가 되게 하소서! 예수님의 이름으로 기
도합니다. 아멘!"

* 아래의 여백에 오늘 말씀과 묵상을 읽고 느낀 점을 적어 보세요.
그리고 기억하기 쉬운 단어나 짧은 문장으로 만들어서 하루 종일
생각하며, 또 감동을 주신 대로 실천해 보세요. 오늘도 위대한 하
루가 될 것입니다.

사순절 제9일
사순절 첫째 주, 목요일
(누가복음 5:1-11)

아홉 번째 날의 말씀: 누가복음 5:1-11 MBT

5:1-2 그즈음, 이런 일이 일어났다. 예수님께서 갈릴리 호숫가에 서 계셨는데, 많은 사람들이 예수님께 하나님 나라 복음을 듣고자 몰려와, 그분을 둘러쌌다. 예수님은 그 호숫가에 정박되어 있는 두 척의 배를 보셨다. 그 배들은 밤새도록 물고기 잡기를 마치고 아침이 되어서 해변으로 돌아온 사람들의 것이었다. 그래서, 그 뱃사람들은 지난밤에 사용한 그물들을 씻고 정리하는 중이었다.

5:3 예수님께서는 그 두 개의 배 중에서 하나인, 시몬 베드로의 배에 올라가신 후에, 시몬에게 배를 호수로 움직여서 해변으로부터 조금 띄어주기를 부탁하셨다. 베드로는 예수님의 말씀에 조용히 순종했다. 그렇게 배가 해변과 약간의 거리를 만들자, 예수

님은 배에 앉으셔서 해변에 자리를 잡은 사람들을 향해 해풍을 이용하여 효과적으로 복음을 전하셨다.

5:4-7   복음 전하기를 마치신 후에, 예수님은 베드로에게 이렇게 말씀하셨다. "저기 호수의 깊은 곳으로 가서 그물을 내려 물고기를 잡아 보십시오." 그러자 베드로는 이렇게 대답했다. "선생님! 우리가 사실 지난밤 내내 수고했지만 한 마리도 잡지 못했습니다. 그리고 지금은 날이 밝아져서 물고기 잡기가 어려운 시간입니다. 하지만 선생님께서 그렇게 말씀하시니 그 말씀에 의지해서 한번 그물을 내려 보겠습니다." 예수님의 말씀에 순종하여, 깊은 곳으로 가서 그물을 내렸더니, 정말로 베드로와 동료들이 내린 그물에 물고기들이 가득 잡혔다. 너무 많은 물고기가 잡혀서 그물이 찢어지는 소리가 들리기 시작했다. 그래서 베드로와 동료들은 멀리 해변에 남아 있는 다른 배의 동업자들에게 "와서 도와 달라"라고 소리를 질렀다. 그렇게 두 배가 힘을 합쳐서 잡힌 물고기들을 모두 배에 가득 담으니, 가득 찬 물고기의 무게로 인해 배가 호수에 잠길 지경이 되었다.

5:8-11   바로 그 순간 시몬 베드로는 물고기에 맞추어졌던 시선을 돌려 예수님을 향해 엎드렸다. 그리고 이렇게 고백했다. "저를 떠나십시오! 저는 당신과 함께 있을 자격이 없는 놈입니다. 저는 죄인이기 때문입니다. 주님이시여!" 베드로가 이렇게 말한 이유는, 그 아침에 그들이 기적처럼 잡은 엄청난 양의 물고기로 인해 일어난 경이와 놀라움이 베드로를 사로잡았고 베드로와 함께

한 동료들까지도 사로잡았기 때문이다. 그들은 그 놀라운 일이 예수님의 능력으로 된 것임을 깨달았을 뿐만 아니라, 그 놀라운 사건을 통해 그들의 철저한 낮음과 예수님의 엄청난 높음의 차이를 깨달았기 때문이다. 바로 그 자리에, 세베대의 아들들인 야고보와 요한도 함께 있었는데, 그들도 시몬 베드로의 동료였기 때문이다. 바로 그 순간, 예수님께서는 베드로를 그 배에 타고 있는 사람들 모두의 대표로 삼아 이렇게 도전하셨다. "두려워하지 마세요. 지금까지 그대는 살아있는 물고기를 잡아 죽이는 일을 해왔지만, 이제부터는 죽어가는 사람들을 잡아 살리는 일을 하게 될 것입니다." 이 도전의 말씀을 들은 베드로와 그의 동료들은 자신들의 배들을 육지까지 끌고 온 후에, 방금 잡은 물고기를 포함해서 모든 것을 그곳에 모두 버려두고 예수님을 따라갔다. 그들은 그렇게 예수님의 첫 제자들이 된 것이다.

아홉 번째 날의 묵상: 실패와 낮아짐의 순간

나는 그날 정말 엄청나게 울었다. 평소에 보던 모의고사에서는 거의 180점 가까이 나왔는데 수능을 마치고 집에 와서 채점해 보니 120점 정도밖에 나오지 않았기 때문이다(당시 수능 200점 만점). 새벽부터 저녁까지 죽을힘을 다해서 공부했지만, 결과는 너무나 비참했다. 어머니도 동생도 말 한마디 하지 못했다. 우리 집은 그날, 마치 오래전에 떠난 아버지가 돌아가신 것처럼 초상집 분위기였다. 나는 저녁도 먹고 싶지 않았다. 밤늦게 집 앞에 있는 교회에 가서 나는 하염없이 울면서 하나님께 왜냐고 물었다. 하나님은 나에게 아무런 대답도 하지 않으셨다. 하지만 이제 돌아보니 내가 가장 비참해지고 낮아졌던 그 순간 주님은 나와 가장 가까이에 계셨다. 거의 30년 전의 그 상황을 이제 돌아보면서 나는 이런 고백을 한다. 내가 가장 낮아지는 그 순간이 없었다면 어떻게 이 위대하고 아름다운 주님의 길을 걸을 수 있었을까?

나만이 아니었다. 베드로도 그랬다. 밤새도록 물고기를 잡았지만, 아무것도 잡지 못한 채 맞이한 그 피곤하고 끔찍한 아침에 주님은 베드로의 배에 올라오셨다. 예수님은 베드로의 배에서 설교하셨지만, 성경은 무슨 말씀을 전하셨는지 말하지 않는다. 다만 바로 그때 주님께서 베드로에게 가장 가까이 오셨음을 강조하고 있을 뿐이다. 베드로는 그토록 원하던 물고기를 한가득 얻었다. 그러나 그 순간 베드로는 그 모든 것이 무의미해졌다. 아니다! 사실은 그 순간 모든 것이 다른 방향으로 새로워졌고 의미 있게 되었다. 인생은 그냥 돈 많이 벌고 성공해서 자기가 원하는 것을 이루는 것이 전부가 아님을 깨달은 것이다. 바로 그런 욕망의 인생은 무가치한 것이고 바로 그런 삶을 추구했던 자신이 '죄인'임을 베드로는 진심으로 고백했다. 바로 그 순간 예수님은 베드로를 부르셨다. 베드로가 가장 낮아진 순간, 예수님은 가장 가까이에 오셨고, 베드로가 가장 무가치하다고 느끼는 순간, 베드로는 세상에서 가장 의미 있는 존재로 부름받은 것이다.

그러므로 자신이 실패하고, 아프고, 고통스러워 낮아지는 순간을 기대해야 한다. 왜냐하면 그 순간이 주님께서 가장 가까이 오시는 순간이며 내 인생의 궤도를 수정하시는 순간이기 때문이다. 더 나아가, 나에게 그런 힘든 순간이 오지 않더라도 스스로 낮추어서 겸손해지고 멈추게 되면 언제든 주님은 나에게 가까이 오셔서 말씀하실 것이다. 그물을 오른쪽으로 던지라고, 주님을 따라오라고, 주님께서 열어 주시는 새로운 삶의 방향으로 인생을 바꿔보라고. 나에게 만약 그런 순간이 한 번 더 온다면 더 이상 슬퍼하며 억울하게 울지 않고 기쁨으로 내 모든 것을 버리고 주님을 따라갈 것이다.

아홉 번째 날의 기도

"하나님! 우리는 높아지고 싶고 부유하고 싶고 자랑하고 싶습니다. 하지만 그때 주님은 우리 곁에 계시지 않음을 알게 하소서! 오히려 우리가 낮아지고 가난해지고 겸손해질 때, 주님은 우리 곁에 가장 가까이 오십니다. 그러므로 오늘 하루 낮아지게 하시고 가난해지게 하시고 겸손해지게 하소서! 이해할 수 없는 실패와 불합리함이 나에게 닥칠 때, 십자가에서 영혼을 아버지께 맡기신 주님을 생각하게 하소서! 갈릴리 바다의 그 신선한 아침에 저의 배에 오르신 예수님을 환영하게 하소서! 저의 모든 것을 버리고 주님을 따라갈 수 있도록 오늘 하루도 이끌어 주소서! 예수님의 이름으로 기도합니다. 아멘!"

- 아래의 여백에 오늘 말씀과 묵상을 읽고 느낀 점을 적어 보세요. 그리고 기억하기 쉬운 단어나 짧은 문장으로 만들어서 하루 종일 생각하며, 또 감동을 주신 대로 실천해 보세요. 오늘도 위대한 하루가 될 것입니다.

열 번째 날의 말씀: 누가복음 6:20-26 MBT

그리고 예수님께서는 눈을 들어서 자신의 제자들을 향해 이렇게 설교하셨다. "가난하고 낮은 삶의 자리에 있는 사람들은 복이 있습니다. 왜냐하면 바로 그곳에 하나님의 나라가 임하기 때문입니다. 지금 이 땅에서, 배고프고 궁핍한 상황 속에서 애통하는 사람들의 삶은 복이 있습니다. 왜냐하면 이제 곧 하나님의 나라가 임하여 이 모든 상황을 역전시킬 것이기 때문입니다. 이렇게 낮아져서 참 제자의 삶을 사는 사람들은 배부르게 될 것이고, 크게 웃게 될 것입니다. 사람의 모습으로 이 땅에 온 하나님의 아들, 바로 나로 인해서 사람들에게 미움받고 왕따당하며 욕을 먹고 악하고 교묘한 방식으로 수치 당하는 사람들은 복이 있습니다. 기뻐하고 즐거워하십시오! 왜냐하면 다가올 하나님의 나라에서 이처럼 참 제자의 삶을 사는 사람들이 받을 상이 엄청나기 때문입니다. 진짜 선지자들도 여러분과 동일한 고난을 선조들에게 당하였습니다. 고난을 감당하며 참 제자의 삶을 사는 사람들은 진짜 선지자들의 흐름과 같은 위치에 서 있는 것입니다. 하지만 반대로, 부유하고 풍족한 삶의 자리에 있는 사람에게는 불행이 닥칠 것입니다. 왜냐 하면 그런 사람들은 받을 것을 이미 다 받아 누렸기 때문입니다. 배부르고 풍족한 삶의 자리에서 크게 웃으며 사는 사람들에게는 불행이 닥칠 것입니다. 왜냐하면 이제 곧 하나님의 나라가 임하여 이 모든 것이 역전될 것이기 때문입니다. 그래서 그런 사람들은 굶주리게 되고 슬퍼하게 될 것입니다. 이 세상 사람들이 칭찬하고 인정하는 말만 듣는 사람들에게는 이제 불행이 닥칠 것입니다. 왜 냐하면 죄악된 삶을 살았던 선조들이 가짜 선지자들에게 늘 그렇게 말했기 때문입니다. 제자가 되지 못하고 그저 종교 생활만 하는 사람들은 결국 가짜 선지자들과 같은 운명을 당하게 될 것입니다.”

열 번째 날의 묵상: 하나님 나라, 역전의 나라

하나님 나라, 그리고 복음을 한 단어로 줄인다면 무엇이 될까? 물론 엄청나게 많은 표현들이 생각날 것이다. 하지만 나는 오늘 누가복음 6장을 읽으며 딱 한 단어가 떠올랐다. 그것은 바로 “역전”이다. 그래서 굳이 개인 번역본에 나는 이 단어를 집어넣었다. 마태복음 5장에 나오는 소위 ‘산상수훈’의 좀 더 길고 화려한 내용보다 누가복음 6장에 나오는 내용은 간략하고 수수하지만, 그럼에도 불구하고 관통하는 진리는 동일하다. 바로 역전이다!

하나님 나라에서는 전혀 아이를 낳지 못하던 어머니가 위대한 자녀를 낳고, 지극히 약한 사람이 강한 힘을 발휘한다. 아무것도 모르는 사람이 엄청난 지혜를 선포하고, 먹고살 것도 없을 만큼 가난한 사람이 부요해진다. 심지어 죽는 것처럼 보이는 사람이 영원히 살게 된다.

하지만 여기서 동시에 알아야 할 것이 있다. 역전의 방향은 긍정적인 쪽으로만 가는 것이 아니라는 것이다. 반대로 하나님 나라에서는 많은 자녀를 낳아도 의미 있는 후손 하나 없을 수 있고 자신의 강한 힘만 자랑하다가는 일찍 생을 마감한다. 자신의 지혜와 지식만 믿다가 바보 취급을 당하게 되고, 풍족한 삶 속에서 나눔 없이 살다가 모든 것을 잃게 된다. 심지어 영원히 살 줄 알고 떵떵거리던 사람은 하루아침에 영원한 죽음을 맞이하게 된다.

그러므로 우리는 복음의 흐름, 그 역전의 흐름 안으로 자원하여 들어가야 한다. 그것은 무조건 가난해지고 병들고 죽으라는 것이 아니라, 주님과 함께 낮은 곳으로 십자가로 내려가는 것이다. 평생 예수님을 믿으면서도 복음의 역전을 모르거나, 두려워하거나, 체험하지 못하는 사람이 많다. 그래서 용기를 낼 수 없다. 그런 사람은 결국 예수님을 믿는다면서도 끝까지 자신을 믿으며 애처롭게 살아간다.

나는 30년 전에 비극적인 수능 점수로 이름도 처음 들어본 신학교의 야간 신설 학과로 들어갔다. 아버지도 없는 집에 어머니도 아프셔서 아침부터 저녁까지 일하고 저녁도 거른 상태로 수업을 들어야 했다. 정말 눈물 나고 가슴 아픈 날들이 수없이 많았다. 하지만 하나님은 철저히 낮아진 나를 높이셨다. 수많은 역전의 기적을 나는 맛보았다. 학비와 생활비를 보내주시고, 먹을 것과 입을 것을 보내주셨다. 어떤 목사는 평생 노력해도 할 수 없는 일들을 하나님께서는 나에게 쉽게 열어 주셨고 위기의 순간마다 천사 같은 사람들을 나에게 보내 주셨다. 죽을 것만 같은 상황마다 하나님은 나에게 생명의 역전을 체험하게 해 주셨다. 그래서 나는 아프고 힘들고 어려운 일이 일어날 때마다 늘 이렇게 선포해 본다. "아! 하나님, 또 얼마나 놀라운 일을 하시려고!" 역전의 복음, 역전의 하나님 나라! 역전의 하나님을 찬양한다!

열 번째 날의 기도

"하나님! 정신을 차리고 다시 말씀 앞에 섭니다. 진정한 복음과 하나님 나라는 세상과는 다른 역전의 이야기와 역전의 흐름 속에 있음을 다시 확인합니다. 그러므로 우리는 기쁘게 주님과 함께 낮아질 것입니다. 이 사순절 기간의 열 번째 날이 되었습니다. 우리가 나누는 작은 고백과 나눔조차 우리를 드러내는 것이 아니라, 우리가 주님 앞에 낮추어지는 기회만이 되게 해 주십시오. 저는 오늘도 주님의 역전을 기대합니다. 그러려면 주님과 함께 낮아져야겠지요. 솔직히 그것이 늘 기쁘지만은 않지만, 오늘만큼은 기쁘

게 주님과 함께 낮아지도록 도와주십시오. 내가 약할 때 주님은
강하시기 때문입니다! 예수님의 이름으로 기도합니다. 아멘!"

- 아래의 여백에 오늘 말씀과 묵상을 읽고 느낀 점을 적어 보세요.
  그리고 기억하기 쉬운 단어나 짧은 문장으로 만들어서 하루 종일
  생각하며, 또 감동을 주신 대로 실천해 보세요. 오늘도 위대한 하
  루가 될 것입니다.

열한 번째 날의 말씀: 누가복음 13:31-35 MBT

바로 그때, 어떤 바리새인 한 사람이 예수님께 와서 이런 말을 했다. "예수님, 여기서 어서 피하십시오! 헤롯 안디바(헤롯 대왕의 아들이며 갈릴리 지역의 분봉왕)가 당신을 죽이려고 하기 때문입니다." 그러자 예수님께서 이렇게 대답하셨다. "너희는 가서 저 여우같이 하찮은 헤롯 안디바에게 나의 결단을 전해라! 나는 오늘과 내일 그리고 그다음 3일째 날까지, 바로 하나님께서 나에게 주신 모든 사명의 날들을 전부 사용해서, 마귀들을 쫓아내고 병든 자들을 온전히 회복시킬 것이다. 나에게 주어진 사명, 곧 하나님의 나라를 이 땅에 오게 하는 그 위대한 사명은 반드시 성취될 것이다. 그러므로 나는 오늘과 내일 그리고 그다음 날까지, 바로 하나님께서 나에게 주신 모든 사명의 날들과 사명의 장소들을 향해 조금도 두려워하거나 피하지 않고 나아갈 것이다. 하나님께서 보내신 진짜 선지자는 죽어도 사명의 땅인 예루살렘에서 죽는 것이 마땅하기 때문이다. 예루살렘 사람들이여! 하나님의 백성들이여! 그대들을 위해 하나님께서 보내신 진짜 선지자들을 죽이고 돌로 친 사람들이여! 나 또한 그대들과 그대들의 자녀들을 구원하려고 얼마나 애썼습니까! 마치 암탉이 자기 새끼들을 구하려고 자신의 날개 아래로 모으는 것처럼 나도 그대들을 향해 최선을 다했지만, 여러분은 그 구원을 원하지 않았고 하나님 나라를 거절했습니다! 자! 이제 곧 여러분이 그토록 소중하게 생각하던 예루살렘이 파괴되고 황폐하게 버려질 것입니다. 내가 분명히 말하는데, 더 심각하게 생각해야 할 것은 여러분을 구원하기 위해 온 가장 위대한 선지자인 나를 '주님의 이름으로 오시는 분께 찬송하여라!'라고 하며 소리치게 될 그날까지 다시는 보지 못하게 되는 것입니다. 바로 내가 온 세상을 심판하기 위해, 다시 이 땅에 오는 그날까지, 다시는 여러분이 나를 보지 못하게 될 것입니다. 지금이 바로 마지막 기회라는 말입니다."

열한 번째 날의 묵상: 환영과 거절

내 생애 가장 비참한 초등학교 운동회였다. 그날 아침, 너무나 힘들게 목회하시던 부모님은 교회의 어떤 성도 문제로 인해 과격하게 싸우셨고 두 분 다 분을 참지 못하시고 집을 나가 버리셨다. 결국 우리 형제는 도시락 하나 준비하지 못하고 운동회에 참석했

다. 싸우다 보니, 그날이 운동회 날이라는 것을 깜빡 잊으셨던 것
같다. 오전 운동회를 마치고 점심 식사 시간이 되었다. 다들 가족
끼리 친구끼리 모여서 맛있는 점심을 먹는데, 우리 형제는 어디
갈 곳도 먹을 것도 없어서 운동장 끝에 가서 앉아 있었다. 바로 그
때 교회 성도님 중에 한 분이 우리에게 다가와 "너희들 왜 아무것
도 못 먹고 있니? 도시락을 준비 못한 거야? 그럼, 여기 와서 우리
것 나누어 먹자!"라고 하셨다. 배고픈 동생은 밝은 얼굴을 하며 그
성도님을 따라가려고 일어났다. 하지만 나는 "가지 마!"라고 소리
쳤다. 왜냐하면 그 성도님은 우리 교회에서 항상 문제를 일으켜서
오늘도 우리 부모님이 서로 싸우게 만든 장본인이었기 때문이다.
아무것도 모르는 동생은 배가 고프니 가서 먹자고 했지만, 나는
화가 나고 분해서 "너! 저기 가서 하나라도 먹으면 죽을 줄 알아!"
라고 경고했다. 동생은 울었다. 나도 울었다. 나도 너무 배가 고픈
데, 가서 먹고 싶지가 않았다. 아니, 나중에는 정말 가서 먹고 싶었
지만 갈 수가 없었다. 지금도 그날을 생각하면 너무나 마음이 아
프다.

　시간이 많이 지난 후에, 내가 잘못했음을 깨달았다. 나는 그 성
도님이 얼마나 잘못했는지 잘 몰랐고 설사 그렇다고 할지라도, 그
날 우리를 향해 베푼 호의는 진심이었는데, 나의 알량한 자존심과
강퍅한 마음 때문에 나도 내 동생도 아무것도 먹지 못하게 만들어
버린 것이다. 호의를 베푼 그 성도님까지 나는 무안하게 만들고
말았다. 그리고 영원히 그 성도님에게 사과도 용서도 구하지 못하

고 헤어져야 했다.

오늘 누가복음 13장을 읽으며 나는 '거절'을 묵상했다. 누군가가 자신에게 베푼 소중한 기회와 따뜻한 섬김을 내가 고집스럽게 거절했던 것들을 말이다. 목회를 해 보니 참으로 어린 시절의 나 같은 사람들이 많다. 수없이 문자를 보내도 대답이 없고, 선물을 해도 차갑다. 설교가 시작되기도 전에 잠들어 있고, 나가는 길에 손을 내밀어도 신경조차 쓰지 않는다. 정말 내 수명을 단축해가며 준비한 번역과 행사와 모임에 그들은 전혀 상관없다는 듯 관심도 없다. 항상 이런저런 핑계를 대면서 결국 거절해 버린다. 나는 정말 너무나 마음이 아프다. 나중이 있을지도 모르지만, 없으면 어쩌려는가?

그래! 인간 목사의 그 무엇은 거절해도 좋다. 하지만 예수님의 그 무엇은 더 이상 거절하지 않았으면 좋겠다. 오늘도 수많은 거절의 이야기를 듣는다. 직장이 바빠서, 몸이 불편해서, 기분이 상해서, 나이가 많아서, 나이가 적어서, 초신자라서, 이미 산전수전 다 겪은 사람이라서 …, 그래서 그들은 오늘도 예수님을 거절한다.

당신은 오늘 무엇을 거절했는가? 그것이 혹시 예수 그리스도는 아니었는가?

오늘 본문 속에, 너무나 큰 안타까움에 속상하신 예수님의 마음을 한번 헤아려보라! 하나님 나라는 예수님께서 주시지 않아서가 아니라, 내가 거절하기 때문에 누리지 못하는 것이다.

제발 마음을 고쳐먹고, 일어나라! 자존심을 버리고 손을 내밀어라! 간절히 부탁하니 예수님께서 당신을 부르실 때, 그분께로 방향을 돌려라! 예수님이 아니라 이제는 당신 자신을 거절하라!

열한 번째 날의 기도

"하나님! 정말 죄송합니다. 그동안 저에게 부어주신 수많은 은혜와 감동과 찔림과 도전에 대해 거절했던 것들을 진심으로 사죄합니다. 더 이상 예수님 마음을 아프게 해 드리는 일이 없기를 소망합니다. 사랑하는 성도들을 위해 기도합니다. 더 이상 하나님의 것들을 거절하지 않도록 도와주소서! 수동적인 태도로 미루지만 말고 적극적인 태도로 일어나서 주님과 교회를 위해 섬길 수 있도록 도와주시옵소서! 나중이 아니라 바로 지금 마음을 고쳐먹고 주님의 손을 잡게 하소서! 온갖 세상 것들은 다 환영하면서 하늘의 것들만 그토록 거절하던 삶이 이제는 달라지게 하소서! 그때는 잘 몰라서 주님의 마음을 아프게 해 드렸지만 이제는 마음을 새롭게 하여 주님을 기쁘시게 하게 하소서! 예수님의 이름으로 기도합니다. 아멘!"

• 아래의 여백에 오늘 말씀과 묵상을 읽고 느낀 점을 적어 보세요. 그리고 기억하기 쉬운 단어나 짧은 문장으로 만들어서 하루 종일 생각하며, 또 감동을 주신 대로 실천해 보세요. 오늘도 위대한 하루가 될 것입니다.

열두 번째 날의 말씀: 시편 27편 개역개정

[다윗의 시] 여호와는 나의 빛이요 나의 구원이시니

내가 누구를 두려워하리요

여호와는 내 생명의 능력이시니

내가 누구를 무서워하리요

악인들이 내 살을 먹으려고 내게로 왔으나

나의 대적들, 나의 원수들인 그들은 실족하여 넘어졌도다

군대가 나를 대적하여 진 칠지라도 내 마음이 두렵지 아니하며

전쟁이 일어나 나를 치려 할지라도 나는 여전히 태연하리로다

내가 여호와께 바라는 한 가지 일 그것을 구하리니

곧 내가 내 평생에 여호와의 집에 살면서

여호와의 아름다움을 바라보며

그의 성전에서 사모하는 그것이라

여호와께서 환난 날에 나를 그의 초막 속에 비밀히 지키시고

그의 장막 은밀한 곳에 나를 숨기시며

높은 바위 위에 두시리로다

이제 내 머리가 나를 둘러싼 내 원수 위에 들리리니

내가 그의 장막에서 즐거운 제사를 드리겠고

노래하며 여호와를 찬송하리로다

여호와여 내가 소리 내어 부르짖을 때에

들으시고 또한 나를 긍휼히 여기사 응답하소서

너희는 내 얼굴을 찾으라 하실 때에

내가 마음으로 주께 말하되

여호와여 내가 주의 얼굴을 찾으리이다 하였나이다

주의 얼굴을 내게서 숨기지 마시고

주의 종을 노하여 버리지 마소서

주는 나의 도움이 되셨나이다

나의 구원의 하나님이시여 나를 버리지 마시고 떠나지 마소서

내 부모는 나를 버렸으나 여호와는 나를 영접하시리이다

여호와여 주의 도를 내게 가르치시고

내 원수를 생각하셔서 평탄한 길로 나를 인도하소서

내 생명을 내 대적에게 맡기지 마소서

위증자와 악을 토하는 자가 일어나 나를 치려 함이니이다

내가 산 자들의 땅에서 여호와의 선하심을 보게 될 줄

확실히 믿었도다

너는 여호와를 기다릴지어다

강하고 담대하며 여호와를 기다릴지어다

열두 번째 날의 묵상: 병든 두려움, 건강한 두려움

누구든지 한 사람의 인생의 가장 중요한 근원에는 '두려움'이 자리 잡고 있다. 공부를 하든, 직장을 다니든, 운동을 하든, 약을 먹든, 누구를 만나든, 혹은 누구를 만나지 않든, 그 모든 수고와 애씀, 혹은 최선을 다하거나 다하지 않게 되는 근원에는 두려움이 있다. 예를 들어서 어떤 학생에게 시험이 다가오는데, 자기 미래를 생각하면 공부해야 마땅함에도 불구하고, 함께 무리를 지어 노는 친구들이 공부하기를 원하지 않기에 그들과의 관계가 멀어질까 봐 무서워서 일부러 시험을 망치거나 공부하지 않는 아이도 있다. 직장생활 하는 사람 중에서도 단순히 돈이 없어 어려움을 당할까 봐 힘든 일을 견디는 사람이 있는가 하면 그 일을 바로 하지 않을 때 피해를 보고 잘못될까 봐 더 큰 가치인 정의로운 두려움으로 최선을 다하는 사람도 있다. 신앙 생활도 마찬가지다. 부모님이 무서워서 교회를 다니는 사람도 있고, 천국에 못 갈까 봐 예배에 참석하는 사람도 있다. 결국 두려움이 없는 사람은 아무도 없다. 그저 그 두려움이 건강한 것인지 아니면 병든 것인지의 차이만 있을 뿐이다. 그러므로 먼저 점검해 봐야 한다. 나는 건강한 두려움에 이끌려 삶을 살아가는가? 아니면 병든 두려움에 휩싸여 삶에 끌려가는가?

더 나아가 이 두려움을 해결하는 방법이 참으로 중요하다.

대다수의 사람은 두려움을 회피하거나 도망가거나 무시하면서 산다. 그래서 술을 마시고 게임을 하고 놀러 가고 다른 사람을 만난다. 하지만 이것으로는 두려움이 근본적으로 해결되지 않는다. 하나님의 사람들은 건강한 두려움으로 병든 두려움을 이겨야 한다. 나는 내가 바르게 설교함으로써 성도들이 상처를 받을지도 모른다는 사실에 대해 한 번도 두려워하지 않았다. 오직 내가 두려워해야 할 것은 마지막 날에 주님 앞에 섰을 때, 성도들에게 진리를 바로 전했는지의 여부다. 그러므로 두려움을 해결하는 가장 바른 방법은 건강한 두려움으로 병든 두려움을 이기는 것이다.

그렇게 하려면 어떻게 해야 할까?

시편 27편은 바로 그 해답을 제시한다. 시편 27편을 쓴 다윗은 분명히 두려움이 많았을 것이다. 그러나 그는 언제나 주님 앞으로 나아갔다. 그것이 바로 경외이다. 하나님을 두려워하는 마음으로 세상에 대한 두려움을 이긴 것이다. 그는 하나님의 그늘 아래서, 그분께 제사(예배) 드리고, 찬송했으며, 소리 내어 부르짖어 기도하였다. 그는 하나님을 경외하는 마음으로 이렇게 기도했다. "주의 얼굴을 내게서 숨기지 마시고, 종을 향해 노하여 버리지 마소서!"

코로나가 시작된 지 3년이 지났다. 코로나가 무서워서 예배를 못 나온 성도들이 많다. 하지만 다른 곳은 다 가고, 다른 것은 다 하며, 다른 사람은 다 만난다. 오직 예배만 드릴 수가 없다. 그 이유는 하나님이 전혀 두렵지 않은 것이다. 사람들에게 전화하지만 하나님께는 기도하지 않고, 세상 노래는 부르지만 찬양은 하지 않는다. 코로나 걸리는 것은 겁을 내면서 내 영혼이 병드는 것은 신경 쓰지 않는다. 새로운 대통령에 대해서는 이런저런 말을 하면서, 온 우주의 주인이신 하나님께는 전혀 관심이 없다. 그래서 결국 병든 두려움이 건강한 두려움을 삼키고, 한평생 주님과 상관없이 사는 것이다.

사순절의 두 번째 주일 아침이 되었다. 나에게도 수많은 어려움과 두려움이 밀려온다. 하지만 오직 하나님 한 분을 향한 경외함과 두려움에 다시금 집중한다. 그래서 나는 이 시편의 말씀처럼 주일을 맞이하며 이렇게 고백한다. "주여, 나는 오직 강하고 담대한 마음으로 당신만을 기다립니다!"

열두 번째 날의 기도

"하나님! 사순절 두 번째 주일 아침입니다. 수많은 세상의 병든 두려움 때문에 오늘도 믿음의 사람들이 예배드릴 수 없고, 기도할 수 없고, 찬양할 수 없습니다. 아니 솔직하게 말하자면, 하나님이 전혀 두렵지 않기 때문에 예배나 기도나 찬양 따위가 전혀 중요하지 않은 것입니다. 우리의 영혼 깊은 곳에 있는 두려움을 바로잡아 주소서! 우리가 마땅히 하나님 한 분을 향한 건강한 두려움, 바로 경외함을 가지게 하소서! 오늘, 우리가 어디에 있든지, 여리고 성을 향해 함성을 울리던 여호수아처럼 주님만 바라보게 하소서! 골리앗을 향해 달려가던 다윗처럼 주님만 의지하게 하소서! 십자가 위에서 영혼을 맡기던 예수님처럼 하나님만 기다리게 하소서! 그래서 이 세상의 헛되고 병든 두려움을 하나님을 경외하는 건강한 두려움으로 이기게 하소서! 예수님의 이름으로 기도합니다. 아멘!"

- 아래의 여백에 오늘 말씀과 묵상을 읽고 느낀 점을 적어 보세요. 그리고 기억하기 쉬운 단어나 짧은 문장으로 만들어서 하루 종일 생각하며, 또 감동을 주신 대로 실천해 보세요. 오늘도 위대한 하루가 될 것입니다.

열세 번째 날의 말씀: 누가복음 7:11-17 MBT

그러고 나서 이런 일이 있었다. 바로 그다음 날, 예수님께서는 '나인'이라고 하는 마을(가버나움에서 남서쪽으로 32km, 나사렛에서 남동쪽으로 10km)로 제자들 및 많은 사람들과 함께 들어가셨다. 예수님께서 그 마을의 성문쯤 도착하셨을 때, 사람들이 죽은 남자 청년 하나를 널판으로 메어 나르는 장례식 행렬을 만나게 되었다. 그 청년은 남편이 죽은 한 여자에게 유일하게 남겨진 외아들이었다. 그 마을에 사는 많은 사람들이 그녀와 함께 장례 행렬을 따라가고 있었다. 주님께서는 그 홀로 남은 여자를 보시고 불쌍히 여기시고 이렇게 말씀하셨다. "울지 마세요." 그러고 나서 예수님은 죽은 아이를 눕혀 놓은 널판에 손을 대시어 장례 행렬을 멈추셨다. 그리고 예수님은 이렇게 말씀하셨다. "젊은이! 내가 그대에게 말하니 지금 즉시 죽음에서 일어나게!" 그러자 정말로 그 죽었던 젊은이는 즉시 일어났고 말도 하기 시작했다. 예수님께서는 그 죽었다가 살아난 아들을 어머니에게 돌려주신 것이다. 바로 그 순간 경이로움이 모든 사람을 사로잡았다. 그래서 사람들은 하나님께 영광을 돌렸다. 그들은 이렇게 말했다. "우리 가운데 하나님의 위대한 선지자가 나타났다! 하나님께서 당신의 백성들을 찾아오셨도다!" 이 사건으로 인해, 온 유대 땅과 그 주변 모든 지역에 예수님에 대한 소문이 퍼져나갔다.

열세 번째 날의 묵상: 진정한 권위

나는 신학교 1학년 때 갑작스럽게 전도사 사역을 시작했다. 교단조차 달랐지만, 인품 좋으신 목사님의 설교가 좋아서 야간 대학을 다니면서도 예배 한 번 빠지지 않았고 성가대에서 봉사도 하였다. 그러던 어느 날 갑작스럽게 목사님은 나를 부르셔서 주일학교 전도사를 하라고 하셨다. 나는 목사님의 권위에 순복하여 첫 사역자의 길을 시작했는데, 처음에는 주일 학생들만 잘 섬기면 되는 줄 알았으나, 정작 나를 힘들게 한 것은 교사들이었다. 복음의 기본적 자질도 갖추지 못한 교사들이 절반 이상이었고, 어떤 교사들은 자신들이 가진 나이와 경험을 무기 삼아서, 무슨 일이든 하려고 하면 시비를 걸고 무시했다. 어린 나이였기에 여러 번 주일 사역을 마치고 혼자서 많이 울었다. 그러던 어느 날, 그날도 힘든 회의를 이끌고 있었다. 교사들은 나를 전도사라고 호칭만 했을 뿐, 그냥 애송이로 취급했다. 바로 그 순간 교육관 문을 열고 담임목

사님이 들어오셨다. 육중한 몸매에 강력한 카리스마를 가지신 노
(老)목사님은 그 자리에 들어와 단호하게 한마디 하셨다. "여기 강
산 전도사보다 성경 더 많이 알고, 여기 강산 전도사보다 더 기도
하는 사람 있나? 나이가 어리다고 무시하지 말고 하나님께서 세
우신 주의 종이니 순복하길 바랍니다. 알았습니까?" 교사들은 정
신을 번쩍 차리고 "예"라고 대답했다. 그리고 목사님은 회의 내내
뒷자리에 앉아 계셨다. 처음이고 마지막이었지만, 나는 그날 권위
가 가진 위대함을 체험했다.

　누가복음 7장에서는 내가 첫 번째 사역지에서 만난 노목사님
보다 더 강력한, 아니 그런 수준을 초월하는 권위를 만나게 된다.
죽은 청년의 장례식에서 그 관의 이동을 멈추고 시체를 살려내셨
다. 예수님은 죽은 청년을 향해 명령하셨다. 그 즉시 죽은 청년은
일어났다. 이보다 더 위대한 권위를 나는 세상에서 만나 본 적이
없다. 시체가 담긴 관에 손을 댐으로 발생하는 부정이나, 장례식의
엄숙한 진행을 방해하는 관습상의 무례함도, 사람들의 상식이나
경험에서 도출된 그 어떤 대단한 논리도, 예수님의 권위 앞에서는
아무것도 아니다. 나는 바로 그분의 그 권위로 주의 종이 되었고,
그 권위의 이름으로 기도하며, 그 권위가 주신 사명을 따라서 나
의 인생을 바쳤다.

　하지만 안타깝게도 사람들은 이 권위를 모른다. 이 권위를 무
시한다. 이 권위를 체험하지 못한다. 이 권위를 누리지 못한다. 명
품 브랜드의 권위와, 세상 사람들의 권위와, 한 나라의 지도자나

자기가 소속된 공동체를 이끄는 몇 사람의 권위에는 그렇게 복종
하면서도 하늘과 땅을 창조하시고 죽음에서 일어나시며 죄와 사
망의 권세를 굴복시키신 예수님이 베푸시는 구원 앞에서는 참으
로 교만하고 방자하다. 그래서 자기가 원하는 시간을 결정해서 예
배에 참석하며, 자기 마음대로 셀 모임을 결정하고, 예배 시간에도
잠자며, 말씀의 위엄 앞에서도 아무런 순복이 없다. 오늘 당신은
무슨 권위 아래서 사는가? 결국 당신이 인정한 권위 아래에서 당
신의 인생이 결정 날 것이다. 나는 죽음을 멈추시고, 사망의 그늘
에 있는 사람을 생명으로 일으키시는 그분의 권위 아래서 찬양하
고 기도하며 오늘도 승리할 것이다.

열세 번째 날의 기도

"하나님! 우리의 눈을 열어 가장 위대한 권위를 보게 하소서!
그 권위 아래에 순복하게 하소서! 잘못되고 쓸모없는 권위 아래에
서 불쌍한 인생을 살지 않게 하소서! 그리고 하나님의 권위로 세
우신 건강하고 소중한 권위 아래에도 순복하게 하소서! 아울러 예
수님의 그 위대한 이름으로 우리에게 주신 기도의 권위, 찬양의
권위, 선포의 권위, 말씀의 권위를 누리게 하소서! 오늘도 우리를
사망에서 일으켜 주소서! 예수님의 이름으로 기도합니다. 아멘!"

- 아래의 여백에 오늘 말씀과 묵상을 읽고 느낀 점을 적어 보세요. 그리고 기억하기 쉬운 단어나 짧은 문장으로 만들어서 하루 종일 생각하며, 또 감동을 주신 대로 실천해 보세요. 오늘도 위대한 하루가 될 것입니다.

열네 번째 날의 말씀: 누가복음 7:18-28 MBT

7:18-20   가버나움에서 백부장의 하인을 고쳐주시고 나인에서 과부의 아들을 살려주신 사건들을 비롯한 예수님의 사역을, 세례 요한의 제자들은 그들의 스승인 세례 요한에게 보고했다. 그러자 세례 요한은 자신의 제자들 중에서 2명을 불렀다. 그리고 그들을 예수님께 보내어서 이런 질문을 하라고 말했다. 즉, "예수님! 당신은 우리를 위해 오실 분, 곧 메시아가 맞습니까(말 3:1)? 아니면 우리가 다른 분을 기다려야 할까요?"(요한이 이렇게 질문한 이유는 자신이 기대한 메시아의 모습과 예수님께서 실제로 사역하시는 모습이 다르게 느껴졌기 때문이다. 눅 3:15-17 참고). 요한의 제자들은 예수님께 가까이 가서 이렇게 여쭈어보았다. "저희의 스승 되신 세례 요한이 예수님께 다음과 같은 질문을 하였습니다. 즉 '예수님! 당신은 우리를 위해

오실 분, 곧 메시아가 맞습니까? 아니면 우리가 다른 분을 기다려
야 할까요?'"

7:21-23   마침, 세례 요한의 제자들이 그 질문을 하고 있을
때, 예수님은 여러 가지 질병과 고통 속에 신음하는 사람들과 악
한 영들에 사로잡힌 사람들과 앞을 보지 못하는 많은 사람을 고치
고 회복시켜 주심으로서, 그들의 삶에 하나님의 치유와 역전의 은
혜를 나누고 계셨다. 그래서 예수님은 세례 요한의 제자들에게 이
렇게 대답하셨다. "여러분은 가서 여러분의 스승인 세례 요한에게
여러분이 지금 여기서 보고 들은 것을 그대로 알려 주십시오. 곧
'보지 못하는 사람들이 보고, 걷지 못하는 사람들이 걷게 되고, 악
성 피부병으로 고생하는 사람들이 깨끗하게 되며, 듣지 못하는 사
람들이 듣게 되고, 죽은 사람들이 일어난다고요. 다시 말해서 이
세상에서 가난하고 낮은 사람들에게 그들의 인생을 역전시킬 위
대한 복음이 선포되고 이루어지고 있다고 말입니다"(예수님께서
는 단순히 '그렇습니다'라는 대답보다 더 크고 강력한 실제적인 대답으로 이것들
을 보여 주신 것이다). 그리고 예수님은 덧붙이셨다. "나와 내가 전하
는 이 역전의 복음으로 인해 시험에 들지 않고 진정 그 안으로 참
여하여 실제가 되는 사람들은 복된 인생을 누리게 될 것입니다!"

7:24-26   요한의 제자들이 떠난 후에, 예수님께서는 주변에
있는 사람들에게 이렇게 이어서 말씀하셨습니다. "여러분은 무엇
을 보려고 광야로 나갔습니까? 그저 바람에 흔들리는 갈대나 보
려고 나간 것입니까? 아니면, 여러분은 무엇을 보려고 광야로 나

갔습니까? 고급스럽고 부드러운 옷으로 자신의 몸을 감싼 사람들을 보려고 나간 것입니까? 그렇게 비싸고 사치스러운 옷들을 입은 사람들은 왕궁에 있습니다. 광야에는 그런 사람이 없지요. 그러면 여러분은 무엇을 보려고 광야로 나갔습니까? 선지자를 만나려고 나갔습니까? 맞습니다. 광야에서 우리가 만나야 할 사람은 바로 선지자입니다. 하나님의 말씀입니다. 하나님의 뜻입니다. 하지만 내가 지금 소개할 선지자는 보통 선지자가 아닙니다. 보통 선지자들을 능가하는 정말 탁월한 선지자입니다."

7:27-28　"그 사람이 바로 세례 요한이지요! 그래서 성경에는 이 위대한 선지자인 세례 요한에 대해 '보라! 내가 나의 선지자를 보낸다. 그가 메시아 앞에서, 메시아의 오실 길을 준비할 것이다'라는 예언이 있었던 것입니다. 여러분! 다시 말하지만, 세례 요한은 정말 대단한 사람입니다. 여자로부터 태어난 사람 중에서 요한보다 큰 사람은 없습니다. 하지만, 하나님 나라에 들어온 사람들은 아주 작은 사람이라 할지라도 세례 요한보다 큽니다."

열네 번째 날의 묵상: 정체성

오래전에 지역 교회 목회자들과 함께 독서 모임을 이끌 때가 있었다. 어느 정도 독서력과 필력을 가진 목사님들이 모여 몇 주에 한 번씩 무게감 있는 고전이나 신학 서적을 읽고 나누는 시간을 가졌다. 그러던 어느 날 이 모임에 대한 소문을 들었다고 찾아온 한 선배 목사님이 자신도 그 모임에 참여하고 싶다고 했다. 책도 상당히 읽었으며 글도 꽤 쓴다고 하면서, 자신이 그 모임에 가면 모두들 기가 죽을 거라고 자랑도 했다. 그래서 나는 다음번 모임에서 읽을 책을 소개하고, 독서평을 정리해서 모임을 한번 이끌어 달라고 부탁했다. 하지만 호언장담하던 그 선배 목사님은 책의 핵심적인 내용을 잘 이해하지도 못했고 글도 형편없었다. 모두 점잖은 목사님들이라서 아무 말 하지 않았지만, 그 모임은 무가치했다. 자신을 대단한 사람처럼 자랑하던 그 선배 목사는 그날 딱 한번 그 모임에 왔다가 다시는 오지 않았다. 아니, 올 수 없었던 것이다.

'한 사람이 어떤 사람인가?'라는 질문에 대한 정확한 대답은 그 사람의 이력서에 담긴 스펙이 아니다. 바로 그 사람이 진짜 가지고 있는 것과 사는 모습이다. 즉, 한 사람의 정체성은 그의 실제 삶으로 증명되는 것이다. 주일에 예배를 인도하다 보면 저 성도가 정말 주님을 사랑하는지 드러난다. 기도를 시켜보면, 봉사를 시켜보면 모든 것이 드러난다. 사람들은 입으로는 하나님을 사랑한다고 말하고 진짜 그리스도인이 되어야 한다고 말하지만, 자신이 매일 스마트폰으로 접속하는 사이트와 자신에게 주어진 대부분의 시간과 물질을 사용하는 대상이 바로 그 사람의 정체성을 보여 준다. 정체성은 삶이며, 삶이 곧 정체성인 것이다.

오늘 본문에서 세례 요한은 예수님의 정체성에 대해 의문을 제기한다. 그분이 정말 메시아인지 물어보는 것이다. 그러자 예수님은 자신의 정체성을 자신의 삶으로 대답하셨다. 구약에 예언된 메시아의 실제적 행동이 바로 예수님의 일상이었던 것이다.

하지만 여기서 우리는 한 걸음 더 나아가야 한다. 그것은 우리의 진정한 정체성은 단순히 좋은 삶을 사는 것이 아니라, 하나님의 이야기라는 흐름 속에 있는지에 대한 평가로 완성된다는 것이다. 예수님께서 자신의 정체성에 대해 의심을 품었던 세례 요한을 평가하시면서 핵심적인 요소로 삼으신 것이 바로 이것이다.

그러므로 오늘은 스스로를 점검해 보길 바란다. 자신의 진정한 정체성이 무엇인지를 솔직하게 고백하기를 바란다. 진정으로 내가 사는 모습이 나의 실체이고, 나의 언행심사(言行心事)가 나의 정체성이다. 그러므로 삶을 바꾸어야 한다. 더 나아가 단순히 좋은 삶이냐, 좋지 않은 삶이냐가 아니라, 나의 삶의 이야기가 하나님 나라의 이야기와 어떻게 연결되고 있느냐가 핵심이다. 나는 누구인가? 나는 지금 누구의 이야기를 살고 있는가? 나의 이야기에 예수님을 이용하고 있는가? 아니면 예수님의 이야기에 내가 참여하고 헌신하고 있는가?

열네 번째 날의 기도

"하나님! 진정으로 제가 누구인지 점검하게 하소서! 제가 매일 살아가는 삶의 실제 속에서 예수님이 주인 되셔서 하나님 나라의 이야기를 이어가고 있는지 돌아보게 하소서! 한 사람의 정체성이 그 사람의 삶이라면, 저를 바꾸기 위해서 나의 삶이 먼저 바뀌어야 함을 깨닫고 결단하여 실제로 살게 하소서! 더 이상 저의 이야기에 예수님을 이용해 먹지 않고, 예수님의 이야기 속에 제가 참여하고 헌신하게 하소서! 그래서 어느 순간이든 누군가가 저에게 '당신은 누구입니까?'라고 물어본다면, 예수님처럼 저도 '지금 제가 하고 있는 일을 보십시오! 제가 하는 일이 바로 저 자신입니다!' 라고 담대하게 고백하게 하소서! 예수님의 이름으로 기도합니다. 아멘!"

- 아래의 여백에 오늘 말씀과 묵상을 읽고 느낀 점을 적어 보세요. 그리고 기억하기 쉬운 단어나 짧은 문장으로 만들어서 하루 종일 생각하며, 또 감동을 주신 대로 실천해 보세요. 오늘도 위대한 하루가 될 것입니다.

열다섯 번째 날의 말씀: 누가복음 8:22-39 MBT

8:22-25   그리고 나서, 어느 날 이런 일이 있었다. 예수님께 서 제자들과 함께 배에 타신 후에, 그들에게 이렇게 말씀하신 것 이다. "갈릴리 호수 건너편 지역으로 갑시다." 그렇게 예수님과 제 자들은 갈릴리 건너편 이방인의 땅으로 가게 되었다. 갈릴리 호수 를 건너는 동안, 예수님은 잠이 드셨다. 잠시 후, 돌풍이 일어나서 호수를 뒤흔들어 놓았고 배에 물이 가득해지자, 그 배에 타고 있 던 제자들은 모두 두려움에 사로잡혔고 배도 곧 가라앉을 매우 위 험한 상태가 되었다. 제자들은 주무시는 예수님께 다가와 그분을 깨우며 이렇게 말했다. "스승님! 스승님! 저희가 다 죽게 되었습니 다." 예수님은 깨어나셔서 바람과 돌풍으로 인해 거세진 파도를 향해 꾸짖으셨다. 그러자 그 즉시 모든 바람과 파도가 가라앉고

호수는 고요해졌다. 그러고 나서 제자들에게 예수님은 이렇게 말씀하셨다. "여러분의 믿음은 어디로 사라졌나요? 여러분은 이렇게 믿음이 없습니까?" 그러자 제자들은 서로 이런 말을 했다. "예수님은 정말 누구신가? 바람과 파도까지 그분의 명령 앞에서 순종하니 말이다!"

8:26-33   얼마 후에, 그들은 갈릴리 호수 반대편인, 이방인의 땅 곧 '거라사' 지역에 도착했다. 예수님께서 배에서 내리셔서 그 땅에 도착하시니, 한 남자가 예수님과 마주쳤다. 그 남자는 그 지역 사람으로, 마귀들에게 오랫동안 사로잡혀서, 옷도 입지 않았고 집에도 들어가지 않은 상태로 무덤들 가운데서 살았다. 그 남자 안에 있는 마귀들은 예수님을 보자마자 그분 앞에 엎드린 후, 이렇게 큰 소리로 말했다. "지극히 높으신 하나님의 아들, 예수님! 저하고 당신하고는 아무런 상관이 없습니다. 그러니 제발 부탁드립니다. 저를 괴롭게 하지 마십시오!" 그 남자 안에 있는 마귀들이 이런 말을 한 이유는 예수님께서 이미 그 마귀들에게 그 남자의 몸에서 나오라고 명령하셨기 때문이다. 마귀들이 그 남자를 사로잡아서 미쳐 날뛰게 만들었기 때문에, 그 지역 사람들은 그 남자를 쇠사슬과 족쇄로 묶어 보았지만, 그 남자를 사로잡고 있는 마귀들은 그 모든 것들을 다 끊어버리고 광야로 나가서 뛰어다니게 만들었다. 예수님께서는 그 남자 안에 있는 마귀들에게 "너의 이름은 무엇이냐?"라고 물으셨다. 그러자 마귀가 이렇게 얼버무렸다. "군단!" 그 이유는 그 남자 안에 너무나 많은 마귀가 들어가 있

었기 때문이다. 그 남자 안에 있는 마귀들은 예수님께 '자신들을 무저갱(지옥-아뷔소스) 안으로 들어가라'는 명령만은 하지 마시라고 간절히 부탁했다. 마침 그곳에는 산에서 방목 중인 돼지 떼가 많이 있었다. 그래서 그 마귀들은 예수님께 자신들이 저 돼지 떼 안으로 들어가기를 허락해 달라고 간청했다. 그래서 예수님은 그렇게 하라고 허락하셨다. 그러자 마귀들은 그 남자에게서 나와서 돼지 떼 안으로 들어갔다. 마귀들이 들어간 돼지 떼는 갑자기 산의 가파른 경사 아래로 달리더니 갈릴리 호수 안으로 들어가 물속에서 모두 몰사했다.

8:34-39   곁에서 돼지를 방목하던 사람들은 그 광경을 보고 (놀라서) 도망쳤고 그 지역의 여러 장소에서 살고 있는 사람들에게 가서 이 모든 사건을 알렸다. 마을 사람들은 나와서 도대체 무슨 일이 일어난 것인지 제대로 알아보려고 예수님께로 왔다. 그곳에 오자 얼마 전까지 마귀들에게 사로잡혀서 미쳐 날뛰던 그 남자가 옷을 차려입고 온전한 정신이 되어서 예수님의 발 곁에 앉아 있는 것을 보게 되었다. 그래서 그 사람들은 두려움에 사로잡혔다. 방금 일어난 사건을 모두 본 목격자들이 예수님께로 온 그 지역 사람들에게 어떻게 예수님께서 그 마귀에게 사로잡힌 사람을 구해 주었는지를 모두 말해 주었다. 그러자 그 지역 사람들은 예수님에게 그 주변 지역, 곧 '거라사' 땅에서 떠나 달라고 부탁했다. 왜냐하면, 그들은 예수님으로 인해 마귀에게 사로잡힌 사람으로 인한 두려움보다 더 거대한 두려움에 사로잡혔기 때문이다. 그래서 예수

님은 제자들과 함께 타고 왔던 배로 돌아가셨다. 마귀들에게 사로
잡혔다가 자유를 얻은 그 남자는 예수님께로 와서 계속 애원했다.
자신이 그곳을 떠나 예수님과 함께하기를 허락해 달라고 말이다.
하지만 예수님께서는 그 남자를 도로 돌려보내시며 이렇게 말씀
하셨다. "형제여, 그대의 땅과 그대의 집으로 돌아가세요. 그리고
하나님께서 그대에게 행하신 일들을 사람들에게 전부 다 알려주
세요." 그러자 그 남자는 예수님의 말씀에 순종하여서 자신의 땅
으로 돌아갔다. 온 도시를 돌아다니며 예수님께서 자신에게 행하
신 일을 전부 다 전파하였다.

열다섯 번째 날의 묵상: 요구와 요청

상당히 복잡한 구조로 되어 있으며 다양한 지엽적 주제들을
도출할 수 있는 본문이지만, 나는 누가복음 8장의 후반부를 읽을
때마다 '요구와 요청'이라는 선명한 모티브가 자리 잡고 있음을
보게 된다.

가장 먼저 예수님께서는 제자들에게 갈릴리 호수 너머 이방인
의 땅으로 건너가기를 요청하시고, 그 과정에서 풍랑을 만난 제자
들은 잠자는 예수님을 깨우며 도움을 요청한다. 잠에서 일어나신
예수님은 제자들에게 믿음을 요구하시고 바다를 명령하셔서 잠잠
하기를 요구하신다.

또한 거라사인의 땅에는 한 불쌍한 영혼의 육체를 요구하는
군대 마귀가 있고, 예수님은 그 마귀가 떠나가기를 명령하신다. 그

와중에 마귀는 돼지 떼에 들어가기를 요구하고, 감당할 수 없는 기적을 체험한 그 지역 사람들은 예수님께 떠나가시기를 요구한다. 그들은 자신들의 삶을 변화시킬 이야기보다 그저 (유대인들의 시각으로는 부정한) 돼지나 치면서 현상 유지하기를 요구한 것이다.

마지막으로 비극적인 인생에서 자유를 얻은 그 남자는 예수님과 함께 가기를 요청하지만, 예수님께서는 어쩔 수 없이 떠나시는 상황에서 그 남자가 예수님 대신, 예수님의 이야기를 이어받아 복음 전하기를 요청하신다.

목회자의 길에서 나는 참으로 다양한 요구와 요청을 받게 된다. 찬양 인도를 하면, 모르는 곡이라서 힘들다는 사람이 있는가 하면, 매번 아는 곡만 부른다고 불평하는 사람도 있다. 설교도 하고 나면, 쉽고 부드러운 설교를 해 달라고 하는 사람도 있고 더 강하고 깊은 메시지를 전해 달라고 요청하는 사람도 있다. 작은 것 하나까지 신경 써 주기를 바라는 성도도 있지만 주일 아침의 문자조차 부담스러워하는 성도도 있다. 더 큰 문제는, 나에게 이 땅에서 일어나는 사랑하는 성도들의 다양한 요구와 요청만이 아니라 저 하늘에서 내려오는 하나님의 요구와 요청이 있다는 것이다. 나는 그 둘 사이에서 갈등하고 기도하고 타협하기도 한다. 하지만 결국 하나님의 요구와 요청에 순복할 수밖에 없다. 그것이 십자가와 부활의 길이기 때문이다.

바로 어제, 모교 교목실에서 전화가 왔다. 신학대학원 예배에 말씀을 전해달라는 요청이었다. 작년에는 내가 신대원생들이 가장 설교 듣고 싶어 하는 목회자 2위였는데, 올해는 1위가 되었다는 말까지 하면서 말이다. 솔직히 집회 요청은 재미있고 즐겁다. 본 교회에서 할 수 없는 말들을 자유롭게 할 수도 있고, 늘 익숙하기에 냉랭한 반응을 보이는 본 교회 성도들에 비해 외부 집회에서는 설교를 마치면 은혜받았다면서 많은 이들이 격려와 응원을 해 주기 때문이다. 거기에 사례비도 받으니 평소에 사고 싶던 책도 살 수 있는 기회가 된다. 하지만 먼저 나는 주님께 조용히 여쭈어보았다. 주님은 나에게 이번 특별한 사순절을 위해 조용히 주님과 함께, 그리고 성도들과 함께 지내기를 요청하셨다. 그래서 최대한 부드럽게 거절했다.

나에게도 많은 요청과 요구가 있다. 한 가정의 아버지이며 남편으로, 한 교회의 목회자요 담임목사로, 나도 얻고 싶고, 가지고 싶고, 대접받고 싶고, 인정받고 싶은 것들이 있다. 그러나 그 모든 것보다, 나는 한 성도이자 주의 종으로 나를 향한 하나님의 요구와 요청에 가장 중요한 우선순위를 둘 수밖에 없다. 그것은 한 번의 결정으로 끝나는 것이 아니라, 평생 주님의 마음과 얼굴을 살피며 이루어져야 하는 긴 여정이다. 나는 그날이 오기를 소망한다. 나의 요구와 요청이 모두 이루어지는 날이 아니라, 하나님의 모든 요구와 요청이 나의 모든 요구와 요청으로 기쁘게 일치되는 그날을 말이다. 아마도 그날은 하나님 나라와 그 뜻이 나의 인생에 온전히 이루어지는 날이 될 것이다.

열다섯 번째 날의 기도

"하나님! 저에게는 수많은 요구와 요청이 있습니다. 가지고 싶고, 사고 싶고, 먹고 싶고, 되고 싶은 것들이 많습니다. 그러나 하나님 당신은 저에게 어떤 요구와 요청을 가지고 계십니까? 제가 귀를 기울여 듣게 하시고, 마음을 집중해서 순종하게 하소서! 나의 요구와 요청을 하나님께 억지로 강청하는 종교인이 아니라, 하나님의 요구와 요청이 저의 모든 것이 되는 자가 되기를 바랍니다. 나의 것은 아무리 많이 이루어져도 만족과 감사가 없지만, 하나님의 요구와 요청은 이 땅에 하늘나라를 이룬다는 것을 기대하고 따라가게 하소서! 지금은 이따금 억지로 당신의 요구와 요청에 응답하지만 언젠가는 기쁘고 즐거운 마음으로 그렇게 되게 하소서! 예수님의 이름으로 기도합니다. 아멘!"

- 아래의 여백에 오늘 말씀과 묵상을 읽고 느낀 점을 적어 보세요. 그리고 기억하기 쉬운 단어나 짧은 문장으로 만들어서 하루 종일 생각하며, 또 감동을 주신 대로 실천해 보세요. 오늘도 위대한 하루가 될 것입니다.

사순절 제16일
사순절 둘째 주, 목요일
(누가복음 8:40-56)

열여섯 번째 날의 말씀: 누가복음 8:40-56 MBT

8:40-42   예수님께서 거라사 지역에서 갈릴리로 돌아오시자, 사람들이 그분을 환영했다. 그들이 예수님을 기다리고 있었기 때문이다. 바로 그때, 한 사람이 예수님께 다가왔다. 그 사람의 이름은 '야이로'인데, 유대인 회당의 운영에 책임을 지고 있는 회당장이었다. 그는 예수님의 발에 엎드려서 자신의 집으로 와 주시기를 간절히 부탁드렸다. 회당장 야이로가 이런 부탁을 한 이유는, 그에게 하나밖에 없는 12살 난 딸이 죽어가고 있는 상황이었기 때문이다. 그래서 예수님은 회당장 야이로와 함께 그의 집으로 가셨는데 그 주변에 함께 있던 상당히 많은 사람들도 무질서하게 예수님 주변을 에워싸고 밀치며 함께 갔다.

8:43-48   예수님과 함께한 많은 사람들 중에는 한 여자도 있

었다. 그녀는 12년간이나 피가 멈추지 않는 질병(혈루병)으로 인해 고생하였고 많은 의사를 찾아갔지만, 시간도 돈도 다 허비했을 뿐 그 어떤 도움이나 치유도 받을 수 없었다. 그래서 그녀는 예수님의 뒤로 몰래 다가와 그분이 입고 계신 겉옷의 끝자락을 만졌다. 그랬더니 그 즉시 그녀의 몸에서 계속 흐르던 피가 딱 멈추었다. 바로 그 순간, 예수님께서는 멈추셔서 "누가 나에게 손을 대었습니까?"라고 물으셨다. 하지만 주변에 있던 사람들은 모두 "아니라"라고 대답했다. 베드로도 이렇게 한마디를 거들었다. "스승님! 이렇게 많은 사람들이 예수님 주변을 에워싸고 밀치면서 가고 있는데 누가 손을 대었는지는 알 수 없습니다." 하지만 예수님께서는 이렇게 말씀하셨다. "그냥 밀친 것을 말하는 것이 아닙니다. 누군가 의도적으로, 목적을 가지고 나를 만졌습니다. 왜냐하면 지금 나의 능력이 누군가에게로 흘러갔다는 것을 느꼈기 때문입니다." 그러자 바로 그 여자가 자신이 한 일을 숨길 수 없다는 것을 깨닫고, 떨면서 주님 앞으로 나왔다. 그리고 주님께 엎드리어 모든 사람 앞에서 자신이 주님의 옷을 만졌고, 만지자마자 자신의 오래된 질병이 치유받았음을 고백하였다. 그러자 예수님은 그 여자에게 이렇게 말씀하셨다. "하나님의 딸이여! 그대의 믿음이 그대를 구했습니다. 그러니 평안히 돌아가십시오!"

8:49-56　　이렇게 예수님께서 말씀하시는 동안에 시간이 지체되었고, 회당장의 집으로부터 한 사람이 와서 (예수님과 함께 있는) 회당장 야이로에게 이렇게 말했다. "당신의 딸이 방금 죽었습니

다. 그러니 이제 예수님이 오셔도 아무 소용이 없습니다. 그분을 더 이상 수고롭게 하지 마십시오." 회당장의 집에서 온 사람이 한 말을 예수님께서도 들으시고, 회당장 야이로에게 이렇게 대답하셨다. "두려워하지 마십시오! 지금 해야 할 것은 오직 하나님을 믿는 것입니다! 그러면 하나님께서 당신의 딸을 구해 주실 것입니다." 회당장의 집에 도착하신 예수님께서는 자신의 제자들 중에서 베드로, 야고보, 그리고 요한 및 방금 죽은 딸의 아버지 야이로와 어머니만 데리고 그 집 안으로 들어가셨다. 집에 들어가자, 전문적인 애곡꾼들이 와서 죽은 딸을 위해 울면서 가슴을 치고 있었다. 그래서 예수님은 그들에게 이렇게 말씀하셨다. "여러분, 그만 우십시오! 회당장의 딸은 죽은 것이 아니라 자고 있습니다." 그러자 주변에 있던 사람들은 회당장의 딸이 죽었다는 것을 이미 알고 있었기 때문에, 예수님께서 하신 말씀에 대해 비웃었다. 하지만 예수님은 죽은 회당장의 딸의 손을 붙잡고 이렇게 소리치셨다. "소녀야! 일어나라!" 그러자 놀랍게도 그 즉시, 죽은 소녀의 영이 돌아왔고 살아나서 일어났다. 예수님께서는 살아난 소녀에게 먹을 것을 가져다 주라고 지시하셨다. 그래서 그 소녀의 부모는 깜짝 놀랐다. 마지막으로 예수님께서는 그 부모에게 방금 일어난 사건에 대해서 말하지 말라고 명령하셨다.

열여섯 번째 날의 묵상: 믿음의 능동성

늦은 밤, 잠이 막 들려는 순간, 갑자기 전화가 왔다. 이런 늦은 시간에 걸려 오는 전화는 심각한 상황인 것이 대다수다. 나는 정신을 차리고 전화를 받았다. 한 청년이 간절한 목소리로 내일 마감인 등록금이 해결되지 않았다고 말했다. 선교사님 딸이었는데 무엇인가 문제가 생긴 모양이다. 물론 나는 왜 이제야 말했냐고, 나도 돈이 없다고 말하고 싶었다. 하지만 그건 이렇게 어렵게 용기 내어 전화한 그 청년에게 아무런 도움도 되지 않는 말이었다. 나는 그 청년에게 어떻게든 길을 찾아보겠다고 말하고 전화를 끊었다. 나는 하나님께 내 딸의 문제라고 생각하고 간절히 기도드렸다. "하나님 등록금이 내일 마감인데 돈이 필요합니다. 보내주십시오. 은과 금의 주인 되신 하나님, 저의 욕망이나 소유를 위해서가 아니라 먼 나라에서 복음을 전하는 선교사님의 딸을 위해 도와주십시오!"라고. 그런데 하나님은 기도하는 내내, 평안한 마음을 주시며 내가 도와주라는 마음을 주셨다. 어떻게 도와줄 수 있을까 고민하는 중에 책상 위에 내가 사용하는 카드 회사의 대출 안내 우편물을 보게 되었다. 나는 이자율을 보지 않고 대출 가능 한도만 보았다. 충분한 금액은 아니었지만 나는 용기를 냈다. 그리고 청년들 전체에게 문자를 보냈다. 우리 청년부에 있는 선교사님 딸이 등록금이 내일 마감이라서 내가 먼저 카드 대출로 얼마를 빌렸으니, 나머지는 청년들 중에서도 도와줄 수 있는 사람이 있다면 빌려달라고 말이다. 놀랍게도 그날 밤 많은 청년들이 도움을 주었다. 심지어 바로 그날 1달 동안 아르바이트를 하고 받은 월급 전부를 보내준 청년도 있었다. 그래서 하룻밤 만에 우리는 그 청년의 등록금을 보내 줄 수 있게 되었다. 물론 얼마 후에 한국으로 오신 선교사 부모님께서 우리가 빌려준 모든 돈을 갚아 주셨다.

많은 성도가 그냥 믿음을 아무것도 안 하고 가만히 있는 것으로 착각한다. 교리적으로 왜곡된 행위와 은혜 개념에 믿음이라는 가치가 수동적으로 담기면서 수많은 성도가 아무것도 하지 않는 상태로 머물러 있다. 물론 기다리고 견뎌야 하는 때도 있다. 하지만 오늘 본문에서 믿음은 능동적이고 적극적이다. 카드대출을 받아서 돈을 빌려주는 일이 무모한 일이라고 욕할지 모르겠지만, 피가 흐르는 여자가 남자의 옷에 손을 댄다는 것은 무모한 정도가 아니라 매우 위험한 행동이었다. 하지만 예수님은 바로 그 능동적인 행동을 믿음이라고 부르셨다. 믿음에는 분명히 여러 가지 스펙트럼이 있겠지만, 지금 우리에게 결정적으로 필요한 것은 무엇보다 능동적인 믿음이라고 생각한다.

아울러 예수님은 그 길에서 불쌍한 여자를 치유하시느라 시간을 지체한 후에 도착한 야이로의 집에서도 부정적이고 수동적인 믿음이 아니라, 능동적이고 적극적인 믿음을 요구하신다. 두 이야기 모두, 단순히 병든 사람이나 죽은 사람이 회복되었다는 기적의 결과보다 그 기적으로 가는 과정에 있는 능동적인 믿음에 초점을 맞추고 있는 것이다.

목회를 해 보니, 변화 없는 성도들의 한결같은 특징은 수동적이고 부정적인 믿음이었다. 늘 뒷자리에 앉아 있고 늘 비판만 했다. 무엇인가 좀 해 보려고 하면 온갖 핑계와 합리화만 가득하다.

하지만 변화되는 성도들은 달랐다. 분명히 그들에게도 어려움과 한계가 있었을 텐데 용기를 내고 먼저 섬기며 적극적으로 다가왔다. 말씀도, 기도도, 예배도, 간절하고 능동적이며 적극적으로 임했다. 물론 실수하고 상처받았지만, 그럼에도 불구하고 포기하지 않고 나아갔다. 나는 그 능동적인 믿음을 가진 사람들을 사랑한다. 하나님도 분명히 그러시리라 나는 믿는다.

열여섯 번째 날의 기도

"하나님! 우리가 죄를 짓고 악을 행하는 데에는 능동적이면서도 하나님을 향한 모든 일에는 자주 수동적이며 부정적인 모습으로 사는 것을 용서해 주십시오. 우리 자신이 죽어가는 상황을 직시하고 우리 자녀가 죽어가는 상황을 직면하여, 갈급하고 간절한 마음으로, 능동적이고 적극적으로 주님 앞에 나아가게 하소서! 더 이상 환경이나 상황만 탓하지 않고 혈루병 걸린 여자처럼 주님의 옷자락을 만지게 하소서! 큰 소리로 찬양하고 기도하며, 적극적으로 하나님의 일에 참여하고, 능동적으로 주님의 이야기에 들어가게 하소서! 우리의 믿음 없음을 도와주시고, 우리의 수동적인 신앙을 변화시켜 주소서! 기다려야 할 때는 기다리게 하소서! 그러나 일어나서 움직여야 할 때를 놓치지 않게 하소서! 예수님의 이름으로 기도합니다. 아멘!"

- 아래의 여백에 오늘 말씀과 묵상을 읽고 느낀 점을 적어 보세요. 그리고 기억하기 쉬운 단어나 짧은 문장으로 만들어서 하루 종일 생각하며, 또 감동을 주신 대로 실천해 보세요. 오늘도 위대한 하루가 될 것입니다.

열일곱 번째 날의 말씀: 누가복음 9:18-27 MBT

9:18-19 　 그러고 나서 이런 일이 있었다. 예수님께서 따로 기도하고 계셨는데, 그곳에 제자들도 함께 있었다. 예수님께서 기도를 마치시고 제자들에게 이런 질문을 하셨다. "사람들은 나를 누구라고 합니까?" 제자들이 여러 가지로 대답했다. "어떤 사람은 세례 요한이라고 하고, 또 어떤 사람은 엘리야라고 하고, 또 다른 사람들은 구약 시대의 선지자들 중에 한 명이 살아난 것이라고 말하기도 합니다."

9:20-21 　 그러자 예수님은 제자들에게 단도직입적으로 물어보셨다. "그렇다면 여러분은 나를 누구라고 고백합니까?" 그때 베드로가 대답했다. "예수님은 하나님의 그리스도, 곧 하나님 나라의 왕이시며 우리를 구원하실 메시아이십니다!" 그러자 예수님께

서 주의를 주시며 제자들에게 이렇게 명령하셨다. "베드로가 한 말을 아무에게도 말하지 마세요!"

9:22-27   이어서 예수님은 메시아인 자신에게 반드시 일어날 네 가지 과정을 제자들에게 말씀하셨다. "참 사람, 하나님의 아들 인 나는 반드시 먼저 많은 어려움과 시련을 당하게 될 것입니다. 그다음으로 유대 장로들과 대제사장 및 서기관들에 의해서 배척 을 당하게 될 것이며, 이어서 십자가에서 죽임당할 것입니다. 그리 고 반드시 3일째 되는 날에 다시 살아날 것입니다." 더 나아가 예 수님께서는 모든 제자들을 향해 이렇게 말씀하셨다. "누구든지 나 의 제자가 되기를 바라는 사람, 나를 따라오기를 원하는 사람은 자신의 자아를 부인하고 포기하십시오! 날마다 자신의 십자가를 지고 나를 따라오십시오! 왜냐하면 복음은 역설의 진리이기 때문 입니다. 누구든지 자아를 사랑하여 그것을 구하려고 하면 오히려 잃어버리게 되고, 누구든지 나를 따라오기 위해서 자아를 포기하 면 오히려 그것을 진정으로 얻는, 구원의 삶을 누리게 될 것이기 때문입니다. 잘 생각해 보십시오! 어떤 사람이 세상의 모든 것들 을 다 얻어놓고도 자신의 영혼을 잃어버린다면, 그 어떤 것도 누 릴 수 없으니 아무 소용없지 않겠습니까? 사람들이 이렇게 자기 영혼을 잃어버리는 삶을 사는 이유는, 나와 나의 말을 부끄럽게 여기고 수치스럽게 여기기 때문입니다. 하지만 하나님께서 천사 들과 함께 이 땅에 참된 영광을 드러내시며 오실 때, 그런 삶을 산 사람들은 영원한 수치를 당하게 될 것이고, 나도 그들을 부끄럽고

수치스럽게 여기게 될 것입니다. 내가 놀라운 것을 하나 알려주겠습니다. 여기 서 있는 사람들 중에서 어떤 사람은 죽기 전에 하나님 나라가 이 땅에 임하는 것을 보는 사람도 있을 것입니다."

열일곱 번째 날의 묵상: 고백과 그 대가

위대한 고백에는 반드시 그에 상응하는 대가 지불이 있다. 나는 2001년 11월에 지금의 아내인 사모에게 프러포즈했고 그 후 결혼하여 지금까지 거의 20년 이상 단 한 번도 싸우거나 다른 여자에게 눈길을 주거나 남편으로서의 의무를 소홀히 하지 않고 살았다. 중간에 수많은 어려움과 죽을 고비가 있었고 말할 수 없는 유혹과 시련도 있었다. 하지만 나는 일생일대의 고백을 했고 그 고백에 상응하는 대가 지불을 해 왔다. 그리고 앞으로도 할 것이다. 십자가 교회의 담임목사로서의 고백과 대가 지불도 마찬가지다. 지난 17년간 정말 그만두고 싶었던 날들이 수없이 많았고 어느 정도 시간이 지난 후에는 거의 매년 더 좋은 사역지에서 청빙이 오지만 나는 단 한 번도 십자가 교회의 담임목사로서 하나님과 성도들 앞에 한 고백에 상응하는 대가 지불을 소홀하게 하거나 포기하지 않았다.

오늘 본문에서 베드로는 제자들을 대표하여 예수님에게 고백한다. 단순히 예수님이 누구신지에 대한 정보나 지식을 말하는 것이 아니다. 그리고 그보다 더 중요한 것은 예수님에 대한 고백에 바로 이어서 제자 된 그들이 감당해야 할 대가 지불이다. 자신을 포기하고 십자가를 지고 날마다 주님을 따라가는 것이다. 고백과 대가 지불은 분리될 수 없는 것이다.

안타까운 것은, 오늘날 많은 성도들이 예수님을 주님이라고 고백하면서도 그분을 종처럼 부려 먹으려고만 한다는 것이다. 찬양을 부를 때는 자신의 전부가 하나님의 것이라고 하더니, 일상에서는 자신의 것만이 아니라 세상 전부가 자신의 것인 것처럼 산다. 어려움이 닥칠 때는 주님 뜻대로 하겠다더니 문제만 해결되면 전부 자기 뜻대로 해버린다. 그렇게 복잡하고 정밀하게 교리를 정리하여 가르치지만 정작 자신은 그 엄정한 고백에 따르는 그 어떤 대가 지불도 없다. 절대로 예수님을 믿는다는 것은 쉬운 일이 아니다. 그분을 주님으로 부르고 고백하는 것에는 엄청난 무게감과 책임감이 따르는 것이다.

하지만 그것보다 더 크고 귀한 것이 있다. 우리가 예수님을 나의 주인으로 고백하여 그에 합당한 대가 지불을 하는 것보다, 바로 그 고백을 받으시는 주님께서 우리를 향해 더 크고 위대한 대가 지불을 하신다는 것이다. 마치 아이들이 나를 아버지라고 부름으로 인해 나의 말에 순종해야 하지만, 나는 그들의 아버지라는 고백으로 인해 나의 모든 생명을 그들에게 헌신하는 것과 같다. 성도들이 나를 목사라고 불러줌으로 인해 나는 한 교회의 인사권과 재정집행권을 비롯해서 사역의 모든 결정권을 가지게 되지만, 그보다 더 큰 희생과 눈물과 헌신을 바치는 것이다. 내가 만약 내 자녀를 위해 죽어야 하는 순간이 온다면 주저하지 않고 그렇게 할 것이며 내 성도들을 위해 목숨을 바쳐야 하는 순간이 온다면 얼마든지 기쁘게 그렇게 할 것이다.

그러므로 진정한 고백에 따르는 대가 지불을 기억하고 실행하자! 그리고 우리의 진정한 고백을 받으시는 주님께서 오늘도 우리를 위해 그보다 더 거대한 대가 지불을 하시고 계시며 앞으로도 그렇게 하실 것을 기대할 수 있다. 결국 진정한 신앙은 나의 일부를 드려서 주님의 일부를 받는 거래가 아니라, 나의 전부를 드려 그분의 전부를 누리는 참으로 고결하고도 신비로운 은혜이다!

열일곱 번째 날의 기도

"하나님! 위대한 고백에 이어지는 위대한 대가 지불을 기억하게 하소서! 오늘 다시금 당신께 우리의 신앙과 사랑을 고백합니다. 또한 바로 그 고백에 합당한 하나님의 요청과 요구에 기쁘게 순복하려고 합니다. 그 이유는 하나님의 아들이신 예수님께서 먼저 아버지 하나님께 고백함으로 순복하셨기 때문이며, 지금도 성령님을 보내셔서 우리를 위해 말할 수 없는 탄식으로 중보하시기 때문입니다. 오늘 우리의 고백들을 점검하게 하소서! 가정의 부부로부터 교회의 모든 성도들까지, 우리의 진정한 고백에 합당한 대가 지불을 하게 하소서! 우리의 일부를 드려서 주님의 일부만 받으려는 장사꾼의 모습이 아니라, 우리의 전부를 드려 주님의 전부를 누리는 참된 신앙의 은혜와 신비를 누리게 하소서! 예수님의 이름으로 기도합니다. 아멘!"

- 아래의 여백에 오늘 말씀과 묵상을 읽고 느낀 점을 적어 보세요. 그리고 기억하기 쉬운 단어나 짧은 문장으로 만들어서 하루 종일 생각하며, 또 감동을 주신 대로 실천해 보세요. 오늘도 위대한 하루가 될 것입니다.

열여덟 번째 날의 말씀: 누가복음 13:1-9 MBT

13:1-5　　그때에, 어떤 사람이 예수님께 와서 다음과 같은 소식을 알려주었다. 어떤 갈릴리 사람들이 성전에 제사를 드리려고 제물을 가지고 왔는데, 로마 총독 빌라도가 그들을 칼로 찔러 죽이는 바람에 그 사람들이 죽임을 당할 때 흘린 피가 그들이 바치고자 가지고 온 제물에 뿌려지고 섞이는 비극적인 사건이 벌어진 것이다. 그 사건에 대해서 들으신 예수님께서는 주변에 있는 사람들에게 이런 질문들을 하셨다. "여러분은 어떻게 이 사건을 이해하고 판단합니까? 빌라도에게 살해당한 사람들이 갈릴리 지역의 모든 사람들보다 더 죄인이라서 이런 불행한 일이 닥쳤다고 생각합니까? 아닙니다! 내가 분명히 말하는데, 여러분도 모두 다 지금까지 살아온 잘못된 삶의 방식을 회개하고 바꾸지 않으면, 그들과

다를 바 없는 끝을 보게 될 것입니다. 아울러, 얼마 전에도 예루살렘의 실로암 연못 근처에 있던 탑이 무너져서 그 주변에 있던 18명의 사람들이 죽었지요. 여러분은 그 사건을 어떻게 이해하고 판단합니까? 갑작스럽게 죽은 그 사람들이 예루살렘 지역의 모든 사람들보다 더 죄인이라서 그런 불행한 일이 닥쳤다고 생각합니까? 아닙니다! 내가 분명히 말하는데, 여러분도 모두 다 지금까지 살아온 잘못된 삶의 방식을 회개하고 바꾸지 않으면, 그들과 다를 바 없는 끝을 보게 될 것입니다."

13:6-9   이어서 예수님께서는 한 가지 비유를 연결해서 말씀하셨다. "어떤 땅 주인이 자신의 포도원에 무화과나무를 심었고 관리자에게 맡긴 후에 떠났다가 적당한 때가 지나서, 그 무화과나무의 열매를 기대하고 왔지만 전혀 열매가 열리지 않았다는 것을 보게 되었다고 합니다. 그래서 그 땅 주인은 자신의 포도원을 관리하는 사람에게 이렇게 말했다고 합니다. '이럴수가! 3년이나 이 무화과나무에 투자를 했는데, 아무런 열매도 열리지 않으니 이 나무를 찍어서 제거해 버려라! 뭐하러 이 열매도 열리지 않는 나무를 위해 땅을 허비하겠느냐?' 그러자 그 포도원 관리자가 그 땅 주인에게 다음과 같이 대답했다고 합니다. '주인님! 올해까지만 참고 기다려주십시오! 제가 최선을 다해서 무화과나무 주변에 땅을 파고 거름을 주어서 잘 길러보겠습니다. 그렇게 하면 내년에는 열매가 열릴지도 모릅니다. 하지만 그렇게 1년 동안 더 이 나무를 돌보았는데도 만약 아무런 열매가 열리지 않는다면, 내년에는 주인

님께서 직접 이 열매 맺지 못하는 무화과나무를 찍어 버리십시
오!'"

열여덟 번째 날의 묵상: 회개의 기회

초등학생 시절, 등굣길 횡단보도에서 나보다 먼저 달려간 내
친구는 신호를 위반하고 달려오던 자동차에 치여서 그 자리에서
숨졌다. 고등학교 때 친한 친구는 여름방학 때 물놀이를 갔다가
익사하여 다시는 만나지 못하게 되었다. 군 생활 중에는, 무장 공
비가 쳐들어와 어제까지 함께 이야기를 나누던 전우들을 무참하
게 죽였다. 교회를 개척하고 얼마 지나지 않아서 참으로 아끼고
사랑했던 성도 한 명도 집에서 혼자 자살했다. 인생을 살아가다
보면, 정말 예상치 못한 충격적인 재난과 죽음을 경험하게 된다.

우리는 그때, 여러 가지 생각이나 반응을 할 수 있겠지만 가장
위험한 두 가지 극단이 있다. 하나는 그런 가슴 아픈 사건이나 사
고에 대해서 무감각한 것이다. 얼마 전에도 우리나라에 큰불이 났
고, 지금도 지구에는 두 나라가 전쟁 중이다. 그런데 그것이 나에
게 일어난 일이 아니라고 무감각하게 살면 우리는 더 이상 사람이
라고 할 수 없는 이기적인 동물로 전락하게 된다. 또 다른 하나는
그런 여러 가지 사건이나 사고에 대해 지나친 종말론적 해석이나
음모론적 주장으로 사람들을 겁주고, 그 두려움을 이용해서 사람
들을 조종하는 것이다. 그렇게 하면 우리는 사람들의 오늘을 망가
트리고 무엇보다 하나님의 진리를 변질시키게 된다.

오늘 본문에도 제사를 드리던 사람들이 빌라도 총독에 의해 살해되는 사건과 실로암 망대가 무너져서 열여덟 사람이 죽는 사고가 일어났다. 사람들은 여러 가지 반응과 해석을 할 수 있었을 것이다. 그러나 예수님의 태도는 하나다! 그 모든 사건과 사고를 회개의 기회로 삼으라는 것이다. 우리가 아직 그 사건과 사고의 당사자가 되지 않은 것은 우리가 특별하기 때문이라는 착각을 버리고 아직 기회가 있을 때, 회개하라는 것이다.

하지만 사람들은 이 단순한 진리의 적용을 잘하지 못한다. 무척이나 이기적이고 무감각하기 때문이며, 쓸데없는 방향으로 예민하고 자신을 변화시키기보다 남을 평가하고 조종하며 우쭐대기를 좋아하기 때문이다. 그래서 예수님은 포도밭에 심은 무화과나무 비유를 이어서 들려주신다. 왜 아무곳에서나 잘 자라는 무화과나무를 어렵게 만든 포도나무밭에 심었을까? 쉽게 말해서 왜 싸구려 나무를 비싼 땅에 심었을까? 그것이 바로 우리의 현실이다. 우리가 받은 은혜이며 구원이다. 아무 가치 없는 우리를 위해 예수님께서 죽어 주셨다. 그렇다면 우리는 그에 합당한 열매를 맺어야 한다. 무슨 열매인가? 바로 회개의 열매다. 나 자신의 변화가 가장 중요하다. 나 자신의 변화는 근본적으로 죄와 사망에 물든 삶의 방식을 변화시켜서 길이요 진리요 생명이신 예수님께로 그 방향을 전환시키는 것이다.

오늘도 수많은 사건과 사고들이 들려온다. 중요한 것은 그 사건과 사고들이 나에게 무엇이 되고 있는가이다. 어설픈 비판이나 헛된 음모론에 인생을 허비하지 말고 회개하라! 회개하는 자에게만 천국이 다가온다!

열여덟 번째 날의 기도

"하나님! 오늘날 우리 주변에서 일어나는 여러 가지 사건들에 대해서 무관심했던 모습을 회개합니다. 또한 우리 주변에 일어나는 여러 가지 사고에 대해서 함부로 판단하고 헛된 해석을 내렸던 교만도 회개합니다. 이 모든 사건과 사고들을 통해 우리 자신을 돌아보게 하시고 구체적으로 회개하여 주님께로 삶을 바로잡는 기회만이 되게 해 주소서! 예수님의 이름으로 기도합니다. 아멘!"

• 아래의 여백에 오늘 말씀과 묵상을 읽고 느낀 점을 적어 보세요. 그리고 기억하기 쉬운 단어나 짧은 문장으로 만들어서 하루 종일 생각하며, 또 감동을 주신 대로 실천해 보세요. 오늘도 위대한 하루가 될 것입니다.

사순절 제19일
사순절 셋째 주, 주일
(시편 63:1-8)

열아홉 번째 날의 말씀: 시편 63:1-8 개역개정

[다윗의 시, 유다 광야에 있을 때에]

하나님이여 주는 나의 하나님이시라

내가 간절히 주를 찾되 물이 없어 마르고 황폐한 땅에서

내 영혼이 주를 갈망하며 내 육체가 주를 앙모하나이다

내가 주의 권능과 영광을 보기 위하여

이와 같이 성소에서 주를 바라보았나이다

주의 인자하심이 생명보다 나으므로

내 입술이 주를 찬양할 것이라

이러므로 나의 평생에 주를 송축하며

주의 이름으로 말미암아 나의 손을 들리이다

골수와 기름진 것을 먹음과 같이 나의 영혼이 만족할 것이라

나의 입이 기쁜 입술로 주를 찬송하되
내가 나의 침상에서 주를 기억하며
새벽에 주의 말씀을 작은 소리로 읊조릴 때에 하오리니
주는 나의 도움이 되셨음이라
내가 주의 날개 그늘에서 즐겁게 부르리이다
나의 영혼이 주를 가까이 따르니
주의 오른손이 나를 붙드시거니와

열아홉 번째 날의 묵상: 갈망

길게 말할 필요가 없다. 갈망이 바로 자신이다!

살다 보면, 이런저런 경험을 할 수 있고 좋고 싫은 감정과 취미가 생기기 마련이다. 하지만 한 사람이 정말 갈망하는 것은 다르다. 아무리 시간이 없다고 해도 기필코 그것을 위해 시간을 내게 되며, 아무리 돈이 없어도 그것을 사기 위해서는 아깝게 생각하지 않는다. 아무리 멀어도 그것을 위해 달려가며, 아무리 힘들어도 기어이 그것을 이룬다. 그것이 바로 갈망이다.

한 사람의 인생에서 지식이나 감정만으로는 피상적인 변화만 일어난다. 갈망이 바뀌면 전부가 바뀌는 것이다.

예수님을 바로 믿기 어려운 이유는, 신학이 어렵거나 신앙 생활이 까다롭기 때문이 아니다. 하나님을 갈망하지 않기 때문이다. 다시 말해 하나님을 사랑하지 않기 때문이다. 세상에 대한 갈망이 너무 많기 때문이다. 그것을 포기할 수 없기 때문이다.

시편 63편의 다윗은 하나님을 간절히 찾고, 갈망하며, 앙모하고, 바라본다. 주를 찬양하고, 송축하며, 두 손을 들고, 자신의 모든 시간에 주님의 말씀을 소리내어 묵상한다. 우리는 시편 63편을 소리내어 읽으며, 다윗과 자신이 얼마나 같은지, 혹은 얼마나 다른지를 먼저 점검해야 한다.

그러면 어떻게 우리는 하나님을 갈망할 수 있을까? 사실은 매우 간단하다. 하나님 앞에 오래 머물러야 한다. 아이들이 핸드폰과 게임에 중독되고, 어른들이 술과 도박에 중독되며, 청년들이 쇼핑과 음란물에 중독되는 이유는 그것에 오래 머물렀기 때문이다. 사람은 누구나 좋아하는 것에 오래 머무는 것처럼 보이지만, 실제로는 오래 머무는 것을 좋아하게 된다. 무엇보다 우리는 하나님의 형상으로 지어졌으며, 이 땅의 그 무엇도 채울 수 없는 영원을 갈망하는 영혼을 소유하고 있다. 그 영혼이 진정으로 갈망하는 곳에 충분히 머물러 본 적이 없을 뿐이다. 그러므로 나를 이용해 먹고 나의 인생을 망치는 것들에서 떠나서, 나를 사랑하시며 나를 위해 죽으신 예수 그리스도의 말씀과 임재 앞에 머물러 보라. 그러면 하나님의 갈망을 느낄 수 있을 것이고, 나도 그분을 더욱 갈망하게 될 것이다.

나는 오늘 한 영혼을 위해 특별한 기도를 했다. 나는 한 번도 그 영혼을 만난 적이 없지만 참으로 간절히 그 영혼을 위해 기도했다. 그 영혼이 과거에 어떤 삶을 살았든, 그리고 지금 어떤 상황에 있든, 나에게는 중요하지 않았다. 오직 그 영혼을 향한 하나님의 사랑과 긍휼, 그 영혼을 향한 하나님의 간절함과 갈망을 품고 기도했다. 놀라운 사실은 내가 그 간절한 기도를 하는 동안 하나님의 갈망과 나의 갈망이 일치되는 경험을 한 것이다. 나는 그 순간 아무것도 필요하지 않았다. 오직 그분만으로 충분했다.

전승에 의하면, 토마스 아퀴나스가 일평생에 걸쳐서 『신학대전』이라는 엄청난 책을 마무리한 순간 하나님께서 그에게 나타나 물으셨다고 한다. "네가 나를 위해 귀한 책을 하나 썼다는 이야기를 들었다. 수고한 너를 위해 내가 선물 하나를 하려고 하는데, 너는 무엇을 원하느냐?" 그러자 토마스 아퀴나스는 이렇게 대답했다고 한다. "제가 오직 원하고 갈망하는 것은 딱 한 가지뿐입니다. 바로 하나님 당신입니다!"

열아홉 번째 날의 기도

"하나님! 우리의 마음을 이 땅의 나쁜 갈망에서 하늘의 좋은 갈망으로 채워주소서! 매일 무가치한 세상 것들에 중독되고 함몰된 인생을 변화시키셔서 하나님의 말씀과 기도에, 당신의 임재와 사명에 머물게 하소서! 하나님께서 품으신 우리와 이 시대를 향한 갈망을 우리도 같은 마음으로 갈망하게 하소서! 우리가 원하는 한 가지를 물어보실 때, 우리도 오직 하나님만이 우리의 갈망이라고 진심으로 대답하게 하소서! 예수님의 이름으로 기도합니다. 아멘!"

- 아래의 여백에 오늘 말씀과 묵상을 읽고 느낀 점을 적어 보세요. 그리고 기억하기 쉬운 단어나 짧은 문장으로 만들어서 하루 종일 생각하며, 또 감동을 주신 대로 실천해 보세요. 오늘도 위대한 하루가 될 것입니다.

사순절 셋째 주, 월요일
(누가복음 9:57-62)

스무 번째 날의 말씀: 누가복음 9:57-62 MBT

9:57-58 예수님과 제자들이 예루살렘을 향해 가는 길에서, 어떤 사람이 나타나 이렇게 말했다. "예수님께서 어디로 가시든지, 제가 따라가겠습니다!" 그러자 예수님은 이렇게 대답하셨다. "여우들도 굴속에 자기 집을 가지고 있고, 공중의 새들도 나무 위에 둥지가 있지만, 나는 머리를 눕힐 만한 공간도 없습니다. 나를 따라오는 것은 이 세상의 성공이나 번영과는 아무런 상관이 없습니다."

9:59-60 조금 더 가시다가, 예수님께서는 다른 한 사람을 만나서 이렇게 말씀하셨다. "나를 따라오십시오! 나의 제자가 되십시오!" 하지만 예수님의 부르심에 그 사람은 이렇게 반응했다. "주님! 제가 먼저 제 아버지의 장례식을 마무리하고 난 다음에 주님

을 따라갈 수 있도록 봐주십시오!" 그러자 예수님은 이렇게 말씀하셨다. "사명에 대해 죽은 자들, 영적으로 죽은 자들이 죽은 자들의 장례를 마무리하도록 맡기세요. 당신은 바로 지금 나를 따라와 하나님의 나라를 전파하는 일에 동참하십시오!"

9:61-62　　예수님의 제자가 되라고 부르심을 받은 다른 사람은 이렇게 반응했다. "주님! 제가 당신을 따라가겠습니다. 하지만 먼저 돌아가서 저의 가족들에게 작별 인사를 하고 나서 그렇게 하겠습니다." 그러자 예수님은 그 사람을 향해 이렇게 대답했다. "밭을 가는 사람이 쟁기질을 하면서 절대 뒤를 돌아보아서는 안 되듯이, 나의 제자가 되려는 사람도 앞만 바라보고 나아가야지, 뒤의 것들을 돌아보게 되면 결코 하나님 나라에 합당한 사람이 될 수 없습니다."

스무 번째 날의 묵상: 포기라는 선택

이제는 너무 많은 사람이 말해서 식상한 표현이 되었지만, 그 중요성은 수천 번을 말해도 질릴 수 없는 확실한 진리가 있으니, 바로 '선택의 또 다른 이름이 포기'라는 사실이다. 하지만 안타깝게도 사람들은 선택만을 생각할 뿐, 하나의 선택에 연결된 수많은 포기를 알지 못하고, 더 나아가 가장 포기해야 할 것을 실제적으로 포기하지 않으면서 계속 선택만 추구하려는 어리석은 인생을 산다.

아마도 이런 어리석은 생각과 인생을 살게 되는 이유는 신앙이 가진 유일성과 배타성을 잘 이해하지 못하거나 받아들이지 않기 때문인 것 같다. 잘못된 신앙 생활을 하는 사람들은 대다수가 소유적인 패러다임으로 예수님을 믿는데, 이것은 쉽게 말해서 내가 가지고 싶은 물건 하나가 있는데 그것을 가지고 있으면서 또 다른 것도 소유하면 된다는 생각이다. 그래서 예수님도 믿고(소유하고) 세상도 믿는다(소유한다).

하지만 참된 신앙은 소유가 아니라 관계다. 쉽게 말해서 내가 사랑하는 여자 한 명과 결혼하려면 그동안 사귀거나 관심이 있었던 다른 모든 여자는 포기해야 하는 것이다. 결혼한 후에도 마찬가지다. 예수님을 믿는 것은 예수님과 결혼하는 것이다. 그렇다면 나머지 다른 모든 것과는 헤어져야 마땅하다.

예수님은 오늘 제자가 되려는 사람들에게 매우 단호하고도 엄청난 요구를 하신다. 그 모든 요구의 핵심에는 거절이 있다. 자신이 정말 바르게 주님을 믿고 있는지 점검하려면 '주님을 선택하면서 동시에 그로 인해 포기한 것들'이 어느 정도인지 말할 수 있어야 한다. 더 나아가 주님께서 싫어하시고 주님과 동행하는 데, 조금이라도 방해가 되는 것에 대해서 즉시 기쁘게 포기할 수 있는 사람이 되어야 한다. 나는 목사가 되어 지금까지 목회하면서 무수한 것들을 포기하며 살아왔고 앞으로도 포기할 준비가 되어 있다. 내가 말씀 하나를 선택하기 위해서 얼마나 많은 것을 포기했는지 아마 추측도 안 될 것이다. 세 자녀를 홈스쿨링 하기 위해 우리 부부는 다른 부모들이 상상할 수 없는 엄청난 것들을 포기하며 여기

까지 왔다. 자기들이 하고 싶은 것 다 하고, 정작 자녀들을 위해서
는 아무것도 포기하지 않으면서 자녀들이 왜 이 모양이 되었냐고
말하는 부모들을 보면 나는 너무 한심하다. 지난주에도 여러 사람
이 나를 만나고 싶어 했다. 옷을 사주고 밥을 사주고 선물해 주겠
다는 사람들이었다. 하지만 그들을 다 만났다면 나는 주일에 설교
다운 설교를 준비할 수 없었을 것이고 대충 준비했을 것이다. 그
수많은 포기가 있었기에 나의 선택은 더 선명해지고 가치 있어졌
다. 지금도 내 주변에는 세상 것들을 다 선택하면서 목사라는 타
이틀도 소유하고 있는 사람들이 많다. 하지만 안타깝게도 그 목사
들은 하나님과 세상 사이에서 차지도 덥지도 않은 가짜로 사는 것
이다.

마지막으로 포기라는 말에 너무 슬퍼할 필요가 없다. 내가 포
기하는 순간마다 나는 더욱 주님을 분명하게 선택하게 되는 것이
다. 그리고 솔로몬이 지혜(하나님께 듣는 마음) 하나를 선택하고 나머
지를 포기함으로 나머지까지도 다 얻은 것처럼, 우리도 주님 한
분만 선택하고 나머지를 다 포기하는 것은 결국 나머지 모든 것들
까지도 다 얻는 놀라운 결과를 낳을 것을 믿고 기대하길 바란다.
예수님은 십자가 하나를 선택하시고 나머지를 다 포기하셨다. 놀
라운 사실은 십자가의 다른 이름이 바로 포기였다는 것이다. 이
신비가 머리로만 이해되지 않고 삶에서 적극적으로 누려지기를
바란다. 오늘 당신이 포기해야 할 한 가지를 꼭 포기해보라! 주님
을 위해, 하나님 나라를 위해서 말이다. 그러면 그것이 당신의 영

혼과 당신의 인생을 위한 최고의 선택이 될 것이다.

스무 번째 날의 기도

"하나님! 우리는 에덴동산의 선악과 앞에 선 아담과 하와처럼 그 수많은 것을 누리면서도 또 무엇인가를 선택할 것만 생각합니다. 그러나 오늘은 우리가 마땅히 주님을 따라가기 위해 포기할 것을 찾고 발견하게 하소서! 주님을 따르는 긴 여정에 너무나 많은 것들이 거추장스러운 짐이 되어서 우리는 당신의 속도에 맞추지 못하며 당신과 교제하지도 못합니다. 선택에는 분명히 포기가 있음을 깨달아서, 바로 오늘 포기할 것을 포기하게 하소서! 주님께서 포기하라고 하시는 것을 우리도 기쁘게 포기하게 하소서! 그래서 포기의 포장지 안에 담긴 진짜 선택을 누리게 하소서! 예수님의 이름으로 기도합니다. 아멘!"

- 아래의 여백에 오늘 말씀과 묵상을 읽고 느낀 점을 적어 보세요. 그리고 기억하기 쉬운 단어나 짧은 문장으로 만들어서 하루 종일 생각하며, 또 감동을 주신 대로 실천해 보세요. 오늘도 위대한 하루가 될 것입니다.

사순절 제21일
사순절 셋째 주, 화요일
(누가복음 10:25-37)

스물한 번째 날의 말씀: 누가복음 10:25-37 MBT

10:25-28 구약성경에 능통한 율법학자 한 사람이 예수님 앞에 서서 그분을 교묘하게 시험하려고 이런 말을 했다. "선생님! 제가 무엇을 해야 영원한 생명을 상속받을 수 있을까요?" 그러자 예수님께서 그 율법학자에게 다음과 같이 질문해 보셨다. "구약성경 곧 율법의 말씀에는 무엇이라고 기록되어 있습니까? 학자님이 이해하고 해석한 결과는 무엇입니까?"

이에 율법학자는 다음과 같이 대답했다. "신명기 6장 5절과 레위기 19장 18절에 있는 '너의 주인 되신 하나님을 너의 모든 마음과 생명과 힘과 뜻(이성과 지성)을 다해서 사랑하라! 그리고 너의 이웃을 너 자신처럼 사랑하라!'라는 말씀이 그 핵심이라고 생각합니다." 그러자 예수님은 그 율법학자에게 이렇게 말씀하셨다. "학자님이 옳게 대답하셨습니다. 이제 지식만이 아니라 그 말씀대로 삶에서 행하십시오. 그러면 영생을 상속받아 누리게 될 것입니다."

10:29-36   그러자 율법학자는 자신이 의로운 사람이란 것을 드러내고 싶어서, 예수님께 다음과 같은 추가적인 질문을 던졌다. "그러면, 누가 저의 이웃이라고 할 수 있을까요?" 이에 대한 대답으로 예수님은 하나의 이야기를 소개하셨다. "어떤 사람이 예루살렘(해발 +690m)에서 여리고(해수면 -390m)로 내려가다가 갑자기 나타난 강도들에 의해 포위를 당했습니다. 그 강도들은 그 사람의 옷을 벗기고 심하게 때려서 거의 죽은 상태로 만든 후에, 버리고 가버렸습니다. 때마침, 어떤 제사장이 그 장소를 통과해서 예루살렘에서 여리고로 내려가고 있었는데, 그 강도 만난 사람을 보고서도 그냥 피해서 반대편 길로 지나가버렸습니다. 이어서 나타난 어떤 레위인도 그 장소를 지나가다가 그 강도 만난 사람을 보고서도 그냥 피해서 다른 길로 지나가버렸습니다. 그러다가 어떤 사마리아 사람이 여행길에 그 장소를 지나가게 되었고, 바로 그 강도 만난 사람을 보게 되었습니다. 그 사마리아 사람은 강도 만난 사람을 보자마자 그 사람을 불쌍히 여겼습니다. 그래서 가까이 다가가 그 강도 만난 사람의 상처에 자신의 올리브기름과 포도주를 부어서 응급처치를 하고 붕대로 감아주었습니다. 그리고 그 사람을 자신의 짐승 위에 실은 후에 여관까지 데리고 가서 간호해 주었습니다. 다음 날이 되자, 그 사마리아 사람은 자기 지갑에서 2데나리온의 돈(한 사람의 3주 정도의 숙식 비용)을 꺼내서 여관 주인에게 주면서

이렇게 말했습니다. '이 사람을 잘 돌봐주십시오. 만약에 추가 비용이 더 들게 되면, 제가 돌아와서 갚겠습니다.' 학자님이 보시기에, 이 3명의 사람들 중에서 누가 강도 만난 사람에게 진정한 이웃이 되었다고 보십니까?"

10:37   율법학자는 "강도 만난 사람에게 자비로운 행동을 한 사람입니다"라고 대답했다. 그러자 예수님은 이렇게 말씀을 더하셨다. "학자님도 가셔서 그렇게 행하십시오!"

스물한 번째 날의 묵상: 피상성

세상에는 여러 가지 위험이 있지만, 피상성이라는 위험처럼 무서운 것이 또 없다. 나는 피상성이라는 단어를 생각할 때마다, 어렸을 적에 놀았던 고무 얼음이 생각난다. 3월이 되어도 추운 날씨가 이어지면 강의 얼음은 여전히 단단해 보인다. 문제는 '보인다'라는 것이다. 실제로는 그렇지 않은데 말이다. 그래서 아이들은 놀고 싶은 마음에 썰매를 끌고 얼음 안으로 들어간다. 하지만 얼어 있는 것 같아도 녹아 버린 얼음, 바로 그 고무 얼음 위를 실수로 지나갔다가 차가운 얼음 속으로 빠져들어 가게 된다. 다행히 얼음물에서 살아 나와서, 썰매나 잃어버리고 어머니에게 혼나는 정도면 다행이지만, 어떤 아이들은 영영 살아 돌아오지 못했다.

신학에도 신앙에도 바로 이 고무 얼음 같은 피상적인 사람들이 있다. 성경을 알기는 아는데 피상적으로 알고, 신앙 생활을 하기는 하는데 피상적으로 하는 사람들이다. 그들은 자신의 성경 통독 횟수와 신앙 생활 연수를 자랑하지만, 정작 중요한 진리에 대해서는 대답하지 못하고 자기 가족이 죽어가도 복음조차 전하지 못한다. 다른 이들이 실수하고 부족할 때는 하나님의 이름을 가져와서 비판하면서 정작 자신이 어려움을 당하면 술이나 마시고 탈선해 버린다. 아예 아는 것도 없고 해 본 적도 없었다면 겸손하게 배우고 순종했을 텐데 어설프게 아는 척하고 사는 척을 하니 이처럼 위험하고 무서운 사람이 또 없는 것이다.

그렇다면 우리는 왜 피상적인 존재가 될까? 아마도 기본적으로 게으르기 때문일 것이다. 진리를 끝까지 알아보려고 하지 않고 남에게 들은 교리 공부 몇 줄로 마감해 버리고, 기도와 신앙 생활 역시 주님께서 온전하라고 하신 자리까지 나아가지 않고 유튜브에서 들은 몇 가지 정보로 마무리해 버리기 때문이다. 하지만 더 심각한 것은 신앙 생활을 하나님 앞에서 하는 것이 아니라 사람들에게 보이기 위해서 한다는 것이다.

나는 십자가 교회에 새로운 성도가 들어오면, 반드시 복음을 올바로 만나면 자신의 실상이 드러나게 되는데, 그것은 나쁜 것이 아니라 병든 사람이 정밀 검사를 받게 되었을 때 병의 원인이 밝혀지는 것처럼 자연스러운 것이라고 말한다. 그러면 대다수가 자신도 잘 알고 있다고 한다. 하지만 몇 달만 신앙 생활을 함께 해 보면 자신이 얼마나 피상적으로 하나님을 알고 있으며 얼마나 피상적으로 삶을 살아가는지 드러나는 것을 지독히도 싫어한다는 것을 보게 된다. 그러다가 몇몇은 결국 교회를 나간다.

피상적인 신앙을 고치는 유일한 방법은 자신의 실체를 인정하고 직시하는 것이다. 겸손하게 자신을 낮추고 처음부터 다시 배워 차근차근 성장하는 것이다. 피상적으로 하나님과 이웃을 사랑하지 않고, 진심으로 온몸과 마음을 다해서 하나님과 이웃을 사랑해야 한다. 사순절 기간의 중반이 넘어간다. 정말 제대로 이번 사순절에 말씀을 묵상하고 예배드리고 기도했다면 조금씩 자신의 실체가 드러날 것이다. 그것을 회피하지 말고 합리화하지도 마라! 내가 선택한 사람만을 사랑하고 있다면 나는 여전히 피상적인 그리스도인일 뿐이다. 가장 먼저 당신이 강도 만난 사람이라는 것을 인정하라! 모두가 나를 도와주지 않을 때, 사마리아 사람같이 여겨주었던 예수님이 나를 구원하셨음을 기억하라! 그래야만 어떤 사람이 강도를 만나든지 그리스도의 사랑으로 도와줄 수 있을 것이다. 피상적인 수준에서 머물지 말고 온전한 그리스도인으로 나아가자!

스물한 번째 날의 기도

"하나님! 우리는 '척하며' 삽니다. 아는 것도 없는데 아는 척, 가진 것도 없는데 가진 척, 잘살지도 않으면서 잘사는 척하면서 말입니다. 아예 아무것도 아니라면 겸손하게 배우기라도 할 텐데, 우리의 이 교만과 피상적인 모습이 우리를 죽이고 남도 죽입니다. 오늘은 당신 앞에 진실하게 나갑니다. 다른 사람들의 눈을 의식하지 않고 오직 주님만 바라보게 하소서! 우리가 부분적으로 알고 부분적으로 살고 있음을 인정하게 하소서! 지금까지 알아 왔고 이루어온 것에 대해서 교만하게 생각하지 않고 앞으로 온전해질 때까지 더 열심을 내어서 진짜배기 신앙인이 되게 하소서! 예수님의 이름으로 기도합니다. 아멘!"

- 아래의 여백에 오늘 말씀과 묵상을 읽고 느낀 점을 적어 보세요. 그리고 기억하기 쉬운 단어나 짧은 문장으로 만들어서 하루 종일 생각하며, 또 감동을 주신 대로 실천해 보세요. 오늘도 위대한 하루가 될 것입니다.

스물두 번째 날의 말씀: 누가복음 11:1-8 MBT

11:1-4   그리고 이런 일이 있었다. 예수님께서 한 장소에서 한참 동안 기도하시는 중이셨고, 그 기도가 마치자, 제자들이 다가와 이런 부탁을 한 것이다. "예수님! 저희가 무엇을 어떻게 기도해야 할지 지금 좀 가르쳐 주십시오. 세례 요한이 자신의 제자들에게 기도하기를 가르쳐 준 것처럼 말입니다." 그러자 예수님께서 이렇게 대답해 주셨다. "여러분은 다음과 같은 뼈대와 흐름을 가지고 기도하십시오. 하나님 아버지, 당신의 이름에 합당한 거룩함이 인정되고 경배되게 하소서! 당신의 나라, 곧 하나님의 나라가 이 땅에 임하여, 온 세상이 당신의 다스림을 받게 하소서! 우리가 항상 하나님만 의지하고 살 수 있도록, 지나치지도 부족하지도 않게, 매일을 살아가는 데 적당한 분량의 영적-육적 양식을 공급해 주소

서! 우리가 당신께 지은 죄들을 용서해 주소서! 그래서 마찬가지로 우리도 우리에게 죄지은 사람들을 용서하게 하소서! 또한 우리가 습관적으로든 실수로든 죄를 짓게 만드는 여러 가지 시험과 유혹을 당할 때, 그 시험과 유혹 속으로 빠져들지 않도록 지켜주소서!"

11:5-8   그리고 이어서 예수님께서는 제자들이 '어떻게' 기도해야 할지도 한 이야기를 사용해서 말씀해 주셨다. "여러분에게 가까운 친구가 하나 있는데, 한밤중에 그 친구 집에 가서 '친구야! 제발 빵 세 덩이(성인 한 사람이 한 끼 식사로 포만감을 느낄 정도의 양)만 빌려주게!'라고 말해야 할 상황이 생겼다고 합시다. 여러분은 그 이유를 다음과 같이 친구에게 말하겠지요. '왜냐하면 여행을 하던 나의 벗이 갑자기 한밤중에 우리 집에 오게 되었는데, 그 벗에게 대접할 것이 아무것도 없어서 그러네.' 하지만 집 안에 있는 여러분의 친구는 아마도 이렇게 대답할 것입니다. '제발 귀찮게 좀 하지 말게! 지금 한밤중이 아닌가! 나는 이미 잠잘 준비를 다 마치고 문을 잠갔고 내 아이들과 함께 한 침대에 누워있네. 내가 일어나면 모두 잠에서 깰 테니, 일어나서 그 부탁을 들어줄 수 없는 상황이네.' 그러나 내가 중요한 것을 말해주겠습니다. 만약 여러분이 포기하지 않고 계속 문 밖에서 부탁을 한다면, 여러분의 친구는 단순히 여러분과 친구라는 이유 때문이 아니라, 여러분의 수치와 부끄러움을 무릅쓴 그 담대한 태도로 인해 결국 일어나서 부탁한 것을 줄 것입니다."

스물두 번째 날의 묵상: 진짜 기도의 완성

책을 펴는 순간 얼굴이 화끈거렸다. 정말 너무나 어처구니없었기 때문이다. 기도라고는 한 줄도 하지 않는 그 목사가 주기도문 강해 책을 출간한 것이다. 본인도 미안했는지 서론에 "기도와 거리가 먼 자신"이 이런 책을 쓴 것에 대해서 송구한 마음이라고 글을 끄적거려 놓았다. 하지만 어찌 그 목사만 그럴까?

한 해에도 주기도문에 관한 책은 수십 권씩 쏟아진다. 하지만 그 책들의 가장 근본적인 문제는 주기도문 가운데 예수님께서 다루시는 내용의 문제가 아니라 '범위의 문제'다. 다들 주기도문을 "우리가 시험에 들지 않게 해 주시고 다만 악에서 구하옵소서"와 함께 송영의 내용(나라와 권세와 영광이 하나님께 있습니다)으로 끝내 버린다. 하지만 잘 읽어보라! 주기도문은 절대로 거기서 끝나지 않는다. 마태복음도 그렇고, 여기 누가복음도 그렇다. 진짜 기도는 "하늘에 계신 아버지"에 대한 신학적인 기도 지식이 전부가 아니라 '우리의 이웃을 실제적으로 용서하고, 끈질긴 태도로 간구하는 기도 실천까지' 포함된다.

목사들도 주기도문 설교를 송영에서 끊어버리고 그다음에 이어지는 주기도문의 더 중요한 범위와 실천을 빼버린다. 더 이상 이렇게 해서는 안 된다. 마치 요리 학원에서 천천히 준비하는 집밥의 중요함에 대해서 배운 어떤 주부가 집에 오자마자 배달 음식을 시키거나 즉석 음식으로 저녁을 준비하는 것과 다를 바가 없

다. 주기도문에 대한 신학적 이해는 그렇게 중요하게 생각하면서
그 기도가 실제적으로 끈질기게 이어져야 할 것에 대한 강조도,
실천도 없으니 얼마나 슬픈 일인가? 어느 연구조사 기관에서 살
펴보니, 우리나라 성도들의 평균 기도하는 시간이 5분도 채 되지
않는다고 한다. 물론 시간의 길이가 전부는 아니다. 하지만 실제로
자신을 돌아보라! 정말 나는 끈질기게 기도하고 있는가?

주기도문의 진정한 완성은 주기도문의 앞부분에 나와 있는 신
학적 내용에 대한 정밀한 이해만이 아니다. 바로 주기도문 뒷부분
에 이어서 나오는 실천적 내용에 대한 끈질기고 신실한 이행까지
이다. 제자들에게 기도를 가르쳐주신 예수님의 기도의 내용만이
아니라, 겟세마네 동산에서 땀방울이 핏방울이 되도록 간구하신
그 기도의 모습까지가 진정한 기도요, 진정한 주기도문인 것이다.
오늘 본문을 처음부터 다시 '전부 다' 읽어보라! 하나님의 나라와
뜻이 이루어질 기도의 제목들을 붙잡고 끈질기게 기도하라! '무엇
을' 기도하는 것도 중요하지만 '어떻게' 기도하는 것도 중요하다
는 것을 잊지 말라! 둘 중에 하나도 없어서는 안 된다. 만약 기도의
내용만 있고 기도의 실천이 없다면, 우리가 주님 앞에 섰을 때, 내
친구 목사의 부끄러운 기도 책처럼 우리 인생도 주님 앞에 부끄럽
게 펼쳐질 것이다. 지금은 속일 수 있지만 그때는 속일 수 없을 것
이다.

스물두 번째 날의 기도

"하나님! 우리는 어릴 적부터 주기도문을 외웠고 그 내용을 잘 알고 있습니다. 하지만 그 기도의 범위를 깨닫고 살지는 못했습니다. 예수님께서는 기도의 내용만이 아니라 기도의 실천까지 우리에게 가르쳐 주셨고, 무엇을 기도해야 할지를 알려주셨을 뿐만 아니라 어떻게 기도해야 할지도 보여주셨습니다. 그러므로 이제는 우리의 기도가 온전해지기를 원합니다. 오늘 우리가 하나님의 나라와 뜻을 위한 기도, 그리고 우리의 영혼과 이웃을 위한 기도의 내용을 바로 알 뿐 아니라, 그 기도를 신실하고 꾸준하게 올려드리기를 바랍니다. 우리가 온전한 기도를 드릴 수 있도록 도와주시고 이끌어주소서! 예수님의 이름으로 기도합니다. 아멘!"

- 아래의 여백에 오늘 말씀과 묵상을 읽고 느낀 점을 적어 보세요. 그리고 기억하기 쉬운 단어나 짧은 문장으로 만들어서 하루 종일 생각하며, 또 감동을 주신 대로 실천해 보세요. 오늘도 위대한 하루가 될 것입니다.

스물세 번째 날의 말씀: 누가복음 11:33-36 MBT

"아무도 등불을 켜서 그 빛이 빛나지 않는 위치나 자리에 감추어 두지 않고 그 공간에 있는 모든 사람이 볼 수 있는 위치와 자리에 두어 빛나게 합니다(즉, 내가 여러분에게 전한 모든 복음과 말씀이 바로 그렇게 빛났습니다). 사람의 몸에서 바로 그 등불의 빛을 받아들이는 곳이 눈입니다. 그래서 만약 그 눈이 건강하게 그 빛에 초점을 맞추고 받아들이면, 그 사람의 몸과 인생 전체가 밝게 됩니다. 하지만 만약 그 눈이 나쁘거나 약하여 그 빛에 초점을 맞추지 못하고 받아들이지 못하면, 그 사람의 몸과 인생 전체는 어둠 속에 잠기게 됩니다(즉, 내가 전한 모든 복음과 말씀을 여러분이 어떻게 받아들이느냐에 따라서 여러분의 운명은 결정되는 것입니다). 그러므로 내가 여러분에게 준 그 빛이 여러분의 영혼 안에서 밝게 빛나도록 하시고, 어두워지지 않도록 그 빛에 집중하고 주의하십시오!

내가 여러분에게 준 말씀의 빛으로 온몸과 인생이 가득 차게 되면, 여러분이 소속된 모든 영역에서 어두움이 사라지게 되고, 나의 성품과 능력으로 충만한 존재, 곧 성령으로 충만한 빛의 존재가 될 것입니다. 그러면 마치 등불의 밝은 빛이 어두운 여러분을 비추듯이 여러분도 이 어두운 세상을 비추는 빛으로 살아가게 될 것입니다."

스물세 번째 날의 묵상: 초점의 빛

초등학교 2학년 때였다. 전학을 간 지 얼마 안 되는 날이었는데, 다음 날이 제헌절이었다. 담임 선생님은 제헌절이 무슨 날인지 설명을 하신 후에, 1번부터 일으켜 세워서 제헌절이 무슨 날이냐고 물으셨다. 다들 한결같은 대답을 했다. 대한민국의 법을 만든 날, 혹은 우리나라 헌법이 만들어진 날이라고 대답했다. 선생님은 계속 틀렸다고 하시고 거의 모든 학생이 답을 맞추지 못한 것에 대해서 화를 내셨다. 그리고 마지막으로 전학 온 나에게도 거의 기대 없이 같은 질문을 하셨다. "제헌절이 무슨 날이지?" 그래서 나는 선생님이 조금 전에 말씀해주신 그대로 대답했다. "1948년 7월 17일 대한민국 헌법을 만들어 공포한 것을 기념하는 날"이라고 말이다. (즉, 제헌절은 헌법을 만든 날이 아니라, 그 법을 공포한 날이라는 것이 선생님의 강조점이었다.) 선생님은 환하게 웃으시며 나만 청소에서 제외시켜 줄 테니 바로 지금 제일 먼저 집으로 가라고 하셨다. 나는 그날 그 오후의 밝은 빛을 잊을 수 없다.

믿음의 길은 빛의 길이다. 예수님도 자신을 빛이라고 하셨고 우리도 이 세상의 빛이라고 하셨다. 하지만 그 빛을 어떻게 받고, 누리며, 또 발산할 수 있을까? 예수님은 오늘 짧은 본문에서 그것이 눈의 문제라고 하신다. 더 정확하게 말하자면 초점의 문제라고 하신다. 한글 성경은 이 부분을 잘 번역하지 못하고 있지만 헬라어 성경으로 11장 34절에 나오는 '할프루스'라는 단어는 초점(singleness)이라는 말이다. 하나의 초점을 맞추는 것이 바로 빛으로 이어지는 핵심이다.

안타깝게도 많은 성도가 초점을 맞추지 못한다. 설교를 마치고 나서 셀 보고서를 받아 보면 대다수가 엉뚱한 이야기에 감동을 받고 있고, 말씀의 핵심에 초점을 맞추지 못하고 있다. 그래서 잘못된 초점에서 도출된 잘못된 적용으로 또 한 주를 허비한다. 예수님은 우리에게 예수님과 그분의 말씀에 집중하고 초점을 맞추라고 하신다. 그것이 바로 빛 된 삶의 시작이다.

지금 스스로 자신이 무엇에 초점을 맞추고 있는지 점검해 보라! 어떤 청년은 교회에 나와서도 온통 이성에만 관심이 있고, 어떤 성도는 예배를 드리면서도 항상 다른 사람의 복장이나 장신구에 신경을 쓴다. 찬양 인도하는 사람의 음정이나, 설교하는 목사의 넥타이에 초점이 맞추어져 있다. 그러니 한평생을 믿어도 빛으로의 변화가 없다. 오늘은 예수님께서 초점 맞추시는 것에 초점을 맞추어 보자. 그것이 무엇인지 모르겠다면, 순간순간 "주님 당신의 초점은 어디에 있습니까?"라고 물어보자. 오늘도 많은 상담이 있었다. 상담을 하는 사람들은 수많은 잡다한 이야기를 한다. 하지만 나는 거기서 예수님께서 초점 맞추시는 것을 붙잡아서 하나님의 말씀을 전해야 한다. 바로 그때 빛이 일어난다. 내 영혼에도 그 사람의 영혼에도 말이다. 오늘도 두 사람에게 복음을 전했다. 그것은 단순히 죽어서 천국 가는 지름길을 알려주는 것이 아니라, 그들의 잘못된 사망의 초점에서 진정한 생명의 초점으로 옮기는 것이었다. 초점을 바로잡아라! 그래야 빛이 된다!

스물세 번째 날의 기도

"빛이 있으라 하시며 천지를 창조하신 하나님, 빛으로 오신 예수님! 우리도 그 빛으로 살기를 간절히 소망합니다. 하지만 안타깝게도 우리는 얼마나 자주 어두움에 초점을 맞추는지요. 예배드리는 1시간은 항상 졸면서 스마트폰에 있는 온갖 세상 정보에는 눈이 반짝거립니다. 우리가 이 땅에만 맞추고 있는 초점을 옮겨서 하나님 나라와 그 뜻에 맞추게 하소서! 주님께서 오늘 우리에게 일어나는 여러 사건과 문제 속에서, 어디에 초점을 맞추고 계신지 우리에게 알려주소서! 그래서 우리도 같은 초점을 가지고 살아가게 하소서! 우리의 초점이 하나님의 초점이 되게 하소서! 그래서 우리의 삶이 빛이 되게 하소서! 예수님의 이름으로 기도합니다. 아멘!"

• 아래의 여백에 오늘 말씀과 묵상을 읽고 느낀 점을 적어 보세요. 그리고 기억하기 쉬운 단어나 짧은 문장으로 만들어서 하루 종일 생각하며, 또 감동을 주신 대로 실천해 보세요. 오늘도 위대한 하루가 될 것입니다.

스물네 번째 날의 말씀: 누가복음 12:22-32 MBT

이제 예수님은 제자들에게 분명하게 말씀하셨다. "제자의 삶을 살아가는 여러분은 목숨을 위해서 '무엇을 먹고 살까, 몸을 위해서 무엇을 입고 살까?' 하고 전혀 염려하거나 걱정하지 마세요! 왜냐하면 먹을 음식보다 목숨이 더 중요하고, 입을 옷보다 몸이 더 중요하기 때문입니다. 눈을 들어서 하늘의 새들을 잘 보십시오! 까마귀 한 마리만 생각해 보십시오! 까마귀들이 씨를 뿌리거나 추수를 합니까? 당연히 먹을 것을 저장해 놓지도 않고 저장할 창고도 없습니다. 그럼에도 불구하고 하나님께서는 저것들을 먹이십니다. 하물며 저 새들보다 훨씬 더 귀한 여러분을 하나님께서 먹이시지 않겠습니까? 그래도 염려가 됩니까? 하지만 염려한다고 무엇이 달라집니까? 염려한다고 키가 자라고, 염려한다고 수명이

연장됩니까? 염려한다고 해서 더 나아질 것은 아무것도 없습니다. 염려를 통해서는 아주 작은 것도 바꿀 수 없는데, 어째서 그보다 더 큰 나머지 것들에 대해서 계속 염려하는 데 여러분의 시간과 에너지를 허비하고 있습니까? 눈을 들어 땅의 꽃들을 잘 보십시오! 들판에 자라는 작은 들꽃 하나만 생각해 보십시오! 자신을 아름답게 하려고 실을 뽑거나 옷을 만들지도 않습니다. 그럼에도 불구하고 솔로몬이 입었던 가장 영광스러운 옷보다 더 아름답습니다. 하나님께서 그렇게 입혀 주셨습니다. 심지어 오늘 있다가 내일 아궁이에 불쏘시개로 던져질 풀과 꽃들도 하나님께서 보살펴 주시는데, 하물며 제자의 길을 가는 여러분이야 얼마나 더 보살펴 주시겠습니까? 믿음이 작은 여러분이여! 그러므로 이 세상의 물질만 추구하는 욕망의 삶을 살지 말고, 또한 '무엇을 먹고 살까, 몸을 위해서 무엇을 입고 살까?' 하며 염려하는 불안의 삶도 살지 마십시오! 이런 삶은 결국 하나님을 무시하는 삶입니다. 왜냐하면 이렇게 욕망하고 염려하는 물질 중심적인 삶의 방식은 세상 사람들이 살아가는 삶의 방식이지, 제자들이 살아가는 삶의 방식이 아니기 때문입니다. 하나님께서는 여러분에게 무엇이 필요한지 다 아시고, 가장 적절한 때에 가장 적절한 통로를 통해 공급해 주십니다. 오히려 제자는 하나님 중심적인 삶을 살아야 합니다. 여러분은 하나님의 나라를 구하십시오! 하나님께서 온 세상의 주인 되셔서 그분의 뜻대로 모든 것을 다스려 주시기를 추구하십시오! 그러면 나머지 모든 필요한 것을 덤으로 주실 것입니다. 숫자는 작지만 소중한 나의 제자들이여! 여러분은 더 이상 염려하지도 말고 두려워하지도 마세요! 여러분의 하나님 아버지께서 이 세상과 이 세상의 것들을 능가하는 하나님 나라와 하나님 나라의 모든 귀한 것들을 여러분에게 주시려고 기다리고 계십니다."

스물네 번째 날의 묵상: 염려에서 신뢰로

우리는 솔직히 항상 염려 속에 산다. 아버지는 가족의 생계를 염려하고, 어머니는 오늘 저녁 반찬을 염려한다. 공부를 잘하는 아이는 잘하는 대로, 못하는 아이는 못하는 대로 염려한다. 애인과 헤어질까 봐 염려하고 내일 무슨 옷을 입을까 염려한다. 아프면 큰 병일까 봐 염려하고, 병들면 죽을까 봐 염려한다. 목사도 매주 무슨 설교를 해야 하나 염려한다. 정말 염려가 없는 사람은 아무도 없는 것 같다.

하지만 다시 잘 생각해 보면 우리가 전혀 염려하지 않는 것도 있다. 우리가 잘 모르는 땅의 어떤 일이나 우리가 관심을 가지지 않는 일에는 전혀 염려하지 않는다. 그러니까 우리가 염려한다는 것은 그것에 관심이 있다는 것이다. 아울러 우리가 염려하지 않는 또 하나가 있으니 우리가 완전히 믿고 신뢰하는 사람과 일에는 전혀 염려가 없다는 것이다. 얼마 전에 막내딸을 데리고 한 번도 가본 적이 없는 길로 이동해야 했는데, 가는 내내 우리 딸은 노래를 부르며 즐거워했다. 나는 우리 딸에게 어디로 가는지 걱정이 되지 않느냐고 물어보니, "아버지가 다 알아서 하실 텐데요"라고 말했다. 나는 그 순간 회개했다. 내 딸은 내가 어디로 가든 무엇을 하든 나를 신뢰하기 때문에 아무런 염려 없이 나를 따라오는데, 나는 주님의 길을 가면서도 어찌 그리 많은 염려를 하고 있는지 말이다.

오늘 본문에서 예수님은 염려로 가득한 우리 인생들을 향해 단순히 "염려하지 마라!"라는 엄포로 그 염려가 해결될 수 없음을 잘 아셨다. 우리의 수많은 염려를 해결할 유일한 방법은 단 한 분을 항상 다시금 신뢰하는 것이다. 우리가 신앙을 가지고도 항상 염려 속에 사는 이유는 그분을 신뢰하지 않기 때문이고 신뢰하는 법을 모르기 때문이다.

나는 염려가 올 때마다 하나님을 바라보며 기대의 언어로 치환해 본다. 이런 식이다. 나 자신이나 성도들 중에 누가 다치게 되면 이전에는 "다쳐서 얼마나 아프실까? 치료비는 있으신가? 후유증은 없어야 할 텐데"라고 하면서 염려했다. 하지만 요즈음은 "이 일을 통해 하나님은 어떤 일을 하실까? 이 사건은 내 목회에 어떤 예화가 될까?"하면서 말이다. 그러면 신기하게도 염려는 기대가 되고, 기대는 신뢰가 된다. 얼마 전에도 새로 개척한 친구 목사가 너무 힘든 일이라면서 나에게 한참 상담했다. 그래서 나는 이렇게 말해주었다. "친구야! 하나님을 기대해라! 이 사건을 통해 어떤 일을 하실지 기도하며 하나님을 신뢰해봐라! 너의 설교에 사용할 훌륭한 예화가 될 거야"라고 했다. 그 친구는 처음에는 이상한 듯 나를 바라보더니, 금방 얼굴이 밝아져서 "그래! 마음이 새로워지는

구나!"라고 했다.

오늘도 염려할 것들이 다가올 것이다. 하지만 하나님께서 그 일들을 통해 하실 놀라운 일들로 바꾸어 기대해 보라! 하나님을 믿고 맡겨보라! 그러면 아버지의 손에 이끌려 여행하는 막내딸에게서처럼 신나는 모험이 시작될 것이다! 염려에서 신뢰로 역전하는 하루가 되어보자!

스물네 번째 날의 기도

"하나님! 우리에게는 감당도 못할 너무나 많은 염려가 있습니다. 하지만 염려한다고 해결되는 것은 아무것도 없습니다. 염려로 인해서 헛된 시간을 보내기만 할 뿐입니다. 오히려 우리에게 염려할 일이 닥칠 때마다 하나님께 이 염려를 맡겨 드리며, 이 염려되는 사건을 통해 하나님이 하실 일을 기대하게 하소서! 이따금 나에게 일어난 일이지만 다른 사람에게 일어난 일을 보는 것과 같은 초연함도 선물해 주십시오! 그래서 우리에게 일어난 모든 염려가 하나님의 기적이 발생하는 기회가 되게 하소서! 우리의 염려를 당신께 맡김으로 우리가 당신을 신뢰하는 능력도 커지게 하소서! 오늘은 우리의 모든 염려가 당신을 신뢰하고 기대하는 기회만이 되게 하소서! 예수님의 이름으로 기도합니다. 아멘!"

- 아래의 여백에 오늘 말씀과 묵상을 읽고 느낀 점을 적어 보세요. 그리고 기억하기 쉬운 단어나 짧은 문장으로 만들어서 하루 종일 생각하며, 또 감동을 주신 대로 실천해 보세요. 오늘도 위대한 하루가 될 것입니다.

사순절 제25일
사순절 셋째 주, 토요일
(누가복음 15:11-32)

스물다섯 번째 날의 말씀: 누가복음 15:11-32 MBT

이어서 예수님은 마지막 비유를 연결하여 말씀하셨다. "어떤
사람에게 2명의 아들이 있었습니다. 그러던 어느 날, 둘째 아들이
아버지에게 이런 요청을 했다고 합니다. '아버지! 아버지의 재산
중에서 나중에 저에게 유산으로 주실 것을 지금 주십시오!' 그래
서 그 아버지는 자신의 생명 같은 재산을 두 아들 모두에게 미리
나눠주었다고 합니다.

그러자 얼마 시간이 지나지도 않아서, 둘째 아들은 자신의 유
산을 모두 현금으로 바꾸어서 먼 외국으로 떠났습니다. 거기서 그
는 마치 먼지가 바람에 다 날아가 버리듯, 자신이 가진 돈을 무절
제하고 방탕하게 다 사용해 버렸습니다. 엎친 데 덮친 격으로, 그
가 자신의 돈을 다 허비하고 나니, 그 나라 전역에 심한 흉년까지

닥치고 말았습니다. 그래서 그는 매우 가난해지고 비참한 상황이 되고 말았습니다. 어쩔 수 없이, 그는 그 지역의 한 사람에게 가서 더부살이할 수밖에 없었습니다. 그러자 그 사람은 둘째 아들에게 밭으로 나가서 돼지를 치라고 시켰습니다. 유대인들에게 혐오스럽고 부정적인 동물인, 돼지까지 치게 된 이 둘째 아들은 돼지들이 먹는 사료인 쥐엄 열매라도 마음껏 먹고 싶었지만, 그것조차 그에게 주는 사람이 없었습니다.

그제야 둘째 아들은 제정신을 차리게 되어 이런 고백을 하게 되었습니다. '부자이신 내 아버지의 집에는 얼마나 많은 일꾼이 살고 있으며, 그들은 또 얼마나 풍족하게 먹고사는가! 그런데 나는 그분의 아들임에도 불구하고 여기서 먹을 것이 없어서 굶어 죽어가는구나! 여기서 당장 일어나서 내 아버지께 가야겠다! 그분께 가서 "아버지! 제가 잘못했습니다. 제가 하나님께 그리고 당신께 죄를 지었습니다"라고 하며 용서를 빌어야겠다! 그리고 "저는 당신의 아들이 될 자격이 전혀 없으니 그저 당신의 일꾼으로 삼아 주십시오!"라고 말씀드려야겠다!'라고 말이죠.

그렇게 둘째 아들은 일어나서 자기 아버지께로 돌아갔습니다. (집 앞에서 아들을 기다리던) 아버지는 저 멀리 희미하게 보이는 아들의 형상을 알아보고 안타깝고 불쌍한 마음이 차올라서, 달려가 자기 아들의 목을 끌어안고 그에게 입맞추었습니다. 둘째 아들은 아버지에게 '아버지! 저는 하나님께 그리고 당신께 죄를 지었습니다. 저는 당신의 아들이 될 자격이 전혀 없습니다'라고 말했습니다.

하지만 아버지는 자신의 종들에게 다음과 같은 명령을 내렸습니다. '지금 즉시, 최고의 옷을 가져와서 내 아들에게 입혀주어라! 반지를 가져와서 내 아들의 손에 끼워주고, 신발을 가져와 내 아들의 발에 신겨주어라! 그리고 살진 송아지를 가져와서 잡아라! 잔치를 준비해라! 우리가 함께 먹으며 기뻐하자! 왜냐하면, 나의 둘째 아들은 죽었다가 다시 살아난 것이며, 내가 잃었다가 다시 찾았기 때문이다.' 그러자 그 집안 사람들이 모두 함께 잔치하며 기뻐하였습니다.

그러나 그 시간에 아버지의 첫째 아들은 밭에 있었습니다. 일을 마치고 집으로 돌아오던 첫째 아들은 집에 가까워지자 집에서 나오는 음악 소리와 춤추는 소리를 듣게 되었습니다. 그래서 첫째 아들은 자기 종들 중의 하나를 불러서 '이 음악 소리와 춤추는 소리가 다 무엇이냐?'하고 물어보았습니다. 그러자 그 종이 첫째 아들에게 '당신의 동생이 집으로 무사히 돌아왔기 때문입니다. 그래서 당신의 아버지께서 살진 송아지를 잡고 잔치를 여신 것입니다' 라고 대답했습니다. 대답을 들은 첫째 아들은 화를 내고 집에 들어가려고 하지 않았습니다. 그래서 그의 아버지가 직접 나와서 첫째 아들을 달랬습니다. 아버지를 향해 첫째 아들은 이렇게 말했습니다. '아버지! 오랜 세월 동안 저는 아버지를 종처럼 섬겼습니다. 아버지께서 명령하신 것들 중에서 단 하나 어긴 적도 없습니다. 하지만 언제 한번 염소 새끼 한 마리라도 주시면서 저의 친구들과 함께 즐기라고 잔치를 열어 주신 적이 없더니, 당신의 아들인 저

녀석은, 당신의 생명 같은 재산을 창녀들과 먹고 마시면서 다 허비해 버리고 돌아왔는데도 불구하고 살진 송아지를 잡아서 잔치를 열어 주셨네요! 이게 말이 됩니까!'

그러자 그 아버지는 첫째 아들에게 이렇게 말했습니다. '아들아! 너는 항상 나와 함께 있으니, 나의 모든 것이 이미 전부 다 너의 것이다. 하지만 너의 동생은 모든 것을 잃고 죽을 고생하다가 이렇게 돌아왔으니, 한번 죽었다가 다시 살아난 것과 같고 잃어버렸다가 다시 찾은 것과 같다. 그러므로 우리가 이것을 함께 기뻐하고 즐거워하는 것이 참으로 합당한 것이다!'"

스물다섯 번째 날의 묵상: 진정으로 잃어버린 것

사실 모든 것이 잘못되었다! 제목도 초점도 다 잘못되었다!

우리에게 흔히 '탕자의 비유'로 알려진 이 이야기의 핵심은 탕자가 아니다. 돌아온 탕자를 환영하지 못하는 형이 이 비유의 초점이 되어야 한다. 그래서 제목도 '탕자의 비유'가 아니라 '돌아온 탕자를 환영하지 못하는 첫째 아들의 비유'라고 해야 할 것이다(반대하는 사람이 있다면 이 시리즈를 시작하는 누가복음 15:1-3을 다시 읽어보라. 예수님께서 누구를 향해 말씀하는지 분명하게 찾아보라!).

결국 이 첫째 아들은 다름 아닌 우리의 모습이다. 예수님께서 용서한 사람을 우리는 용서하지 못하며, 예수님께서 환영한 사람을 우리는 환영하지 않고 있다는 것이다. 개척 초기에 한 성도님이 전도되어서 신앙 생활을 시작하시는데, 우리 교회에서 나름대로 영성이 탁월하다며 자부하는 한 전도사님이 나에게 조용히 다가와 이렇게 말했다. "목사님, 저 여자에게 교회 일을 맡기시면 안 됩니다. 저 여자 이혼한 여자예요!" 나는 너무나 마음이 아팠다. 심지어 그 말을 나에게 건넨 그 전도사님도 이혼한 사람이었는데 말이다.

우리는 왜 이토록 강퍅하고, 이기적일까? 아마도 우리가 무엇인가 소중한 것을 잃어버리고 있기 때문일 것이다. 처음 하나님께 받은 은혜를, 처음 사랑을, 처음 믿음을 우리가 잃어버리고 있기 때문일 것이다. 청년 시절에는 그렇게 순수하던 사람이 신학교에 들어가면 달라진다. 아무 보수를 받지 않고 교회를 섬길 때는 그렇게 신실하더니 사역자가 되어 보수를 받으면 달라진다. 직분 없이 봉사할 때는 그렇게 친절하더니 집사가 되고 장로가 되니 전혀 다른 사람이 되고 말았다.

그러면 어떻게 해야 할까? 우리는 오늘 본문만이 아니라 이 잃어버린 시리즈 전체를 다시 천천히 읽으며 처음 받은 은혜를 기억해야 한다. 우리는 원래 잃어버린 양이었는데 목자가 목숨을 걸고 구해 준 존재이며, 우리는 원래 잃어버린 한 드라크마였는데 온 집 안을 다 찾아서 발견한 존재이며, 우리는 원래 아버지의 죽음을 앞당겨서라도 유산을 받아내어 흥청망청 써버린 탕자였는데 측량할 수 없는 수준의 용서를 받았고 다시금 기회를 얻었다. 우리의 과거를 기억해야 우리의 미래를 바로잡을 수 있다.

처음 교회를 개척할 때 어렵게 대출해서 상가 건물을 임대하고 창립 예배를 위해 서류를 만들어서 지방회 선배님들을 만났다. 하지만 그 과정이 얼마나 힘들었는지 모른다. 전화를 걸어도 받지 않고 찾아가서 서류를 내밀면 화만 냈다. 한번은 똑같은 서류를 세 번이나 다시 가져오라고 하길래, 나는 너무나 화가 났다. "선배 목사님! 목사님은 저와 같은 때가 없었나요? 제가 지금 나쁜 짓을 하려고 하나요? 한 영혼을 살리기 위해서 교회를 개척하려고 하는 것 아닙니까? 그러면 목사님께서 처음 개척하셨을 때를 생각하셔서 친절하게 도와주셔야 하는 것 아닙니까?"라고 말하고 싶었다. 물론 그렇게 말할 수는 없었다.

그래서 이제는 나에게 말한다. 처음 사역을 시작하는 전도사님들과 오늘도 낙망하여 교회에 오지 못한 성도들로 인해 내가 첫 번째 아들이 되려고 하는 순간, 나는 나 자신에게 말한다. "네가 지금 그렇게 함으로써 진정으로 잃어버리게 될 것은 무엇이냐"고 말이다. 당신도 그랬으면 좋겠다.

스물다섯 번째 날의 기도

"하나님! 우리는 쉽게 과거를 잊어버리고 교만해집니다. 우리는 쉽게 받은 은혜를 놓쳐버리고 변질됩니다. 그러니 다시 우리를 말씀으로 겸손케 하시고 기도로 기억하게 만들어 주소서! 우리 곁에 있는 연약한 사람들을 섬길 수 있도록 도와주시고 우리를 힘들게 하는 사람들을 기다릴 수 있는 능력을 주소서! 어린양을 찾아

나선 목자의 마음을, 한 드라크마를 위해 온 집을 뒤진 여자의 마음을, 둘째 아들뿐만 아니라 첫째 아들까지 섬긴 아버지의 마음을 우리에게 부어 주소서! 그래서 우리 모두가 함께 기뻐할 수 있도록 이끌어주소서! 예수님의 이름으로 기도합니다. 아멘!"

- 아래의 여백에 오늘 말씀과 묵상을 읽고 느낀 점을 적어 보세요. 그리고 기억하기 쉬운 단어나 짧은 문장으로 만들어서 하루 종일 생각하며, 또 감동을 주신 대로 실천해 보세요. 오늘도 위대한 하루가 될 것입니다.

사순절 넷째 주, 주일
(시편 32편)

스물여섯 번째 날의 말씀: 시편 32편 개역개정

[다윗의 마스길] 허물의 사함을 받고

자신의 죄가 가려진 자는 복이 있도다

마음에 간사함이 없고

여호와께 정죄를 당하지 아니하는 자는 복이 있도다

내가 입을 열지 아니할 때에

종일 신음하므로 내 뼈가 쇠하였도다

주의 손이 주야로 나를 누르시오니

내 진액이 빠져서 여름 가뭄에 마름 같이 되었나이다 (셀라)

내가 이르기를 내 허물을 여호와께 자복하리라 하고

주께 내 죄를 아뢰고 내 죄악을 숨기지 아니하였더니

곧 주께서 내 죄악을 사하셨나이다 (셀라)

이로 말미암아 모든 경건한 자는

주를 만날 기회를 얻어서 주께 기도할지라

진실로 홍수가 범람할지라도 그에게 미치지 못하리이다

주는 나의 은신처이오니 환난에서 나를 보호하시고

구원의 노래로 나를 두르시리이다 (셀라)

내가 네 갈 길을 가르쳐 보이고 너를 주목하여 훈계하리로다

너희는 무지한 말이나 노새같이 되지 말지어다

그것들은 재갈과 굴레로 단속하지 아니하면

너희에게 가까이 가지 아니하리로다

악인에게는 많은 슬픔이 있으나

여호와를 신뢰하는 자에게는 인자하심이 두르리로다

너희 의인들아 여호와를 기뻐하며 즐거워할지어다

마음이 정직한 너희들아 다 즐거이 외칠지어다

스물여섯 번째 날의 묵상: 최고의 축복

이 세상에서 가장 큰 축복은 무엇일까? 엄청나게 많은 돈을 벌거나, 그 누구도 모르는 지식을 얻거나, 엄청나게 강력한 힘을 가지거나, 세상에서 가장 유명한 사람이 되는 것일까? 다들 이런 것들 중에 하나를 원하겠지만, 이것은 가장 큰 축복이 아니다. 왜냐하면 인생의 가장 궁극적인 문제를 이것들은 전혀 해결해 주지 못하기 때문이다.

인간의 가장 궁극적인 문제는 무엇인가? 바로 죽음이다! 그럼

왜 죽는가? 죄 때문이다. 그러면 그 죄를 어떻게 해결할 수 있는가? 돈도, 지식도, 힘도, 명예도 이 죄의 문제를 해결할 수 없다. 그러므로 바로 이 죄의 문제를 궁극적으로 해결할 수 있는 것이야말로 최고의 복이다. 우리의 죄의 문제만 해결된다면 우리는 죽음을 극복하게 되고 죽음이 극복되면 영원한 시간과 생명과 기회가 주어지기 때문이다.

그래서 시편 32편은 이렇게 시작하는 것이다. "허물의 사함을 받고, 자신의 죄가 가려진 사람은 복이 있도다!"

여기서 조금만 더 나아가보자! 그러면 어떻게 해야 죄의 문제를 해결 받을 수 있는가? 성경은 그 죄의 문제를 해결 받을 기회를 얻어야 한다고 말한다. 도대체 그때가 언제인가? 바로 회개할 기회를 얻을 때이다. 그럼 언제 회개할 기회를 얻는가? 하나님께서 우리에게 찔림을 주실 때다. 예배의 자리, 말씀의 선포, 찬양의 감동뿐만 아니라 수많은 삶의 순간에서 성령님의 임재를 느낌으로 자신의 죄를 발견하며 그 죄를 인정하게 되고 그 죄를 해결하신 예수님 앞에 자신의 죄를 토하여 그 죄를 회개하는 순간이다.

그래서 6절은 이렇게 말한다. "이로 말미암아 모든 경건한 자는 주를 만날 기회를 얻어서 주께 기도할지라." 내가 이 표현을 조금 다듬어 본다면 이렇게 바꿀 수 있을 것이다. "성도들이여! 그대들에게 죄에 대한 찔림의 순간이 올 때, 그때 그 기회를 놓치지 말고 하나님 앞에 회개의 기도를 드리십시오!"

하지만 문제는 우리에게 가장 좋은 기회가 올 때, 다시 말해서 자신의 죄에 대한 찔림을 받을 때, 우리는 그 기회를 대다수 놓친다. 분노하고 신경질 내며 자신을 합리화하고 거절하며 고집을 피운다. 그래서 9절은 이렇게 말하는 것이다. "너희는 무지한 말이나 노새같이 되지 말지어다!"

언제부터인가 사람들이 나의 설교가 세다고 듣기 싫다고 한다. 그래서 어떤 설교가 좋냐고 물어보니, 자신들을 죄인 취급하지 않는 부드럽고 재미있는 설교가 좋다고 한다. 나도 좋은 설교를 하고 싶다. 어느 목사가 어렵게 교회에 나온 성도를 기분 나쁘게 하고 속상하게 하는 것이 좋겠는가? 나도 편하고 즐겁고 쉽게 목회하고 싶다. 그러나 성경은 그것이 복이라고 하지 않는다. 그런 즐거움과 편안함은 집에서 맛있는 음식을 먹으며 재미난 영화 한 편을 보면 누릴 수 있다. 교회는, 복음은, 진짜 복을 선물해 주어야 한다. 그 복은 자신의 죄를 깨닫게 하여 찔림을 받고, 그것을 기회로 삼아서 하나님 앞에 회개함으로 우리를 죽음으로 이끄는 죄의 길에서 벗어나는 것이다. 나는 이 최고의 축복을 나 자신과 성도들이 함께 누리기 위해 바른 복음과 말씀을 전할 수밖에 없다. 나는 수없이 강단에서 외친다. "이 강산 목사를 미워하시고 여러분은 생명을 얻으십시오!" 오늘은 주일이다! 우리의 죄가 꼭 한 가지씩이라도 찔림 받아서 회개하기를 바란다. 그 기회를 놓치지 말고 주님 앞에 삶을 바꾸어서 최고의 축복을 받기를 바란다! 그렇게만 된다면 오늘은 우리 인생에 가장 위대한 날이 될 것이다!

스물여섯 번째 날의 기도

"하나님! 우리는 죄인입니다. 하지만 무슨 죄를 짓는지도 모르고, 그것을 알게 되어도 화내고 합리화만 합니다. 하지만 이제 그것이 최고의 복이라는 것을 알았으니, 우리의 태도를 고치게 하소서! 우리의 죄가 찔림 받을 때, 감사하게 하소서! 우리의 죄가 드러날 때, 꿇어 엎드려 회개하게 하소서! 십자가의 예수님께서 우리를 위해 죽으신 것을 기억하게 하소서! 오늘 우리의 죄를 회개함으로 최고의 기회를, 최고의 축복을 누리게 하소서! 그리고 마지막으로 이 부족한 종이 진정한 복음, 회개의 복음, 참 축복의 복음을 전하기 위해 겸손하면서도 담대하게, 욕을 먹으면서도 포기하지 않고 하나님의 말씀을 전하며 어떤 고난이 와도 끝까지 이 십자가를 감당할 수 있도록 도와주시옵소서! 예수님의 이름으로 기도합니다. 아멘!"

• 아래의 여백에 오늘 말씀과 묵상을 읽고 느낀 점을 적어 보세요. 그리고 기억하기 쉬운 단어나 짧은 문장으로 만들어서 하루 종일 생각하며, 또 감동을 주신 대로 실천해 보세요. 오늘도 위대한 하루가 될 것입니다.

사순절 넷째 주, 월요일
(누가복음 12:35-40)

스물일곱 번째 날의 말씀: 누가복음 12:35-40 MBT

이어서 예수님께서는 다음과 같이 명령하셨다. "여러분은 준비하고 있어야 합니다! 여러분의 허리에는 항상 띠를 띠고 여러분이 가진 등불은 항상 불을 밝힌 상태로 깨어 있어야 합니다!" "마치 (누군가의) 결혼식에 참석하고자 집을 떠났던 주인이 언제라도 돌아와 문을 두드리면, 즉시 문을 열어줄 수 있는 하인처럼 준비되어 있어야 합니다! 주인이 돌아와서 자신의 하인들이 이처럼 깨어 있고 준비하고 있는 것을 보게 된다면 엄청난 역전의 축복을 받게 될 것입니다! 내가 여러분에게 분명히 말하는데, 그때 주인이 허리에 띠를 매고 그 하인들을 식사 자세로 눕게 해 준 다음에, 그들이 마음껏 먹고 즐길 수 있도록 섬길 것입니다. 만약 주인이 아주 늦은 밤 시간이나 새벽에 돌아왔는데도, 하인들이 이처럼 깨

어 있고 준비 상태로 있는 것을 보게 된다면, 정말 그 하인들에게
는 엄청난 축복이 있을 것입니다. 여기서 여러분이 반드시 알아야
할 것은, 집주인이 언제 돌아올지 하인들은 알 수 없다는 것입니
다. 마치 어떤 집을 지키는 주인이 도둑이 언제 올지를 모르는 것
과 같습니다. 만약 도둑이 오는 시간을 알 수 있다면 그 누구도 자
신의 집을 도둑맞지 않을 테니 말입니다. 그러므로 여러분도 항상
깨어서 준비하고 있어야 합니다! 여러분이 전혀 생각지도 않고,
예상치도 않은 시간에 참 사람인 하나님의 아들이 다시 올 것입니
다."

스물일곱 번째 날의 묵상: 기다림의 다른 이름 준비!

갑작스럽게 첫째 딸이 몸이 아파서 병원에 갔더니, 코로나 양
성 판정을 받고 말았다. 지난 2년간 잘 피해왔는데 이제는 어쩔 수
없는 상황이 된 것이다. 하지만 목사로서 내가 더 신경써야 할 것
은 딸의 코로나 질병보다 그로 인해 영향을 받게 될 십자가 교회
의 예배였다. 나는 주보 내용을 모두 변경하고 신속하게 전도사님
들에게 이 소식을 알려서 다가오는 주일 예배와 수요 예배를 준비
하도록 부탁했다. 하지만 대답하는 전도사님들의 목소리에는 힘
이 없다. 늘 전도사님들에게 예배 준비, 설교 준비를 하고 있으라
고 말하지만, 예배와 설교를 부탁할 때마다 안타깝게도 내가 기대
하는 만큼 준비가 되어 있지 않음을 느낀다.

우리는 기다림에 대해서 여러 가지 내용으로 말할 것이 있다.

하지만 가장 중요한 한 가지는 이것이다. 기다림이란 곧 준비되어 있음이라는 것! 기다림이란 단순히 시간이 지나가기를 바라는 수동적 대기 상태가 아니라, 다가오는 순간을 언제라도 잡아챌 수 있도록 힘을 기르고 초점을 맞추고 있는 능동적인 준비 상태인 것이다. 코로나가 시작하고 어디선가 성경에도 없는 메시지가 유행하기 시작했다. '이 또한 지나가리라'라고 하면서. 출처도 명확하지 않고, 무엇보다 비성경적인 그 내용은 어떤 복음성가의 가사가 되면서 각종 SNS와 설교 시간에도 분별없이 사용되었다. 하지만 그 어떤 것도 그냥 지나가는 것이 아니다. 모든 시간과 사건에는 의미가 있으며, 우리는 그 시간을 통해 준비되어야 한다. 그것이 바로 그 시간 속에서 기다린다는 의미다.

예수님은 오늘 본문에서 주인이 오는 것을 준비하는 종들의 이야기를 한다. 너무 쉬워서 무엇인가 더 설명할 것도 없다. 준비하려면 깨어 있어야 하고 준비하려면 지식이 있어야 하며 준비하려면 실력을 갖추고 있어야 한다. 하지만 안타깝게도 준비된 사람이 거의 없다. 전도사들은 목사가 되면 한다고 하고, 성도들은 직분을 맡으면 하겠다고 한다. 대다수의 부모들이 자녀를 낳기만 하지 좋은 부모가 될 준비는 전혀 하지 않는다. 무엇보다 사람들은 주님 다시 오실 그날을 준비하지 않고 있다. 훌륭한 부모는 자녀의 미래를 예상하고 준비하며, 훌륭한 지도자는 다가오는 계절과 풍랑을 예측하고 미리 준비한다. 우리 인생에는 후반부가 있으며, 누군가는 중요한 자리로 나아가게 된다. 그리고 무엇보다 분명히 주님께서 다시 오신다. 이것을 모르는 사람이 누구란 말인가? 왜 다 알고 있는데 아무런 준비를 하지 않는가? 어째서 어설픈 태도로 소중한 인생을 허비하고 있는가?

사순절은 예수님의 부활을 기다리는 절기다. 그냥 수동적으로 시간을 죽이면서 이 또한 지나가리라 해도 당연히 부활절은 온다. 하지만 능동적으로 그 시간들을 준비하며 매일 깨어 있는 성도만이 부활하신 주님을 만나게 되는 것이다. 그대는 지금 진정으로 기다리고 있는가? 그대는 지금 진정으로 준비되어 있는가?

스물일곱 번째 날의 기도

"하나님! 오늘이 지나면 내일이 오지만, 오늘 내가 어떻게 살았느냐에 따라 다른 내일이 온다는 것을 알게 하소서! 언제라도 주님께서 저의 이름을 부르실 때, '주님 제가 여기 있습니다'라고 대답할 수 있게 하소서! 꼭 어떤 자리를 맡아야만 그 일을 해낼 사람이 되는 것이 아니라, 언제라도 무슨 일이든 주님께서 맡겨주실 것을 기대하며 깨어서 준비하게 하소서! 우리를 기다리시는 주님, 우리를 위해 준비하시는 주님을 향해, 우리도 진정으로 기다리고, 진정으로 준비되어 있게 하소서! 예수님의 이름으로 기도합니다. 아멘!"

• 아래의 여백에 오늘 말씀과 묵상을 읽고 느낀 점을 적어 보세요. 그리고 기억하기 쉬운 단어나 짧은 문장으로 만들어서 하루 종일 생각하며, 또 감동을 주신 대로 실천해 보세요. 오늘도 위대한 하루가 될 것입니다.

사순절 제28일
사순절 넷째 주, 화요일
(누가복음 13:22-30)

스물여덟 번째 날의 말씀: 누가복음 13:22-30 MBT

그렇게 예수님께서는 여러 도시와 마을들에서 계속 하나님 나라의 복음을 말씀 사역으로 가르치시고 치유 사역으로 체험하게 하시면서 갈릴리에서 예루살렘을 향한 여정을 이어 가셨다. 그러던 중, 어떤 사람이 예수님께 다음과 같은 질문을 했다. "주님! 죄로 기울어진 이 세상에서 구원받을 사람, 곧 다가올 하나님의 나라에 참여하게 될 사람이 적을까요?" 그러자 예수님은 다음과 같이 대답하셨다. "여러분은 하나님 나라의 입구이며 하나님 나라의 방식인 '좁은 문 안으로 들어가기'를 위해 최선을 다하십시오! 하나님 나라 안으로 들어가려고 하지만 그럴 수 없는 사람들이 상당히 많을 것입니다. 하나님 나라의 주인께서 일어나셔서 그 좁은 문을 닫는 때가 올 것입니다. 그때 여러분이 문밖에서 아무리 문을 두드리며 '주여! 우리에게 문을 열어주세요!'라고 소리쳐도, 그분은 여러분에게 '나는 너희들이 어디서 온 사람들인지, 무엇을 하던 사람들인지 전혀 모르겠다'라고 대답하실 것입니다. 그러면 그때, 여러분은 '우리가 주님 앞에서 함께 식사 교제도 했고, 공개적인 장소에서 여러 가지 사역도 했습니다'라고 말하기 시작할 것입니다. 하지만 하나님께서는 여러분을 향해 이런 평가를 쏟아내실 것입니다. '나는 너희들이 어디서 왔는지, 무엇을 했는지 전혀 모르겠다. 너희들이 모임에 와서 밥만 먹고 갔지, 언제 성도 간의 깊은 교제나 말씀의 적용을 했느냐? 너희들이 사역을 하러 와서 억지로 시간만 채우고 갔지, 언제 진정한 섬김과 복음의 통로가 되었느냐? 그것은 나와는 아무런 상관없이 너희들 하고 싶은 대로 했던 것들로, 하나님 나라의 의로움(옳음)과는 전혀 상관없는 짓거리들이었다. 그러므로 너희들은 모두 다 나에게서 물러가라!' 결국 그 사람들은 그 자리에서 울고, 이를 갈며 심하게 슬퍼할 것입니다. 그때 여러분은 아브라함, 이삭, 그리고 야곱과 모든 선지자들, 곧 하나님의 말씀과 뜻대로 그 좁은 길을 따라 진정한 하나님의 사람으로 살아간 사람들만이 하나님 나라에 참여하고, 그저 종교인의 흉내만 내면서 세상의 넓은 길을 따라 살아간 사람들은 하나님 나라 밖으로 쫓겨나게 되는 것을 분명히 보게 될 것입니다. 오히려 여러분이 무시했던 사람들, 곧 동서남북, 사방팔방, 그리고 모든 인종과 나라에서, 수많은 사람들이 하나님 나라의 잔치 자리에 참석하게 될 것입니다. 그러므로 정신차리십시오! 하나님 나라에 전혀 합당하지 않을 것 같은 사람이 가장 합당한 사람이 될 것이고, 반대로 하나님 나라에 가장 합당할 것처럼 보이던 사람이 전혀 합당하지 않은 사람으로 판명되는 대역전이 일어날 것입니다!"

스물여덟 번째 날의 묵상: 좁은 길로 걷고 있는가?

　교회를 개척한 후에, 매일 밖에 나가서 전도했다. 참 다양한 사람들을 만났다. 대다수가 무시하거나 피하는 사람들이었지만 종종 관심을 가지고 나와 대화를 시도하는 사람들이 있었는데 그중에 절반은 이단이었고 나머지 절반은 이미 교회를 다니고 있거나 교회에 관심이 있는 사람이었다. 여기서 내가 복음이나 하나님이라고 하지 않고 교회라고 한 것을 기억해야 한다. 한번은 어떤 중년의 남성분에게 전도지를 드리며 복음을 전했더니, 나를 빤히 쳐다보고서 아주 거만한 태도로 자신이 어떤 교회의 장로라고 했다. 그러면서 그 교회를 모르냐고 되물어 본다. 그래서 나는 말했다. 물론 그 교회 이름을 알지만, 그 교회에서 어떤 직분을 가지고 있느냐가 중요한 것이 아니라고, 그리고 진정 복음을 바로 알아서 살고 있느냐고 물어보았더니, 헛기침을 하면서 자기 길을 갔다. 심지어 어떤 사람은 자신이 아주 유명한 목사님에게 유아세례를 받았다면서 나를 조롱하듯 대했다. 나는 그날 집에 와서 한참을 웃었다.

　한국 사람만 그런지는 모르겠지만, 내가 전도하면서 또 성도들에게 복음을 전하면서 느낀 아픔 중의 하나는 다들 신앙을 무슨 타이틀로 알고 있고, 그 타이틀이 주는 확신적 과거에 머무는 것이 자연스럽게 미래를 보장해 주는 것처럼 착각하고 있더라는 것이다.

안타깝게도 내가 과거에 어떤 유명한 목사에게 세례를 받았거나 어떤 유명한 교회에서 직분을 받은 것이 바로 오늘의 지금이라는 삶의 자리와 바로 현재의 실제라는 삶의 방식에서 이루어지고 있지 않다면, 그것은 미래와 무조건 직결되는 것이 아니다. 이는 내가 하고 싶은 말이 아니라 오늘 예수님께서 하시는 말씀의 핵심이다. 내가 이렇게 말하면 사람들은 그것은 구원과 복음을 불안하게 만드는 것이 아니냐고 물어본다. 그러면 다시 나는 예수님을 대신해서 이렇게 물어보겠다. 당신의 과거 건강검진 결과가 좋다고 해서 지금 막살면, 그것이 내일의 건강을 보장해 주는가? 당신의 결혼식이 행복했음을 보여주는 결혼식 사진이 있다는 이유로 사진이 있다고 지금 함부로 배우자를 대하면 그것이 무조건 행복한 미래를 약속하는가? 오히려 진짜 건강한 사람은 과거에 건강했던 검사 결과를 기초로 하여 오늘도 건강한 삶을 사는 사람이며, 과거에 사랑한 사람과의 결혼사진을 앞에 걸어 놓고 오늘도 사랑하며 사는 사람이 아닌가? 그것을 왜 불안이라고 말하는가? 나는 그것을 생명력이라고 부른다. 내가 목사로서 지난주에 아무리 좋은 설교를 했더라도 다음 주 설교를 위해서 다시 열심히 준비하는 것이 내가 목사라는 확신을 불안하게 만드는가? 아니다!

그 긴장과 수고는 나를 더욱 목사로 살게 하는 확신 이상의 생명력이 되는 것이다.

그렇다면 예수님께서는 내가 말하는 이런 긴장과 생명력을 무엇이라고 표현했는가? 24절에서 이렇게 말씀하신다. "좁은 문으로 들어가기를 힘쓰라!"

마지막 순간에 주님은 많은 이들을 모른다고 하실 것이다. 자신이 아주 유명한 목사에게서 세례를 받았고, 아주 대단한 교회에서 장로 직분을 받았으며, 유명한 신학교를 졸업해서 박사학위를 가진 목사라고 말해도 예수님께서 모른다고 하시면 어떻게 할 것인가? 누군가는 어설픈 태도로 '그럼 마지막에 가 봐야 아는 건가요?'라고 물어볼지도 모르겠다. 아니! 왜 굳이 마지막까지 가 봐야 아는가? 이것은 바로 지금 오늘 여기서 당신이 좁은 문으로 들어가고, 좁은 길로 걷는가에 달린 것이다! 예수님을 따라서 자기를 부인하고 십자가를 지고 말씀의 길로 헌신의 길로 순종의 길로 가느냐에 달려 있는 것이다. 오늘 좁은 길을 걷는 사람은 당연히 내일도 좁은 길을 걷는다. 그러므로 내가 과거에 어떤 신분과 업적을 달성했는지만 말하지 말라! 바로 이 시간 정신을 똑바로 차리고 이 질문에 진심으로 바르게 대답하고 살아라! 당신은 오늘도 주님을 따라 그 좁은 길로 가고 있는가?

스물여덟 번째 날의 기도

"하나님! 우리는 너무나 자주 과거의 사람으로 삽니다. 과거의 상처를 무기로 삼기도 하고, 과거의 업적을 영원한 자랑으로 여기기도 합니다. 그러나 시간을 초월해 계신 하나님, 언제나 오늘이신 하나님 앞에 우리의 신앙도 현재형이 되게 하소서! 우리 앞에 보이는 많은 길들 중에서 주님이 걸어가신 좁은 길을 볼 수 있도록 눈을 열어 주시고, 그 좁은 길로 담대하게 걸어갈 수 있도록 힘을 주시옵소서! 어설픈 확신이나 불안한 두려움의 신앙이 아니라 생명력 넘치는 신앙인이 되게 하소서! 예수님의 이름으로 기도합니다. 아멘!"

- 아래의 여백에 오늘 말씀과 묵상을 읽고 느낀 점을 적어 보세요. 그리고 기억하기 쉬운 단어나 짧은 문장으로 만들어서 하루 종일 생각하며, 또 감동을 주신 대로 실천해 보세요. 오늘도 위대한 하루가 될 것입니다.

스물아홉 번째 날의 말씀: 누가복음 14:25-33 MBT

14:25-27   그 후, 예수님께서 예루살렘으로 향하는 여정에 많은 사람들이 함께하였다. 그러자 예수님께서는 그들을 향해 몸을 돌이키시고 나서, 다음과 같은 아주 중요한 말씀을 하셨다. "누구든지 진정으로 나와 함께 하나님 나라의 길을 가고자 한다면, 자신의 부모님과 아내 그리고 자녀들을 비롯해서 자신의 가족들과 심지어 자신의 목숨까지도 나보다 더 사랑해서는 안 됩니다. 나를 사랑하는 것에 비하면 다른 모든 것들은 미워하는 수준이 되어야 합니다. 그렇지 않으면 나의 제자가 될 수 없습니다. 누구든지 나와 함께 나의 길을 가겠다고 하면서도, 자신의 십자가를 감당하지 않고 나를 따라오는 사람, 다시 말해서 목숨 바쳐 사명을 이루고자 하는 각오 없이 나를 따라오는 사람은 절대 나의 제자가 될 수

없습니다."

14:28-30 　"비유로 그 이유를 설명해 보겠습니다. 여러분 중에 누군가가 포도원이나 집, 혹은 도시를 지키는 높은 타워를 하나 지으려고 한다면, 무작정 땅부터 파기 시작하는 것이 아니라, 먼저 앉아서 이 타워를 완공하기까지 걸리는 시간과 비용이 충분한지를 계산하지 않겠습니까? 만약 그렇게 준비하지 않고 무작정 타워 건축을 시작했다가, 결과적으로 타워의 기초만 쌓고 완성을 하지 못하게 되면, 그것을 보는 사람들이 모두 그 사람을 조롱하고 비웃을 것입니다. 당연히 사람들은 '이 사람이 무턱대고 건축을 시작하더니 결국 완성할 능력도 없었구나' 하면서 그 사람을 수치스럽게 여길 것입니다."

14:31-33 　"또 하나 더 비유를 들어서 그 이유를 설명해 보겠습니다. 어떤 나라의 왕이 다른 나라의 왕과 전쟁을 하려고 하는데, 자신의 군사는 10,000명이고 적군의 군사가 20,000명이라면 먼저 앉아서 이런 상황에서 전쟁을 할 경우에 이길 수 있는지에 대해서 신중하게 생각해보지 않겠습니까? 신중하게 생각해 본 결과, 이길 가능성이 전혀 없다면, 아직 적군의 왕이 다가오기 전에 사신단을 보내서 화친을 맺자고 요청해야 합니다. 이와 같이, 여러분도 무조건 나를 따라오지 말고, 진정한 제자의 길이 무엇인지 제대로 알고 각오를 굳게 하여서 따라와야 합니다. 여러분이 가진 모든 것들을 하나님 나라를 위해 전부 포기할 수 없다면, 나의 제자가 될 수 없습니다."

스물아홉 번째 날의 묵상: 준비와 같은 이름 포기

약 5년 전에 한 신학교에서 부흥회 설교를 연속적으로 할 기회가 있었다. 사실 설교는 어떤 장소 어떤 청중에게 해도 힘들지만, 신학교에서 신학생과 교수들 앞에서 하는 것이 가장 힘들다. 그들에게는 이미 어느 정도의 신학적 틀이 있고, 어느 정도의 신분적 자만이 자리를 잡고 있기 때문이다. 더욱이 내가 몸담은 교단과 다른 교단의 신학교에서 여러 번 설교하는 것은 참으로 부담되는 일이었다. 하지만 주님께서 주신 메시지를 가지고 최선을 다해서 담대하게 전하고 왔다. 마지막 날, 마지막 집회를 마치고 집으로 오려는데 신학생 몇 명이 달려와서 큰 은혜를 받았다고 하면서, 내가 이번 설교를 위해 몇 시간이나 준비했는지 물어보았다. 나는 이렇게 대답했다. "이번 설교만을 위해서 준비한 시간은 10시간 정도 되지만, 정확하게 말해서 이번 설교를 위해 준비된 시간은 제가 살아온 인생 전부라고 생각합니다." 그러자 그중에 한 명이 자신들이 훌륭한 설교자가 되기 위해서 지금 무엇을 준비하면 좋을지 말해달라고 했다. 그래서 나는 조금도 주저하지 않고 포기하라고 했다. 좋은 설교자가 되고 싶으면 스마트폰을 포기하고 게임을 포기하고 세상 즐거움을 포기하라고 했다. 그러자 또 한 명이 오기가 발동했는지 나는 무엇을 포기했는지 알려달라고 했다. 그래서 나는 수많은 것들을 포기했지만 그중에 몇 가지만 말하자면, 좋은 성적으로 대학을 졸업하고도 유학을 가거나 박사학위 과정에 진학하는 것을 포기했고, 여러 번의 유혹이 있었지만 텔레비전과 스마트폰을 포기했으며, 지금은 자동차 운전, 대형 교회의 청빙, 심지어 조금이라도 말씀 사역에 방해가 된다면 만남과 취미 생활 전부를 절제하거나 포기하면서 산다고 말했다. 그러자 그 신학생들은 내가 좀 심하다는 반응을 하면서, "목사님은 나실인처럼 사시네요"라고 말하며 웃었다. 그래서 나는 마지막으로 부드럽지만 단호하게 이렇게 말했다. "저는 솔직히 제가 나실인이라고 생각해 본 적이 한 번도 없습니다. 오히려 이 시대의 신학생들과 목사들이 포기해야 할 것을 거의 포기하지 못하는 소돔과 고모라의 사람들처럼 보입니다." 그들은 더 이상 웃지 못했다.

여전히 내가 심하다고 생각이 되는가? 그렇다면 오늘 본문을 다시 읽어보라! 오늘 이 짧은 본문의 중앙에서는 준비해야 할 것을 말씀하신다. 그러면서 이 준비의 중심을 아우르는 앞과 뒤로 포기의 내용이 북엔드(Bookend)처럼 담겨 있다. 주님을 따르려고 하는 사람들에게 예수님께서는 "아버지와 어머니, 아내와 자녀까지 미워해야 한다"라고 말씀하신다. 미워하지 않으면 주님의 제자가 될 수 없다고 하셨다. 그냥 비유적인 표현이라고만 생각하는가? 그렇다면 다시 마지막 부분도 읽어 보라! "이와 같이 자신의 것을 전부 포기하지 않으면 누구도 주님의 제자가 될 수 없다"라고 하신다.

나에게 없는 것을 어찌 포기하겠는가? 내가 가지고 있고 내가 할 수 있는 것을 포기하는 것이 진짜 하나님의 사람으로 준비하는

것이다. 다시 말한다. 정말 주님 앞에 잘 준비된 사람이 되고 싶은
가? 그렇다면 포기해라! 매일 무엇인가 달라고만 하는 기도를 이
제 제발 그만두고, 주님 앞에 무릎을 꿇고 이렇게 기도해라. "주여!
제가 무엇을 포기할까요?" 바로 주님께서는 대답해 주실 것이다.
마땅히 포기할 것을 포기하지 않으면 당연히 얻을 것도 얻지 못할
것이다. 하지만 마땅히 얻을 것조차 주님을 위해 포기할 수 있다
면 그 누구도 얻지 못한 것을 누리게 될 것이다. 오늘 포기할 것을
포기해라! 그러면 내일 하나님의 위대한 것들을 담을 그릇으로 준
비될 것이다.

스물아홉 번째 날의 기도

"하나님! 우리는 이미 많은 것을 가졌는데도 또 더 가지려고만
합니다. 심지어 주님을 위해 무엇인가를 준비한다고 하면서도 또
무엇인가를 더 가지려고만 합니다. 하지만 예수님께서는 오늘 진
정한 준비를 위해서 포기하라고 하십니다. 주님과 함께 십자가의
길을 가기에 우리는 너무나 많은 것을 들고 소유하고 있습니다.
말씀은 안 읽으면서도 손에서 스마트폰은 내려놓을 수가 없고, 기
도해야겠다고 하면서도 온갖 세상 취미와 만남으로 분주합니다.
우리를 사랑하신 주님께서 우리를 위해 모든 것을 포기하셨듯이
우리도 주님을 따라가는 데 불필요한 모든 것을 포기할 수 있도록
도와주십시오. 포기처럼 위대하고도 필수적인 준비가 없다는 것
을 머리로만이 아니라 실제의 삶에서 살아내게 하소서! 예수님의

이름으로 기도합니다. 아멘!"

- 아래의 여백에 오늘 말씀과 묵상을 읽고 느낀 점을 적어 보세요. 그리고 기억하기 쉬운 단어나 짧은 문장으로 만들어서 하루 종일 생각하며, 또 감동을 주신 대로 실천해 보세요. 오늘도 위대한 하루가 될 것입니다.

서른 번째 날의 말씀: 누가복음 15:4-10 MBT

15:4-7 "여러분 중에서 어떤 양을 치는 사람이 있다고 합시다. 그 사람이 양 100마리를 키우고 있는데 그중에서 1마리를 잃어버리게 되면, 어떻게 합니까? 당연히 99마리의 양들을 들판에 두고서, 그 잃어버린 1마리 양을 찾을 때까지 최선을 다하지 않겠습니까? 그러다가 찾게 되면, 그 잃은 1마리 양을 어깨 위에 메고 기뻐하며 돌아올 것입니다. 그뿐만이 아니죠! 그 사람은 집으로 돌아와 자신의 친구와 이웃들을 모두 모아서 이렇게 말할 것입니다. '나의 잃어버린 양을 도로 찾았으니, 우리 함께 기뻐합시다!' 내가 여러분에게 아주 중요한 것을 알려주겠습니다. 그것은 이 땅에서 회개할 필요가 없는 의인 99명보다, 한 명의 죄인이 회개하는 것을 하늘에서는 엄청나게 기뻐한다는 사실입니다."

15:8-10   "또한, 어떤 여자가 노동자 하루 품삯인 드라크마 동전을 10개 가지고 있었는데, 그중에서 1개를 잃어버리게 되면 어떻게 하겠습니까? 당연히 어두운 방에 등불을 켜고 집 안 구석구석을 샅샅이 청소하여 그 잃어버린 동전 1개를 찾기 위해 최선을 다하지 않겠습니까? 그러다가 그 잃어버린 동전 1개를 찾게 되면, 그 여자는 자신의 친구와 이웃들을 모두 모아서 이렇게 말할 것입니다. '나의 잃어버린 동전을 도로 찾았으니, 우리 함께 기뻐합시다!' 그러므로 내가 다시 한번 여러분에게 아주 중요한 것을 알려주겠습니다. 그것은 이 땅에서 한 명의 죄인이 회개하는 것이 하늘에 있는 하나님의 천사들 앞에서는 엄청나게 큰 기쁨이 된다는 사실입니다."

서른 번째 날의 묵상: 잃어버린 것 찾기

교회를 개척하고 가장 힘들었던 순간은 월세를 내지 못할 만큼 돈이 없어서 아이들과 매일 같은 음식을 먹으며 고생했던 때나, 차가운 교회 바닥에서 기도하다가 무릎이 고장 나고 허리가 뒤틀린 때도 아니었다. 정말 간절한 마음으로 전도한 한 영혼이 술을 끊지 못하고 방황하다가 결국 자기 집에서 목을 매고 자살한 때였다. 매우 더운 여름이었는데 일주일이나 지나서 시체가 발견되는 바람에, 가족들도 들어가지 못하고 있을 때, 신원확인을 위해 내가 들어가야 했다. 내가 그 처참한 죽음을 보고난 후 일주일 동안 아무것도 먹지 못하며 고통스러웠던 이유는, 하나님께서 나에게 맡겨주신 한 영혼을 잃어버렸다는 그 죄책감과 슬픔 때문이었다.

우리가 스스로 자신이 어떤 사람인지를 점검할 수 있는 아주 확실한 기준이 하나 있다. 그것은 자신이 잃어버린 것에 대해 어떤 태도를 보이는가이다. 남들이 아무리 대단하게 생각하더라도 그것을 잃어버린 후에 그냥 가볍게 넘기는 것이라면, 그것은 그 사람의 인생에 별로 중요한 것이 아니다. 하지만 반대로 대다수의 사람이 별것 아닌 것처럼 여기더라도, 그것을 잃어버린 것에 대한 안타까움이나 아쉬움이 있고, 더 심하게는 속상함이나 견딜 수 없는 비통함을 가진다면, 그것은 그 사람에게 아주 중요한 것이 분명하다. 예를 들어서, 저녁에 가족들과 식사하기로 했는데 친구가 큰돈을 준다고 오라고 해서 그 가족 모임을 아무 아쉬움도 없이 취소한다면 그 사람에게 소중한 것은 가족보다 돈이 분명하다. 또한 주일 아침에 회사에서 갑자기 출근하라고 해서 예배드릴 기회를 잃어버리게 되어도 별로 속상한 마음이 들지 않는다면, 그 사람에게 예배는 분명히 별로 소중한 것이 아닌 것이다.

더 나아가 자신에게 정말 소중하지 않은 것은 잃어버려도 다시 찾을 생각이 없다. 만약 정말 어쩔 수 없이 가족 모임을 취소하게 되었더라도 가족이 소중하다면 그 사람은 어떻게든 다시 가족 모임을 만들어서 만회할 것이며, 정말 어쩔 수 없이 회사를 가야 했더라도 예배가 자신의 영혼에 너무나 소중하다면 저녁 늦게라도, 동영상으로 예배를 드리고자 애쓸 것이다.

　오늘 본문에서 한 목자는 99마리의 양이 있음에도 잃어버린 1마리의 양을 찾으러 간다. 이것은 그 1마리의 양이 그만큼 소중하다는 것이다. 또한 한 여자가 동전 10개 중에서 겨우 작은 1개를 찾기 위해 등불을 켜서 온 집을 뒤지고 이웃들과 기뻐 잔치하는 것(어쩌면 그 동전 1개의 가격보다 더 많은 비용이 들 수도 있지 않을까?)은 그만큼 그 작은 동전 하나가 소중했기 때문이다.

　오늘 본문은 이렇게 말하는 것 같다. "살다 보면, 당신은 무엇인가를 잃어버릴 수 있다. 하지만 그중에서 당신이 다시 찾으려고 하는 것은 무엇인가? 그것이 바로 당신에게 소중한 것이다. 하나님께서는 바로 당신이라는 잃어버린 한 영혼을 찾기 위해서 예수 그리스도라는 자신의 아들을 희생했다. 바로 당신이라는 한 영혼이 다시 돌아오는 것을 그 어떤 기쁨과도 바꿀 수 없을 만큼 큰 기쁨으로 기다리고 있다. 그 이유는 당신의 영혼이 하나님 나라에서 가장 소중하기 때문이다."

　당신은 오늘도 어쩔 수 없이 무엇인가를 잃어버리고 살 것이다. 그 잃어버린 것들 중에서 무엇을 다시 찾으려고 하는가? 점심 식사를 걸렀다면 저녁에 푸짐하게 먹으려고 할 것이고, 친구와 헤어졌다면 주말에라도 다시 만나려고 할 것이다. 젊은 날의 피부를 회복해 보려고 화장품을 사서 바르고, 한창 때의 취미를 다시 시작해 보려고 많은 시간과 돈을 허비한다. 하지만 아침에 읽지 않은 성경을 저녁에라도 읽으려고 하는가? 지난 주일에 찔림 받고 도전받았지만 놓쳐버린 하나님의 은혜를 이번 주에라도 다시 실천해 보려고 애쓰는가? 당신이 지금 다시 찾으려고 그토록 애쓰는 '그 잃어버린 것'은 도대체 무엇인가? 바로 그것을 다시 찾으려고 애씀으로 당신의 영혼도 다시 찾을 수 있겠는가? 이 땅에서만이 아니라 저 하늘나라에서도 함께 기뻐할 수 있겠는가? 당신에게 정말 소중한 것을 오늘 다시 찾아라! 하나님께서 그 일을 도와주실 것이다. 왜냐하면 그 분야에서 하나님은 최고 중에 최고이시기 때문이다.

서른 번째 날의 기도

"하나님! 우리가 지금 무엇을 잃어버리고 사는지 눈을 열어 보게 하소서! 우리가 다시 무엇을 찾으려고 하는지 우리의 마음을 열어 깨닫게 하소서! 우리가 진정으로 다시 찾아야 할 그 잃어버린 것, 그 가장 소중한 것을 다시 찾을 수 있도록 우리의 영혼을 열어 회개하게 하소서! 우리가 다시 찾아야 할 가장 소중한 것이 바로 우리의 영혼임을 알아 바로 지금 찾으러 가게 하소서! 예수님의 이름으로 기도합니다. 아멘!"

• 아래의 여백에 오늘 말씀과 묵상을 읽고 느낀 점을 적어 보세요. 그리고 기억하기 쉬운 단어나 짧은 문장으로 만들어서 하루 종일 생각하며, 또 감동을 주신 대로 실천해 보세요. 오늘도 위대한 하루가 될 것입니다.

사순절 넷째 주, 금요일
(누가복음 16:1-12)

서른한 번째 날의 말씀: 누가복음 16:1-12 MBT

16:1-7   이제 예수님께서는 제자들을 향해 다음과 같은 이야기로 교훈의 말씀을 이어서 하셨다.

"한 부유한 집주인이 있었고, 그 주인의 집안 살림을 관리하는 청지기도 한 명 있었습니다. 그런데 어느 날, 그 집주인에게 좋지 않은 소식이 들렸습니다. 그 내용은 집안 살림을 관리하는 그 청지기가 먼지를 바람에 날리듯 주인의 재산을 허비한다는 것이었습니다. 그래서 그 집주인은 청지기를 불러서 다음과 같이 말했습니다. '이게 지금 무슨 짓이냐! 너에 대한 안 좋은 소식을 내가 들었다. 그러므로 너의 청지기직을 정리해라! 나는 너를 해고할 것이다!'

주인의 말을 들은 청지기는 속으로 이렇게 생각했습니다. '집

주인이 나를 해고해 나의 청지기직을 잃게 생겼으니, 이제 나는 뭘 해서 먹고 살지? 육체노동을 하자니 힘이 없고, 구걸을 하자니 수치스럽구나! 그래! 이렇게 하면 되겠다! 이 청지기직에서 해고된 후에, 주인님에게 빚진 사람들이 나를 자신들의 집으로 초대해서 머물러 살 수 있게 만들면 되겠구나!'

그래서 그 청지기는 하루 날을 잡고, 자기 주인에게 빚진 자들을 불렀습니다. 첫 번째로 온 사람에게 다음과 같이 물어보았습니다. '당신이 나의 주인에게 빚진 것이 얼마나 됩니까?' 첫 번째로 온 사람이 대답했다. '기름 100바토스입니다.' 그러자 그 청지기는 이렇게 말해주었습니다. '여기 당신이 빌린 내용이 적힌 차용증을 드릴 테니, 앉아서 이 문서에 적힌 숫자를 백에서 오십으로 빨리 고쳐 쓰십시오!'

이어서 두 번째 사람이 오자, 그 사람에게도 청지기가 물어보았습니다. '당신이 나의 주인에게 빚진 것은 얼마나 됩니까?' 그러자 그 사람이 '밀 100고르입니다'라고 대답했고, 청지기는 그 사람에게 이렇게 말해주었습니다. '여기 당신이 빌린 내용이 적힌 차용증을 드릴 테니, 이 문서에 적힌 숫자를 백에서 팔십으로 고쳐 쓰십시오!'"

16:8-12   "그러자 그 집주인은 그 불의한 청지기를 칭찬했습니다. 왜냐하면, 그 청지기가 현명하게 행동했기 때문입니다. (이 이야기를 통해 우리가 깨닫게 되는 것은) 이 어두운 세상의 사람들이 자신들이 속한 세상과 시대의 일들을 처리함에 있어서는 밝은 빛의 하

나님 나라 사람들보다 더 현명하다는 것입니다. 그러므로 내가 나의 제자인 여러분에게 꼭 하고 싶은 말의 핵심은 이것입니다. 이 세상의 돈을 잘 사용해서 사람들을 하나님 나라의 친구와 이웃으로 만드십시오. 그러면 이 세상의 돈이 사라지는 때에, 여러분의 친구와 이웃이 된 그 사람들은 여러분을 영원한 집으로 초대해서 머물게 해 줄 것입니다. 아주 작은 것에 신실한 사람은 당연히 큰 것에도 신실하며, 가장 작은 것에 불의하면 아주 큰 것에도 불의할 수밖에 없습니다. 그러므로 제자 된 여러분이 이 세상의 유한하고 물질적인 것들을 신실하게 사용하지 않는다면, 그 누가 하늘나라의 영원하고 궁극적인 것들을 맡기겠습니까? 마찬가지로 제자 된 여러분이 이 세상에서 다른 이들의 것을 맡아 신실하게 관리하지 않는다면, 그 누가 하늘나라에서 진정으로 여러분 자신의 것이 될 것들을 주겠습니까?"

서른한 번째 날의 묵상: 혁명적인 미래 지향성

"산아! 영어 공부 시작해라!"

주님의 강권적인 부르심으로 내가 신학교에 들어간 지 딱 1달이 지난 후에, 하나님께서 주신 분명한 음성이었다. 당시에 나는 아침 일찍 일어나 성경을 읽고 기도한 후에, 다양한 아르바이트를 시작했고 오후 4시에는 무조건 출발해서 오후 6시에 시작하는 야간 신학교 수업을 모두 마치고 나면 밤 10시가 되었다. 거의 저녁을 못 먹었기 때문에 그때 급하게 학교에서 지하철로 내려오면서 마지막 분식집의 남은 음식들을 챙겨 먹었으며 이따금 마지막 지하철이 성수역에서 멈추면 건대입구까지 약 1시간을 뛰어서 집으로 와야 했다. 그리고 새벽 2~3시까지 학교 과제물과 성경 연구를 하다가 잠들었다. 낮에는 일하고 밤에는 수업을 듣고 주말에는 교회에서 사역했다. 나에게 다른 어떤 것을 할 여유도 자유 시간도 없었다. 솔직히 아플 시간도 고민할 시간도 없었다. 그런데 하나님께서는 나에게 영어 공부를 하라고 하셨다.

나는 처음에 웃었다. 시간이 없었기 때문이다. 물론 돈도 없었다. 하지만 하나님은 그 짧은 명령을 계속하셨다. 나는 선택의 여지가 없었다. 그래서 돈을 모아 마이마이 카세트 플레이어와 영어 교재(Vocabulary 22000), 그리고 그 교재에 딸린 테이프를 모두 중고로 샀고 어떻게든 쉬는 시간에, 이동하는 시간에, 심지어 잠자기 직전까지 영어 단어를 외우고 문장을 읽었다. 나중에는 영어 성경도 읽고, 원서도 읽었다.

물론 나의 영어 실력은 지극히 조잡한 수준이다. 그럼에도 하나님께서는 단기 선교를 가서 영어로 설교할 기회를 열어 주셨고, 수많은 영어로 된 신학 서적을 읽을 기회를 주셨으며, 스펄전 목사님의 설교문까지 번역하여 책으로 출간할 수 있도록 하셨다. 물론 지금도 나의 영어 실력은 조잡한 수준이다. 하지만 꾸준히 지난 30년간 영어를 공부해 온 결과 성경을 연구하거나 꼭 필요한 원서를 읽을 때 도움을 받게 되었다. 아마 나에게 영어라는 도구가 없었다면 지금만큼 책을 읽을 수 없었을 것이고, 지금 수준의 성경 연구는 불가능했을 것이다. 지금 돌아보면 정말 말도 안 되는 것을 하나님께서 요구하셨지만 시간이 지나고 보니 하나님의 기가 막힌 미래 지향성에 탄복하게 된다.

오늘 읽은 누가복음 16장은 많은 사람에게 쉽게 읽히지 않는 어려운 본문이다. 내용이 어려워서가 아니라 '이 청지기가 한 일이 정말 잘한 일인가? 혹은 우리도 이렇게 하라는 말인가?' 하는 의문이 들기 때문이다. 그는 분명히 거짓말을 했고 주인을 속였다. 그런데도 그는 칭찬받았으며 심지어 그 불의한 청지기가 한 행동을 예수님께서는 제자들에게 도전적으로 사용하신다. 우리는 여기서 무엇을 배워야 하는 것일까?

예수님은 절대로 불의한 청지기가 한 것처럼 우리도 하라고 말씀하지 않으신다. 중요한 것은 불의한 청지기가 보여준 패턴이며, 방향성이다. 그는 자신이 가진 마지막 기회를 극단적으로 활용했으며, 자신에게 주어진 현실적인 가능성을 혁명적으로 이용했다. 그 이유는 그가 자신에게 다가올 다음 시간, 즉 미래를 철저하게 대비하고자 했기 때문이다. 예수님은 제자들에게 이 불의한 청지기의 모습을 직설적으로 본받으라고 하시는 것이 아니라 역설적으로 본받으라고 하신다. 믿음의 사람들은 바로 이 불의한 청지기가 한 내용이 아니라, 패턴과 방식에 있어서 더욱 미래 지향적이 되어야 한다고 말씀하시는 것이다.

예수님을 믿겠다고 하지만 너무나 상식적이고 단세포적인 태도로 종교 생활하는 사람들이 대다수다. 월요일에 시험이 있어서 주일에 예배를 드릴 수 없고, 회사에 일이 많아서 당분간 말씀을 읽을 수 없다고 한다. 너무 멀어서 나올 수 없고, 너무 바빠서 참여할 수 없다고 한다. 처음 나왔고 아는 게 없어서 못하겠다고 하고, 오래 다녔고 자신과 수준이 맞지 않아서 안 하겠다고 한다. 그래서 예수님은 우리보다 더 못한 사람, 우리가 죄인 취급하는 사람의 모습을 통해 우리를 부끄럽게 하신다. 우리는 이 세상 사람들보다 더 비상하고 혁명적으로 나은 사람이 되어야 한다고, 이 세상 사람들이 미래를 준비하는 방식보다 더 신실하면서도 혁명적인 태도로 위대한 미래를 준비해야 한다고!

다시 한번 천천히 이 비유를 읽어보라. 나는 나중에 놀라운 이야기를 들었다. 내가 신학교 1학년 때, 영어 공부하라고 하신 하나님은 나에게만 말씀하신 것이 아니었다는 것을. 하지만 모두가 미래를 준비한 것은 아니었다. 친구들은 지금도 말한다. 돈이 없었다고, 시간이 없었다고. 오늘도 수많은 사람들의 핑계와 합리화가 들린다. 하지만 만약 당신의 손이 너무 아플지라도 바로 땅 밑에 수백억이 묻혀 있다면 그 아픈 손으로 땅을 파지 않았을까? 주중에 너무 바빠서 지친 일주일을 보냈지만 정말 사랑하는 사람을 만난다면 주말에 몇 시간이 걸리든 찾아가지 않을까? 그런데 당신의 영원한 미래를 위해 지금 자신에게 주어진 시간과 기회는 어떻게 사용되고 있는가? 우리는 오늘 본문을 읽으며 지극히 하찮고 게으른 미래성을 가진 자신의 모습이 부끄러워야 한다. 조용히 눈을 감고 제대로 기도해 보라. 계속 이렇게 살 것인지, 아니면 혁명적인 방법으로 미래를 바꿀 것인지, 제대로 당신의 인생을 점검해 보라!

서른한 번째 날의 기도

"하나님! 우리는 다가올 미래를 위해 오늘도 분주하게 살지만, 정작 영원히 다가올 미래를 위해서는 아무것도 준비하지 못하고 있는 것은 아닌지 돌아보게 하소서! 바쁜 회사 생활로 인해 자녀와 대화 한번 나누지 못하고, 세상 뉴스와 인생의 쾌락을 즐기느라 영혼의 다음 계절에 맞는 영적인 의복이 준비되지 않은 것은 아닌지 점검하게 하소서! 지금 하나님께서 나에게 맡겨주신 작고 소중한 일들과 부어주시는 부담감 속에서 하나님의 기대가 무엇인지 알게 하시고, 주님을 의지하여 용기를 낼 때 다가올 혁명적인 미래를 준비하게 하소서! 오늘도 위대한 하루가 되게 하소서! 예수님의 이름으로 기도합니다. 아멘!"

- 아래의 여백에 오늘 말씀과 묵상을 읽고 느낀 점을 적어 보세요. 그리고 기억하기 쉬운 단어나 짧은 문장으로 만들어서 하루 종일 생각하며, 또 감동을 주신 대로 실천해 보세요. 오늘도 위대한 하루가 될 것입니다.

서른두 번째 날의 말씀: 요한복음 12:1-8 개역개정

유월절 엿새 전에 예수께서 베다니에 이르시니 이곳은 예수께서 죽은 자 가운데서 살리신 나사로가 있는 곳이라. 거기서 예수를 위하여 잔치할새 마르다는 일을 하고 나사로는 예수와 함께 앉은 자 중에 있더라. 마리아는 지극히 비싼 향유 곧 순전한 나드 한 근을 가져다가 예수의 발에 붓고 자기 머리털로 그의 발을 닦으니 향유 냄새가 집에 가득하더라.

제자 중 하나로서 예수를 잡아 줄 가룟 유다가 말하되 "이 향유를 어찌하여 300데나리온에 팔아 가난한 자들에게 주지 아니하였느냐" 하니 이렇게 말함은 가난한 자들을 생각함이 아니요, 그는 도둑이라 돈궤를 맡고 거기 넣는 것을 훔쳐 감이러라.

예수께서 이르시되 "그를 가만 두어 나의 장례할 날을 위하여

그것을 간직하게 하라. 가난한 자들은 항상 너희와 함께 있거니와 나는 항상 있지 아니하리라" 하시니라.

서른두 번째 날의 묵상: 가식적인 상식, 고통스런 진리

얼마 전에 어떤 남자분이 나에게 전화를 걸어서, 코로나로 상황이 너무 어려워 도움을 달라고 했다. 나는 지난 2년간 코로나로 상황이 어려워 도움을 청하는 분이 있으면 단 한 사람도 거절하지 않고 다양한 도움을 드렸다. 그것이 이 시국에 교회의 목사로서 해야 할 당연한 상식선의 호의와 이웃 사랑이라고 생각했기 때문이다. 그래서 나는 그 남자분이 부탁한 돈보다 더 많이 계좌이체로 송금해 드렸다. 그러고 나서 얼마 후에 그분이 다시 전화를 했다. 나는 반가운 마음에 전화를 받았는데 무엇이 잘못되었는지 연결이 되지 않았다. "여보세요"를 여러 번 했는데, 전화 연결이 잘 안되는 모양이었다. 전화를 내가 먼저 끊으면 섭섭할 것 같아서 잠시 가만히 있었는데 충격적인 이야기를 듣게 되었다. 그 남자분이 전화기가 꺼진 줄 알고 옆에 있는 사람과 대화하는 소리가 들렸는데, 그날 하루만 여러 교회에 전화를 걸어서 수십만 원 가까운 수익을 올렸다는 것이다. 멍청한 교회와 목사들이라고 조롱하면서 그 돈으로 오늘도 술을 먹을 거라고 했다. 그리고 나의 전화번호를 그 친구에게도 알려주는 것이다. 나는 조용히 전화를 끊으며 마음이 아팠다.

우리에게는 상식이 있다. 하지만 이 상식이 이따금 참 가식적인 경우가 많다. 교통법규를 지키지만 저기 경찰차가 있어서 어쩔수 없이 지켰을 때도 있고, 예배를 드리지만 종교적 직분 때문에 어쩔 수 없이 자리만 지키는 경우도 있다. 문제는 우리의 가식적인 상식이 고통스러운 진리를 만나는 경우다. 교통법규를 지킨다는 이유로 양보하지 않아서 큰 사고를 낼 수도 있고, 주일에 드리는 의무적인 예배의 모습으로 가족이나 이웃에게 상처를 줄 수도 있다. 하지만 우리는 반드시 가식적인 상식보다 더 귀한 고통스러운 진리를 직면해야만 한다. 단순히 좋고 옳은 것(Good)보다 하나님의 뜻(Best)을 이루기 위해서는 남들의 손가락질이나 오해를, 그리고 자신의 고정관념과 습관을 포기할 수 있어야 하는 것이다.

오늘 본문에도 가룟 유다는 가난한 사람을 구제하면 더 좋을 것이라고 말하며, 예수님의 발에 엄청난 금액의 향수를 붓는 여자를 질타한다. 하지만 예수님께서는 그 가식적인 상식보다 더 중요한 고통스러운 진리를 선포하신다. 그것은 딱 한 번 예수님의 장례를 위해 할 수 있었던 섬김으로, 수많은 구제보다 귀하고 위대한 일이었다.

최근에도 한 성도가 나에게 전화를 걸어 상담하면서, 셀원들이 자기랑 수준이 안 맞아서 셀 모임을 못 하겠다고 말했다. 그래서 나는 이렇게 말했다. "그럼 저하고 셀 나눔을 한번 해 보실래요? 그런데 성도님 수준이 저랑 맞는지 일단 점검을 좀 해 볼까요?" 나는 이어서 말했다. "예수님은 우리와 수준이 맞으셔서 육신의 몸을 입고 이 땅에 오셨고, 수준이 맞아서 갈릴리 어부들과 삶을 나누었으며, 수준이 맞아서 자신의 생명을 우리에게 나눠 주셨나요?" 그 성도는 아무 말도 하지 못하고 죄송하다고 했다.

우리의 알량한 상식을 빨리 버리자! 그것이 사람들 앞에서는 옳아 보이고 자신을 위대해 보이게 만들지 모르지만, 하나님 앞에서는 참으로 가식적이고 교만한 것이다. 불편하고 속상하더라도 진짜 진리 앞에 바로 서자! 그리고 회개하여 삶을 바꾸자! 그래서 가룟 유다 같은 피상적인 종교인에서 향유 부은 여인을 닮은 참된 신앙인의 자리로 올라가자!

서른두 번째 날의 기도

"하나님! 우리는 상식선에서 신앙을 멈출 때가 너무 많습니다. 하지만 그 상식은 우리의 감정과 이성과 경험의 기준일 뿐입니다. 어서 빨리 불편하더라도 진리의 수준으로 올라가게 하소서! 우리의 가식적인 종교성이 사라져 버리고 고통스러운 진리를 품에 안고 누릴 수 있는 수준까지 올라가게 하소서! 가룟 유다처럼 누구에게나 옳아 보이는 말이 아니라, 향유 부은 여인처럼 예수님께 인정받는 행함과 삶이 있는 하루가 되게 하소서! 아울러 우리에게 미움받을 용기와 고통스러운 진리를 실천할 수 있는 힘을 주소서! 예수님의 이름으로 기도합니다. 아멘!"

• 아래의 여백에 오늘 말씀과 묵상을 읽고 느낀 점을 적어 보세요. 그리고 기억하기 쉬운 단어나 짧은 문장으로 만들어서 하루 종일 생각하며, 또 감동을 주신 대로 실천해 보세요. 오늘도 위대한 하루가 될 것입니다.

서른세 번째 날의 말씀: 시편 126편 개역개정

[성전에 올라가는 노래]

여호와께서 시온의 포로를 돌려 보내실 때에

우리는 꿈꾸는 것 같았도다

그때에 우리 입에는 웃음이 가득하고

우리 혀에는 찬양이 찼었도다

그때에 뭇 나라 가운데에서 말하기를

여호와께서 그들을 위하여 큰일을 행하셨다 하였도다

여호와께서 우리를 위하여 큰일을 행하셨으니

우리는 기쁘도다

여호와여 우리의 포로를 남방 시내들 같이 돌려 보내소서

눈물을 흘리며 씨를 뿌리는 자는 기쁨으로 거두리로다

울며 씨를 뿌리러 나가는 자는
반드시 기쁨으로 그 곡식 단을 가지고 돌아오리로다

서른세 번째 날의 묵상: 회복의 기쁨을 노래하자

지난 주간, 나의 첫 번째 딸이 코로나 확진이 되는 바람에, 한 주 내내 온 가족이 좁은 집에서 격리 생활을 해야 했다. 그리고 드디어 격리 해제 후 딸은 그 작은 방에서 나왔다. 얼마나 기쁘고 반갑던지! 하지만 우리 가족처럼 이런 체험을 해 본 적이 없다면 우리 가족이 느낀 이 기쁨을 함께 노래할 수 없을 것이다.

시편 126편은 7일이 아니라 70년간 이방 땅에서 자유를 빼앗기고 포로가 된 유대인들이 자유를 얻어서 자신의 땅으로 돌아가는 감격을 노래한다. 하지만 우리가 시편 126편을 무덤덤하게 읽으며 이 자유와 해방의 기쁨에 함께 감격할 수 없는 이유는 대다수가 자신이 얼마나 심각한 포로 상태에 있는지 모르기 때문이고, 그 심각한 포로 상태에서 하나님께서 이루어주신 해방과 자유를 느끼지 못하기 때문일 것이다.

그러면 어떤 사람은 이렇게 자신 있게 말할 것이다. 자신은 지금 어떤 나라에 포로가 되었거나 어떤 공간에 갇혀 있는 것도 아니라고 말이다. 하지만 실제로 우리는 모두 세상 나라에 포로가 되어 있고 자신의 육신의 눈과 귀와 입이 즐기는 세상 가치에 노예가 되어 있다. 마치 우물 안에 있는 개구리가 그 공간에서 나름대로 자유롭다고 착각하는 것과 마찬가지다.

그렇다면 우리는 어떻게 해야 하는가? 우리는 우리의 격리된 공간 밖에서 들리는 소리를 들어야 한다. 우리의 포로 생활 이전에 누렸던 진정한 자유에 대한 소식에 귀 기울여야 한다. 아울러 우리가 지금 격리된 상태로 있는 이 시간 속에서 하나님이 하시려는 일에 순복하여 나 자신을 드리면서 해방과 회복을 꿈꾸고 기도해야 한다. 오늘 우리가 읽은 시편은 바로 그것을 이렇게 고백한다. "눈물을 흘리며 씨를 뿌리는 자는 기쁨으로 거두리로다. 울며 씨를 뿌리러 나가는 자는 반드시 기쁨으로 그 곡식 단을 가지고 돌아오리로다." 포로로 지내던 이스라엘 사람들은 그냥 기다린 것이 아니다. 바벨론의 나라보다 더 큰 하나님의 나라를 기대하며, 바벨론의 이야기보다 더 위대한 하나님의 이야기를 소망하며, 날마다 눈물로 씨앗을 뿌렸다. 회개의 씨앗을, 눈물의 씨앗을, 용서의 씨앗을, 소망의 씨앗을 말이다.

이따금 불신 가정에 초청되어 처음 예배를 인도했는데도 불구하고 놀라운 은혜가 넘치는 경험을 하게 된다. 그 이유는 그 가문에 유배당해 있는 믿음의 가족 한 명이 한평생을 걸어서 눈물로 씨앗을 뿌리듯 기도했기 때문이다.

우리 모두가 지금 어디엔가 유배당해 있음을 기억해야 한다. 우리는 에덴동산에서 쫓겨났고, 하나님의 그 친밀한 성막에서 멀어졌다. 그러나 하나님은 어디에나 계시며 성령님을 통해 우리가 있는 공간 어디에서든지 바로 이 회복의 소망을 품고 기도하고 기다리기를 기대하신다. 홀로 방 안에 갇혀 있는 것 같아도, 가족 모두가 한 집에서 기도하였다. 바로 그대가 나오기를, 죄와 악의 중독된 삶에서 자유를 얻어서, 참된 기쁨의 찬양과 예배를 함께 드릴 수 있기를 기다린다.

당신은 반드시 두 사람 중의 한 사람이 되어야 한다. 이 세상의 악한 것들과 함께 격리된 삶에서 해방되어 나오는 사람이 되든지, 아니면 그런 사람들과 함께, 혹은 그런 사람들을 위해 눈물로 기도를 뿌리며 기다리는 사람이 되든지 말이다. 그래서 우리 모두는 시편 126편의 고백보다 더 위대한 회복의 기쁨을 노래할 수 있어야 한다. 나는 회복의 하나님, 해방의 하나님을 믿는다. 나는 그 하나님께서 역사하실 것을 기다린다. 그래서 나는 오늘도 절대 포기하지 않고 사랑하는 우리 가족과 십자가 교회 모든 성도들과 함께 새로운 시편 126편을 부를 수 있기를 기대한다.

서른세 번째 날의 기도

"하나님! 세상 사람들의 기대는 더 많은 돈이나 집, 더 큰 쾌락이나 즐거움이지만, 저의 유일한 기대는 이 유배당하고, 격리당한 영혼들이 자유를 얻고 해방되어서 하나님 나라를 누리는 것입니다. 우리의 눈을 열어서 우리가 갇혀 있는 현실을 보게 하여 주소서! 그래서 진정한 자유와 해방을 기대하며, 눈물로 씨를 뿌리게 하여 주소서! 회복의 하나님, 해방의 하나님이시여! 우리에게 놀라운 일을 행하실 것을 기다립니다. 눈물로 씨앗을 뿌리며 기쁨으로 그 단을 거두게 될 것을 기대합니다. 우리로 낙심치 않고 그날을 기다리게 하소서! 우리로 포기하지 않고 그날을 누리게 하소서! 예수님의 이름으로 기도합니다. 아멘!"

- 아래의 여백에 오늘 말씀과 묵상을 읽고 느낀 점을 적어 보세요. 그리고 기억하기 쉬운 단어나 짧은 문장으로 만들어서 하루 종일 생각하며, 또 감동을 주신 대로 실천해 보세요. 오늘도 위대한 하루가 될 것입니다.

서른네 번째 날의 말씀: 누가복음 17:11-19 MBT

17:11-16　　　그리고 예수님께서 사마리아와 갈릴리 사이를 지나, 예루살렘으로 가시는 길의 여정에서 다음과 같은 일이 일어났다. 예수님께서 어떤 마을에 들어가시니, 그 마을에 악성 피부병으로 격리된 생활을 하던 남자 10명이 그분을 만나려고 왔다. 물론 그들은 멀리 서 있었다. 그들은 멀리서 큰 목소리로 "예수 선생님! 저희들을 불쌍히 여겨주소서!"라고 소리쳤다. 그러자 예수님께서는 그들을 보시고 이렇게 선포하셨다. "여러분은 이제 각자 자신의 고향 제사장들에게 가서 자신의 몸을 보여주십시오!" 그 악성 피부병자들은 예수님의 말씀대로 자신의 고향으로 돌아가는 길에 자신들의 몸이 깨끗하게 치료된 것을 발견하게 되었다. 그 악성 피부병자 중에서 한 사람이, 자신의 몸이 깨끗하게 치료된 것을

깨닫고 큰 소리로 하나님께 영광을 돌리며 예수님께로 돌아왔다. 그 치료된 사람은 자신의 얼굴이 땅에 닿도록 예수님의 발 앞에 엎드려 큰절을 하고, 예수님께 감사드렸다. 놀랍게도 그는 사마리 아 사람이었다.

17:17-19   예수님께서는 그 사마리아 사람의 큰절과 감사를 받으시면서 다음과 같이 물어 보셨다. "분명히 10명의 사람이 치료받아서 깨끗하게 되지 않았습니까? 그런데 나머지 9명의 사람들은 어디에 있습니까? 그들은 왜 돌아와 감사하지 않는 건가요? 하나님께 감사하고 영광을 돌리고자 돌아온 사람이 어찌하여 이방인 뿐인가요?" 그러고 나서 예수님께서는 그 사람에게 마지막 말을 하셨다. "일어나서 평안히 돌아가세요! 그대의 믿음이 그대를 구원했습니다!"

서른네 번째 날의 묵상: 감사의 다른 이름 구원

얼마 전, 존경하는 선배 목사님의 은퇴식이 있었다. 나는 코로나 때문에 참석하기 어려웠지만, 나중에 작은 선물과 함께 인사를 드리며, 나의 목회에 도움이 될까 하고 여러 가지 질문을 드렸다. 그중에서 선배 목사님이 목회하면서 가장 힘들었던 것이 무엇인지 여쭈어보았다. 그랬더니 조금도 주저 없이 "성도들의 지독한 무관심과 무반응"이라고 하셨다. 나는 그것이 무엇인지 알았다. 대다수의 성도가 교회 일에 무관심하다. 주보도 읽지 않고 교회 일에 관심도 없다. 그럼에도 불구하고 자신에게는 관심 가져주기를 바란다. 그래서 목회자들은 최선을 다해서 섬긴다. 생일도 챙겨 주고 작은 어려움이라도 알게 되면 최선을 다해 돕고 기도해 준다. 그런데 참 이상하게도 무반응으로 일관한다. 인사도 하지 않고 문자를 해도 답장이 없고 함께 봉사나 셀 모임을 하자고 해도 시큰둥하다. 그래서 정말 지칠 때가 한두 번이 아니다.

하지만 바로 알아야 할 것이 있다. 무반응이나 무관심이 얼마나 무서운 결과를 낳는지 바로 알아야 한다. 오늘 본문을 잘 보면, 연결되는 단어들이 있다. 예수님께서는 치유받은 사람 중에서 사마리아 사람 한 명이 돌아와 감사했을 때, 안타깝고 슬퍼하시며 몇 가지 단어들을 연결하신다. 즉 자신이 받은 은혜에 대해서 돌아와 예수님께 "감사"하는 것이, 곧 하나님께 "영광"을 돌리는 것이며, 바로 그것을 예수님은 "믿음"이라고 부르신 후에 "구원"과 연결시키신다. 즉 감사는 영광이고, 영광은 믿음이며, 믿음은 구원이다. 이것을 반대로 정리해 보면, 감사 없음은 영광 돌리지 않음이고, 믿음 없음이며, 결국 구원 없음이 된다. 반응하지 않는 것은 절대로 작은 문제가 아니다!

나는 오늘도 수십 개의 이메일과 문자에 대답했고, 다섯 명의 사람들과 전화 상담을 했으며, 한 명의 사람을 심방했고, 두 명의 사람에게 선물을 주었다. 하지만 그중에서 감사 인사라도 제대로 표한 사람은 거의 없었다. 이번 주일에도 간절한 목소리로 말씀과 기도회를 기타 치며 인도했지만 그 뜨거운 기도의 시간에 일어나지도 입을 열지도 않는 성도도 있었다. 그것이 앞에서 인도하는 사람을 얼마나 힘들게 하는지 그들은 모르는 것 같았다. 나는 성도들의 무관심과 무반응에 이제 어느 정도 익숙해졌다. 솔직히 말하면 크게 기대하지도 않는다. 하지만 분명히 할 말이 있다. 인간 목사에게는 그래도 상관없다. 하지만 하나님께는 그렇게 하지 말라! 하나님은 모든 것을 보신다. 내가 심은 모든 무관심과 무반응에 대해, 크게 후회하는 날이 올 것이다.

그러므로 바로 오늘, 하나님께 감사하고, 반응하고, 응답하라! 작은 찔림이라도 주시면 즉시 회개하고, 작은 은혜라도 받으면 즉시 감사하라! 작은 감동이라도 주시면 즉시 순종하고, 작은 기적이라도 일어나면 반드시 하나님께 보답하라! 나는 원래 무뚝뚝한 사람이다, 나는 원래 소심하다, 나는 원래 표현에 약하다, 제발 그런 식으로 자기 합리화하는 소리는 그만하라! 지금 고백하라! 지금 표현하라! 지금 반응하라! 당신이 아무것도 하지 않으면 아무것도 일어나지 않는다. 감사의 다른 이름이 구원이듯, 반응 없음의 다른 이름은 구원 없음이다!

서른네 번째 날의 기도

"하나님! 우리는 세상의 여러 가지 것들에는 그렇게도 반응을 잘합니다. 그런데 어찌 된 일인지 하나님과 교회와 복음의 일들 앞에서는 언제나 무관심하고 반응하지 않습니다. 오늘 하루 예수님께 돌아온 사마리아 사람의 감사와 돌아오지 않고 감사하지 않은 사람들로 인해 안타까워하시는 예수님의 마음을 헤아려보게 하소서! 용기를 내어서 오늘 감사할 것을 감사하게 하시고 표현해야 할 것을 표현하게 하소서! 우리의 반응이 무엇과 직결되어 있는지를 돌아보고 삶을 능동적으로 바꿀 힘과 능력을 주소서! 아무것도 하지 않으면 아무 일도 일어나지 않는다는 것을 알게 하소서! 우리에게 일어난 수많은 일들에 대해서 반응하고 보답하는 살아있는 그리스도인이 되게 하소서! 예수님의 이름으로 기도합니다. 아멘!"

- 아래의 여백에 오늘 말씀과 묵상을 읽고 느낀 점을 적어 보세요. 그리고 기억하기 쉬운 단어나 짧은 문장으로 만들어서 하루 종일 생각하며, 또 감동을 주신 대로 실천해 보세요. 오늘도 위대한 하루가 될 것입니다.

서른다섯 번째 날의 말씀: 누가복음 18:9-14 MBT

    이어서 예수님께서는 자기 스스로 의롭다는 믿음을 가지고 다른 사람들을 멸시하고 하찮게 여기는 사람들을 향해 이어서 또 한 가지 비유적인 이야기를 말씀해 주셨다. "두 사람이 성전으로 기도하려고 올라갔다고 합니다. 한 사람은 바리새인이고 또 다른 한 사람은 세리였습니다. 먼저 바리새인은 자신의 외형적인 가치에만 함몰되어서 이런 내용의 기도를 했다고 합니다. '오! 하나님, 제가 당신께 감사드립니다. 그 이유는 제가 다른 인간들과는 다르기 때문입니다. 저는 약탈하는 인간들, 불법한 인간들, 간음하는 인간들, 또한 저기 있는 세리 같은 인간들과는 다르기 때문입니다. 제가 어떻게 다르냐구요? 저는 저런 인간들과는 달리, 일주일에 두 번이나 금식하고, 제가 얻은 수입의 십일조를 철저하게 내기 때문입니다.' 다음으로 그와 함께 성전에 올라갔던 세리는 멀리 성전 구석진 곳에 서서, 하늘을 향해 눈을 들지도 못하고, 다만 자기 내면의 존재에 집중하여, 가슴을 치면서 이렇게 기도했다고 합니다. '오! 하나님, 저는 죄인입니다. 저를 불쌍히 보시고 저에게 자비를 베풀어주소서!' 내가 여러분에게 핵심을 말하겠습니다. 바리새인보다 세리가 하나님 앞에 올바른 기도를 드렸다고 인정받고 성전에서 자신의 집으로 돌아갔습니다. 바리새인의 기도는 가인의 제사처럼 받아들여지지 않았고, 세리의 기도는 아벨의 제사처럼 하나님께서 기뻐 받으셨습니다. 그 이유는 자신을 교만하게 높이는 자는 하나님께서 모두 다 낮추시고, 자신을 겸손하게 낮추는 자는 하나님께서 모두 다 높이시기 때문입니다."

서른다섯 번째 날의 묵상: 교만에서 겸손에 이르는 유일한 길

우리는 이미 너무 잘 알고 있다. 교만은 잘못된 패망의 길이며, 겸손은 바르고 생명된 길이라는 것을! 성경을 대충 읽은 사람도 교만과 겸손에 관련된 사람들의 이야기 몇 개 정도는 기억이 날 것이고 이 주제와 관련된 유명한 성경 구절도 암송할 수 있을 것이다. 하지만 문제는 착각이다. 교만이 나쁜 것이며 겸손이 좋은 것이라는 것을 알지만, 실제로 교만하게 살면서도 자신이 겸손하다고 착각한다는 것이다. 아마 당신 주변에 그런 사람이 생각날 것이다. 하지만 나 자신은 그런 사람이 아닐까?

그렇다면 문제의 근원이 무엇일까? 오늘 본문에 등장하는 바리새인의 모습은 그 핵심을 우리에게 알려준다. 그것은 바로 비교 의식이다! 바리새인은 절대로 자신을 교만하게 말하지 않는다. 그는 진짜로 자신이 느끼는 것과 살아온 삶을 '진실하게' 말하고 있다. 그런데 무엇이 문제인가? 바로 세리와 자신을 비교하는 것이다. 자신은 세리보다는 나은 사람이라는 것이다. 교회 안에도 이런 성도들이 참으로 많다. 목사가 볼 때는 정말 성경을 모르고 읽지도 않는데, 자기가 소속된 셀원들 중에서는 자기가 많이 읽는 편이라는 것이다. 또한 기도를 너무도 안 하는데, 남자들 치고는 기도를 많이 하는 편이라고 자부한다. 목사도 마찬가지다. 진짜 말씀도 안 읽고 기도도 안 하면서, 성도들과 비교해서 자신이 대단한 척 착각하는 목사들이 너무나 많다.

그러면 어떻게 해야 할까? 나는 그것을 오늘 본문에 등장하는 세리의 모습을 통해 배운다. 세리도 비교 의식이 없었던 것이 아니다. 그러나 그는 비교의 대상을 바로잡았다. 세리는 다른 누구와도 비교하지 않고, 자기 자신을 그대로 하나님과 비교했다. 그래서 그는 겸손하게 가슴을 치며 기도할 수 있었던 것이다.

솔직히 나도 이따금 그런 교만에 빠진다. '나만큼 잠을 줄여 가며 책을 읽는 목사가 있을까? 나만큼 아침마다 금식하며 기도하는 목사가 있을까? 나만큼 말씀을 사랑하고 성도들을 사랑해서 성경을 번역하고 설교 준비를 위해 희생하는 목사가 있을까?' 하고 말이다. 바로 그때 내 눈앞에 말씀 그 자체이신 예수님의 모습이 나타나신다. 겟세마네에서 땀방울이 핏방울이 되도록 기도하신 예수님이 보인다. 자기 목숨을 십자가에서 희생하시며 저들의 죄를 용서해달라고 부르짖는 예수님의 목소리가 들린다. 나는 그 순간 가슴을 치며 회개한다. "주여! 저는 아무것도 아닙니다! 주여! 저를 겸손케 하소서!"

교만에서 겸손에 이르는 유일한 길은 언제나 모든 것을 예수님과 비교하는 것이다. 그러면 누구나 참으로 겸손한 자가 되어서, 겸손한 자에게 약속된 하늘의 복을 받아 누리게 될 것이다.

서른다섯 번째 날의 기도

"하나님! 우리는 조금만 알아도 잘난 체하고, 조금만 가져도 으스대며, 조금만 이루어도 자랑하는 교만의 존재입니다. 심지어 겸손한 척하지만, 그것까지 가식일 때가 있습니다. 우리의 눈을 열어 세상이나 주변의 다른 사람들과 비교하는 알량한 비교 의식에서 벗어나게 하소서! 우리의 비교 대상은 오직 예수님뿐임을 알게 하소서! 우리의 눈이 얼마나 예수님의 눈과 닮아 있으며, 우리의 입술이 얼마나 예수님과 일치되어 있는지를 매일 점검하게 하소서! 그래서 우리가 죽는 날까지 주님 닮기를 소홀히 하지 않는 그 귀한 겸손의 길을 걷게 하소서! 예수님의 이름으로 기도합니다. 아멘!"

• 아래의 여백에 오늘 말씀과 묵상을 읽고 느낀 점을 적어 보세요. 그리고 기억하기 쉬운 단어나 짧은 문장으로 만들어서 하루 종일 생각하며, 또 감동을 주신 대로 실천해 보세요. 오늘도 위대한 하루가 될 것입니다.

서른여섯 번째 날의 말씀: 누가복음 19:1-10 MBT

19:1-6 　　그리고 예수님께서는 여리고 안으로 들어가셔서, 그 도시의 거리를 지나가고 계셨다.

바로 그 도시에는 '삭개오'라는 이름을 가진 한 남자가 있었는데, 그는 세리장이었고 부자였다. 그런데 그 삭개오는 예수님에 대한 소문을 듣고서 예수님을 한번 뵙고 싶은 갈망을 가지고 있었다. 예수님이 어떤 분이신지 알고 싶었던 것이다. 하지만 예수님 주변에는 사람들이 너무 많았고, 자신은 키가 작았기 때문에 그렇게 할 수가 없었다. 그래서 삭개오는 예수님과 사람들이 함께 지나가는 무리들보다 더 앞으로 먼저 달려가서, 길 옆에 있는 돌무화과나무 위로 올라갔다. 그는 거기서, 예수님께서 지나가실 때에 볼 수 있으리라 생각했던 것이다.

잠시 후 삭개오가 기다리고 있는 그 장소로 예수님께서 오셨다. 그런데 갑자기 삭개오가 올라가 있는 돌무화과나무 아래쯤 오시더니 예수님께서는 위를 쳐다보시고 삭개오에게 이렇게 말씀하셨다. "삭개오 형제님! 어서 내려오세요! 오늘 내가 꼭 형제님의 집에서 하룻밤을 머물러야겠습니다!"

그 말씀을 들은 삭개오는 나무에서 서둘러 내려와 예수님을 자신의 집으로 모셨다. 기쁜 마음으로 그분을 환영한 것이다.

19:7-10   그러자 주변에 있던 많은 사람들은 이런 상황을 보고 "예수님이 죄인의 집에 들어가, 죄인과 함께 머문다!"라고 말하며, 수군거리며 비난하였다.

이제 삭개오는 예수님 앞에 서서 이렇게 고백했다. "보세요! 주님! 제가 가진 재산의 절반을 처분해서 가난한 사람들에게 나눠 주는 삶을 살겠습니다. 또한 제가 누구의 것이라도 속여서 빼앗은 것이 있다면 4배로 갚으며 사는 삶을 살겠습니다. 이제 저는 소유 중심의 삶에서 관계 중심의 삶으로 바꾸고, 얻기만 하는 인생에서 나누는 인생이 되겠습니다."

그러자 예수님께서는 삭개오에게 다음과 같이 말씀하셨다. "바로 오늘, 하나님의 구원이 이 가정을 바로잡았고, 하나님 나라가 이 집에 임했습니다. 이 사람 역시 아브라함의 아들이었고, 이제 하나님의 백성으로 회복되었습니다.

바로 이런 목적으로 참 사람의 아들인 내가 이 세상에 온 것입니다. 바로 하나님의 잃어버린 영혼들, 파괴된 영혼들을 찾아서 구원하고, 회복하기 위해서 말입니다."

서른여섯 번째 날의 묵상: 삭개오 같은 사람

나는 오늘 특별한 한 성도님을 소개하고 싶다. 아니 자랑하고 싶다. 흔히 사람들은 너무 쉽게 가난한 신학생 시절이라고 표현하는데, 정말 나는 너무도 가난한 신학생 시절을 보냈다. 나는 신학대학원을 졸업할 때까지 청바지가 두 벌이었고 겨울 잠바도 하나뿐이었다. 하루에 한 끼 먹는 날이 수두룩했고 등록금 때문에, 3년이면 마칠 대학원을 5년에 걸쳐서 다녀야 했다. 결혼하고 나서 나의 상황은 더 힘들어졌다. 하지만 정말 힘들었던 것은 사고 싶은 책을 살 수 없었던 현실이다. 밥은 굶어도 되고 옷은 없어도 되지만, 하나님의 말씀을 연구해야 하는 나는 책을 반드시 구해야 했는데, 그럴 수 없었기에, 참으로 눈물 나고 속상한 날이 많았다. 그래서 나는 간절히 기도했다. "하나님, 저에게 책을 마음껏 사볼 수 있는 기회를 주세요. 제가 그럴 형편이 못 된다면 그렇게 저에게 책을 사 줄 수 있는 사람을 보내 주세요." 그리고 그 기도는 거의 25년 만에 응답이 되었다. 최근에 만난 그 성도님은 매달 나에게 수십만 원어치의 책을 사 주신다. 내가 구입하기 어려운 비싼 원서까지 그 어떤 조건이나 아쉬운 소리 하지 않고 겸손하고 친절하게 섬긴다(그래서 나는 최근에 교회에서 주는 도서비로 다른 신학생들과 성도들에게 책을 사서 선물해 준다).

나는 오늘 그 유명한 누가복음 19장의 삭개오를 만나며, 바로 그 소중한 성도님이 생각났다. 물론 그 성도님은 세무공무원도 아니고, 키가 작지도 않다. 그러나 돌무화과나무처럼 우연히 스치듯 만난 그분은 삭개오처럼 귀한 만남의 기점에서부터 자신이 할 수 있는 최선을 다해서 말씀대로 살고자 몸부림치며 실제로 자신의 삶을 바꾸고 또한 섬기고 있다. 나는 삭개오를 만난 예수님의 마음이 지금 내 마음 같았으리라 추측해 본다.

나는 정말 삭개오 같은 사람을 만나고 싶다. 그저 인간 목사에게 잘해주는 성도를 만나고 싶다는 말이 아니다. 처음엔 쑥스럽고 부끄러워 교회 뒷자리 기둥 뒤에서 조용히 예배드릴 수 있겠지만, 주님을 만난 후에는(오늘 본문을 잘 살펴보라. 예수님은 삭개오에게 무엇도 요구하지 않으셨지만 삭개오 스스로 결단했다), 그분을 자기 영혼의 집에 모시고 자신이 잘못한 것을 말로만이 아니라 실제적으로 회개하고 자신이 지금까지 소유 중심으로 살았던 삶에서 대전환을 이루어 하나님 나라와 이웃을 위해 섬기고 사랑하는 관계 중심의 인생으로 철저하고 능동적으로 살아내는 사람을 말이다.

그래서 가장 중요한 것은, 주님께서 이 땅에 오신 바로 그 근본 목적이 이루어지는 당사자가 되는 것이다. 내가 목회하면서 "그래! 내가 이 힘든 목회의 사명을 감당하게 된 이유는 바로 이 사람을 위해서야!"라고 자신 있게 말할 수 있는 그런 사람을 나는 만나고 싶다. 내가 주님 앞에 "이 성도는 진짜 주님의 제자입니다!"라고 자신 있게 말할 수 있는 성도를 만나고 싶다. 당연히 그렇게 하려면, 내가 먼저 그 사람이 되어야 할 것이다. 물론 처음부터 그런 위대한 인생을 사는 사람은 많지 않을 것이다. 하지만 누구든지 삭개오처럼 단호한 결심을 통해 자신의 인생 후반부를 아름답게 변화시킬 수는 있다. 왜냐하면 주님께서 우리에게 찾아 오셨기 때문이다. 예수님은 복음을 전하시며 얼마나 삭개오를 자랑하셨을까? 나도 정말 삭개오 같은 성도를 만나고 싶다. 나도 정말 삭개오 같은 성도가 되고 싶다! 이 아름답고 위대한 하나님 나라의 순간에 나도 소중한 조연이 되어 참여하고 싶다!

서른여섯 번째 날의 기도

"하나님! 오늘은 용기를 내어 주님 가시는 길에서 기다리려고 합니다. 주님께서 저를 알아보시면 밝게 인사하고 싶습니다. 주님께서 저의 이름을 부르시면 기쁘게 대답하고 싶습니다. 주님께서 제 영혼의 집에 찾아오시면 기꺼이 환영하고 싶습니다. 주님께서 저에게 찔림을 주시면 즉시 회개하겠습니다. 주님께서 저에게 감동을 주시면 즉시 순종하겠습니다. 주님께서 저에게 기대하시면 저의 모든 것을, 저의 생명이라도 드리겠습니다. 저는 오늘 삭개오처럼 하루를 살고 싶습니다. 그래서 주님께서 오늘 저에게 하시려는 모든 일들이 이루어지기를 원합니다. 예수님의 이름으로 기도합니다. 아멘!"

- 아래의 여백에 오늘 말씀과 묵상을 읽고 느낀 점을 적어 보세요. 그리고 기억하기 쉬운 단어나 짧은 문장으로 만들어서 하루 종일 생각하며, 또 감동을 주신 대로 실천해 보세요. 오늘도 위대한 하루가 될 것입니다.

사순절 제37일
사순절 다섯째 주, 목요일
(누가복음 20:9-19)

서른일곱 번째 날의 말씀: 누가복음 20:9-19 MBT

20:9-16 하지만 예수님께서는 방금 전에 대제사장들과 서기관들과 장로들이 질문한 '권위의 근원'에 대한 답변으로 다음과 같은 비유를 말씀하기 시작하셨다.

"어떤 사람이 포도나무들을 심어서 좋은 포도원 하나를 만들었습니다. 그리고 그 포도원 관리를 몇몇 소작인들에게 맡기고 자신은 외국으로 간 후, 상당한 시간이 흘렀습니다. 드디어 포도나무에서 열매를 맺을 충분한 때가 되자, 그 주인은 자신의 포도원에서 수확한 포도 중의 일부를 받아보려고 소작인들에게 자신의 종을 하나 보냈습니다. 그런데 그 소작인들은 주인이 보낸 첫 번째 종을 때린 후에 빈손으로 쫓아 버렸습니다. 그래서 그 포도원 주인은 자신의 또 다른 종을 보냈습니다. 하지만 그 소작인들은 두 번째 종도 살이 벗겨지도록 때리고 모욕까지 한 후에 빈손으로 쫓아 버렸습니다. 그래서 그 포도원 주인은 자신의 다른 종을 또다시 보냈습니다. 하지만 그 소작인들은 세 번째 종까지 피가 흐를 정도로 심하게 때린 후에, 빈손으로 쫓아 버렸습니다. 그러자 그 포도원 주인은 고민하다가 이렇게 말했습니다. '아! 어떻게 하면 좋을까? 그래! 나의 사랑하는 유일한 아들을 보내야겠다. 그들이 다른 사람은 몰라도 내 아들은 존중하지 않겠는가!'

하지만 그 소작인들은 포도원 주인의 아들을 보고 다르게 반응했습니다. 그들은 포도원 주인의 아들에 대해 다음과 같이 의논하고 결정하는 말을 했습니다. '저 아들은 포도원 주인의 상속자가 아니냐! 저 아들을 죽여버리자! 그러면 포도원은 우리의 차지가 될 것이다!' 그래서 소작인들은 포도원 주인의 아들을 포도원 밖으로 끌고 간 후에 거기서 죽였습니다. 자! 이런 악한 인간들을 그 포도원 주인은 어떻게 처리할까요? 당연히 그 포도원 주인이 직접 포도원으로 와서 그 악한 소작인들을 끝장내 버릴 것입니다. 그리고 자신의 포도원은 다른 좋은 사람들에게 줄 것입니다."

예수님의 비유를 다 들은 사람들은 이렇게 반응했다. "설마 그런 일이 있겠습니까? 절대로 그런 일이 일어나지는 않을 것입니다(즉, 그런 일은 일어나지 않기를 바랍니다)!"

20:17-18   그러자 예수님께서는 사람들을 강렬하게 바라보신 후에 말씀을 이어가셨다. "그렇다면 어째서 구약성경인 시편 118편 22절에 '건축하는 자들이 쓸모없다면서 내다 버린 돌 하나가

결국 그 건축물 전체의 머릿돌이 되었도다!'라는 내용이 예언처럼 기록되어 있을까요?

악한 소작인들이 포도원 밖으로 끌고 나가서 죽인 포도원 주인의 아들이 바로 건축자들이 쓸모없다면서 내다 버렸으나 하나님 나라의 머릿돌이 된 바로 그 돌입니다. 그러므로 이 돌에 대항하여 그 위로 떨어지는 존재는 산산조각이 날 것이고, 그 돌이 대항하여 어디로든 위에서 떨어진다면 그것이 무엇이든 그 아래 있는 것은 가루가 될 것입니다. 다시 말해서 그 누구도, 그 무엇도 그 돌, 바로 하나님의 아들에게 대항하거나 반대하면 무시무시한 결과만 남게 된다는 말입니다."

20:19   예수님께서 하신 비유와 인용한 구약성경의 말씀까지 다 들은 서기관과 대제사장들은 당장이라도 그 자리에서 예수님을 붙잡아 처리해 버리고 싶었다. 하지만 백성들이 두려워서 그렇게 할 수 없었다. 그들은 예수님께서 하신 비유와 그분이 인용하신 구약성경의 내용이 바로 자신들에 대한 것이라는 것을 알아차렸던 것이다.

서른일곱 번째 날의 묵상: 심각한 착각

참으로 황당한 전화였다. 코로나가 시작되고 어쩔 수 없이 설교 영상을 블로그에 올리기 시작한 후에 일어난 일이다. 어느 날 교회로 전화가 와서 받았더니, 전화 건 사람이 다짜고짜 나에게 화를 내는 것이다. 워낙 말에 조리가 없어서 나중에 정리를 해 보니 이런 내용이었다. 자신은 어떤 교회 목사인데, 내가 매주 올려주는 설교를 성경 본문의 순서에 따라 정리하여 자신의 교회에서 설교했다는 것이다. 그런데 어느 주인가 설교 영상이 올라오지 않아서 자신이 직접 설교 준비를 하느라 고생했고 이후에 그 설교 영상이 올라왔는데 자신이 한 설교와 내용이 너무 달라서 그다음 설교를 이어가기가 어렵게 되었다는 것이다. 지금 생각해 보면 헛웃음이 나는 사건이었지만, 그때는 정말 "뭐 이런 사람이 있지"라는 생각도 들지 않을 정도로 황당한 충격을 받았다.

시간이 조금 지나자, '배은망덕'이라는 사자성어가 머릿속에 떠올랐다. 자신에 대한 소개도, 그동안 남의 설교를 아무 말 없이 사용한 것에 대한 감사나 인사도 없이, 철저히 이기적이고 교만한 태도로 나에게 화를 내는 그 목사의 목소리를 한참 들으면서 '참으로 이 사람이 심각한 착각 속에 사는구나'라는 깨달음이 있었다. 수십 분간 한풀이에 가까운 상대방의 훈계를 다 들은 후에, 나는 정신을 차리고 다음과 같이 말을 해 주었다.

"목사님! 큰 착각을 두 가지 하고 계시는군요! 하나는 남이 한 설교를 마치 자신의 것처럼 변경해서 다시 전하는 일은 수고가 아니라 도둑질이라는 것입니다. 그리고 또 하나는 목사님이 그런 식으로 계속 설교를 하고 목회를 하는 것은 지혜로운 일이 아니라 아주 무서운 심판을 받게 될 일이라는 것입니다."

오늘 우리가 읽은 누가복음 20장에도 심각한 착각을 하는 사람들이 등장한다. 참으로 마음씨 좋은 주인이 모든 것을 준비해서 포도밭을 만들고, 그것을 소작인들에게 맡겨 주었는데, 그들은 마땅히 바쳐야 할 포도 열매를 내놓지 않았을 뿐만 아니라, 그것을 받으러 온 종들을 비롯해 심지어 주인의 아들까지 죽였다는 것이다. 참으로 배은망덕한 도둑질이 아닐 수 없다. 하지만 그것이 끝이 아니다. 그 마음씨 좋은 주인은 더 이상 그렇게 하지 않을 것이며 그럴 수도 없다는 것을 알아야 한다. 그 소작인들은 결국 끔찍한 심판을 당하게 될 것이다.

수많은 성도가 심각한 착각 속에서 신앙 생활을 한다. 하나님께서 주신 수많은 은혜와 감동을 도둑질하면서, 자신은 아주 지혜롭게 산다고 착각하며, 어제도 그랬고 오늘도 그랬으니 내일도 똑같으리라 생각하여 다가올 심판을 준비하지 않는다. 우리 목사님은 언제나 나를 기다려 주실 것이며, 우리 교회는 언제나 그 자리에 있으리라 착각한다. 내가 귀찮으면 하지 않아도 되고, 내가 속상하면 나가지 않아도 다른 사람이 대신할 거라고 착각한다. 모든 것이 자신의 기분과 자신의 상황에 맞추어서 운영되고 타협하며 이해될 거라고 착각한다.

그래서 예수님은 말씀하신다. 건축자가 버린 돌이 모퉁이의 머릿돌이 될 것이다! 이 돌 위에 떨어지는 사람은 산산조각 나고 이 돌이 그 사람 위에 떨어지면 완전히 박살이 날 것이다. 우리는 빨리 착각에서 깨어나야 한다. 배은망덕한 거짓과 속임수의 삶, 완고하고 고집스러운 자기중심의 종교 생활을 회개해야 한다. 하나님을 경외하는 것이 지혜와 지식의 근본이다. 오늘 본문에 등장하는 이 어처구니없는 소작농의 삶이 역전되어서 하나님께 감사하고 드릴 것을 드리며, 다가올 추수의 시기, 심판의 시기를 깨어 준비하는 하나님의 사람이 되기를 간절히 기도한다.

서른일곱 번째 날의 기도

"하나님! 오늘도 하나님께서 우리에게 주신 시간, 건강, 물질, 기회라는 은혜에 감사하게 하시고 선용하게 하소서. 이 잠깐 주어진 것을 마치 나의 것으로 착각하여 우리 마음대로 사용하고 주님께 돌려드려야 할 것을 끝까지 움켜잡는 배은망덕한 존재가 되지 않게 하소서. 아울러 우리에게 주어진 모든 것에 대해서 추수하고 결산하는 날이 올 것을 기억하게 하소서! 그래서 많이 주어진 사람에게 많은 것을 기대하시는 하나님을 기억하게 하소서! 예수님의 이름으로 기도합니다. 아멘!"

• 아래의 여백에 오늘 말씀과 묵상을 읽고 느낀 점을 적어 보세요. 그리고 기억하기 쉬운 단어나 짧은 문장으로 만들어서 하루 종일 생각하며, 또 감동을 주신 대로 실천해 보세요. 오늘도 위대한 하루가 될 것입니다.

서른여덟 번째 날의 말씀: 누가복음 21:7-19 MBT

21:7   그러자 깜짝 놀란 사람들은 예수님께 집요하게 다음과 같은 질문들을 쏟아냈다. "선생님! 도대체 언제 그런 일이 일어날까요? 그리고 그런 일이 일어나기 전에 우리가 알아차릴 수 있는 전조는 무엇이 있을까요?"

21:8-19   그래서 예수님은 다음과 같이 대답해 주셨다. "여러분은 속지 않도록 주의하세요! 많은 사람들이 나의 이름으로 와서 '내가 메시아다!'라고 하거나 '지금이 바로 마지막 때다'라고 하면서 여러분을 속이고 여러분의 마음을 흔들 것이기 때문입니다. 하지만 여러분은 절대 그런 사람들을 따라가지 마십시오! 아울러 전쟁이나 질병 같은 충격적이고 혼란스러운 사건이 발생하고 그런 소식을 듣게 되더라도 여러분은 절대로 두려워하지 마세요! 그런

일들이 앞으로 반드시 일어나겠지만 그런 일들이 일어난다고 절대로 세상의 끝이 온 것은 아닙니다." 이어서 예수님은 계속 말씀하셨다. "한 민족과 다른 민족이 다툴 것이고 한 나라가 다른 나라와 전쟁도 할 것입니다. 또한 여러 지역에서 큰 지진도 일어날 것이고 갑작스러운 흉년과 전염병도 일어날 것입니다. 테러나 무서운 사건도 일어날 것이고 기상학적으로나 천문학적으로 충격적인 사건도 일어날 것입니다. 하지만 그 전에 여러분에게 일어날 더 중요한 일이 있습니다. 그것은 이 세상에서 권력을 가지고 있는 사람들이 여러분을 체포하고 박해하는 것입니다. 그들은 여러분을 회당의 감옥에 집어넣었다가 위정자들과 지도자들 앞으로 끌고 갈 것입니다. 그 이유는 여러분이 나를 주인 삼아서, 나의 이름을 위해 살았기 때문입니다. 하지만 이 위기는 기회가 될 것입니다. 여러분이 그들에게 복음을 전하고 하나님 나라를 증거할 기회가 될 것입니다. 그러므로 여러분은 사람들에게 끌려가서 어떤 말로 변증을 하고 자기 변호를 할지에 대해서 전혀 걱정하지 마십시오! 왜냐하면 내가 그때에, 그 어떤 반대자들도 대항하거나 반박할 수 없는 언변과 지혜를 여러분에게 줄 것이기 때문입니다. 여러분은 부모님들이나 친척들 그리고 친구들에 의해 위정자들이나 지도자들에게 넘겨질 것입니다. 그리고 여러분 중에서 몇 사람은 순교하게 될 것입니다. 결국 많은 사람들에게 오해를 받고, 심지어는 미움도 받게 될 것입니다. 여러분이 바로 나를 믿는다는 이유로, 나의 이름으로 복음을 전하고 바른 삶을 살아간다는 이유로 인해서 말입니다. 하지만 여러분의 사명이 마무리되기 전에, 머리카락 하나도 무의미하게 잃어버리지 않을 것입니다! 그러므로 끝까지 인내하십시오! 여러분이 끝까지 신실한 믿음으로 달려가면 마지막에 반드시 영원한 생명을 얻게 될 것입니다!"

서른여덟 번째 날의 묵상: 위기와 기회의 갈림길에서

나는 오늘 본문을 읽으며 한 성도가 생각났다. 참으로 귀한 성도였다. 그 먼 거리에도 불구하고 늘 간절한 마음으로 예배를 드리러 나왔다. 아침부터 저녁까지 힘들게 일하면서도 교회 일이라면 발 벗고 나서서 자기 돈, 자기 시간을 써가며 섬겼다. 그런데 어느 날부터 이상해졌다. 교회와 성도들에 대한 부정적인 이야기를 쏟아내기 시작하더니 이단이나 다를 바 없는 자칭 선교사라는 자의 유튜브에 심취하고 기존 교회들을 싸잡아 비난하는 어떤 모임에 가서 이상한 정보와 성경 해석을 듣고는 그것을 말하는 것이었다. 여러 번의 상담과 전화 통화를 통해 간절한 마음을 전하고 그런 정보나 방송들이 비성경적인 것임을 말해 주었지만 이미 확신에 차서 왜곡된 마음은 바뀌지 않았고 결국 교회를 떠나고 말았다. 떠나기 전에 그 성도는 지금 일어나고 있는 화재 사건들이 확실한 종말의 징조이며 조만간 지구의 종말이 온다고 했다. 그래서 나는 최대한 배우고자 하는 마음으로 그 성도에게, 그러면 언제 주님이 오실 것 같냐고 물어보니, 아무리 늦어도 2년 내라고 했다. 더 가슴 아픈 것은 그 성도 한 사람 때문에 그 가정 전체와 그 가정에 연결된 다른 성도들까지 어쩔 수 없이 교회를 떠나고 말았다는 것이다.

그리고 정말 2년이 지났다. 지구의 종말은 오지 않았고 코로나만 왔다. 지나가는 소식을 들어보니 그 성도는 화재 사건에서 코로나로 내용만 바꾼 채 여전히 잘못된 종말론에 빠져 있다고 했다. 하지만 안타깝게도 코로나 역시 이제 마무리되고 있다. 그다음은 무엇이 될지 참으로 슬프기만 하다.

예수님은 제자들에게 종말론적인 강화를 여러 번 말씀하셨다. 하지만 언제가 그 정확한 시기인지에 대해서는 단순히 분명하지 않게 말씀하신 것이 아니라, 그것이 전혀 중요하지 않다고 여러 번 말씀하셨다. 전쟁과 환란의 소식도 있을 것이고, 민족끼리의 전쟁과 자연재해 및 전염병의 사건도 있을 것이다. 그러나 주님은 분명히 말씀하신다. 그것이 끝이 아니라고!

더 중요한 것은 바로 그런 시기에 대한 불안으로 교회를 옮겨서 종말론에 특화된 어떤 공동체에 들어가는 것이 아니라, 깨어서 복음을 전하며, 고난을 감당하며, 마지막까지 인내하면서 주님의 사명을 감당하는 것이다.

우리 모두에게 위기가 온다. 몰랐던 정보, 원치 않은 상처, 갑작스러운 재정이나 건강의 어려움, 그리고 무엇보다 충격적으로 일어나는 영적이고 신앙적인 문제들이 다가온다. 안타까운 사람들의 가장 큰 특징은 위기가 닥치면 그것을 더 큰 위기로 만들어 버린다는 것이다. 왜냐하면 그 위기의 순간에 드러나는 자신의 감정, 자신의 생각, 자신의 과거라는 자신의 자아로 대답해 버리고 반응해 버리기 때문이다. 그래서 심지어 기회가 와도, 기회조차 위기로 만들어 버린다. 하지만 진정한 예수님의 제자로 성장하고 나아가는 사람들은 바로 그런 위기의 순간에 자신의 자아가 아니라 영혼의 주인으로 계신 예수님의 감정, 예수님의 생각, 예수님의 말씀으로 대답하고 반응하여서 그 위기를 기회로 만든다.

오늘 본문도 잘 읽어보면 안 그래도 힘들고 무서운 소문과 자연재해라는 상황 속에서, 믿음의 사람들은 신앙을 지키다가 더 큰 핍박과 고통을 당하게 된다. 하지만 예수님은 말씀하신다. 그 위기가 기회가 될 것이라고. 왜냐하면 바로 그때 우리가 평소에 만날 수 없었던 사람에게 복음을 전하게 되며, 도저히 기회가 없던 사람에게 하나님 나라를 소개할 수 있기 때문이다. 더 나아가 바로 그 순간 성령님께서 우리의 입술을 통해 역사하시고 놀라운 사랑과 능력을 체험할 수 있게 해 주시기 때문이다.

지난 주간에 어쩌면 영원히 만나지 못할 뻔했던 한 가족을 만났다. 그 시작은 한 사람의 사고라는 위기였다. 여러 번의 수술과 가족 전체의 고통은, 평범했던 날이라면 마냥 미루기만 했을, 아주 특별한 기회를 선물로 주었다. 간절한 준비로 아들은 아버지에게 복음을 전했고 딸은 기도했으며 가족은 위기를 만난 부모님을 통해 복음을 듣게 됐다. 점심도 먹지 못하고 무려 왕복 5시간 걸리는 길을 정말 기쁘게 다녀왔다. 돌아오는 길에 봄꽃들이 피어 화려하게 반짝거렸지만 내 영혼 속에는 위기를 기회로 만든 그 놀라운

하나님의 섭리가 이 땅의 그 어떤 꽃도 줄 수 없는 향기와 색으로
빛나고 있었다.

서른여덟 번째 날의 기도

"하나님! 오늘도 우리에게는 여러 가지 위기가 닥칠 것입니다.
하지만 단 한순간도 우리의 감정이나 우리의 상처나 우리의 경험
으로 반응하지 않게 하소서! 우리 안에 주인으로 계신 예수님의
감정, 예수님의 마음으로 반응하게 하소서! 그래서 그 어떤 위기
도 기회가 되게 하소서! 아픔의 위기가 치유의 기회가 되게 하시
고, 불안의 위기가 평안의 기회가 되게 하소서! 혹시라도 우리가
죽게 될지라도, 죽음의 위기조차 부활의 기회가 되게 하소서! 예
수님의 이름으로 기도합니다. 아멘!"

• 아래의 여백에 오늘 말씀과 묵상을 읽고 느낀 점을 적어 보세요.
그리고 기억하기 쉬운 단어나 짧은 문장으로 만들어서 하루 종일
생각하며, 또 감동을 주신 대로 실천해 보세요. 오늘도 위대한 하
루가 될 것입니다.

서른아홉 번째 날의 말씀: 누가복음 22:1-23:49 MBT

22:1-6 　누룩을 넣지 않는 빵(무교병)을 먹어야 하는 기간인 무교절(니산월 15-21일)을 시작하는 명절로, 이스라엘이 출애굽한 것을 기념하는 유월절이 바로 앞에 다가왔다. 그즈음, 대제사장들과 율법학자들은 어떻게든 예수님을 제거해 버리려고 계속 방법을 궁리하고 있었다. 지금까지 그렇게 할 수 없었던 이유는 항상 예수님 주변에 있는 백성들이 두려웠기 때문이다. 바로 그때, 예수님의 열두 제자들 중에 한 명으로 카리욧/가룟 사람이라 불리는 유다에게 사탄이 들어갔다. 유다가 유혹에 넘어가서 사탄을 환영하고, 받아들인 것이다. 유다는 예수님과 제자들의 공동체를 떠나서, 대제사장들과 성전 경비 대장들을 만나 어느 장소에서 어떤 방식으로 예수님을 넘겨줄지에 대해 의논했다. 이에 대제사장들과 성전

경비 대장들은 기뻐했고 예수님을 넘겨주는 대가로 돈을 주겠다는 약속까지 했다. 그러자 유다는 그들의 약속에 동의했고 예수님을 그들에게 넘겨줄 가장 좋은 때, 바로 예수님 주변에 백성의 무리가 없을 때를 계속 찾았다.

22:7-13   마침내 누룩을 넣지 않은 빵(무교병)을 먹어야 하는 무교절 기간의 시작을 알리는 명절로, 반드시 어린양을 잡아서 먹어야 하는 유월절이 도래했다. 그래서 예수님께서는 베드로와 요한을 보내시며 이렇게 말씀하셨다. "그대들은 나가서 우리가 함께 먹을 유월절 음식들을 준비하도록 하세요." 그러자 베드로와 요한이 예수님께 물어 보았다. "예수님! 그러면 유월절 식사를 함께 나눌 장소는 어디에서 준비하기를 원하십니까?" 이에 예수님께서는 다음과 같이 대답해 주셨다. "그대들이 예루살렘 성 안으로 들어가면 흙으로 만든 물항아리를 운반하는 한 사람을 보게 될 것입니다. 그러면 그 사람을 따라서 그 사람이 들어가는 집으로 가 보세요. 그 집 안으로 들어가서, 그대들은 그 집의 주인에게 '저희들의 선생님께서 제자들과 함께 유월절 음식을 먹도록 준비된 손님방은 어디인가요?'라고 물어보세요. 그러면 집주인이 그대들에게 그 집 윗층에 이미 자리가 준비된 넓은 방을 보여 줄 것입니다. 그대들은 그곳에 유월절 음식을 준비하면 됩니다." 이에 베드로와 요한은 밖으로 나갔고, 예수님께서 말씀하신 대로 예비된 사람과 장소를 만날 수 있었다. 그래서 그들은 그곳에 유월절 음식을 준비했다.

22:14-23　　마침내, 유월절 당일 저녁이 되었고 준비된 그 장소에 도착한 예수님께서는 제자들, 곧 그분께서 이 세상에 사명을 주시어 보내실 사도들과 함께 식사 자세로 누우셨다. 예수님께서는 함께 모인 제자들을 향해 이렇게 말씀하셨다. "나는 그대들과 함께 이 유월절 음식을 먹기를 간절히 원했습니다. 내가 십자가의 고난을 겪기 전에 말입니다. 그래서 나는 그대들에게 중요한 말을 하겠습니다. 그것은 내가 그대들과 함께 먹는 오늘의 유월절 식사가 이 땅에서의 마지막 식사라는 것입니다. 하지만 이 유월절 식사의 진정한 의미가 하나님 나라에서 완성될 때가 올 것입니다. 그러면 그때 나는 여러분과 함께 진정한 구원이 완성되는 생명의 식탁 교제를 나눌 수 있을 것입니다." 그러고 나서 예수님께서는 포도주가 담긴 잔을 잡으신 후에 감사하시고 제자들에게 주시며 이렇게 말씀하셨다. "자! 이 잔을 받아서 그대들이 함께 나누어 마시도록 하세요! 다시금 내가 그대들에게 중요한 말을 하겠습니다. 그것은 그대들과 함께 마시는 이 포도주가 이 땅에서 마시는 마지막 음료라는 것입니다. 하지만 이 포도주의 진정한 의미가 하나님 나라에서 완성될 때가 올 것입니다. 그러면 그때 나는 여러분과 함께 진정한 희생과 생명이 완성된 포도주를 나눌 수 있을 것입니다." 이어서 큰 빵(무교병)을 잡으신 후에 감사하시고, 그것을 찢어서 제자들에게 나누어 주시며 다음과 같이 말씀하셨다. "이것은 바로 여러분을 위해서 내어주는 나의 몸입니다. 여러분은 내가 한 것처럼 이렇게 내어주고 나누는 삶을 사세요. 그래서 나를, 내가

한 일을 기억하세요!" 또한 빵과 음식을 다 먹고 난 후에, 포도주가 담긴 잔도 제자들에게 나눠 주시면서 다음과 같이 말씀하셨다. "이 잔에 담긴 포도주는 바로 나의 피를 상징합니다. 그대들이 내가 나눠준 포도주를 마시는 것은, 곧 내가 십자가에서 그대들을 위해 흘리는 피를 받아들임으로 생명이 되고, 생명적인 관계가 되는 것, 곧 새 언약을 맺게 되는 것을 의미합니다(렘 31:31-34). 아! 하지만 안타깝게도 그대들 중에서 나를 팔아넘길 사람이 이 자리에, 나와 함께하는 이 식탁의 자리에 있네요. 참된 사람인 내가 이제 십자가에서 죽는 것은, 하나님 아버지께서 주신 사명이라는 길을 따라서 순종하는 것이지만, 나를 배반하고 팔아넘기는 것은 사탄의 조종을 받아서 범죄하는 것이니 결국 그 사람에게 비참한 최후가 있을 것입니다!" 예수님께서 이렇게 말씀하시자, 제자들은 서로를 향해 "이런 악한 짓을 행하려고 하는 자가 누구일까?" 하며 그 사람을 찾아보고자 수군거리기 시작했다.

22:24-34   하지만 제자들의 수군거림은 결국 우리 중에 '누가 가장 큰 제자인가'라는 논쟁으로 이어지고 말았다. 이에 예수님께서는 제자들에게 다음과 같이 말씀하셨다. "이 세상의 왕들은 항상 큰 자가 되고 주인이 되려고 하고, 그런 왕들 아래서 힘과 권력을 가진 자들도 다른 사람들에게 작은 도움을 주고는 그들로부터 '은혜를 베푼 자'라는 명예로운 신분과 호칭을 받아 인정받고 유명해지려고만 합니다. 하지만 그대들은 그런 흐름에 있는 사람들이 아닙니다. 오히려 정반대입니다. 하나님의 사람들 중에서 진

정으로 큰 자는 작은 자입니다. 다시 말해서 하나님 나라의 지도자는 군림하는 자가 아니라 섬기는 자입니다. 그대들은 섬기는 자가 되어야 합니다. 당연히 세상의 기준으로 보면 식탁의 자리에서 누워서 대접받는 사람이 높은 사람이고, 일어나서 섬기는 사람은 낮은 사람입니다. 그러나 잘 보세요! 하나님 나라의 기준은 반대입니다. 무엇보다 내가 그 증거입니다. 나는 여러분의 스승이요 그대들이 따라야 할 모델로서 어떤 삶을 살았습니까? 언제나 섬기는 자로 살지 않았습니까! 그러므로 당연히 그대들도 나와 같이 하나님 나라의 흐름 속에 함께하는 사람이 되어야 합니다. 아니, 여러분은 이미 나와 함께 그 하나님 나라의 흐름 속에 있는 사람들입니다. 이미 그대들은 나와 함께 내가 당한 많은 시험과 고난이라는 낮아짐의 여정에 동참해 왔습니다. 그래서, 하나님 아버지께서 나에게 맡겨주시고 위임해 주신 것처럼, 나도 그대들에게 하나님 나라를 온전히 맡기고 위임합니다. 그 결과, 그대들은 하나님 나라에서 나와 함께 먹고 마시는, 진정으로 가장 높고 위대한 자리에 앉게 될 것입니다. 이스라엘의 열두 지파로 대표되는 온 세상 사람들을 심판하고 다스릴 그 가장 높고 위대한 자리에 앉게 될 것입니다. 시몬 형제! 시몬 형제! 보세요! 그대가 알아야 할 것이 있습니다. 사탄이 그대를 비롯해 나의 제자들 모두의 영혼을 흔들어서 넘어지게 하려고 엄청나게 애썼다는 사실입니다. 하지만 내가 시몬 형제의 믿음이 약해지거나 사라지지 않도록 참으로 간절히 중보하고 기도했답니다. 그러니, 시몬 형제는 작은 실수나

실패를 하게 되더라도 다시 믿음을 회복하여 돌이키고 나서, 그대처럼 믿음이 흔들려서 실수하거나 약해진 지체들을 언제나 강하게 붙잡아 주기를 바랍니다." 그러자 시몬 베드로가 예수님께 다음과 같이 말했다. "주님! 저는 당신과 함께 감옥에 갈 준비도 되어 있고, 심지어 죽기까지 각오하고 있습니다." 이에 예수님께서는 이렇게 대답하셨다. "내가 그대에게 분명히 말할 수밖에 없군요. 베드로 형제는 오늘 수탉이 3번 울기 전에, 다시 말해서 오늘 밤이 다 지나 내일 아침이 오기 전에, 나를 3번이나 모른다고 철저히 부인하게 될 것입니다."

22:35-38   이어서 예수님께서는 제자들에게 이런 말씀을 하셨다. "내가 이전에 전도 여행을 하라고 여러분을 보낼 때, 지갑이든 가방이든 신발이든 그 무엇도 준비하지 말고 가라고 했었지요. 그리고 그대들은 내 말을 믿고 그렇게 떠났구요. 그랬더니 그대들에게 어떤 부족함이라도 있었나요?" 그러자 제자들은 "전혀 없었습니다!"라고 대답했다. 하지만 예수님께서 태도를 바꾸시며 이렇게 말씀하셨다. "그러나 이제는 지갑도 준비하고 가방도 준비하십시오! 만약 칼이 없다면 겉옷을 팔아서라도 장만해야 합니다. 그 이유는 이제 상황이 바뀔 것이기 때문입니다. '불법을 행한 자들과 한패로 여겨졌다'라는 구약의 예언(사 53:12)이 조만간 나에게 이루어질 것이기 때문입니다. 내가 이제 곧 불법을 저지른 사람들과 같은 취급을 당하고 그들과 함께 사형에 처해짐으로, 내가 죄인처럼 죽을 뿐만 아니라 죄와 함께 죽는 결과가 이루어질 것이기 때

문입니다. 그러면 그대들도 나의 제자라는 이유로 같은 취급을 받을 것이기 때문입니다. 그대들은 그런 달라진 현실을 준비하고 이 세상의 적대적 태도에 대비해야 합니다.”

그러자 제자들은 예수님께서 하신 말씀의 은유적 의미를 깨닫지 못하고 문자적으로만 반응하여 다음과 같이 대답했다. “주님! 보세요! 우리가 칼을 이미 2개 준비해 두었습니다.” 이에 예수님께서는 어쩔 수 없이 “그 정도면 됐습니다”라고 말씀하셨다.

22:39-46   유월절 식사를 마치신 후에, 예수님께서는 늘 하시던 습관대로, 올리브나무의 동산인 감람산으로 가셨고 제자들도 그분을 따라서 갔다. 늘 기도하시던 장소에 도착하신 후에, 예수님께서는 제자들에게 이렇게 말씀하셨다. “그대들은 시험에 들지 않도록 지금 기도하세요!” 예수님께서는 제자들로부터 돌을 던지면 닿을 수 있는 정도의 거리만큼 떨어지신 후에, 무릎을 꿇고 간절히 기도하셨다. 예수님께서는 이렇게 기도하셨다. “아버지! 만약 당신께서 원하신다면 제가 이제 받으려고 하는 이 고난의 잔, 곧 십자가의 처형을 제거해 주소서! 하지만 제가 원하는 대로가 아니라 당신께서 원하시는 대로만 되기를 바랍니다!” 바로 그때, 하늘에서 내려온 천사가 나타나서 예수님께서 힘차게 기도하실 수 있도록 도와주었다. 그러자 예수님께서는 고뇌 속에서도 열정적으로 기도하셨고 그 결과, 그분의 땀이 핏방울처럼 땅 위로 떨어졌다. 그렇게 한참 기도하신 후에, 예수님께서는 일어나셔서 제자들에게 가 보셨다. 하지만 제자들이 슬픔과 근심에 잠겨서 잠

들어 있는 것만 보시게 되었다. 그래서 예수님께서는 제자들에게
다음과 같이 말씀하셨다. "어찌하여 그대들은 이 중요한 시간에
잠들어 있습니까? 시험에 들지 않도록 깨어 기도하세요!"

22:47-53   그렇게 예수님께서 제자들에게 말씀하시는 중이
었는데, 바로 그때! 한 무리가 어둠 속에서 다가왔다. 그 무리의 맨
앞에는 예수님의 제자 중의 한 사람인 가룟 유다가 그들을 이끌고
오고 있었다. 가룟 유다는 예수님께 입맞춤하려고 가까이 왔다. 그
러자 예수님께서 가룟 유다에게 다음과 같이 말씀하셨다. "유다
형제! 그대의 입맞춤으로 참 사람인 나를 팔아넘기는 것입니까?"
예수님 곁에서, 상황이 안 좋게 흘러가고 있다는 것을 눈치챈 제
자들은 예수님께 "주님! 우리가 칼로 이들을 공격할까요?"라고 물
었다. 그리고 잠시 후에, 예수님의 대답이 떨어지기도 전에 제자들
중에서 한 명이 칼을 가지고 예수님을 잡으려고 온 무리를 이끄는
한 사람을 공격했다. 그 사람은 대제사장이 그 무리의 책임자로
보낸 종이었는데, 한 제자의 공격으로 인해 그의 오른쪽 귀가 땅
에 떨어지고 말았다. 그러자 예수님께서는 제자들에게 "그만하세
요! 여기서 멈추세요!"라고 하시고, 칼로 인해 떨어진 귀를 도로
그 종에게 붙여주시어 치료해 주셨다. 그러고 나서 예수님께서는
자신을 잡으려고 온 사람들, 곧 대제사장들과 성전 경비대장들 및
장로들에게 다음과 같이 말씀하셨다. "당신들은 칼과 몽둥이를 들
고 마치 강도를 잡으려고 온 사람들처럼 나에게 온 것입니까? 내
가 날마다 성전에서 당신들 가까이에 있었는데, 그때는 사람들이

무서워서 아무것도 하지 못하더니 말입니다. 하지만 이제는 당신들에게 주어진 시간입니다. 바로 어둠의 권세가 잠시 주도권을 잡은 시간이지요!" 그렇게 기도하신 예수님께서는 자신에게 다가온 십자가의 시간을 당당하게 받아들이셨다.

22:54-62   그 밤에, 그들은 예수님을 붙잡아서 대제사장의 저택 안으로 끌고 갔다. 그 모습을 보고 있던 베드로는 멀찍이 떨어져서 은밀하게 따라갔다. 그 밤의 어두움과 추위로 인해, 대제사장의 저택 안뜰에는 모닥불이 피워져 있었고 그 주변에 사람들이 모여 앉아 있었다. 베드로도 그들 중에 섞여 들어가서 불을 쬐고 있었다. 그곳에 있던 한 여자 하녀가, 모닥불을 향해 앉아 있는 베드로를 우연히 보게 되었고, 그의 얼굴을 유심히 보더니 이렇게 말했다. "어! 이 남자! 저 예수라는 자와 함께 있던 사람이네요!" 그러자 베드로는 "이 여자야! 나는 그 사람이 누군지 몰라!"라고 대답하며 그 말을 부인했다. 그리고 시간이 조금 더 흐른 후에, 그 모닥불에 모여 있던 사람 중에서 다른 사람이 베드로를 향해 "당신! 그 예수라는 사람을 좇아다니던 사람들 중 한 명인 것 같은데!"라고 말하자, 베드로는 "이 사람아! 나는 그런 사람들과는 아무런 상관도 없는 사람이야!"라고 두 번째로 부인했다. 대략 1시간 정도 시간이 흐른 후에, 또 다른 사람이 베드로를 향해 아주 자신 있게 다음과 같이 말했다. "확실한데! 이 사람 바로 그 예수라는 사람과 함께 있었던 사람이 맞아! 이 사람도 예수라는 사람처럼 같은 갈릴리 사람이니까!" 그러자 베드로가 "이 사람아! 나는 당신

이 무슨 말을 하는지 도무지 모르겠어!"라고 말했는데, 그렇게 베드로가 세 번째로 예수님을 부인한 바로 그 순간, 수탉이 울었다. 그리고 때마침 그 장소를 지나가시던 예수님께서 몸을 돌리셔서 베드로를 보셨는데, 바로 그 순간 예수님의 눈과 마주친 베드로는 "수탉이 울기 전에 그대가 나를 세 번 부인할 것입니다"라고 하신 그분의 말씀이 생각났다. 그래서 베드로는 밖으로 나가서 대성통곡하였다.

22:63-65   제사장들의 예비 심문을 마친 후, 예수님을 체포한 사람들은 그분을 계속 조롱했고 피부가 벗겨지도록 매질까지 하였다. 이어서 사람들은 예수님의 얼굴에 보자기를 덮어씌운 후에, 주먹질하면서 다음과 같이 말하기도 했다. "네 놈이 대단한 선지자라고 하던데, 그렇다면 지금 너를 때리는 사람이 누군지 한번 맞춰봐라!" 그런 식으로 주변의 다른 사람들도 수많은 말과 행동으로 예수님을 희롱하고 모독하였다.

22:66-71   이윽고 날이 밝아 오자, 유대 백성들의 장로들과 대제사장들 그리고 서기관들이 모여들었고, 예수님을 붙잡아서 산헤드린 공회 안으로 끌고 갔다. 그들은 재판을 열고 다음과 같은 질문으로 예수님께 심문을 시작했다. "당신이 정말 메시아라면 우리에게 분명하게 말하시오!" 그러자 예수님은 이렇게 대답하셨다. "내가 아무리 분명하게 말해도 당신들은 절대 내 말을 믿지 않을 것입니다. 또한 내가 질문한다 해도, 당신들은 그 어떤 대답도 할 수 없을 것입니다. 지금, 이 순간 중요한 것은 이것입니다! 지금

부터 이루어지는 모든 일들을 통해서, 참 사람인 내가 하나님의 오른쪽 자리인, 능력의 자리에 앉게 되는 것입니다." 이에, 주변에서 예수님을 심문하던 모든 사람이 질문했다. "그렇다면, 당신이 하나님의 아들이라는 말이냐?" 그러자 예수님께서는 그들을 향해 분명히 대답하셨다. "당신들이 말한 그대로입니다! 내가 바로 그 사람입니다." 결국, 그들은 이렇게 말하고 모든 심문을 끝냈다. "뭐하러 우리가 더 많은 유죄의 증거를 찾아야겠습니까? 우리가 방금 들은 말, 바로 저 예수라는 사람이 직접 한 말로 충분합니다. 저 사람은 스스로 자신을 하나님의 아들이라고 말하는 신성 모독 죄를 지었습니다!"

23:1-4   그렇게 예비 심문을 마친 산헤드린 공회의 모든 사람들은 일어나서, 예수님을 로마 총독 빌라도 앞으로 끌고 갔다. 빌라도 앞에서 그들은 예수님을 다음과 같은 죄목으로 고소하기 시작했다. "총독 각하! 우리는 이 사람이 우리 민족 사람들을 미혹하며, 황제에게 세금 바치는 것을 금지시키고, 심지어 자기 스스로를 '그리스도' 곧 '왕'이라고 말하는 것을 찾아냈습니다!" 그러자 빌라도가 예수님께 "네가 유대인의 왕이냐?"라고 질문했다. 이에 예수님께서는 "당신이 말한 대로입니다!"라고 대답하셨다. 심문을 마친 빌라도는 대제사장들과 모인 무리들을 향해 이렇게 선언했다. "나는 이 사람이 죄를 지었다는 그 어떤 증거도 발견하지 못했다!"

23:5-12   하지만 사람들은 더 강경한 태도로 다음과 같이 말

하며 자신들의 주장을 밀어붙였다. "이 사람은 갈릴리에서부터 시
작해서 온 유대 땅을 지나 여기 예루살렘까지 와서 이상한 내용을
가르치고 백성들을 선동하고 있습니다!" 그들의 말을 듣고 나서,
빌라도는 예수님이 갈릴리 사람이냐고 물어보았다. 빌라도는 예
수님이 헤롯 안티파스가 다스리는 관할 지역(갈릴리) 사람이라는
것을 분명히 알게 되었기에, 헤롯이 심문하도록 예수님을 그에게
로 보냈다. 마침 그때에, 헤롯 안티파스는 예루살렘에 와 있었다.
빌라도가 보낸 예수님을 보고서, 헤롯은 매우 좋아했다. 왜냐하면
그동안 예수님에 대한 여러 가지 소문을 들었던 헤롯은 그분을 한
번 꼭 만나보고 싶었고, 그분이 행하시는 어떤 기적이라도 한번
보고 싶었기 때문이다. 헤롯 안티파스는 많은 질문을 예수님께 쏟
아부었지만, 예수님께서는 아무런 대답도 하지 않으셨다. 다만 대
제사장들과 서기관들이 그 자리에서 예수님을 맹렬하게 고소하기
만 할 뿐이었다. 그러자 헤롯 안티파스는 곁에 있던 군인들과 함
께 예수님을 무시하고 조롱한 후에, 예수님의 무죄를 증명하면서
도 왕이라는 주장에 대해서는 조롱의 표시로 밝고 화려한 의상을
입힌 후에 빌라도에게 다시 돌려 보냈다. 그래서 늘 원수처럼 지
내던 헤롯과 빌라도는 그날만큼은 서로 친구가 되었다.

23:13-16   다시 예수님을 재판하게 된 빌라도는 대제사장들
과 지도자들, 그리고 백성들도 함께 불러 모았다. 그리고 그들에게
다음과 같이 말했다. "너희들이 이 예수라는 자를 나에게 끌고 와
서 백성을 미혹하는 자라고 고소했지만, 자! 내가 너희들 앞에서

철저하게 심문해 본 결과 너희들이 이 사람을 적대하여 고소한 죄를, 나는 하나도 찾을 수가 없었다! 심지어 이 예수라는 자가 소속된 관할 지역의 분봉왕인 헤롯 안티파스에게도 보내서 심문해 보라고 했지만, 헤롯 역시도 이 사람을 우리에게 무죄로 판결하여 돌려보냈다. 자! 보아라! 이 사람이 한 말이나 행동 중에서, 사형을 선고할 만한 죄는 없다! 그러므로 나는 이 사람을 적당히 채찍질한 후에, 풀어 줄 것이다!"

23:17   [다수의 헬라어 사본에 이 구절이 없으며, 아마도 삽입되었을 것이다.] 당시 유월절 같은 명절에는, 로마 총독이 죄수 중에 하나를 풀어주어야 했다. 그래서 총독 빌라도는 예수님을 그 유월절 특사로 풀어주겠다고 제안했다.

23:18-25   하지만 그곳에 모인 유대인들은 모두 한목소리로 "저 예수라는 사람을 없애버리시오! 우리에게는 바라바를 풀어주시오!"라고 소리쳤다. 바라바는 예루살렘에서 폭동을 일으키고, 그 과정에서 사람을 죽여서, 살인죄로 감옥에 갇혀 있던 사람이었다. 그러자 예수님을 풀어주려고, 빌라도는 다시 그곳에 모인 유대인들을 향해 예수님은 무죄라는 말을 했다. 하지만 그곳에 모인 유대인들은 소리를 지르면서 이렇게 말했다. "십자가형에 처하시오! 예수를 십자가형에 처하시오!" 총독 빌라도는 세 번째로 같은 말을 다음과 같이 했다. "도대체 이 사람이 무슨 죄를 지었는가? 나는 이 사람에게서 십자가형으로 사형시킬 만한 죄를 전혀 발견한 것이 없다! 그러므로 적당히 채찍질한 후에, 풀어 줄 것이다!"

하지만 그곳에 모인 유대인들은 큰 소리로 예수님을 십자가형에 처하라고 요구했고, 결국 그들의 목소리가 이기고 말았다. 그래서 어쩔 수 없이 빌라도는 그곳에 모인 유대인들이 요구하는 대로 예수님을 십자가형에 처하도록 판결했다. 그렇게 총독 빌라도는 그곳에 모인 유대인들이 요구했던 사람, 바로 폭동과 살인죄로 감옥에 갇혀 있었던 바라바라는 사람은 풀어주었고, 오히려 아무 죄도 없었던 예수님은 그곳에 모인 유대인의 요구대로 십자가형으로 사형 집행되도록 넘겨주고 만 것이다.

23:26-31 십자가 나무 형틀을 지고 가시던 예수님은, 이미 너무나 약해지셔서 더 이상 십자가 형틀을 지고 가실 수가 없게 되었다. 그래서 로마 군사들은 도시 외곽에서 예루살렘으로 오던 구레네 출신의 시몬이라는 사람을 붙잡아서, 강제로 그분의 십자가 나무 형틀을 지고 예수님의 뒤를 따라가게 시켰다. 그런 예수님의 모습을 보고서, 백성들과 많은 여자들이 무리 지어 그분을 따라가며 계속해서 가슴을 치고 애통해하였다(슥 12:10-14). 예수님께서는 자신을 위해 우는 여자들을 향해 몸을 돌이키시고 이렇게 말씀하셨다. "예루살렘의 딸들이여! 나를 위해 울지 마시고, 여러분 자신과 여러분의 자녀들을 위해 우십시오! 왜냐하면 이제 곧 '임신하지 못한 여자들과 출산할 수 없는 여자들, 그리고 낳아서 젖을 먹일 자녀가 없는 여자들이 차라리 행복하도다!'라고 말하게 될 비참한 날들이 다가오기 때문입니다. 예루살렘이 멸망하는 날들이 오면, 너무나 비참한 현실로 인해 사람들은 '산들아! 제발 우

리 위에 무너져 버려라! 작은 언덕들아! 우리를 덮쳐서 죽여다오!'
라고 말하게 될 것입니다. 다시 말해서, 푸른 나무와 같은 나에게
도 이렇게 억울하고 고통스러운 일들이 닥치는데, 하물며 마른나
무와 같은 그대들(유대인들)에게는 얼마나 잔인하고 비극적인 일들
이 일어나게 될까요?"

23:32-33   당시에, 예수님과 함께 다른 2명의 범죄자도 함께
십자가형에 처하려고 끌려갔다. 예수님과 2명의 범죄자가 '해골'
이라고 불리는 장소, 곧 골고다 언덕에 도착하자, 거기서 로마 군
사들은 그 세 사람을 십자가에 못 박고 세워서, 사형 집행을 시작
했다. 예수님은 가운데 십자가에 매달리셨고 2명의 범죄자는 예수
님의 우편과 좌편에 매달렸다.

23:34   십자가 위에서 예수님께서는 "아버지여! 저 사람들의
죄를 용서해 주십시오! 저 사람들은 자신들이 무엇을 하는지 아무
것도 모르고 이런 짓을 했기 때문입니다"라고 기도하셨다. 로마
군사들은 예수님의 겉옷과 속옷을 모두 벗겼고, 그 십자가 아래에
서 제비를 던져 나눠 가졌다.

23:35-38   그 시간, 대다수의 백성은 예수님의 십자가 처형
을 서서 구경하며 그분을 향해 심한 조롱을 담아서 비웃었고 유대
인 지도자들도 "다른 사람들은 잘도 구해주더니, 정작 자신은 구
원을 못하네! 하나님께서 선택한 사람, 곧 하나님의 메시아요, 왕
이라면, 지금 즉시 그 십자가에서 내려와 자신부터 구해보시지!"
라고 말하며 조롱했다. 십자가 아래에서는 로마 군사들도 신 포도

주를 담은 긴 막대기를 예수님께 내밀어 장난치면서 그분을 조롱하였다(시 69:21). 그들도 "네가 정말 유대인의 왕이라면, 지금 즉시 그 십자가에서 내려와 자신부터 구해보시지!"라고 말하며 조롱하였다. 아이러니하게도 예수님께서 못 박히신 그 십자가 형틀 위에는 〈이 사람은 유대인들의 왕〉이라는 죄패가 붙어 있었다.

23:39-43　　바로 그때, 예수님의 십자가 바로 곁에 함께 십자가 처형으로 매달린 범죄자 중의 한 사람이 "이봐! 당신이 메시아라며? 그러면 지금 즉시 당신과 우리를 좀 구해봐!"라고 하면서 예수님을 모욕했다. 하지만 함께 십자가 처형으로 매달린 또 다른 범죄자가 그를 향해 꾸중하면서 "야 이놈아! 너는 하나님이 무섭지도 않냐? 이렇게 똑같은 십자가 처형으로 처벌을 받으면서 말이야! 그리고 우리가 이렇게 십자가 처형을 당하는 것은, 우리가 한 짓이 있으니 당연한 것이지만, 저분은 아무런 잘못도 하신 것이 없으신 분이야!"라고 말했다. 그리고 나서, 그 사람은 예수님을 향해 이렇게 마지막으로 부탁했다. "예수님! 당신의 나라로 가시면, 저를 꼭 기억해 주시기를 부탁드립니다!" 그러자 예수님께서는 그 사람에게 다음과 같이 말해 주셨다. "네! 그래요! 형제는 오늘 나와 함께 낙원에 있게 될 것입니다!"

23:44-49　　예수님께서 십자가에 매달리신 후 어느덧 정오(12시) 정도가 되었다. 그러자 온 땅이 갑자기 어두워지더니, 오후 3시까지 이어졌다. 그 밝던 태양이 빛을 잃게 되자, 성전 지성소의 입구를 막고 있던 엄청나게 두꺼운 휘장이 가운데로 쫘악 찢어졌다.

그때, 예수님께서는 "아버지! 나의 영혼을 당신의 손에 맡깁니다!"(시 31:5)라고 큰 소리로 말씀하시고 숨을 거두셨다. 그러자 예수님의 십자가 바로 곁에 서 있던 백부장은 예수님의 죽음과 그 모든 상황을 직접 보고 나서 "분명히! 이분은 의로운 분이셨도다!"라고 말하며, 하나님께 영광을 돌렸다. 그리고 예수님의 십자가 처형을 구경하려고 모였던 사람들은 예수님의 죽음과 그로 인하여 일어난 모든 일을 보고 나서, 가슴을 치고 애통해하면서 각자의 집으로 돌아갔다. 하지만 예수님을 갈릴리에서부터 예루살렘까지 따라왔던 사람들과 여자들, 그리고 그분을 알았던 모든 사람은 이 모든 것을 멀리 떨어져서 보면서, 한참이나 서 있었다.

서른아홉 번째 날의 묵상: 이야기의 간격

교회를 개척하고 얼마 후에 친척들이 찾아왔다. 처음 우리를 만났을 때 그 반가운 얼굴은 10평도 안 되는 지저분한 상가 건물 안에 자리한 교회를 보고 일그러지기 시작했고 나중에 그보다 더 작은 우리 집에 와서는 들어오려고도 하지 않았다. 선물로 가져온 작은 케이크 하나를 열자 우리 아이들은 밥을 굶은 아이들처럼 미친 듯이 먹었다. 그들은 우리 아이들과 우리 가족을 불쌍한 사람들처럼, 그리고 벌레처럼 보고 돌아갔다. 우리 가슴을 후벼 파는 정말 고통스러운 말들도 했지만, 이곳에 옮기면 또 누군가 상처받을까 봐 생략하기로 하겠다. 핵심은 그들이 살아가는 삶의 이야기와 우리가 살고 있는 삶의 이야기에 너무나 큰 간격이 있었다는 것이다. 문제는 그들도 예수님을 믿고, 우리도 예수님을 믿었는데 말이다.

　대다수의 성도들은 예수님을 믿는다는 것이 무엇인지 전혀 모르는 것 같다. 그냥 성경에 대한 지식을 알거나 자신의 감정을 해소하여 평안을 얻는 것 정도로 착각한다. 예수님을 믿는다는 것은 예수님의 이야기 속으로 우리가 들어가는 것이다. 우리가 예수님을 잘못 믿는 가장 큰 이유는 우리의 이야기에 예수님을 집어넣으려고 하기 때문이다.

　오늘 본문은 지금까지 사순절 기간에 묵상하던 어떤 본문보다 길다. 유월절의 최후 만찬에서 시작하여 겟세마네에서의 기도와 배신, 그리고 억울한 재판과 판결로 십자가 처형을 당하신 예수님께서 마지막 숨을 거두시는 모습까지 이어진다. 이 짧지 않은 본문을 한마디로 말하자면, 이것이 바로 예수님의 이야기라는 것이다. 우리는 이 본문을 읽으며 유월절에서 십자가 처형까지의 지리적, 문맥적, 신학적 지식을 배울 수도 있고, 그 흐름 속에 있는 예수님과 주변 사람들의 감정과 대화에 마음을 담을 수도 있을 것이다. 그러나 진짜 중요한 것은 바로 예수님의 이 이야기 속에 나의 이야기는 어느 정도의 간격을 가지고 있는지를 점검해 보는 것이다.

　어떤 사람은 그 간격이 너무나 멀어서 그 어떤 깨달음이나 감동이 없을 수도 있고, 어떤 사람은 아예 그 방향이 달라서 전혀 다른 느낌이나 불편함, 심지어 반감까지 표출할지도 모르겠다. 하지만 단순한 지식이나 감정으로 구경하는 것이 아니라, 정말 중요한 것은 바로 그분의 이야기에 우리가 함께 참여하는 것이다. 그분께서 나눠주시는 마지막 살과 피를 받아먹으며, 그분과 함께 땀을 흘리며 기도하고, 그분과 함께 억울한 누명과 상황 속에서 견디며, 심지어 그분과 함께 십자가에 매달려 죽는 것이다. 그래야 우리는 그분과 함께 부활할 수 있다.

지금 잠시 눈을 감고 유월절 밤과 그다음 날 아침까지 이어진 그분의 이야기를 상상해 보자. 바로 그곳에 있었던 한 사람이 되어서 그 이야기에 진심으로 참여해 보자. 언제까지 그분의 이야기가 영원히 그분의 이야기로만 멈춰야 할까? 이제는 그분의 이야기 속에 나의 이야기가 오버랩되기를 바란다. 십자가 교회를 개척하고 지난 18년간 목회를 하다보니, 하나님보다 사람들로 인해 많은 갈등이나 고민에 빠질 때가 참으로 많다. 어떤 성도로 인해서 목회가 행복하기도 하지만, 어떤 성도로 인해 목회가 비참해지기도 한다. 하지만 정신을 차리고 주님의 십자가를 바라본다. 오직 그분의 이야기 안으로 나의 이야기가 더 들어갈 수 있기를, 그래서 예수님의 이야기와 우리 십자가 교회 이야기의 간격이 더 좁혀질 수 있기만을 간절히 기도한다.

서른아홉 번째 날의 기도

"하나님! 오직 한 가지를 간절히 바랍니다. 예수님께서 우리 이야기 안으로 충분히 들어오셨으니, 이제는 우리가 예수님의 이야기 안으로 들어가기를 바랍니다. 그 이야기의 주연이 되지 못하고, 조연조차 힘들다 할지라도, 바로 그 이야기가 우리의 이야기가 되기만을 간절히 바랍니다. 우리의 즐거운 이야기를 버리고, 예수님의 이야기 속에서 의미 있고 존귀해지기를 기대합니다. 그리고 할 수만 있다면 그것이 억지로가 아니라 즐겁고 행복하게 이루어지기를 간절히 소망합니다. 예수님의 이름으로 기도합니다. 아멘!"

- 아래의 여백에 오늘 말씀과 묵상을 읽고 느낀 점을 적어 보세요. 그리고 기억하기 쉬운 단어나 짧은 문장으로 만들어서 하루 종일 생각하며, 또 감동을 주신 대로 실천해 보세요. 오늘도 위대한 하루가 될 것입니다.

사순절 제40일
사순절 여섯째 주(고난주간), 주일
(시편 31편)

마흔 번째 날의 말씀: 시편 31편 개역개정

[다윗의 시, 인도자를 따라 부르는 노래]

여호와여 내가 주께 피하오니

나를 영원히 부끄럽게 하지 마시고

주의 공의로 나를 건지소서

내게 귀를 기울여 속히 건지시고

내게 견고한 바위와 구원하는 산성이 되소서

주는 나의 반석과 산성이시니

그러므로 주의 이름을 생각하셔서

나를 인도하시고 지도하소서

그들이 나를 위하여 비밀히 친 그물에서 빼내소서

주는 나의 산성이시니이다

내가 나의 영을 주의 손에 부탁하나이다

진리의 하나님 여호와여 나를 속량하셨나이다

내가 허탄한 거짓을 숭상하는 자들을 미워하고

여호와를 의지하나이다

내가 주의 인자하심을 기뻐하며 즐거워할 것은

주께서 나의 고난을 보시고 환난 중에 있는 내 영혼을

아셨으며 나를 원수의 수중에 가두지 아니하셨고

내 발을 넓은 곳에 세우셨음이니이다

여호와여 내가 고통 중에 있사오니

내게 은혜를 베푸소서

내가 근심 때문에 눈과 영혼과 몸이 쇠하였나이다

내 일생을 슬픔으로 보내며 나의 연수를 탄식으로 보냄이여

내 기력이 나의 죄악 때문에 약하여지며

나의 뼈가 쇠하도소이다

내가 모든 대적들 때문에 욕을 당하고

내 이웃에게서는 심히 당하니 내 친구가 놀라고

길에서 보는 자가 나를 피하였나이다

내가 잊어버린 바 됨이 죽은 자를 마음에 두지 아니함 같고

깨진 그릇과 같으니이다

내가 무리의 비방을 들었으므로

사방이 두려움으로 감싸였나이다 그들이 나를 치려고

함께 의논할 때에 내 생명을 빼앗기로 꾀하였나이다

여호와여 그러하여도 나는 주께 의지하고 말하기를

주는 내 하나님이시라 하였나이다

나의 앞날이 주의 손에 있사오니

내 원수들과 나를 핍박하는 자들의 손에서 나를 건져 주소서

주의 얼굴을 주의 종에게 비추시고

주의 사랑하심으로 나를 구원하소서

여호와여 내가 주를 불렀사오니

나를 부끄럽게 하지 마시고 악인들을 부끄럽게 하사

스올에서 잠잠하게 하소서

교만하고 완악한 말로 무례히 의인을 치는 거짓 입술이

말 못하는 자 되게 하소서

주를 두려워하는 자를 위하여 쌓아 두신 은혜

곧 주께 피하는 자를 위하여 인생 앞에 베푸신 은혜가

어찌 그리 큰지요

주께서 그들을 주의 은밀한 곳에 숨기사

사람의 꾀에서 벗어나게 하시고

비밀히 장막에 감추사 말 다툼에서 면하게 하시리이다

여호와를 찬송할지어다

견고한 성에서 그의 놀라운 사랑을 내게 보이셨음이로다

내가 놀라서 말하기를 주의 목전에서 끊어졌다 하였사오나

내가 주께 부르짖을 때에

주께서 나의 간구하는 소리를 들으셨나이다

너희 모든 성도들아 여호와를 사랑하라

여호와께서 진실한 자를 보호하시고 교만하게

행하는 자에게 엄중히 갚으시느니라

여호와를 바라는 너희들아 강하고 담대하라

마흔 번째 날의 묵상: 종려주일의 씨줄과 날줄

오늘은 종려주일이다. 예수님께서 어린 나귀를 타시고 예루살렘에 들어가실 때, 사람들이 종려나무(대추야자나무) 가지를 흔들었기 때문이다. 그것은 환영과 기대의 반응이었다. 그러나 그 화려한 사람들의 환호성과 종려나무 가지들 아래로 지나가시던 예수님의 진심은 어떠했을까? 이제 일주일 안에 그분은 유월절 어린양처럼 피를 흘리고 잔인하게 죽으셔야 했는데, 그것을 앞두고 계신 그분의 마음은 어떠했을까? 바로 그것을 이제 시작하는 날, 바로 그 장소에 이르신 주님의 마음을 우리는 얼마나 알고 있을까? 그래서 나는 오늘 시편 31편을 통해 그분의 그 마음 안으로 들어가야 한다고 생각한다.

시편 31편의 기자는 분명히 고통 속에 있다. 근심, 슬픔, 탄식, 놀림, 비방, 그리고 두려움. 그는 작은 어려움 속에 있는 것이 아니다. 누군가 자신의 생명을 빼앗으려는 죽음의 위기 속에 있다. 당연히 그 모든 문제의 중심에는 죄가 있다. 그리고 또 하나 분명한 것이 있다. 그는 그 순간에 하나님을 의지하고 있다는 것이다. 그는 "주는 나의 하나님이십니다!"라고 고백한다. 자신의 앞날을, 자신의 인생 전체를 주님께 맡기고 있다. 그는 자신의 생명과 구원의 문제가 오직 하나님께 달려 있음을 간절히 기도하고 고백한다.

예수님께서 마지막으로 예루살렘에 들어오실 때도 이 두 가지가 분명히 있었을 것이다. 다가오는 죽음으로 인한 두려움의 현실과 오직 하나님께 자신의 모든 것을 맡기는 신뢰의 고백이 씨줄과 날줄처럼 그분의 영혼과 육체를 겹겹이 사로잡았을 것이다. 그래서 그 두 가지는 분리될 수 없고, 따로 이해될 수 없었을 것이다. 두려움이 있었기에 신뢰의 기도가 나올 수 있었고, 신뢰의 고백을 통해서 고통을 향해 담대히 걸어갈 수 있었을 것이다.

처음 교회를 개척하여 창립예배를 드리던 날이 생각난다. 상가 교회 본당이 워낙 작았지만 참으로 많은 분들이 오셔서 축하해 주셨다. 많은 분들이 좋은 날이라며 기뻐해 주셨지만, 나는 그날 웃을 수 없었다. 지금까지 살아오면서 느끼지 못한 무게감과 책임감을 느꼈기 때문이다. 그리고 바로 그다음 날부터 그것은 현실이 되었다. 아침마다 그 더러운 상가 복도를 청소해야 했고, 날마다 전도지도 없이 복음을 전하며 무시당해야 했다. 매일 찾아오는 노숙자들과 사기꾼들, 떠도는 종교인들과 도움을 청하는 사람들에게 상처받고 시달려야 했다. 정수기 하나 없어서 성도들이 주일에 마실 물을 위해, 토요일마다 약수터까지 큰 물통을 들고 물을 뜨러 가야 했다. 교회에 도착하면 온몸이 물과 땀으로 범벅이 되었다. 교회 청소, 식사 준비, 설교 준비, 주보에 아이들 간식까지 최선을 다해 섬겼지만, 사람들은 냉랭한 구경꾼들이었고 무관심한 방관자들이었다. 사계절 한 벌의 양복을 입고, 아무도 오지 않는 예배를 수없이 홀로 드려야 했다. 아마도 그것이 종려주일을 지나며 주님이 느끼신 마음의 지극히 미약한 일부일 거라고 생각하면서 수없이 울었다.

하지만 그 덕분에 간절히 기도했다. 모든 것을 맡겼다. 그 지독한 고독과 고통이 없었다면 그토록 간절하게 주님께 매달리지 않았을 것이고, 그런 철저한 기도가 없었다면 그 힘든 시간들은 무의미했을 것이다. 그래서 그 분명했던 두 가지, 바로 너무나 고통스러웠던 현실과 지독하게도 간절했던 기도는 나를 진정한 목사가 되게 하는 씨줄과 날줄이 되어 준 것이다. 그 두 가지 중에 하나라도 없었다면 나는 오늘의 내가 되지 못했을 것이다.

오늘 당신은 무엇으로 고통스러운가? 그리고 그 고통 속에서 무엇을 하고 있나? 지금 주님을 생각하라! 그분께서 사랑하는 당신을 위해 주신 고통이라는 기회와 기도라는 은혜를 놓치지 마라! 그 두 가지 중에서 하나라도 내 마음대로 포기하려고 하지 말고, 내가 편한 대로 변경하거나 축소시키려고도 하지 말라! 눈물로 채우고 무릎으로 껴안아라! 예수 그리스도를 믿는 것은 오직 예수 그리스도처럼 되는 것뿐이다!

마흔 번째 날의 기도

"오늘 우리를 위해 나귀를 타고 오신 주님을 환영합니다. 그러나 그 종려나무 가지들 아래에서 진중하게 품으신 주님의 그 마음을 더욱 환영합니다. 주님의 그 잔혹한 십자가를 환영하며, 주님의 그 간절한 기도를 환영합니다. 지금 우리에게 일어난 여러 가지 어려움 속에서 주님의 기도를 배우게 하시고, 우리의 깊은 기도를 통해 당신의 십자가를 껴안게 하소서! 우리 모두가 오늘도 주님을 닮게 하시고 작은 예수 그리스도가 되게 하소서! 예수님의 이름으로 기도합니다. 아멘!"

- 아래의 여백에 오늘 말씀과 묵상을 읽고 느낀 점을 적어 보세요. 그리고 기억하기 쉬운 단어나 짧은 문장으로 만들어서 하루 종일 생각하며, 또 감동을 주신 대로 실천해 보세요. 오늘도 위대한 하루가 될 것입니다.

마흔한 번째 날의 말씀: 누가복음 22:54-65 MBT

22:54-55   그 밤에, 그들은 예수님을 붙잡아서 대제사장의 저택 안으로 끌고 갔다. 그 모습을 보고 있던 베드로는 멀찍이 떨어져서 은밀하게 따라갔다. 그 밤의 어두움과 추위로 인해, 대제사장의 저택 안뜰에는 모닥불이 피워져 있었고 그 주변에 사람들이 모여 앉아 있었다. 베드로도 그들 중에 섞여 들어가서 불을 쬐고 있었다.

22:56-57   그곳에 있던 한 여자 하녀가, 모닥불을 향해 앉아 있는 베드로를 우연히 보게 되었고, 그의 얼굴을 유심히 보더니 이렇게 말했다. "어! 이 남자! 저 예수라는 자와 함께 있던 사람이네요!" 그러자 베드로는 "이 여자야! 나는 그 사람이 누군지 몰라!"라고 대답하며 그 말을 부인했다.

22:58   그리고 시간이 조금 더 흐른 후에, 그 모닥불에 모여 있던 사람 중에서 다른 사람이 베드로를 향해 "당신! 그 예수라는 사람을 쫓아다니던 사람들 중 한 명인 것 같은데!"라고 말하자, 베드로는 "이 사람아! 나는 그런 사람들과는 아무런 상관도 없는 사람이야!"라고 두 번째로 부인했다.

22:59-62   대략 1시간 정도 시간이 흐른 후에, 또 다른 사람이 베드로를 향해 아주 자신 있게 다음과 같이 말했다. "확실한데! 이 사람 바로 그 예수라는 사람과 함께 있었던 사람이 맞아! 이 사람도 예수라는 사람처럼 같은 갈릴리 사람이니까!"

그러자 베드로가 "이 사람아! 나는 당신이 무슨 말을 하는지 도무지 모르겠어!"라고 말했는데, 그렇게 베드로가 세 번째로 예수님을 부인한 바로 그 순간, 수탉이 울었다. 그리고 때마침 그 장소를 지나가시던 예수님께서 몸을 돌리셔서 베드로를 보셨는데, 바로 그 순간 예수님의 눈과 마주친 베드로는 "수탉이 울기 전에 그대가 나를 세 번 부인할 것입니다"라고 하신 그분의 말씀이 생각났다. 그래서 베드로는 밖으로 나가서 대성통곡하였다.

22:63-65   제사장들의 예비 심문을 마친 후, 예수님을 체포한 사람들은 그분을 계속 조롱했고 피부가 벗겨지도록 매질까지 하였다. 이어서 사람들은 예수님의 얼굴에 보자기를 덮어씌운 후에, 주먹질하면서 다음과 같이 말하기도 했다. "네 놈이 대단한 선지자라고 하던데, 그렇다면 지금 너를 때리는 사람이 누군지 한번 맞춰봐라!"

그런 식으로 주변의 다른 사람들도 수많은 말과 행동으로 예수님을 희롱하고 모독하였다.

마흔한 번째 날의 묵상: 나의 실체가 드러나는 은혜

위기의 순간에 자신이 진짜 누구인지 드러난다.

사모와 결혼을 전제로 교제를 시작한 지 얼마 지나지 않아서, 전도사 친구 커플들과 함께 볼링을 치러갔을 때였다. 두 팀으로 나눠서 게임비를 걸고 시합을 했는데, 우리 팀에 있는 전도사 하나가 자꾸 장난만 치고 제대로 하질 않는 것이다. 나는 최선을 다했지만 결국 지고 말았다. 문제는 나의 경쟁심이었다. 마지막 순간까지 장난으로 볼링공을 던지는 그 전도사에게 그만 버럭 화를 내버린 것이다. 집으로 돌아오는 길에 사모는 나에게 실망했다고 말했다. 그저 스트레스를 풀려고 재미 삼아 한 게임에 이토록 정색하며 경쟁심에 사로잡혀 있으면 앞으로 어떻게 귀한 주님의 사명을 감당할 수 있겠냐고 말했다. 참으로 부끄러운 순간이었지만, 나는 그 시간에 감사한다. 그 덕분에 내가 누구인지 잘 알게 되었기 때문이다. 그런 내 모습이 전도사 시절에 드러난 것이 얼마나 감사한지 모른다. 목사가 되어서도 그랬다면 얼마나 많은 성도가 상처받았을까? 나를 사랑하는 사모만 상처받고 더 상처받지 않게 기회를 주신 하나님께 감사드렸다. 나는 바로 그날, 볼링에 참석했던 모든 사람에게 사과했고 그 이후로 더 이상 경쟁심으로 공동체를 파괴하는 사람이 되지 않도록 최선을 다했다.

오늘 읽은 본문에서 베드로는 일생일대의 실수를 하게 된다. 맞다! 그것은 실수였다. 그토록 사랑하는 예수님을 베드로가 어찌 모를 수 있겠는가? 하지만 베드로는 모른다고 말할 수밖에 없었다. 누가복음은 특별하게도 베드로가 마지막 순간의 예수님과 눈이 마주치고 말았다고 기록한다. 그 찢어지는 마음을 우리가 어떻게 알 수 있을까? 베드로는 한없이 울었다. 나도 울었다. 위기의 순간에 진정한 자신이 드러났기 때문이다.

하지만 나는 베드로를 한 번도 욕한 적이 없다. 누가 그를 욕할 수 있으랴! 우리 모두가 베드로다. 그런데 우리는 모두 베드로처럼 되지 못했다. 그게 문제다. 자신이 드러나야 할 위기의 순간을 포기해 버렸고, 피해버렸고, 합리화해 버렸다. 그래서 내가 누구인지 진정으로 드러나는 그 자리에서 울지 않았고 바꾸지 못했다.

나는 십자가 교회 성도들에게 늘 말한다. 진리의 말씀 앞에 바로 서면 반드시 당신이 누구인지 드러나게 된다고. 하지만 그것을 힘들어하지만 말고 그 순간 자신의 진정한 자아를 십자가에 못 박고 주님과 함께 죽어서 변화되라고. 그러면 다들 "아멘"이라고 말한다. 하지만 정작 그 순간이 오면 화를 내고, 거짓말하고, 남을 탓하고, 변명하고, 그리고 심하면 교회를 떠나버린다. 심각한 질병에 걸린 사람이 치료를 위해서는 자기 병을 직시해야 하며, 수술받을 때는 원치 않아도 다 벗어야 한다. 그런데 믿음의 사람들은 영혼의 병원인 교회로 나와서도 끝까지 자기 의만 드러내고 자기 체면만 고수한다. 그래서 변화도 치료도 구원도 모두 취소시킨다.

　　오늘부터 고난주간이다. 쓸데없이 밥을 굶는 가식적인 금욕 활동은 주님의 그 고난에 동참하는 것이 아니다. 주님께서 우리를 드러내시는 순간, 그것을 인정하고, 거기서 울고, 거기서 죽는 것이 고난이다. 주님께서 나를 위해 당하신 그 고난에 동참하는 것이 진정한 고난이며, 나를 위해 하시려는 그 일에 내가 순복해 드리는 것이 진정한 고난이다. 내가 드러나는 시간을 힘들어하지 말자! 나를 드러내시는 주님의 마음은 더 아프시다! 나를 위해 살이 찢어지고 피를 쏟으신 주님을 한순간도 잊지 말자! 그래서 내가 드러나는 그 시간에 감사하자! 그것이 바로 이 한 주간 이루어져야 할 일이다.

마흔한 번째 날의 기도

　　"주여! 제가 드러나는 시간은 고통스럽지만 피하지 않게 하소서! 나의 과거를 합리화하고 다른 사람을 탓하지 않게 하소서! 이 은혜의 시간에 온전히 제가 죽고, 오직 주님께서만 사시기를 기대하게 하소서! 깊은 상처의 끝까지 내 자아의 마지막 바닥까지 모두 주님께 내어 드리니, 주여 나에게 긍휼과 자비를 베풀어주소서! 오늘 내가 드러나는 귀한 은혜를 기뻐하며, 내일 내가 새롭게 될 놀라운 변화를 기대하게 하소서! 예수님의 이름으로 기도합니다. 아멘!"

• 아래의 여백에 오늘 말씀과 묵상을 읽고 느낀 점을 적어 보세요. 그리고 기억하기 쉬운 단어나 짧은 문장으로 만들어서 하루 종일 생각하며, 또 감동을 주신 대로 실천해 보세요. 오늘도 위대한 하루가 될 것입니다.

마흔두 번째 날의 말씀: 누가복음 22:66-23:1 MBT

22:66-69   이윽고 날이 밝아 오자, 유대 백성들의 장로들과 대제사장들 그리고 서기관들이 모여들었고, 예수님을 붙잡아서 산헤드린 공회 안으로 끌고 갔다. 그들은 재판을 열고 다음과 같은 질문으로 예수님께 심문을 시작했다. "당신이 정말 메시아라면 우리에게 분명하게 말하시오!" 그러자 예수님은 이렇게 대답하셨다. "내가 아무리 분명하게 말해도 당신들은 절대 내 말을 믿지 않을 것입니다. 또한 내가 질문한다 해도, 당신들은 그 어떤 대답도 할 수 없을 것입니다. 지금, 이 순간 중요한 것은 이것입니다! 지금부터 이루어지는 모든 일들을 통해서, 참 사람인 내가 하나님의 오른쪽 자리인, 능력의 자리에 앉게 되는 것입니다"(다시 말해서, 지금부터 시작되는 십자가와 부활의 과정을 통해, 죄악된 이 세상에 하나님 나라

를 도래하게 만드심으로, 예수님께서 온 세상의 왕이요 주인의 자리로 올라가시는 영적 대관식의 과정이 시작된다는 것입니다. 빌 2:6-11 참고).

22:70-23:1   이에, 주변에서 예수님을 심문하던 모든 사람이 질문했다. "그렇다면, 당신이 하나님의 아들이라는 말이냐?" 그러자 예수님께서는 그들을 향해 분명히 대답하셨다. "당신들이 말한 그대로입니다! 내가 바로 그 사람입니다." 결국, 그들은 이렇게 말하고 모든 심문을 끝냈다. "뭐하러 우리가 더 많은 유죄의 증거를 찾아야겠습니까? 우리가 방금 들은 말, 바로 저 예수라는 사람이 직접 한 말로 충분합니다. 저 사람은 스스로 자신을 하나님의 아들이라고 말하는 신성 모독 죄를 지었습니다!" 그렇게 예비 심문을 마친 산헤드린 공회의 모든 사람들은 일어나서, 예수님을 로마 총독 빌라도 앞으로 끌고 갔다.

마흔두 번째 날의 묵상: 나의 정체성, 나의 연결성

이번 주에 우리 집 막내 다연이가 공원에서 놀다가 사람들이 데리고 나온 강아지를 많이 보았다고 한다. 강아지 한 마리 사달라고 항상 애원하지만, 내가 절대 반대하기 때문에 늘 강아지를 그리워하던 차에, 갑자기 강아지를 많이 본 다연이는 작은 그림 노트를 꺼내서 그 공원에 있는 강아지를 보는 대로 다 그렸다고 한다. 그랬더니 지나가던 사람들이 강아지 그림을 너무 잘 그린다면서 칭찬을 해 주었다고 한다. 어떤 분이 다연이에게 어머니가 화가시냐고 물었다는데, 다연이는 갑자기 아버지는 목사님이시고

어머니는 사모님이라고 했다고 한다. 그러자 어느 교회냐고 물어
봐서, 다연이가 우리 교회를 소개하고 전도까지 했다고 한다.

하지만 만약 우리 다연이가 좋은 일이 아닌 나쁜 일, 더 심하게
말해서 자신의 목숨이 위태로울 수 있는 상황에서도 그런 대답을
자신 있게 할 수 있었을까?

오늘 우리가 읽은 본문에는 짧지만 매우 중요한 예수님의 정
체성이 고백되고 있다. 그것도 자신의 목숨이 위태로운 순간에 말
이다. 그래서 오늘 본문은 의도적으로 어제 읽은 베드로의 이야기
와 대조하고 있기도 하다.

오늘 이 본문을 묵상하면서 내가 깨닫는 것은, 단순히 위기의
순간에도 내가 누구인지 분명히 해야 한다는 진리만은 아니다. 물
론 그것은 매우 중요한 것이다. 하지만 그보다 더 중요한 것은 이
위기의 순간에 예수님께서 자신이 누구인지 드러내시는 내용의
핵심이다. 그것은 바로 예수님 자신이 하나님 아버지와의 관계 속
에서 누구인지를 분명하게 밝히는 것이다. 예수님은 자신이 하나
님 보좌 우편에 앉는 존재이며, 하나님의 아들이라는 것을 분명히
말한다. 이것은 그분이 하나님과 함께 온 세상을 다스리시는 왕이
시요, 통치자이심을 분명히 밝히시는 것이며, 그것은 동시에 지금
이 세상을 다스리는 왕권에 대한 도전이 된다. 그러므로 사람들은
예수님을 죽일 수밖에 없었다.

하지만 만약 예수님께서 자신의 정체성을 나타내는 아버지와
의 그 근본적인 관계를 부인한다면 어떤 일이 일어날까? 표현하

기가 송구하지만, 그렇게 된다면 예수님은 자기 아버지인 하나님을 부인하고 죽이는 것이 된다. 하지만 안타깝게도 우리는 수없이 그렇게 한다. 내가 그리스도인이라는 사실이 학교나 직장에서 난처한 상황을 만들고, 심지어 식사하기 전에 잠시 기도하는 것도 부끄럽게 여기기 때문이다. 그래서 나는 과감하게 도전한다. 주님을 믿기에 축복만 받으려고 하지 말고, 주님을 믿기에, 그분과 연결되어 있기에 수치도 당해야 한다고. 주님께서 아버지와의 관계를 고백하며 죽음을 감당하셨다면, 우리도 이 땅에서 주님과의 관계를 고백하며 수치 좀 당하는 것이 어떻겠냐고! 그리고 그것이 더욱 우리로 하여금 하나님의 자녀답게 살아갈 힘과 능력을 주지 않겠느냐고!

마흔두 번째 날의 기도

"주여! 우리는 우리 자신을 드러내려고 셀카를 찍고 자랑하는 내용들을 카톡에 올리고 SNS에 남기면서도, 우리 자신이 생명으로 연결된 하나님과의 관계는 숨기고 감추며 살고 있습니다. 예수님께서는 목숨이 위태로운 순간에도 자신이 누구인지 분명하게 하셨고, 자신이 누구와 연결되어 있는지를 확실하게 하셨는데, 우리는 삶의 그 어떤 순간에도 그것이 드러나지 않고 빛을 보지 못하게 하고 있습니다. 진심으로 회개하니 우리의 진정한 관계를 회복하고 고백하며 담대하게 살게 하소서! 우리가 주님과 연결되어 있다는 이 선명한 고백이 우리를 더욱 당신의 백성답고, 자녀다운 삶으로 이끄는 동력이 되게 하소서! 예수님의 이름으로 기도합니다. 아멘!"

- 아래의 여백에 오늘 말씀과 묵상을 읽고 느낀 점을 적어 보세요. 그리고 기억하기 쉬운 단어나 짧은 문장으로 만들어서 하루 종일 생각하며, 또 감동을 주신 대로 실천해 보세요. 오늘도 위대한 하루가 될 것입니다.

마흔세 번째 날의 말씀: 누가복음 23:2-25 MBT

23:2-4 빌라도 앞에서 그들은 예수님을 다음과 같은 죄목으로 고소하기 시작했다. "총독 각하! 우리는 이 사람이 우리 민족 사람들을 미혹하며, 황제에게 세금 바치는 것을 금지시키고, 심지어 자기 스스로를 '그리스도' 곧 '왕'이라고 말하는 것을 찾아냈습니다!" 그러자 빌라도가 예수님께 "네가 유대인의 왕이냐?"라고 질문했다. 이에 예수님께서는 "당신이 말한 대로입니다!"라고 대답하셨다. 심문을 마친 빌라도는 대제사장들과 모인 무리들을 향해 이렇게 선언했다. "나는 이 사람이 죄를 지었다는 그 어떤 증거도 발견하지 못했다!"

23:5-7 하지만 사람들은 더 강경한 태도로 다음과 같이 말하며 자신들의 주장을 밀어붙였다. "이 사람은 갈릴리에서부터 시

작해서 온 유대 땅을 지나 여기 예루살렘까지 와서 이상한 내용을
가르치고 백성들을 선동하고 있습니다!" 그들의 말을 듣고 나서,
빌라도는 예수님이 갈릴리 사람이냐고 물어보았다. 빌라도는 예
수님이 헤롯 안티파스가 다스리는 관할 지역(갈릴리) 사람이라는
것을 분명히 알게 되었기에, 헤롯이 심문하도록 예수님을 그에게
로 보냈다. 마침 그때에, 헤롯 안티파스는 예루살렘에 와 있었다.

23:8-12   빌라도가 보낸 예수님을 보고서, 헤롯은 매우 좋아
했다. 왜냐하면 그동안 예수님에 대한 여러 가지 소문을 들었던
헤롯은 그분을 한번 꼭 만나보고 싶었고, 그분이 행하시는 어떤
기적이라도 한번 보고 싶었기 때문이다. 헤롯 안티파스는 많은 질
문을 예수님께 쏟아부었지만, 예수님께서는 아무런 대답도 하지
않으셨다. 다만 대제사장들과 서기관들이 그 자리에서 예수님을
맹렬하게 고소하기만 할 뿐이었다. 그러자 헤롯 안티파스는 곁에
있던 군인들과 함께 예수님을 무시하고 조롱한 후에, 예수님의 무
죄를 증명하면서도 왕이라는 주장에 대해서는 조롱의 표시로 밝
고 화려한 의상을 입힌 후에 빌라도에게 다시 돌려 보냈다. 그래
서 늘 원수처럼 지내던 헤롯과 빌라도는 그날만큼은 서로 친구가
되었다.

23:13-16   다시 예수님을 재판하게 된 빌라도는 대제사장들
과 지도자들, 그리고 백성들도 함께 불러 모았다. 그리고 그들에게
다음과 같이 말했다. "너희들이 이 예수라는 자를 나에게 끌고 와
서 백성을 미혹하는 자라고 고소했지만, 자! 내가 너희들 앞에서

철저하게 심문해 본 결과 너희들이 이 사람을 적대하여 고소한 죄를, 나는 하나도 찾을 수가 없었다! 심지어 이 예수라는 자가 소속된 관할 지역의 분봉왕인 헤롯 안티파스에게도 보내서 심문해 보라고 했지만, 헤롯 역시도 이 사람을 우리에게 무죄로 판결하여 돌려보냈다. 자! 보아라! 이 사람이 한 말이나 행동 중에서, 사형을 선고할 만한 죄는 없다! 그러므로 나는 이 사람을 적당히 채찍질한 후에, 풀어 줄 것이다!"

23:17　[대다수의 헬라어 사본에 이 구절이 없으며, 아마도 삽입되었을 것이다.] 당시 유월절 같은 명절에는, 로마 총독이 죄수 중에 하나를 풀어주어야 했다. 그래서 총독 빌라도는 예수님을 그 유월절 특사로 풀어주겠다고 제안했다.

23:18-21　하지만 그곳에 모인 유대인들은 모두 한목소리로 "저 예수라는 사람을 없애버리시오! 우리에게는 바라바를 풀어주시오!"라고 소리쳤다. 바라바는 예루살렘에서 폭동을 일으키고, 그 과정에서 사람을 죽여서, 살인죄로 감옥에 갇혀 있던 사람이었다. 그러자 예수님을 풀어주려고, 빌라도는 다시 그곳에 모인 유대인들을 향해 예수님은 무죄라는 말을 했다. 하지만 그곳에 모인 유대인들은 소리를 지르면서 이렇게 말했다. "십자가형에 처하시오! 예수를 십자가형에 처하시오!"

23:22-25　총독 빌라도는 세 번째로 같은 말을 다음과 같이 했다. "도대체 이 사람이 무슨 죄를 지었는가? 나는 이 사람에게서 십자가형으로 사형시킬 만한 죄를 전혀 발견한 것이 없다! 그러므

로 적당히 채찍질한 후에, 풀어 줄 것이다!" 하지만 그곳에 모인 유대인들은 큰 소리로 예수님을 십자가형에 처하라고 요구했고, 결국 그들의 목소리가 이기고 말았다. 그래서 어쩔 수 없이 빌라도는 그곳에 모인 유대인들이 요구하는 대로 예수님을 십자가형에 처하도록 판결했다. 그렇게 총독 빌라도는 그곳에 모인 유대인들이 요구했던 사람, 바로 폭동과 살인죄로 감옥에 갇혀 있었던 바라바라는 사람은 풀어주었고, 오히려 아무 죄도 없었던 예수님은 그곳에 모인 유대인의 요구대로 십자가형으로 사형 집행되도록 넘겨주고 만 것이다.

마흔세 번째 날의 묵상: 고집스러움에서 신실함으로

어쩌다 보니 40번이 넘는 이사를 하게 되었는데, 그중에서 가장 고통스러운 기억으로 남아 있는 이사가 한 번 있었다. 금정역 앞의 다세대 주택 월세방에서 이사를 나갈 때였다. 그 지역은 골목이 좁아서 차를 한 대만 주차해도 이사를 할 수 없기에 보통 이사 가기 며칠 전부터 벽과 전봇대에 이사 날짜를 공지하고 주차 양보를 부탁한다. 그러면 다들 비슷한 처지에 있는 사람들이라서 배려해 주는 것이 문화가 되어 있다. 하지만 우리가 이사를 나가는 날, 차 한 대가 이삿짐 트럭이 들어와야 할 길에 그대로 주차되어 있었다. 아무리 전화를 하고 차 번호를 부르며 소리를 쳐도 차 주인은 나오지 않았다. 어쩔 수 없이 그 차 한 대 때문에 이삿짐 트럭을 멀리 세워 놓고 힘들게 이삿짐을 들어서 날라야 했다. 정말 너무나 속상했다.

그런데 더 속상한 일이 일어났다. 이삿짐을 3분의 2 정도 옮겼는데, 어떤 여자가 나오더니 그 차에 타고 시동을 거는 것이다. 그리고 미안하다는 말 한마디 없이 자신이 나가야 하니, 앞에 있는 이삿짐 트럭을 빼라는 것이다. 이삿짐을 나르던 아저씨가 지금 이삿짐이 많이 실려서 당장 차를 움직일 수 없다고 하며, 우리도 기다렸으니 당신도 기다리라고 했다. 그러자 그 여자는 어디론가 전화를 걸었고 온몸에 문신을 새긴 남자가 나오더니, 다짜고짜 차를 빼라고 소리소리를 지르며 욕하고 위협했다. 참으로 어처구니없는 상황이었다. 결국 이삿짐을 다 묶지도 못하고 이삿짐 차는 위태롭게 움직여야 했다. 그래서 우리는 시간을 이렇게 저렇게 허비할 수밖에 없었다. 이삿짐 차가 조금 빠지자마자 그 인간들은 단 한마디의 사과도 없이 차를 타고 자기가 가야 할 곳으로 유유히 사라졌다.

오늘 본문을 읽을 때마다 나는 그날이 생각난다. 죄악된 인간이 가진 그 지긋지긋한 완고함과 고집스러움이 밀려온다. 예수님은 분명히 죄가 없으셔서 여러 번의 심문과 재판을 통해 죄가 인정되지 않았고, 로마의 총독이 세 번이나 무죄라고 말하는데도, 사람들은 끝까지 예수님을 죄인으로 밀어붙인다. 심지어 극악한 죄를 지은 바라바를 대신해서 풀어주며, 예수님은 기어이 십자가에 못 박아야 한다고 소리친다. 그들의 그 강퍅한 태도에 나는 정말 화가 나고 눈물이 난다.

안타깝게도 그들의 그 완고하고 고집스런 모습은 지금도 여전하다. 심지어 교회로 와서 예수님을 믿는다고 하면서도 그 태도가 바뀌지 않는다. 자신은 어떤 사람이고, 자신은 어떤 식으로만 종교 생활할 것이라고 못을 박는다. 아무리 바른 말씀을 듣고, 찔림을 받고 감동을 받아도 자신의 그 완고한 태도를 고치지 않는다. 늘 지각하고, 늘 눈을 감고, 늘 부정적이고, 늘 이기적이다. 지난주에도 다 함께 일어나서 찬양하는데 딱 한 명만 끝까지 자기 자리에 앉아서 눈을 감고 있었다. 분명히 그 영혼을 사로잡고 있는 것이 성령님이 아니시라는 것만은 확실하다.

하지만 오늘 본문에는 고집스럽고 완고한 인간들만 나오지 않는다. 바로 그 억울하고 말도 되지 않는 상황에서도 십자가를 향해 묵묵히 다가서시는 예수님의 모습이 있다. 어쩌면 사람들에게 그분은 다른 의미로 고집스러워 보일지도 모르겠다. 마치 끝까지 자신의 의로움을 주장하는 욥처럼 말이다. 하지만 예수님은 절대로 과격하지 않으시고 소리치지도 않으신다. 그분은 부드럽지만 분명하게 자신에게 밀어닥치는 억울함과 폭력을 감당하신다. 그 것이 바로 사람들의 고집스러움과 비슷하면서도 완전히 다른 그분의 신실함이다. 결국 예수님을 바로 믿는다는 것은 이 고집스러운 태도에서 신실함으로 바뀌는 것이라 믿는다. 그렇다면 그 차이는 무엇일까? 그것은 방향과 태도에 달려 있다.

오늘 우리는 결정해야 한다. 세상의 방향과 태도에 따라 고집스럽게 살든지, 주님의 방향과 태도에 따라 신실하게 살든지. 세상의 흐름에 따라 고집스럽게 살면 당장은 시원하고 멋지고 재미있을지 모른다. 또한 예수님의 신실함을 따라 살면 당장은 억울하고 속상할 수 있다. 하지만 우리는 그 결과를 잘 안다.

오늘도 나의 앞에는 고집스럽고 완고한 사람들이 내 길을 막고 자신들의 길만 열어 달라며 악다구니 쓰는 소리가 들린다. 나는 조용히 비켜날 수밖에 없다. 하지만 나의 길을 돌아서 갈 뿐, 나도 나의 길을 포기할 수 없다. 나는 그들을 위해 기도하고 축복하고 대신 하나님께 용서를 구한다. 나는 믿는다. 예수님의 신실함이 이 땅의 완고함을 이길 것을 말이다. 그래서 성령님께 간절히 도움을 구한다. 오늘도 세상 사람들의 고집스러운 길이 아니라, 주님의 신실한 길로만 갈 수 있도록. 바로 나부터 말이다.

마흔세 번째 날의 기도

"주여! 우리는 이따금 분명히 잘못된 길에서 고집을 피우고, 분명히 죄악된 길에서 완고해질 때가 많습니다. 우리의 마음을 부드럽게 해 주셔서 회개하고 고치게 하여 주소서! 주님이 가신 그 신실한 길을 힘들더라도 감당하게 도와주소서! 우리가 더 이상 예수님과 말씀을 못 박는 흐름 속에서 기뻐하지 않게 하소서. 오히려 주님과 함께 억울함을 당하고 견디는 흐름 속에서 신실하게 기도하게 하소서! 예수님의 이름으로 기도합니다. 아멘!"

- 아래의 여백에 오늘 말씀과 묵상을 읽고 느낀 점을 적어 보세요. 그리고 기억하기 쉬운 단어나 짧은 문장으로 만들어서 하루 종일 생각하며, 또 감동을 주신 대로 실천해 보세요. 오늘도 위대한 하루가 될 것입니다.

마흔네 번째 날의 말씀: 누가복음 23:13-25 MBT

23:13-16   다시 예수님을 재판하게 된 빌라도는 대제사장들과 지도자들, 그리고 백성들도 함께 불러 모았다. 그리고 그들에게 다음과 같이 말했다. "너희들이 이 예수라는 자를 나에게 끌고 와서 백성을 미혹하는 자라고 고소했지만, 자! 내가 너희들 앞에서 철저하게 심문해 본 결과 너희들이 이 사람을 적대하여 고소한 죄를, 나는 하나도 찾을 수가 없었다! 심지어 이 예수라는 자가 소속된 관할 지역의 분봉왕인 헤롯 안티파스에게도 보내서 심문해 보라고 했지만, 헤롯 역시도 이 사람을 우리에게 무죄로 판결하여 돌려보냈다. 자! 보아라! 이 사람이 한 말이나 행동 중에서, 사형을 선고할 만한 죄는 없다! 그러므로 나는 이 사람을 적당히 채찍질한 후에, 풀어 줄 것이다!"

23:17   [대다수의 헬라어 사본에 이 구절이 없으며, 아마도 삽입되었을 것
이다.] 당시 유월절 같은 명절에는, 로마 총독이 죄수 중에 하나를
풀어주어야 했다. 그래서 총독 빌라도는 예수님을 그 유월절 특사
로 풀어주겠다고 제안했다.

23:18-21   하지만 그곳에 모인 유대인들은 모두 한목소리로
"저 예수라는 사람을 없애버리시오! 우리에게는 바라바를 풀어주
시오!"라고 소리쳤다. 바라바는 예루살렘에서 폭동을 일으키고,
그 과정에서 사람을 죽여서, 살인죄로 감옥에 갇혀 있던 사람이었
다. 그러자 예수님을 풀어주려고, 빌라도는 다시 그곳에 모인 유대
인들을 향해 예수님은 무죄라는 말을 했다. 하지만 그곳에 모인
유대인들은 소리를 지르면서 이렇게 말했다. "십자가형에 처하시
오! 예수를 십자가형에 처하시오!"

23:22-25   총독 빌라도는 세 번째로 같은 말을 다음과 같이
했다. "도대체 이 사람이 무슨 죄를 지었는가? 나는 이 사람에게서
십자가형으로 사형시킬 만한 죄를 전혀 발견한 것이 없다! 그러므
로 적당히 채찍질한 후에, 풀어 줄 것이다!" 하지만 그곳에 모인
유대인들은 큰 소리로 예수님을 십자가형에 처하라고 요구했고,
결국 그들의 목소리가 이기고 말았다. 그래서 어쩔 수 없이 빌라
도는 그곳에 모인 유대인들이 요구하는 대로 예수님을 십자가형
에 처하도록 판결했다. 그렇게 총독 빌라도는 그곳에 모인 유대인
들이 요구했던 사람, 바로 폭동과 살인죄로 감옥에 갇혀 있었던
바라바라는 사람은 풀어주었고, 오히려 아무 죄도 없었던 예수님

은 그곳에 모인 유대인의 요구대로 십자가형으로 사형 집행되도록 넘겨주고 만 것이다.

마흔네 번째 날의 묵상: 빌라도의 타협

오늘은 빌라도를 생각해 본다. 솔직히 빌라도는 많이 억울할 것이다. 이후의 기독교 역사에서 자신에 대한 결정적인 평가는 그 유명한 사도신경에서 "본디오 빌라도에게 고난을 받으사 십자가에 못 박혀 죽으시고"라는 결론으로 끝났기 때문이다. 마치 자신에게 예수님의 십자가 처형의 모든 책임이 있는 것처럼 지난 2천 년간 그리스도인들은 정죄하듯 그를 기억하고 또한 고백하고 있으니 말이다. 새벽에 갑자기 찾아온 유대 종교 지도자들의 압력에 못 이겨서 분명히 죄 없는 사람 하나를 유죄로 판결하고 종국에는 십자가 처형으로 내몰고 말았다. 그런데 나중에 알아보니 그 사람이 그토록 유명한 하나님의 아들이었다니! 사실 지금도 억울한 사람들의 잘못된 판결이 수없이 일어나는 판국에, 2000년 전 그때에는 말도 안 되는 판결이나 사형이 얼마나 많았을까! 더욱이 빌라도는 할 말이 있었을 것이다. 자신도 무죄라고 세 번이나 말했고 풀어주려고 나름대로 애를 썼다고. 하지만 유대인들이 자기 민족의 종교 문제를 사형에 해당하는 정치적인 문제로까지 밀어붙여서 자기 동족을 죽이려고 하는데, 뭐하러 끝까지 정의를 고집해서 그 민감한 유월절 기간에 그 지독한 민족의 분란을 일으키고 혼란을 야기시킬 필요가 있었겠냐고. 그래서 빌라도는 이렇게 말할 것이다. "나도 어쩔 수 없었다"라고!

　하지만 그렇다고 우리는 빌라도를 옹호할 수가 없다. 빌라도는 분명히 결정권을 가진 무거운 책임의 자리에 있는 사람이었다. 베드로의 부인과는 차원이 다르다. 그에게는 권위가 있었고 책임이 있었고 결정의 권한이 있었다. 그러므로 그는 자신이 내린 모든 결정에 대해서 책임을 져야 하는 것이다.

　전도사 시절에 담임목사님은 나에게 이런 말씀을 하셨다. "전도사 시절에 실수한 모든 것은 담임목사가 책임진다. 하지만 자네가 목사가 된 후에도 실수하는 것은 더 이상 내가 책임지지 않는다. 목사라는 이름은 이제 더 이상 다른 누군가가 대신 책임지지 않고, 자신이 설교한 것에 대해서, 자신이 목회한 것에 대해서, 자신이 결정한 것에 대해서 스스로 책임을 진다는 무거운 이름이기 때문이다!" 나는 늘 그것을 명심해 왔다. 그래서 목사가 된 후에, 내가 한 말에 대해서, 내가 한 설교에 대해서, 내가 쓴 작은 글에 대해서 언제나 책임을 져왔다.

　하지만 목사만이 아니다! 모든 성숙한 그리스도인은 이제 자신의 말과 결정과 시간의 사용과 인생의 쓰임에 대해서 책임져야 한다. 특히 은혜를 받고, 성령님을 체험하고, 은사를 받아서, 교회의 한 부분을 책임지게 된 사람은 "나도 어쩔 수 없었다"라는 말을 해서는 안 된다. 물론 절대 실수하지 말라는 것은 아니다. 누구나 실수할 수밖에 없다. 하지만 태도를 제대로 하라는 것이다. 그런 무게감과 책임감을 가지고 이제 신앙 생활을 해야 한다. 그래서 우리는 한순간도 기도를 쉴 수 없고, 단 하루도 말씀을 묵상하지 않을 수 없다. 모든 순간에 성령님을 의지하며 모든 결정마다 하나님의 뜻에 맞게 자신의 목숨을 걸어야 한다. 빌라도를 따라 살던 타협의 인생은 이제 예수 그리스도를 따라서 결단의 인생으로 변화되어야 한다. 오늘도 내 앞에 예수님이 서 계신다. 학교에서, 회사에서, 많은 사람 앞에서, 혼자 있을 때도. 어떻게 할 것인가? 나의 상황을 핑계 대면서 또 그분에게 사형 언도를 내릴 것인가? 복음의 역사에서 빌라도는 한 명으로 족하다!

마흔네 번째 날의 기도

"하나님! 오늘은 빌라도의 거울에 우리의 모습을 비춰봅니다. 자신을 지키려고 아무 죄 없는 예수님께 십자가형을 언도했던 사람이 혹시 우리는 아닌지 돌아봅니다. 우리에게 주어진 시간, 우리에게 주어진 물질, 우리에게 주어진 권위와 기회에 대해서 더 이상의 핑계와 (자기)합리화는 그만두고, 담대하고 분명하게 주님을 고백하고 주님을 인정하며 주님을 따라가게 하소서! 이제는 빌라도의 모습에서 일어나 역전된 하나님의 사람으로 살게 하소서! 예수님의 이름으로 기도합니다. 아멘!"

• 아래의 여백에 오늘 말씀과 묵상을 읽고 느낀 점을 적어 보세요. 그리고 기억하기 쉬운 단어나 짧은 문장으로 만들어서 하루 종일 생각하며, 또 감동을 주신 대로 실천해 보세요. 오늘도 위대한 하루가 될 것입니다.

사순절 여섯째 주(고난주간), 고난의 금요일
(누가복음 23:26-46)

마흔다섯 번째 날의 말씀: 누가복음 23:26-46 MBT

23:26-31   십자가 나무 형틀을 지고 가시던 예수님은, 이미 너무나 약해지셔서 더 이상 십자가 형틀을 지고 가실 수가 없게 되었다. 그래서 로마 군사들은 도시 외곽에서 예루살렘으로 오던 구레네 출신의 시몬이라는 사람을 붙잡아서, 강제로 그분의 십자가 나무 형틀을 지고 예수님의 뒤를 따라가게 시켰다. 그런 예수님의 모습을 보고서, 백성들과 많은 여자들이 무리 지어 그분을 따라가며 계속해서 가슴을 치고 애통해하였다(슥 12:10-14). 예수님께서는 자신을 위해 우는 여자들을 향해 몸을 돌이키시고 이렇게 말씀하셨다. "예루살렘의 딸들이여! 나를 위해 울지 마시고, 여러분 자신과 여러분의 자녀들을 위해 우십시오! 왜냐하면 이제 곧 '임신하지 못한 여자들과 출산할 수 없는 여자들, 그리고 낳아서

젖을 먹일 자녀가 없는 여자들이 차라리 행복하도다!'라고 말하게 될 비참한 날들이 다가오기 때문입니다. 예루살렘이 멸망하는 날들이 오면, 너무나 비참한 현실로 인해 사람들은 '산들아! 제발 우리 위에 무너져 버려라! 작은 언덕들아! 우리를 덮쳐서 죽여다오!'라고 말하게 될 것입니다. 다시 말해서, 푸른 나무와 같은 나에게도 이렇게 억울하고 고통스러운 일들이 닥치는데, 하물며 마른나무와 같은 그대들(유대인들)에게는 얼마나 잔인하고 비극적인 일들이 일어나게 될까요?"

23:32-33   당시에, 예수님과 함께 다른 2명의 범죄자도 함께 십자가형에 처하려고 끌려갔다. 예수님과 2명의 범죄자가 '해골'이라고 불리는 장소, 곧 골고다 언덕에 도착하자, 거기서 로마 군사들은 그 세 사람을 십자가에 못 박고 세워서, 사형 집행을 시작했다. 예수님은 가운데 십자가에 매달리셨고 2명의 범죄자는 예수님의 우편과 좌편에 매달렸다.

23:34-38   십자가 위에서 예수님께서는 "아버지여! 저 사람들의 죄를 용서해 주십시오! 저 사람들은 자신들이 무엇을 하는지 아무것도 모르고 이런 짓을 했기 때문입니다"라고 기도하셨다. 로마 군사들은 예수님의 겉옷과 속옷을 모두 벗겼고, 그 십자가 아래에서 제비를 던져 나눠 가졌다. 그 시간, 대다수의 백성은 예수님의 십자가 처형을 서서 구경하며 그분을 향해 심한 조롱을 담아서 비웃었고 유대인 지도자들도 "다른 사람들은 잘도 구해주더니, 정작 자신은 구원을 못하네! 하나님께서 선택한 사람, 곧 하나님

의 메시아요, 왕이라면, 지금 즉시 그 십자가에서 내려와 자신부터 구해보시지!"라고 말하며 조롱했다. 십자가 아래에서는 로마 군사들도 신 포도주를 담은 긴 막대기를 예수님께 내밀어 장난치면서 그분을 조롱하였다. 그들도 "네가 정말 유대인의 왕이라면, 지금 즉시 그 십자가에서 내려와 자신부터 구해보시지!"라고 말하며 조롱하였다. 아이러니하게도 예수님께서 못 박히신 그 십자가 형틀 위에는 〈이 사람은 유대인들의 왕〉이라는 죄패가 붙어 있었다.

23:39-43   바로 그때, 예수님의 십자가 바로 곁에 함께 십자가 처형으로 매달린 범죄자 중의 한 사람이 "이봐! 당신이 메시아라며? 그러면 지금 즉시 당신과 우리를 좀 구해봐!"라고 하면서 예수님을 모욕했다. 하지만 함께 십자가 처형으로 매달린 또 다른 범죄자가 그를 향해 꾸중하면서 "야 이놈아! 너는 하나님이 무섭지도 않냐? 이렇게 똑같은 십자가 처형으로 처벌을 받으면서 말이야! 그리고 우리가 이렇게 십자가 처형을 당하는 것은, 우리가 한 짓이 있으니 당연한 것이지만, 저분은 아무런 잘못도 하신 것이 없으신 분이야!"라고 말했다. 그러고 나서, 그 사람은 예수님을 향해 이렇게 마지막으로 부탁했다. "예수님! 당신의 나라로 가시면, 저를 꼭 기억해 주시기를 부탁드립니다!" 그러자 예수님께서는 그 사람에게 다음과 같이 말해 주셨다. "네! 그래요! 형제는 오늘 나와 함께 낙원에 있게 될 것입니다!"

23:44-46   예수님께서 십자가에 매달리신 후 어느덧 정오(12시) 정도가 되었다. 그러자 온 땅이 갑자기 어두워지더니, 오후 3시

까지 이어졌다. 그 밝던 태양이 빛을 잃게 되자, 성전 지성소의 입구를 막고 있던 엄청나게 두꺼운 휘장이 가운데로 좌악 찢어졌다. 그때, 예수님께서는 "아버지! 나의 영혼을 당신의 손에 맡깁니다!"(시 31:5)라고 큰 소리로 말씀하시고 숨을 거두셨다.

마흔다섯 번째 날의 묵상: 누구나 십자가 앞에 선다

주일 예배를 마치면 더 큰 사역이 나에게 밀려온다. 셀 보고서를 통해서 성도들이 주일 예배를 통해 깨닫고 도전받은 내용에 대한 피드백을 읽고 점검하는 일이다. 똑같은 예배, 똑같은 말씀을 들었지만, 어떤 성도는 큰 은혜와 찔림을 받아서 구체적인 회개를 결단하기도 하고, 어떤 성도는 전혀 내용을 이해하지 못하여 예배의 흐름과는 전혀 상관없는 자기 이야기와 동일한 기도 제목만 내놓는다. 혹여나 셀 보고서를 제출하지 않아도 예배를 인도하는 나는 영으로 한 성도, 한 성도의 영적 상태를 읽고 느낄 수 있다. 조금씩 변화되고 성장하는 성도가 있는가 하면 어떤 성도는 그 어떤 감동도 적용도 없다. 그래도 나는 한 성도, 한 성도를 생각하며 제출한 셀 보고서와 제출하지 않은 셀 보고서 사이에서 그 모든 영혼들을 위해 기도하며 오랫동안 머문다.

오늘은 예수님께서 십자가 처형으로 돌아가신 날을 기억하는 성금요일(Good Friday)이다. 나에겐 이날이 참으로 특별하다. 지난 세월, 이날에 금식도 많이 했고, 온종일 10시간 넘는 기도를 해 본 적도 있다. 회개의 편지나 유언장을 쓴 적도 있고, 신약성경 전체를 하루 종일 읽기도 했다. 하지만 어떤 성도들은 이날에 대한 감각이 전혀 없다는 것을 보게 된다. 오늘이 성금요일이라는 것도 모르고, 주님을 위해 하루 동안 절제할 줄도 모른다. 오히려 더 방탕하고 음란하고 자기중심적으로 산다. 자기 부모님 기일만 되어도 그러지 않을 텐데, 자신의 죄를 위해 죽어주신 예수님의 이날 앞에서 우리는 참으로 오만방자하다. 아마도 그 이유는 십자가와의 거리가 너무 멀기 때문이고, 그분의 십자가 앞에 바로 서 있지 않기 때문일 것이다. 다소 급진적인 표현일지는 모르겠지만, 성금요일에 무엇을 하는지 보면 그 성도가 어느 정도의 성도인지가 드러난다고 나는 생각한다.

오늘의 본문에 수많은 사람들이 등장하지만, 그들은 결국 십자가 앞에 서게 된다. 억지로 그 십자가를 지는 사람도 있고, 예수님으로부터 빼앗을 옷을 나누는 사람도 있다. 그 십자가 앞에서 조롱하고 모욕하는 사람도 있고, 하염없이 눈물을 흘리는 사람도 있다. 마지막 순간까지 자신의 죄를 그대로 가지고 원망하다가 죽는 사람도 있고, 그 마지막 순간에 마음을 고쳐먹고 자신의 영혼을 하나님께 맡기는 사람도 있다.

자세히 보면, 예수님은 십자가 앞에 바로 서 있지 않은 사람에게 별다른 반응을 하지 않으신다. 그러나 그 십자가 앞에 최선을 다해 서 있는 사람들에게는 아주 특별한 반응을 해 주신다. 자신의 십자가를 억지로라도 지고 간 한 사람의 가문은 위대한 신앙의 가문이 되게 해 주셨고, 자신의 십자가 앞에서 우는 여자들을 위

해서는 그들 앞에 닥칠 시간에 대한 회개의 메시지를 선물로 주셨
다. 멀리서라도 주님의 십자가를 보며 가슴 아파한 여인들에게는
부활의 증인이 되게 하셨고, 마지막 순간에 자신의 영혼을 맡긴
강도에게는 낙원을 허락하셨다.

사순절 내내 말씀을 읽고 묵상하고 그것을 또 기록하는 것은,
습관이 되지 않은 사람에게는 무척이나 힘든 일이다. 하지만 오늘
하루만큼은 자신이 있는 삶의 자리에서 이렇게 해 보면 좋겠다.
꼭 십자가 형상이 있든지 없든지 상관없이 주님의 십자가를 생각
하고 그 앞에 서 있는 것이다. 저기 멀리서 겨우겨우 십자가를 지
고 오셔서 골고다 언덕 위에 핏덩어리가 된 몸으로 십자가에 매달
리신 예수님을. 나를 구원하시기 위해 피와 땀을 흘리시는 그 예
수님을. 수많은 조롱과 비난 속에서도 자신의 그 어떤 능력과 말
까지 아끼시며 묵묵히 죽음을 기다리시는 그 예수님을. 나를 사랑
하신다고 나를 기다리신다고 나를 기대하신다고 말씀하시는 그
예수님을. 바로 그 예수님의 십자가 앞에 최대한 오랫동안 서 있
었으면 좋겠다. 핸드폰을 끄고 분주한 일상을 정리하고 자신에게
시간이 날 때마다 그렇게 십자가 앞에 서 있었으면 좋겠다. 그렇
게 하는 것이 오늘의 전부가 되었으면 좋겠다. 그러면 놀랍게도
당신이 그분 앞에 서 있었던 것이 아니라, 오래전부터 당신 앞에
그분이 서 계셨다는 것을 발견하게 될 것이다.

마흔다섯 번째 날의 기도

"하나님! 오늘 하루는 주님의 십자가 앞에 서 있게 하소서! 아침부터 저녁까지 그 십자가의 바람과 향기와 눈물과 거친 숨소리에 머물게 하소서! 오래전 역사의 한 날이 바로 오늘이 되게 하시고, 그 옛날 누군가에게 일어난 일이 바로 저 자신에게 이루어진 것으로 만나게 하소서! 그 십자가 앞에서 저도 울게 하소서! 그 십자가 앞에서 저도 아파하게 하소서! 그 십자가 앞에서 저도 용서하게 하소서! 그 십자가 앞에서 저도 저에게 주어진 십자가를 감당할 힘을 얻게 하소서! 예수님의 이름으로 기도합니다. 아멘!"

- 아래의 여백에 오늘 말씀과 묵상을 읽고 느낀 점을 적어 보세요. 그리고 기억하기 쉬운 단어나 짧은 문장으로 만들어서 하루 종일 생각하며, 또 감동을 주신 대로 실천해 보세요. 오늘도 위대한 하루가 될 것입니다.

마흔여섯 번째 날의 말씀: 누가복음 23:50-56 MBT

23:50-54   예수님께서 십자가 처형으로 돌아가신 후 요셉이라는 이름을 가진 남자가 나타났다. 그는 유대 최고 종교회의인 '산헤드린 공회'의 의원으로 선하고 의로운 사람이었다. 요셉은, 하룻밤 만에 예수님을 유죄 판결했던 산헤드린 공회의 결정과 사형 집행에 대해 동의하지 않은 사람이었고, 예루살렘 북쪽으로 약 8km 정도 떨어진 유대 지역의 '아리마대'라는 도시 출신으로(삼상 1:1), 하나님 나라가 오기를 고대하고 있던 사람이었다. 그는 로마 총독 빌라도에게 가서, 십자가에서 돌아가신 예수님의 시체를 달라고 요청했다. 아리마대 사람 요셉은 십자가에서 예수님의 시체를 내린 후, 그분의 몸을 린넨(세마포)으로 감싸고, 바위를 파내서 만든 무덤으로, 지금까지 아무도 사용한 적이 없는 새 무덤 안에,

예수님의 시체를 안치했다. 예수님께서 십자가에서 죽으시고, 무덤에 안치되신 그날은 다가오는 안식일을 준비하는 날(금요일)이었다. 그래서 그날이 그렇게 저물자 바로 다음 날인 안식일(토요일)이 동터왔다.

23:55-56   그때, 갈릴리에서부터 예수님과 동행하여 예루살렘까지 올라왔고 골고다에서 예수님의 십자가 처형을 끝까지 남아서 보았던 여자들이 있었는데(23:49), 그 여자들은 예수님께서 십자가에서 내려지신 후 아리마대 사람 요셉에 의해 돌로 만든 무덤 안에 안치되는 과정까지 따라가서 자세히 보았다. 그러고 나서, 그 여자들은 돌아가서 예수님의 시체에 바를 향유와 몰약을 준비했다. 바로 다음 날이 일을 하면 안 되는 안식일(토요일)이었기 때문에, 그녀들은 율법에 따라서 하루를 쉬면서 그다음 날(일요일)이 오기를 기다려야 했다.

마흔여섯 번째 날의 묵상: 용기의 다른 이름 희생

인생의 위대한 순간에는 반드시 용기가 필요하다. 하지만 많은 사람이 그 용기의 다른 이름이 희생이라는 것은 잘 모른다. 그저 손을 먼저 들고, 말을 먼저 하고, 돈을 먼저 지불하는 것처럼 남들보다 빠르고 자신감 있게 하면 그것이 용기라고만 생각한다. 하지만 진짜 용기는 자신의 것을 희생시킬 수 있어야 한다. 그래서 정말 자신의 모든 것을 희생할 수 있는 사람이 가장 용기 있는 사람이 되는 것이다.

아리마대 출신의 요셉이라는 사람은 모든 것이 풍족한 사람이었다. 영적으로 그는 의로운 사람이었고, 의지적으로 바르지 않은 것을 거절할 수 있는 심지가 곧은 사람이었다. 산헤드린 공회의 회원이 될 만큼 명예가 있는 사람이었고 좋은 무덤을 살아생전에 미리 준비해 놓을 만큼 부유한 사람이었다. 원래 가진 것이 많은 사람은 용기를 내기가 힘들다. 왜냐하면, 그것을 잃어버릴 것이 두렵기 때문이다.

하지만 요셉은 정말 용기의 사람이었다. 돌아가신 예수님의 장례식을 위해 그 모든 것을 희생시킬 준비가 되어 있었기 때문이다. 아마도 그는 시체를 만지고 장례를 진행하느라 유월절조차 지킬 수 없었을 것이다. 그는 모든 것을 희생했다. 그는 우리에게 진정한 용기가 무엇인지 보여 주었다.

그러나 우리는 요셉의 용기가 일어나게 된 더 근본적인 이유를 알아야 한다. 그것은 바로 예수님의 용기였다. 예수님께서는 자신의 모든 것을 희생할 준비와 각오만 하신 것이 아니라 정말 그렇게 하셨다. 그분은 자신의 모든 것을 희생하셨다. 우리는 바로 그 희생의 이름, 용기의 이름을 십자가라고 부른다.

오늘날 그리스도인들은, 목사들부터 시작해서 참 용기가 없다. 주님께서 부르셔도 돈 때문에 가족 때문에 용기를 내지 못한다. 청빙이나 받으려고 하고, 박사학위나 받으려고 하고, 편하고 쉬운 곳에서 목회하려고 하지, 주님을 위해 죽으려는 사역자가 거의 없다. 그러니 평신도들도 마찬가지다. 어떻게든 쉽고 편한 곳에서 종

교 생활만 하려고 한다. 힘들고 어렵게 헌신하거나 자신의 것을
희생하려는 것에 대해서 지극히 부정적인 반응을 보인다. 그러므
로 그저 목사들은 아리마대 사람 요셉에 관해 설명하기만 하고,
성도들은 그 요셉에 대해서 큐티책에 적는 것으로 모든 것을 마감
해 버린다. 아니다! 오늘 이야기의 핵심은 우리도 요셉처럼 되어
야 하고, 요셉의 근원적 존재인 예수님처럼 되어야 한다는 것이다.

용기를 내야 한다. 희생을 해야 한다. 먼저 미안하다고 말을 해
야 하며, 두 손을 들고 기도해야 하고 마음을 치고 회개해야 한다.
진정한 용기는 예배를 마치고 본격적으로 시작되어야 한다. 부부
끼리 기 싸움이나 하며, 교회에서 인사나 받으려고 해서는 안 된
다. 먼저 인사하는 사람, 먼저 화해하는 사람, 먼저 섬기는 사람,
먼저 죽는 사람이 진짜 용기 있는 사람이다. 바로 그 사람이 이 시
대의 아리마대 요셉이며, 작은 예수다!

어떻게 할 것인가? 오늘도 그저 안전하게 아무것도 희생하지
않고 용기 없는 배경처럼 살 것인가? 아니면 오늘은 용기를 내어
서 예수 그리스도의 위대한 이야기에 한 페이지를 이어갈 것인
가?

마흔여섯 번째 날의 기도

"주님! 저에게 용기를 주소서! 주님을 위해 나의 것을 희생할
용기를 주소서! 나를 미워하는 사람을 용서하고, 아무리 섬겨도
변화 없는 사람을 위해 기도할 용기를 주소서! 먼저 인사할 용기

를 주시고, 먼저 사랑할 용기를 주소서! 내가 주님과 함께 죽고 희
생할 용기를 주시고, 주님과 함께 부활할 용기를 주소서! 나에게
필요한 딱 한 가지 하늘의 용기를 오늘 주소서! 예수님의 이름으
로 기도합니다. 아멘!"

• 아래의 여백에 오늘 말씀과 묵상을 읽고 느낀 점을 적어 보세요.
그리고 기억하기 쉬운 단어나 짧은 문장으로 만들어서 하루 종일
생각하며, 또 감동을 주신 대로 실천해 보세요. 오늘도 위대한 하
루가 될 것입니다.

마흔일곱 번째 날의 말씀: 누가복음 24:1-12 MBT

24:1-3   드디어 새로운 한 주간의 첫 번째 날(일요일)이 밝아왔다. 여자들은 이른 아침에 자신들이 준비한 향료를 예수님의 몸에 바르고자, 그분의 시체를 안치해 놓은 그 무덤으로 갔다. 그 여자들이 무덤에 도착해 보니, 무덤의 입구를 막고 있던 커다란 돌이 이미 누군가에 의해 굴려져서 옮겨진 것을 발견하게 되었다. 그 여자들이 무덤 안으로 들어가 보니, 그곳에 안치되어 있으리라 생각했던 예수님의 시체는 이미 사라져서 발견할 수가 없었다.

24:4-7   그래서 그녀들은 그런 예상치 못한 상황으로 인해 당황하고 있었는데, 바로 그때, 사람처럼 보이는 2명의 천사가 빛나는 옷을 입고 그녀들을 향해 그곳에 서 있는 것을 보게 되었다. 천사들을 보자마자, 그 여자들은 두려움에 사로잡혀, 얼굴을 땅에

대고 엎드렸다. 그러자 그 2명의 천사는 이렇게 말했다. "그대들은 어째서 살아계신 분을 죽은 자들 가운데서 찾고 있습니까? 예수님께서는 더는 이 죽음의 장소에 계시지 않습니다! 오히려 살아나셨고 부활하셨습니다! 그대들은 기억하십시오! 그분께서 갈릴리에서 여러분과 함께 계시면서 어떤 말씀을 하셨는지를 말입니다! 그분은 거기서 이렇게 말씀하셨지요! '참 사람인 나는 죄인들의 손에 의해서 넘겨지고 십자가 처형으로 죽을 것입니다. 하지만 내가 죽고 3일째 되는 날에, 나는 반드시 다시 살아날 것입니다'라고요!"

24:8-10   그러자 그 여자들은 이전에 예수님께서 하신 말씀들을 기억해 낼 수 있게 되었다(9:22, 18:32-33 참고). 그래서 그녀들은 그 무덤을 떠나 돌아가서, 남은 예수님의 11명의 사도들과 다른 모든 제자들에게 이 사실을 전부 다 알렸다. 이 놀라운 부활의 소식을 전한 여자들은 바로 막달라 마리아(8:2), 요안나(8:3), 야고보의 어머니인 마리아, 그리고 그녀들과 동행한 다른 여자들이었다. 그녀들은 11명의 사도들에게 그들이 체험한 것을 계속 말했다.

24:11-12   하지만 예수님께서 이미 확실히 죽었다고 생각하는 사람들에게, 그녀들이 전해준 부활의 소식은 헛소리처럼 들렸다. 그래서 제자들은 그 여자들이 아무리 많은 말을 해도 믿지 않았다. 다만, 베드로만 일어나서 그 무덤으로 달려갔고, 그 빈 무덤 안을 들여다보았다. 거기서 정말 베드로는 무덤 안에는 오직 예수님의 시체를 감쌌던 린넨(세마포)만 남아 있는 것을 발견하게 되었다.

베드로는 예수님의 죽음 이후에 벌어진 이 모든 일을 이상하게 여기며 자신의 집으로 돌아갔다.

마흔일곱 번째 날의 묵상: 진짜 부활절

새벽에 일어나 조용히 그날을 생각해본다. 예수님께서 십자가에서 돌아가신 후, 사망의 자리에서 일어나신 바로 그 첫 번째 부활의 아침을. 멈추었던 심장이 새로이 뛰고, 상처 입은 사망의 육체에 부활의 몸이 덮이어, 빛이 어둠 속에서 머물 수 없듯이, 생명이 죽음에서 찬란하게 일어나던 그 순간. 무덤의 돌문이 구르고 새벽보다 더 밝은 부활의 여명이 무덤 안에서 밖으로 역광을 쏟아내던 그 자리. 하지만 그곳에는 아무도 없었다. 아마 천사들이 있었을 것이고 하늘에서는 그 놀라운 역사적 장소에 초점 맞추고 있었겠지만 정작 그 부활의 진정한 수혜자가 될 인간들 중에는 그 누구도 그 자리에 없었다.

예수님의 마음은 어떠셨을까? 마치 군대에서 휴가 나오는 아들이 여러 번 전화를 걸어서 자신이 휴가 나오는 날을 부모님께 말씀드렸는데, 막상 집에 와 보니 아무도 없는 것처럼, 오랫동안 억울한 옥살이를 한 사람이 자신이 출소할 날을 여러 번 알려주고 드디어 교도소에서 나왔는데 그 누구도 자신을 기다려주지 않은 것처럼, 혹시 예수님도 그런 황량한 마음은 아니셨을까?

너무나 엄청난 일이 일어났지만 너무나 초라한 기대와 안타깝게 부딪친 바로 그날, 그것이 첫 번째 부활절의 풍경이었다. 그나

마 다시 죽을 몸에 향유를 부으러 온 여자들이 빈 무덤과 천사들의 메시지를 들었으나, 안타깝게도 그들은 증인의 효력을 발휘할수 없는 여자들이었기에 제자들조차 그녀들의 말을 믿지 못했고, 기껏 이어지는 이야기는 베드로가 달려가 빈 무덤 속에 들어갔다가 그저 이상하게만 여기고 집으로 돌아간 이야기였다. 이것이 첫 번째 부활절의 전부였다.

하지만 성경은 이렇게 말하는 것 같다. 그대들이 그날을 기대하지 못했고, 준비하지 못했고, 심지어 의심했더라도, 부활은 시작되었다고! 그리고 추가하여 이렇게 도전하는 것 같다. 첫 번째 부활절의 그 아쉽고 부끄러운 모습을 늘 기억하여 이제는 더 반복하지 말라고!

하지만 슬프게도 첫 번째 부활절의 풍경은 여전히 반복되는 것 같다. 마치 누군가가 연 파티에 가서 신나게 춤추고 맛있는 음식도 먹지만, 그날 그 파티의 주인공이 누구이며, 무엇 때문에 이파티가 열린 것인지 전혀 모르는 사람처럼, 분주하고 정신없이 부활절 칸타타에, 장식에, 달걀과 숨 가쁜 행사까지 진행하면서도 정작 이 부활의 주인공을 만나지 못하고, 그 부활의 의미를 담지 못하는 모습이 오늘도 반복되는 것 같다. 그래서 우리는 그 초라했던 첫 번째 부활절을 다시 읽어야 한다. 그리고 그날을 거울삼아 우리의 죽었던 부활절이 정말 다시 부활하게 해야만 한다. 그래서 바로 오늘은 부활의 주님이 주인 되시는 진짜 부활절이 되어야 한다!

마흔일곱 번째 날의 기도

"주님! 우리 죄를 위해 죽으시고 다시 살아나신 당신의 부활절을 환영하고 축하합니다! 아쉬웠던 그날의 풍경이 더 이상 반복되지 않고, 이제는 등불을 준비한 지혜로운 처녀들처럼 진정한 부활절을 만나게 하소서! 예수님께서 죽음에서 일어나심으로 죄와 사망의 권세에서 승리하신 것을 기억하게 하시고, 우리도 주님과 함께 죽고 주님과 함께 살아나서 부활의 승리를 누리게 하소서! 오늘 그 어떤 다른 것들로 인해 이 부활의 진정한 주인을 놓치지 않게 하시고, 죄와 사망의 두려움에서 벗어나 영원한 부활 생명을 찬양하며 살게 하소서! 바로 오늘, 진짜 부활절을 만나게 하소서! 진짜 부활절을 누리게 하소서! 예수님의 이름으로 기도합니다. 아멘!"

- 아래의 여백에 오늘 말씀과 묵상을 읽고 느낀 점을 적어 보세요. 그리고 기억하기 쉬운 단어나 짧은 문장으로 만들어서 하루 종일 생각하며, 또 감동을 주신 대로 실천해 보세요. 오늘도 위대한 하루가 될 것입니다.

마흔여덟 번째 날의 말씀: 누가복음 24:13-35 MBT

24:13-16   그러고 나서, 주목할 만한 사건이 하나 일어났다! 예수님의 빈 무덤 사건이 발생한 바로 그날, 제자들의 무리 중에서 2명이 예루살렘을 떠나 약 11km 정도 떨어진 엠마오라는 마을로 가고 있었다. 그들은 그 길을 가면서 최근에 일어난 일들에 대하여 서로 이야기하고 있었다. 바로 그때 이런 일이 일어났다. 그렇게 그들이 나누던 이야기가 열정적인 토론이 되어가고 있을 즈음에, 부활하신 예수님께서 직접 그들 가까이에 오셔서 그들과 함께 걷기 시작하신 것이다. 하지만 그들은 이미 예수님은 죽으셨다는 생각에 사로잡혀서 영적인 눈이 닫혀버렸고, 그래서 누군가 그들 가까이 오는 것은 보았으나, 그분이 예수님일 거라고는 생각지도 못했다.

24:17-18   이제 예수님께서는 그 2명의 제자가 나누는 대화에 끼어드시며 이렇게 물어보셨다. "무슨 이야기를 그렇게 열정적으로 길을 가면서 나누고 있는 건가요?" 그러자 두 제자는 어두운 표정을 지으며 예수님을 향해 멈추어 섰다. 두 제자 중에 '글로바'라는 이름을 가진 사람이 예수님에게 대답했다. "예루살렘 근처에 사는 분 같은데, 어떻게 당신 혼자만 최근에 거기서 일어난 일들을 모르십니까?"

24:19-24   그래서 예수님께서는 그들에게 "무슨 일이 일어났나요?"라고 물어보셨다.

그러자 그 두 제자는 다음과 같이 말했다. "나사렛 출신이신 예수님에 대한 일입니다. 그분은 하나님과 모든 사람 앞에서 행하시는 일과 말씀이 모두 탁월한 능력의 선지자이셨습니다. 그런데 대제사장들과 우리 민족의 지도자들(산헤드린 공회)이 예수님을 죄인으로 몰아서 사형 판결하였고 결국 로마 총독에게 넘겨주어서, 그분은 십자가 처형으로 돌아가시고 말았습니다. 사실 우리는 바로 그 예수님이 이스라엘을 구원하실 분이라고 기대하고 있었습니다. 그런데 결국 이렇게 허망하게 끝나고 말았고, 벌써 그분이 십자가에서 처형당하시고 나서 3일이나 지났습니다. 그런데 우리와 함께하는 어떤 여자들이 오늘 새벽에 그분의 무덤에 갔다가, 그곳에서 이상한 사건이 일어났다고 우리에게 알려주는 바람에, 우리는 충격을 받았습니다. 그 여자들은 무덤에서 예수님의 시체는 없어져서 보지 못했지만, 천사들이 나타난 것을 보았다고 말하면서, 예수님이 살아나셨다고 말했기 때문입니다. 그래서 우리와 함께하는 남자들 중에서 몇 사람이 그 무덤에 직접 가 보았더니, 여자들이 말한 대로, 예수님의 시체가 무덤 안에 없는 것만 확인할 뿐이었습니다."

24:25-27   그러자 예수님께서는 그들을 향해 이렇게 꾸중하시며 말씀하셨다. "아! 영적인 지혜와 지식이 없는 사람들이여! 구약의 선지자들이 이미 말한 것들(성경 말씀)에 대하여 무딘 믿음을 가진 자들이여! '진정한 메시아는 반드시 십자가의 고난을 통과한 후에 부활의 영광으로 일어나는 것'이, 하나님께서 선지자들을 통해 이미 말씀하신 당연하고 필연적인 과정이라는 것을 왜 그대들은 이상하게 여기며, 아직도 깨닫지 못하는 것입니까?"(신 18:15; 시 2:7; 16:8-11; 110:1; 118편; 사 53장). 이어서 예수님께서는 구약성경의 모세오경부터 시작해서 모든 선지자의 말씀을 자세하고도 철저하게 풀어서 설명해 주셨다. 바로 모든 성경 말씀 속에 담겨있는 메시아이신 자신에 관한 내용에 대해서 말이다.

24:28-31   그러다 보니, 어느덧 두 제자가 목적했던 마을에 가까이 도착하게 되었다. 하지만 예수님께서는 그 마을에 머물지 않으시고 여정을 더 이어 가시려는 척하셨다. 그러자 그 두 제자는 "이미 저녁이 되어서 하루가 다 저물어가니, 우리와 함께 머무시죠!"라고 말하며 예수님을 강권적으로 붙잡았다. 그래서 예수님은 그들과 함께 한 숙소로 들어가서 하룻밤을 머물게 되었다. 그리고 이런 일이 일어났다. 모두 저녁 식사를 하려고 함께 식사 자

세로 누웠을 때, 예수님께서 식탁에 있는 빵을 잡아서 감사기도를 드리시고 그것을 찢어서 나눠주셨다. 바로 그 순간, 제자들의 어두운 눈이 완전히 열렸고 그들은 바로 그 자리에 계신 분이 부활하신 예수님이심을 온전히 알게 되었다. 그러자 그 즉시 예수님께서는 그들 앞에서 사라지셨다.

24:32-35   하지만 그들은 낙망하지 않았다. 오히려 새로운 소망이 일어났다. 그 순간 두 제자는 서로를 향해 감동의 고백을 나누었다. "우리의 마음이 뜨겁게 타오르는 것을 느끼지 않았나? 부활하신 예수님께서 말씀하실 때 말이야! 길에서 성경 말씀을 자세히 풀어서 설명해 주실 때 말이야!"라고 말하면서. 결국 그들은 바로 그 밤에 일어나서, 예루살렘으로 돌아갔다. 그곳에 도착하니, 11명의 사도들과 나머지 제자들이 모두 함께 모여 있는 것을 발견하게 되었다. 모여 있던 사도들과 제자들은 예수님께서 정말로 부활하셨다는 이야기를 나누고 있었고, 특히 시몬 베드로에게 부활의 주님께서 직접 나타나셨다는 이야기도 나누고 있었다. 그래서 엠마오 마을로 갔다가 돌아온 2명의 제자들도, 자신들이 그 마을로 내려가던 길에 있었던 일들, 곧 예수님께서 그들에게 나타나시고 말씀을 통해서, 빵을 나누는 교제를 통해서 일어난 놀라운 체험과 이야기를 전해 주었다.

마흔여덟 번째 날의 묵상: 찾아오시는 주님, 더 가시려는 주님

내가 확신하는 것이 하나 있다. 그것은 아무리 어둡고 힘들며,

악하고 어두운 삶을 지나가더라도 반드시 하나님께서 한 번은 찾아 오신다는 것이다. 문제는 우리가 그렇게 찾아오신 주님을 알아차리지 못하고, 알아차렸음에도 환영하지 않는다는 것이다.

오늘 본문은 그 유명한 엠마오 마을로 내려가는 두 제자 이야기다. 그들은 실망했고 낙심했다. 하지만 솔직히 말해서 진짜 실망하시고 낙심하신 분은 예수님이실지도 모른다. 그런데도 주님은 그들을 찾아 오신다. 제자들은 예수님에게 세상 돌아가는 것을 모른다며 구박하지만, 예수님은 그들에게 성경을 모른다고 오히려 꾸중하신다.

여기서 우리가 주의 깊게 보아야 할 내용은 28절로, 예수님께서 그들에게 성경을 다 설명해 주신 후에 더 가시려고 했다는 것이다. 이제 막 그들의 마음이 열리기 시작했는데 예수님은 그들을 떠나려고 하신다. 다행히 제자들은 예수님을 붙잡았고 그 결과 그들은 예수님께서 그들에게 오신 궁극적인 목적을 발견하게 된다.

나는 여기서 두 번째로 확신하는 것이 있다. 그것은 하나님께서 우리를 찾아오신다고 전부 다 해결되는 것은 아니라는 사실이다. 그분을 붙잡아야 한다. 그래야만 주님께서 우리에게 오신 그 목적이 온전히 이루어진다.

안타깝게도 많은 성도가, 자신의 인생에 찾아온 하나님을 알아보지 못하고 놓치며, 그분께서 찔림과 감동과 은혜를 주심에도 불구하고 붙잡지 않는다. 부활절이 끝나면 교회는 힘이 빠진다. 이 날을 향해 달려왔던 모든 무리한 행사와 일정이 마무리되고 과거로 돌아간다. 그래서는 안 된다. 이제 일상 속에서 찾아오시는 부활의 주님을 만나고 또 붙잡아야 한다. 무엇보다 주일에 들은 말씀을 기억해 보자. 그 말씀을 들을 때 주님은 어떤 진리와 도전으로 다가오셨는가? 우리는 그것을 기억함으로 붙잡고, 선포함으로 붙잡고, 삶으로 순종하며 적용함으로 붙잡는 것이다. 바로 그때 주일의 예배가 일상을 통해 완성되는 것이다. 오늘도 엠마오로 내려가는 수많은 믿음의 사람들이여, 눈을 떠서 주님을 바라보라! 손을 내밀어 그분을 붙잡아라!

마흔여덟 번째 날의 기도

"주님! 주일에 들었던 부활의 메시지를 기억하게 하소서! 우리의 땅으로 오신 예수님께서 오늘도 우리의 삶에 찾아오시는 것을 환영하게 하소서. 이따금 주님의 방문은 아프고, 속상하고, 신경질 나고, 어색하고, 두렵고, 예상치 못한 상황 속에서 이루어질 때도 있지만, 우리를 너무나 사랑하셔서 오심을 깨닫고 환영하게 하소서! 그리고 더 가시려는 주님을 붙잡아 우리의 삶에서 당신의 오심을 완성하게 하소서! 우리도 오늘 엠마오로 내려가던 마음과 길에서 돌이키게 하소서! 그 감격스러운 전환의 순간을 우리도 누리게 하소서! 예수님의 이름으로 기도합니다. 아멘!"

• 아래의 여백에 오늘 말씀과 묵상을 읽고 느낀 점을 적어 보세요. 그리고 기억하기 쉬운 단어나 짧은 문장으로 만들어서 하루 종일 생각하며, 또 감동을 주신 대로 실천해 보세요. 오늘도 위대한 하루가 될 것입니다.

마흔아홉 번째 날의 말씀: 누가복음 24:36-53 MBT

24:36-40   제자들이 한창 이런 이야기를 나누고 있을 때, 바로 그들이 모여있는 그 자리에 부활하신 예수님께서 나타나 서셨다. 그리고 그들에게 "샬롬! 그대들에게 평화가 있기를 바랍니다"라고 말씀하셨다. 그러자 제자들은 모두 깜짝 놀랐고 동시에 두려움에 사로잡혔다. 그들은 부활한 예수님을 보았지만, 몸이 없는 유령을 보고 있다고 생각했기 때문이다. 그래서 예수님께서는 그들에게 이렇게 말씀하셨다. "왜 그렇게 놀라워하고 동요하는 겁니까? 왜 그대들의 마음속에서 의심과 두려움이 일어나는 것입니까? 자! 그대들은 나에게 다가와, 나의 손과 발을 직접 보세요! 그래요! 정말로 바로 나입니다! 와서 나를 만져보세요! 유령은 살과 뼈가 없지만, 나는 이렇게 새로운 부활의 몸을 가지고 있습니다.

바로 지금 그대들이 보고 있는 것처럼 말입니다." 예수님께서는
이런 말씀을 하시면서, 제자들에게 자신의 손과 발을 직접 보여
주셨다.

24:41-43   부활하신 예수님을 만나게 된 너무 큰 기쁨의 충격
으로 인해, 여전히 믿기 어렵다는 듯한 표정을 제자들이 하고 있
으니, 예수님께서는 제자들에게 자신이 온전히 부활하셨음을 보
여 주시고자 "혹시 여기 먹을 것이 있나요?"라고 물어보셨다. 이
에 제자들이 예수님께 구운 생선 한 토막을 드렸다. 그러자 예수
님께서는 그것을 받으신 후에, 제자들 앞에서 드셨다. 이렇게 예수
님은 부활의 몸을 가지셨음을 확실히 증명해 보여 주신 것이다.

24:44-49   이제 예수님께서는 제자들을 향해 다음과 같이 말
씀하셨다. "내가 여러분과 함께 있을 때 나누었던 중요한 메시지
를 지금 다시 기억해 보세요. 그것은 이미 구약성경인 모세오경과
선지서와 시편에서 나에 대해 기록된 말씀으로, 하나님의 아들인
메시아를 통해 반드시 이루어진다고 했던 십자가와 부활, 곧 복음
의 모든 내용이었습니다." 그렇게 예수님께서는 제자들의 마음을
활짝 여셔서, 구약성경의 모든 말씀을 깨닫게 해 주셨다. 이어서
예수님께서는 제자들에게 다음과 같이 말씀하셨다. "이미 구약성
경에서 이 세상의 구원자인 메시아, 곧 내가 십자가에서 고난받고
죽은 후에, 3일 만에 다시 죽은 자들로부터 일어나서 부활할 것을
예언하였고, 지금 그 말씀대로 이루어졌습니다"(9:22; 18:31-33; 24:7).

"구약성경에는 바로 그 메시아인 나의 이름으로 인류의 궁극

적인 문제인 죄를 해결하고 용서하는 복음의 능력이 예루살렘에
서부터 시작되어 땅끝에 있는 모든 민족들에게까지 전파될 것을
예언하였으며, 이제 그것이 시작되었습니다. 그리고 바로 그 놀라
운 복음 전파의 통로요 증인들이 바로 그대들입니다! 다만 그 전
에, 아버지 하나님께서 약속하신 성령님을 내가 그대들 위에 보낼
것입니다. 그러므로 그대들은 이곳 예루살렘에서 기도하면서 그
성령님이 그대들 위에 임하셔서 하늘의 위대한 능력이 입혀질 때
까지 기다리세요!"

24:50-53   말씀을 마치신 후에, 예수님께서는 제자들을 데리
고 예루살렘에서 3km 정도 떨어진 올리브 산의 베다니 마을까지
가셨다. 거기서 예수님은 두 손을 올리셔서 제자들을 모두 축복해
주셨다(행 1:1-11). 그렇게 예수님께서 제자들을 축복하시는 동안, 그
분은 천천히 제자들을 떠나서 하늘 위로 올려지셨다. 제자들은 하
늘로 승천하시는 예수님을 향해 경배한 후에, 크게 기뻐하면서 예
루살렘으로 돌아왔다. 그리고 제자들은 항상 신실하고 정기적으
로 예루살렘 성전에 모여 예배하고 기도하며 하나님을 찬양하였
다.

마흔아홉 번째 날의 묵상: 벽을 회전문으로!

인생의 모든 것에는 매듭이 지어지는 순간이 있다. 끝이라고
해도 좋다. 학교를 졸업하고, 십 대를 마치며, 은퇴하고, 헤어지는
순간이 온다. 그리고 결국 죽는 날이 다가오기 마련이다. 중요한

것은 그렇게 인생의 매듭이 지어지는 순간에, 결정적인 차이가 인생을 두 종류로 나눈다는 것이다.

한 종류의 사람은 매듭이 지어지는 순간이 정말로 완전한 끝이 되어 버리는 사람이다. 학교를 졸업하면 배움 자체가 끝나 버리고, 은퇴를 하고 나면 그것으로 경력이 끝나 버리며, 어떤 헤어짐이 다시는 만날 수 없는 마침표가 되는 인생이다. 하지만 다른 종류의 사람은 매듭이 지어지는 순간이 끝이 아니라, 더 놀라운 새로운 시작으로 연결되는 사람이다. 학교를 졸업하고 나서 더 큰 배움의 시간으로 이어지며, 은퇴를 하고 나도 그동안 살아온 삶의 업적을 정리해서 더 의미 있는 유산을 남기기도 하고, 어떤 소중한 것과 헤어졌지만 그보다 더 귀한 만남으로 넘어가는 인생이다. 두 개의 인생 중에 어떤 인생을 살고 싶은가?

지금까지 목회하면서 안타깝고 슬픈 모습의 성도들은 대다수 단절되는 인생을 살아가는 것을 보게 된다. 인생의 한 계절에서 다음 계절로 넘어가지만, 그전에 했던 무엇인가가 그다음에는 아무 의미 없는 것이 되어 버린다. 하지만 귀하고 아름다운 모습의 성도들은 대다수 더 의미 있게 연결되는 인생을 살아가는 것을 보게 된다. 힘들고 어려운 헤어짐과 상처가 있지만, 언제나 그것은 마침표가 아니라 쉼표가 되었다.

그리고 바로 그 모든 위대한 연결을 누리는 모든 사람의 인생에는 바로 예수님이 계셨다. 왜냐하면 그분은 죽음이라는 우리의 매듭을 부활로 연결시킨 분이시며, 사망이라는 우리의 벽 같은 끝을 생명이라는 새로운 시간으로 들어가게 하는 회전문의 시작인 분이시기 때문이다.

　누가복음의 마지막 페이지는 그래서 절대로 끝이라는 벽이 아 니다. 부활의 몸을 보이시고 제자들의 마음을 열어 말씀을 깨닫게 하심으로 이전의 삶을 매듭짓는 것으로 끝나는 것이 아니라는 말 이다. 그들에게 새로운 기대를 주시고 위대한 사명을 주심으로, 그 들의 어두운 밤을 완전히 새로운 아침으로 이어가게 하신다. 우리 가 예수님을 믿는다는 것은 바로 이러한 놀라운 일이다. 날마다 우리의 벽이 회전문으로 바뀌는 역사가 일어나야 한다.

　그래서 나는 오늘도 한숨이 나오고, 마음이 아프고, 큰 어려움 에 직면하여, 벽에 부딪친 것 같은 상황에도 예수님을 환영하며 그분의 이름으로 선포할 수 있고 기대할 수 있다. "예수님! 우리의 이 벽이 당신으로 인해 회전문이 될 것을 기대합니다! 우리의 끝 이 당신의 시작이 될 것을 선포합니다! 지금까지 해 온 모든 것을 바로 당신을 통해 더욱 새로운 것으로 이어갈 것을 소망합니다!"

　사순절의 묵상이 끝났다. 하지만 이제 진짜 시작이다!

마흔아홉 번째 날의 기도

　"주님! 우리의 삶에, 끝이라고 생각되는 절망적인 상황을 온전 히 주님께 맡깁니다. 우리가 최선을 다했지만 이루지 못한 결과도 주님의 손에 맡겨드립니다. 주님은 언제나 우리의 마지막을 시작 으로 바꾸시고, 우리의 벽을 회전문으로 바꾸시며, 우리의 죽음조차 생명으로 바꾸실 수 있음을 믿습니다. 다시금 오늘 당신의 이야기를 이어가게 하시고 당신이 사명을 연결하게 하소서! 우리의 끝에서 역사하시는 하나님을 보게 하시고, 우리의 죽음에서 주님의 부활로 이어가게 하소서! 지난 사순절 기간 함께해 주신 하나님 감사드립니다. 사순절이 씨앗이 되어서 더 놀라운 남은 한 해의 열매를 보도록 축복해 주소서! 예수님의 이름으로 기도합니다. 아멘!"

- 아래의 여백에 오늘 말씀과 묵상을 읽고 느낀 점을 적어 보세요. 그리고 기억하기 쉬운 단어나 짧은 문장으로 만들어서 하루 종일 생각하며, 또 감동을 주신 대로 실천해 보세요. 오늘도 위대한 하루가 될 것입니다.

- 마지막으로 사순절 묵상을 마감하면서, 사순절 기간 동안 묵상하고 기록한 문장들만 다시 한번 읽어 보세요. 그리고 그 문장들을 연결해서 올해의 신앙고백과 남은 한 해를 살아갈 지침으로 삼아 보세요. 소중한 사순절의 묵상이 위대한 한 해를 만들 것입니다.

부록:

헬라어-한국어 절별 대조 강산문자역(MLT)[*]

---

[*]   이 부록에는 강산역(MBT)에 해당하는 문자역, 곧 강산문자역(MLT)만 실려
      있습니다. 개역개정판을 사용한 몇몇 본문은 싣지 않았습니다.

사순절 제1일: 재의 수요일(누가복음 1:46-55)

1:46　Καὶ εἶπεν Μαριάμ· Μεγαλύνει ἡ ψυχή μου τὸν κύριον,

그러자 말했다, 마리아가. "높인다(찬양한다), 내 혼이 주님을."

1:47　καὶ ἠγαλλίασεν τὸ πνεῦμά μου ἐπὶ τῷ θεῷ τῷ σωτῆρί μου,

"그리고 기뻐했다, 내 영이 하나님께, 나의 구원자에게."

1:48　ὅτι ἐπέβλεψεν ἐπὶ τὴν ταπείνωσιν τῆς δούλης αὐτοῦ. ἰδοὺ γὰρ ἀπὸ τοῦ νῦν μακαριοῦσίν με πᾶσαι αἱ γενεαί,

"왜냐하면 그분이 주목해 보셨다, 그분의 여종의 비천한 상태를. 보라! 그러므로(왜냐하면) 지금부터 나를 복되다 할 것이다, 모든 세대들이."

1:49-50　ὅτι ἐποίησέν μοι μεγάλα ὁ δυνατός. καὶ ἅγιον τὸ ὄνομα αὐτοῦ, καὶ τὸ ἔλεος αὐτοῦ εἰς γενεὰς καὶ γενεὰς τοῖς φοβουμένοις αὐτόν.

"왜냐하면 나에게 행하셨다, 큰일들을 그 전능자께서. 그리고 그분의 이름은 거룩하시며, 그분의 그 긍휼이 세대에서 세대로(계속 영원히), 그분을 경외하는 자들에게."

1:51　Ἐποίησεν κράτος ἐν βραχίονι αὐτοῦ, διεσκόρπισεν ὑπερηφάνους διανοίᾳ καρδίας αὐτῶν·

"그가 행하셨다, 권능을 그분의 팔로, 흩으셨다. 높아진(교만한) 자들을, 그들의 마음의 생각으로."

1:52　καθεῖλεν δυνάστας ἀπὸ θρόνων καὶ ὕψωσεν ταπεινούς,

"그분은 강제로 낮추신다, 권세 있는 자들을 보좌들로부터 그리고 올리셨다, 비천한(낮은) 자들을."

1:53　πεινῶντας ἐνέπλησεν ἀγαθῶν καὶ πλουτοῦντας ἐξαπέστειλεν κενούς.

"굶주리고 갈급한 자들을 채워주셨다, 선한 것들로 그리고 부유한 자들을 그가 쫓아내셨다, 빈손으로."

1:54-55　ἀντελάβετο Ἰσραὴλ παιδὸς αὐτοῦ, μνησθῆναι ἐλέους, καθὼς ἐλάλησεν πρὸς τοὺς πατέρας ἡμῶν, τῷ Ἀβραὰμ καὶ τῷ σπέρματι αὐτοῦ εἰς τὸν αἰῶνα.

"그가 잡아주시리라! 그의 종인 이스라엘을, 기억하시어 긍휼을, 마치 그분이 말한 것처럼 우리의 선조들에게, 아브라함에게 그리고 그의 후손들에게 영원히."

사순절 제2일: 재의 수요일 다음 목요일(누가복음 1:67-79)

1:67　Καὶ Ζαχαρίας ὁ πατὴρ αὐτοῦ ἐπλήσθη πνεύματος ἁγίου καὶ ἐπροφήτευσεν λέγων·

그리고 사가랴, 그의 아버지는 성령으로 충만하게 되었다 그리고 예언했다, 말하기를.

1:68 Εὐλογητὸς κύριος ὁ θεὸς τοῦ Ἰσραήλ, ὅτι ἐπεσκέψατο καὶ ἐποίησεν λύτρωσιν τῷ λαῷ αὐτοῦ,

"찬송합니다, 주님! 이스라엘의 하나님! 왜냐하면 방문하셨기 때문이며, 행하셨기 때문입니다, 속량(구속)을 그의 백성에게."

1:69 καὶ ἤγειρεν κέρας σωτηρίας ἡμῖν ἐν οἴκῳ Δαυὶδ παιδὸς αὐτοῦ,

"그리고 일으키셨다, 구원의 뿔을. 우리에게/우리를 위해 그분의 종인 다윗의 집안에서."

1:70 καθὼς ἐλάλησεν διὰ στόματος τῶν ἁγίων ἀπ᾽ αἰῶνος προφητῶν αὐτοῦ,

"말한 것처럼, 거룩한 사람들의 입을 통해, 영원부터(오래전부터), 그의 선지자들의."

1:71 σωτηρίαν ἐξ ἐχθρῶν ἡμῶν καὶ ἐκ χειρὸς πάντων τῶν μισούντων ἡμᾶς,

"구원을, 우리 대적들로부터, 그리고 우리를 미워하는 모든 자의 손으로부터."

1:72 ποιῆσαι ἔλεος μετὰ τῶν πατέρων ἡμῶν καὶ μνησθῆναι διαθήκης ἁγίας αὐτοῦ,

"긍휼을 행하시려고, 우리 조상들과 함께(조상들에게), 그리고/즉 기억하시려고 그의 거룩한 언약을."

1:73 ὅρκον ὃν ὤμοσεν πρὸς Ἀβραὰμ τὸν πατέρα ἡμῶν, τοῦ δοῦναι ἡμῖν

"맹세를, 즉 그가 맹세하셨다, 아브라함을 향해 우리의 조상인, 주시고자 우리에게."

1:74 ἀφόβως ἐκ χειρὸς ἐχθρῶν ῥυσθέντας λατρεύειν αὐτῷ

"두려움 없이 원수들의 손에서부터, 우리가 건짐을 받아서, 그분을 섬기려고(예배하려고)."

1:75 ἐν ὁσιότητι καὶ δικαιοσύνῃ ἐνώπιον αὐτοῦ πάσαις ταῖς ἡμέραις ἡμῶν.

"경건(성결)함과 의로움으로 그분 앞에서 우리의 모든 날들 동안."

1:76 Καὶ σὺ δέ, παιδίον, προφήτης ὑψίστου κληθήσῃ· προπορεύσῃ γὰρ ἐνώπιον κυρίου ἑτοιμάσαι ὁδοὺς αὐτοῦ,

"그리고 이제 너! 아이야! 지존자의 선지자로 불려지게 되리라. 왜냐하면 네가 주님 앞에 앞서가서 그분의 길들을 준비할 것이기 때문에."

1:77 τοῦ δοῦναι γνῶσιν σωτηρίας τῷ λαῷ αὐτοῦ ἐν ἀφέσει

ἁμαρτιῶν αὐτῶν,

"지식을 주고자(알게 하고자) 구원을, 그의 백성에게, 그들의 죄들을 사함으로써."

1:78 διὰ σπλάγχνα ἐλέους θεοῦ ἡμῶν, ἐν οἷς ἐπισκέψεται ἡμᾶς ἀνατολὴ ἐξ ὕψους,

"우리 하나님의 긍휼의 창자(마음/자비의 심정)로 인하여, 바로 그것으로 인하여 방문하게 될 것이다(이르게 될 것이다), 우리에게 지극히 높은 곳에서부터의 빛 비침이."

1:79 ἐπιφᾶναι τοῖς ἐν σκότει καὶ σκιᾷ θανάτου καθημένοις, τοῦ κατευθῦναι τοὺς πόδας ἡμῶν εἰς ὁδὸν εἰρήνης.

"비추고자, 어두움과 죽음의 그늘에 앉은 자들에게. 똑바르게 교정하고자, 우리의 발들(걸음들)을 평화의 길로 (향하도록)."

사순절 제3일: 재의 수요일 다음 금요일(누가복음 2:8-15)

2:8 Καὶ ποιμένες ἦσαν ἐν τῇ χώρᾳ τῇ αὐτῇ ἀγραυλοῦντες καὶ φυλάσσοντες φυλακὰς τῆς νυκτὸς ἐπὶ τὴν ποίμνην αὐτῶν.

그리고 목자들이 있었다, 그 지역에, 밖에서 야영하며 그 밤에 불침번으로 지키고 있었다, 자신들의 양 떼를.

2:9 καὶ ἄγγελος κυρίου ἐπέστη αὐτοῖς καὶ δόξα κυρίου περιέλαμψεν αὐτούς, καὶ ἐφοβήθησαν φόβον μέγαν.

그리고 한 주의 천사가 그들에게 나타났다 그리고 주의 영광이 그들 주변을 비추었다. 그러자 그들은 큰 두려움에 무서워하였다.

2:10 καὶ εἶπεν αὐτοῖς ὁ ἄγγελος· μὴ φοβεῖσθε, ἰδοὺ γὰρ εὐαγγελίζομαι ὑμῖν χαρὰν μεγάλην ἥτις ἔσται παντὶ τῷ λαῷ,

그러자 한 천사가 그들에게 말했다, "두려워말라, 보라 좋은 소식을 너희에게 내가 전해주기 때문이다. 큰 기쁨의 소식을. 그것은 모든 백성에게 이르게 될 것이다."

2:11 ὅτι ἐτέχθη ὑμῖν σήμερον σωτὴρ ὅς ἐστιν χριστὸς κύριος ἐν πόλει Δαυίδ.

"즉 나셨다, 너희에게(너희를 위해), 오늘, 구원자가, 그는 그리스도 주이시다, 다윗의 동네에."

2:12 καὶ τοῦτο ὑμῖν τὸ σημεῖον, εὑρήσετε βρέφος ἐσπαργανωμένον καὶ κείμενον ἐν φάτνῃ.

"그리고 이것이 너희에게 그 표적, 너희가 발견하게 되리라, 천에 감싸져서 구유에 뉘어 있는 아기를."

2:13   καὶ ἐξαίφνης ἐγένετο σὺν τῷ ἀγγέλῳ πλῆθος στρατιᾶς οὐρανίου αἰνούντων τὸν θεὸν καὶ λεγόντων·

그리고 갑자기 생겼다, 그 천사와 함께 엄청난 숫자의 천군 천사가 찬송하는 것이, 하나님을 그리고 말하기를.

2:14   δόξα ἐν ὑψίστοις θεῷ καὶ ἐπὶ γῆς εἰρήνη ἐν ἀνθρώποις εὐδοκίας.

"영광을! 지극히 높은 곳들에, 하나님께, 그리고 땅 위에 평화가! 선한 뜻을 품은 사람들 안에."

2:15   Καὶ ἐγένετο ὡς ἀπῆλθον ἀπ᾽ αὐτῶν εἰς τὸν οὐρανὸν οἱ ἄγγελοι, οἱ ποιμένες ἐλάλουν πρὸς ἀλλήλους· διέλθωμεν δὴ ἕως Βηθλέεμ καὶ ἴδωμεν τὸ ῥῆμα τοῦτο τὸ γεγονὸς ὃ ὁ κύριος ἐγνώρισεν ἡμῖν.

그리고 되었다, 그즈음에, 그들로부터 떠나 하늘로 갔다, 그 천사들이. 그 목자들은 서로 말했다, "통과해서 가보자! 베들레헴까지 그리고 보자! 이러한 말(일), 곧 그 천사가 우리에게 알려준 (그 일을)."

사순절 제4일: 재의 수요일 다음 토요일(누가복음 4:1-13)

4:1   Ἰησοῦς δὲ πλήρης πνεύματος ἁγίου ὑπέστρεψεν ἀπὸ τοῦ Ἰορδάνου καὶ ἤγετο ἐν τῷ πνεύματι ἐν τῇ ἐρήμῳ

이제 예수께서 성령의 충만하신 (상태로), 돌아오셨다, 요단강에서부터 그리고 인도당하셨다(이끌리셨다), 그 영 안에서, 그 광야 안으로.

4:2   ἡμέρας τεσσεράκοντα πειραζόμενος ὑπὸ τοῦ διαβόλου. Καὶ οὐκ ἔφαγεν οὐδὲν ἐν ταῖς ἡμέραις ἐκείναις καὶ συντελεσθεισῶν αὐτῶν ἐπείνασεν.

40일을(40일 동안) 시험받으시며 마귀에 의해서, 그리고 그분은 먹지 않으셨다, 아무것도, 이날들 동안. 그래서 전부 마치신 후, 그분이 배고프셨다.

4:3   εἶπεν δὲ αὐτῷ ὁ διάβολος· εἰ υἱὸς εἶ τοῦ θεοῦ, εἰπὲ τῷ λίθῳ τούτῳ ἵνα γένηται ἄρτος.

이제 말했다, 그분에게 그 마귀가. "만약 네가 하나님의 아들이면, 너는 말하라, 이 돌에게 되도록 빵이."

4:4   καὶ ἀπεκρίθη πρὸς αὐτὸν ὁ Ἰησοῦς· γέγραπται ὅτι οὐκ ἐπ᾽ ἄρτῳ μόνῳ ζήσεται ὁ ἄνθρωπος.

그리고 대답하셨다, 그(마귀)에게 예수께서. "기록되었다. 즉 아니다(No)! 오직 빵만으로, 살 수 없게 될 것이다, 그 사람이.

4:5   Καὶ ἀναγαγὼν αὐτὸν ἔδειξεν αὐτῷ πάσας τὰς βασιλείας τῆς οἰκουμένης ἐν στιγμῇ χρόνου

그리고 이끌고 올라간 후 그분(예수)을, 그가 보여주었다, 그분(예수)에게 세상의 모든 나라들을 한순간에.

4:6 καὶ εἶπεν αὐτῷ ὁ διάβολος· σοὶ δώσω τὴν ἐξουσίαν ταύτην ἅπασαν καὶ τὴν δόξαν αὐτῶν, ὅτι ἐμοὶ παραδέδοται καὶ ᾧ ἐὰν θέλω δίδωμι αὐτήν·
그리고 말했다, 그분(예수)에게 그 마귀가, "너에게 내가 주겠다, 이 모든 권세를 그리고 그들의 그 영광을. 즉(왜냐하면) 나에게 넘겨진 것이기에, 그리고(그래서) ~에게, 곧 만약 내가 원하는 그 자에게, 내가 그를(그에게) 준다(줄 수 있기 때문이다)."

4:7 σὺ οὖν ἐὰν προσκυνήσῃς ἐνώπιον ἐμοῦ, ἔσται σοῦ πᾶσα.
"그러므로 네가 만약 경배하면, 내 앞에, 너의 것이 되리라 모든 것이."

4:8 καὶ ἀποκριθεὶς ὁ Ἰησοῦς εἶπεν αὐτῷ· γέγραπται· κύριον τὸν θεόν σου προσκυνήσεις καὶ αὐτῷ μόνῳ λατρεύσεις.
그러자 대답했다. 그 예수께서 그에게 말하셨다. "기록되었다. 주님을 주 너의 하나님을 너희는 경배하라. 그리고 그분께 홀로(오직) 너희는 섬기라(예배하라)!"

4:9 Ἤγαγεν δὲ αὐτὸν εἰς Ἰερουσαλὴμ καὶ ἔστησεν ἐπὶ τὸ πτερύγιον τοῦ ἱεροῦ καὶ εἶπεν αὐτῷ· εἰ υἱὸς εἶ τοῦ θεοῦ, βάλε σεαυτὸν ἐντεῦθεν κάτω·
이제 그가 이끌었다. 그분을 예루살렘으로, 그리고 세웠다. 성전의 정상(날개/꼭대기)에, 그리고 그분에게 말했다. "만약 네가 하나님의 아들이면, 너 자신을 던져라, 여기서부터 아래로."

4:10 γέγραπται γὰρ ὅτι τοῖς ἀγγέλοις αὐτοῦ ἐντελεῖται περὶ σοῦ τοῦ διαφυλάξαι σε
"왜냐하면 기록되어 있다, 즉 그의 천사들에게 그가 명령하실 것이다, 너에 대해(너를 위해) 너를 철저하게 지키도록."

4:11 καὶ ὅτι ἐπὶ χειρῶν ἀροῦσίν σε, μήποτε προσκόψῃς πρὸς λίθον τὸν πόδα σου.
"그리고 즉 손들로, 그들이 들어 올릴 것이다, 너를. 부딪치지 않도록 돌을 향해 너의 발이."

4:12 καὶ ἀποκριθεὶς εἶπεν αὐτῷ ὁ Ἰησοῦς ὅτι εἴρηται· οὐκ ἐκπειράσεις κύριον τὸν θεόν σου.
그러자 대답하시며, 그에게 말씀하셨다, 그 예수께서. 즉 "말씀되어 있다, 철저히, 함부로 시험하지 마라! 주님 너의 하나님을!"

4:13 Καὶ συντελέσας πάντα πειρασμὸν ὁ διάβολος ἀπέστη ἀπ᾽ αὐτοῦ ἄχρι καιροῦ.
그러자 마친 후, 모든 시험을, 그 마귀가 떠났다, 그로부터. 어느 때까지(잠시 동안/기회가 올 때까지).

사순절 제5일: 사순절 첫째 주, 주일(시편 91편: 이 책에서는 개역개정판을 사용함)

사순절 제6일: 사순절 첫째 주, 월요일(누가복음 2:22–32)

2:22 Καὶ ὅτε ἐπλήσθησαν αἱ ἡμέραι τοῦ καθαρισμοῦ αὐτῶν κατὰ τὸν νόμον Μωϋσέως, ἀνήγαγον αὐτὸν εἰς Ἱεροσόλυμα παραστῆσαι τῷ κυρίῳ,

그리고 그때, (때가) 찼다. 그들(마리아와 아기 예수 가족)의 정결의 날들이, 모세의 율법에 따라서. 그들은 올라갔다, 그를 (데리고) 예루살렘으로, 주님께 바치고자 (세우고자).

2:23 καθὼς γέγραπται ἐν νόμῳ κυρίου ὅτι πᾶν ἄρσεν διανοῖγον μήτραν ἅγιον τῷ κυρίῳ κληθήσεται,

주님의 율법에 기록된 대로, 곧 모든 남자아이, 어머니의 자궁을 (첫 번째로) 열고 나온 아이는 거룩하다고 주님께 불리게 된다.

2:24 καὶ τοῦ δοῦναι θυσίαν κατὰ τὸ εἰρημένον ἐν τῷ νόμῳ κυρίου, ζεῦγος τρυγόνων ἢ δύο νοσσοὺς περιστερῶν.

그리고 제사 드리고자, 말씀된 대로, 주의 율법에, 산비둘기 한 쌍 혹은 어린 집비둘기 두 마리를(두 마리로).

2:25 Καὶ ἰδοὺ ἄνθρωπος ἦν ἐν Ἱερουσαλὴμ ᾧ ὄνομα Συμεὼν καὶ ὁ ἄνθρωπος οὗτος δίκαιος καὶ εὐλαβὴς προσδεχόμενος παράκλησιν τοῦ Ἰσραήλ, καὶ πνεῦμα ἦν ἅγιον ἐπ᾽ αὐτόν·

그리고 보라! 한 사람이 있었다, 예루살렘에. 그 이름은 시므온, 그리고 그 사람은 의롭고 경건하다. 그는 기다리고 있었다. 이스라엘의 위로를. 그리고 성령이 그 위에 계셨다.

2:26 καὶ ἦν αὐτῷ κεχρηματισμένον ὑπὸ τοῦ πνεύματος τοῦ ἁγίου μὴ ἰδεῖν θάνατον πρὶν [ἢ] ἂν ἴδῃ τὸν χριστὸν κυρίου.

그리고 있었다, 그에게 신성한 계시받음이, 성령으로 인해, 죽음을 보지 않으리라, 먼저 그 전에 주의 메시아를 보기 전에는.

2:27 καὶ ἦλθεν ἐν τῷ πνεύματι εἰς τὸ ἱερόν· καὶ ἐν τῷ εἰσαγαγεῖν τοὺς γονεῖς τὸ παιδίον Ἰησοῦν τοῦ ποιῆσαι αὐτοὺς κατὰ τὸ εἰθισμένον τοῦ νόμου περὶ αὐτοῦ

그리고 갔다, 영의 이끌림 안에서, 성전으로 그리고 마침 아기 예수를 그 부모가 데리고 왔다, 그들이 행하고자, 율법의 전통에 따라, 그 아이에 대해(그 아이에게 행하고자).

2:28 καὶ αὐτὸς ἐδέξατο αὐτὸ εἰς τὰς ἀγκάλας καὶ εὐλόγησεν

τὸν θεὸν καὶ εἶπεν·

그리고 그는 자신의 팔 안으로 그 아이를 받아들이고, 하나님을 찬양하고 말했다.

2:29 νῦν ἀπολύεις τὸν δοῦλόν σου, δέσποτα, κατὰ τὸ ῥῆμά σου ἐν εἰρήνη·

"이제야 당신께서 놓아주십니다, 당신의 종을 주권자시여! 당신의 말씀대로 평안히."

2:30 ὅτι εἶδον οἱ ὀφθαλμοί μου τὸ σωτήριόν σου,

"왜냐하면 보았기 때문에, 나의 두 눈이, 당신의 그 구원을."

2:31 ὃ ἡτοίμασας κατὰ πρόσωπον πάντων τῶν λαῶν,

"이것은 당신이 준비하셨다, 모든 백성의 얼굴 앞을 향하여, 위하여."

2:32 φῶς εἰς ἀποκάλυψιν ἐθνῶν καὶ δόξαν λαοῦ σου Ἰσραήλ.

"빛, 이방인들의 계시를 위해, 그리고 당신의 백성 이스라엘의 영광을 (위해)."

사순절 제7일: 사순절 첫째 주, 화요일(누가복음 3:4-14)

3:4 ὡς γέγραπται ἐν βίβλῳ λόγων Ἡσαΐου τοῦ προφήτου· φωνὴ βοῶντος ἐν τῇ ἐρήμῳ· ἑτοιμάσατε τὴν ὁδὸν κυρίου, εὐθείας ποιεῖτε τὰς τρίβους αὐτοῦ·

성경에 기록된 것처럼, 이사야 선지자의 말씀들의(말씀들 대로), 소리치는 음성이 광야에. "너희는 준비하라, 주님의 그 길을, 평평하게 너희는 만들어라, 그분의 그 좁은 길들을!"

3:5 πᾶσα φάραγξ πληρωθήσεται καὶ πᾶν ὄρος καὶ βουνὸς ταπεινωθήσεται, καὶ ἔσται τὰ σκολιὰ εἰς εὐθείαν καὶ αἱ τραχεῖαι εἰς ὁδοὺς λείας·

"모든 골짜기는 채워질 것이다 그리고 모든 산과 언덕은 낮추어질 것이다 그리고 될 것이다, 굽어진 것들이 곧게 그리고 거친 것들이 평범한 길들로."

3:6 καὶ ὄψεται πᾶσα σὰρξ τὸ σωτήριον τοῦ θεοῦ.

"그리고 볼 것이다, 모든 육체가 하나님의 그 구원을!"

3:7 Ἔλεγεν οὖν τοῖς ἐκπορευομένοις ὄχλοις βαπτισθῆναι ὑπ' αὐτοῦ· γεννήματα ἐχιδνῶν, τίς ὑπέδειξεν ὑμῖν φυγεῖν ἀπὸ τῆς μελλούσης ὀργῆς;

그러므로 그가 계속 말했다, (자기 삶의 자리에서) 떠나서 나오는 무리들에게, 세례를 받고자. 요한에 의해. "독사의 후손들아, 누가 아래에 전시했느냐(보여주었느냐)? 너희에게 피하도록, 임박한 진노로부터."

3:8 ποιήσατε οὖν καρποὺς ἀξίους τῆς μετανοίας καὶ μὴ ἄρξησθε λέγειν ἐν ἑαυτοῖς· πατέρα ἔχομεν τὸν Ἀβραάμ. λέγω γὰρ ὑμῖν ὅτι δύναται ὁ θεὸς ἐκ τῶν λίθων τούτων ἐγεῖραι τέκνα τῷ Ἀβραάμ.

"그러므로 너희는 행하라, 열매들을 (맺으라)! 회개의 합당한. 그리고 스스로(자신 있게) 말하기를 시작하지 말라/입 밖에도 내지 말라, 우리 아버지로 가졌다, 아브라함을. 그러므로 너희에게 내가 말한다, 즉 하실 수 있다, 하나님께서 이 돌들로부터 일어나게, 후손들을, 아브라함에게."

3:9 ἤδη δὲ καὶ ἡ ἀξίνη πρὸς τὴν ῥίζαν τῶν δένδρων κεῖται· πᾶν οὖν δένδρον μὴ ποιοῦν καρπὸν καλὸν ἐκκόπτεται καὶ εἰς πῦρ βάλλεται.

"이제 이미 그리고 그 도끼가, 나무들의 그 뿌리에 놓였다. 그러므로 모든 나무, 좋은 열매 맺지 못하는 나무, 찍힌다, 그리고 불로 던져진다."

3:10 Καὶ ἐπηρώτων αὐτὸν οἱ ὄχλοι λέγοντες· τί οὖν ποιήσωμεν;

그리고(그러자) 그들이 계속 물었다, 그를(그에게) 그 무리들이 말하면서, "그러면 우리가 무엇을 해야 하는가?""

3:11 ἀποκριθεὶς δὲ ἔλεγεν αὐτοῖς· ὁ ἔχων δύο χιτῶνας μεταδότω τῷ μὴ ἔχοντι, καὶ ὁ ἔχων βρώματα ὁμοίως ποιείτω.

이제 대답하면서, 계속 말했다, 그들에게. "두 개 옷(속에 입는 옷)을 가진 자는 나눠 주라! 없는 자에게, 먹을 것들 가진 자도 동일하게 하라!"

3:12 ἦλθον δὲ καὶ τελῶναι βαπτισθῆναι καὶ εἶπαν πρὸς αὐτόν· διδάσκαλε, τί ποιήσωμεν;

이제 왔다, 그리고 세리들도 세례를 받고자. 그리고 그들이 말했다, 그(요한)에게 "선생이여! 우리는 무엇을 행할까요?"

3:13 ὁ δὲ εἶπεν πρὸς αὐτούς· μηδὲν πλέον παρὰ τὸ διατεταγμένον ὑμῖν πράσσετε.

그러자 그가 말했다. "그들에게 하지 마라! 넘치도록, 너희에게 정해진 것 그 이상, 그 너머로 (세금을 걷지 말라)."

3:14 ἐπηρώτων δὲ αὐτὸν καὶ στρατευόμενοι λέγοντες· τί ποιήσωμεν καὶ ἡμεῖς; καὶ εἶπεν αὐτοῖς· μηδένα διασείσητε μηδὲ συκοφαντήσητε καὶ ἀρκεῖσθε τοῖς ὀψωνίοις ὑμῶν.

이제 계속 질문했다, 군인들도 말하기를 "우리도 무엇을 행할까요?" 그러자 그가 그들에게 말했다. "그만두라! 강제로 빼앗음(폭력/공권력 남용) 고소(무고한 협박) 너희가 곡식(봉급)에 만족하라!"

사순절 제8일: 사순절 첫째 주, 수요일(누가복음 4:14-30)

4:14 Καὶ ὑπέστρεψεν ὁ Ἰησοῦς ἐν τῇ δυνάμει τοῦ πνεύματος

εἰς τὴν Γαλιλαίαν. καὶ φήμη ἐξῆλθεν καθ’ ὅλης τῆς
περιχώρου περὶ αὐτοῦ.

그리고 돌아오셨다, 그 예수께서 그 영의 능력 안에서, 그 갈릴리로. 그리고 소
문이 나갔다, 인근의 전부를 통해/아래에, 그분에 관해/대해.

4:15 καὶ αὐτὸς ἐδίδασκεν ἐν ταῖς συναγωγαῖς αὐτῶν
δοξαζόμενος ὑπὸ πάντων.

그리고 그분은 계속 가르치셨다. 그들의 회당들에서, 영광받으시며(칭송받으시
며) 모두에 의해.

4:16 Καὶ ἦλθεν εἰς Ναζαρά, οὗ ἦν τεθραμμένος, καὶ εἰσῆλθεν
κατὰ τὸ εἰωθὸς αὐτῷ ἐν τῇ ἡμέρᾳ τῶν σαββάτων εἰς
τὴν συναγωγὴν καὶ ἀνέστη ἀναγνῶναι.

그리고 가셨다/이르셨다, 나사렛 안으로, (어린 시절) 그가 성장하신/자라나신.
그리고 들어가셨다, 그 관습에 따라 그에게 (주어진) 안식들의 그 날에, 그 회당
안으로, 그리고 그는 서셨다 읽고자/낭독하고자.

4:17 καὶ ἐπεδόθη αὐτῷ βιβλίον τοῦ προφήτου Ἠσαΐου καὶ
ἀναπτύξας τὸ βιβλίον εὗρεν τὸν τόπον οὗ ἦν
γεγραμμένον·

그리고/그래서 넘겨 주어졌다, 그에게, 선지자 이사야의 두루마리/성경 그리
고 펼친 후, 그 두루마리 책을, 찾으셨다, 그 면[즉, 다음과 같은 내용이 있는 곳].

4:18 πνεῦμα κυρίου ἐπ’ ἐμὲ οὗ εἵνεκεν ἔχρισέν με
εὐαγγελίσασθαι πτωχοῖς, ἀπέσταλκέν με, κηρύξαι
αἰχμαλώτοις ἄφεσιν καὶ τυφλοῖς ἀνάβλεψιν, ἀποστεῖλαι
τεθραυσμένους ἐν ἀφέσει,

"주님의 영이 나의 위에, 그 이유는, 기름부으셨다. 나를(나에게) 기쁜 소식 전하
게 하시려고. 가난한(궁핍한) 자에게 보내셨다 나를, 전파하게 하시려고 포로들
에게 풀려남(자유/해방)을. 그리고 눈먼 자들에게 시력 회복을. 보내지도록, 부서
진 자들(억눌린 자들)을 자유롭게(자유하게/해방하게)."

4:19 κηρύξαι ἐνιαυτὸν κυρίου δεκτόν.

"전파하도록, 주님의 인정/호의의 해, 희년을!"

4:20 καὶ πτύξας τὸ βιβλίον ἀποδοὺς τῷ ὑπηρέτῃ ἐκάθισεν·
καὶ πάντων οἱ ὀφθαλμοὶ ἐν τῇ συναγωγῇ ἦσαν
ἀτενίζοντες αὐτῷ.

그리고 그 두루마리를 감은 후에, 넘겨준 후에, 시종/섬기는 사람에게. 그분은
앉으셨다. 그러자 모든 사람의 그 눈들이 그 회당 안에 있는, 그분께 고정하면
서.

4:21 ἤρξατο δὲ λέγειν πρὸς αὐτοὺς ὅτι σήμερον πεπλήρωται
ἡ γραφὴ αὕτη ἐν τοῖς ὠσὶν ὑμῶν.

이제 시작하셨다. 말씀하기를, 그들을 향해 다음과 같이. "오늘! 성취되었다. 그 글(말씀/성경 내용)이 너희의 귀들 안에."

4:22   Καὶ πάντες ἐμαρτύρουν αὐτῷ καὶ ἐθαύμαζον ἐπὶ τοῖς λόγοις τῆς χάριτος τοῖς ἐκπορευομένοις ἐκ τοῦ στόματος αὐτοῦ καὶ ἔλεγον· οὐχὶ υἱός ἐστιν Ἰωσὴφ οὗτος;

그러자 모두 계속 증언했다, 그에게 그리고 놀랐다, 그분의 은혜의 말들에. 즉 그의 입에서 나오고 있는 (말들). 그리고 그들이 말했다, "이 사람은 요셉의 아들 아닌가?"

4:23   καὶ εἶπεν πρὸς αὐτούς· πάντως ἐρεῖτέ μοι τὴν παραβολὴν ταύτην· ἰατρέ, θεράπευσον σεαυτόν· ὅσα ἠκούσαμεν γενόμενα εἰς τὴν Καφαρναοὺμ ποίησον καὶ ὧδε ἐν τῇ πατρίδι σου.

그러자 말씀하셨다, 그들을 향해, "완전히/철저히 너희는 말할 것이다, 나에게, 이러한 속담을. 의사야! 너 자신을(자신부터, 자신이나) 고쳐라! 우리가 들은 대로 가버나움에서 행한 것들을, 너는 행하라! 여기서도! 당신의 (아버지) 고향 안에 서."

4:24   εἶπεν δέ· ἀμὴν λέγω ὑμῖν ὅτι οὐδεὶς προφήτης δεκτός ἐστιν ἐν τῇ πατρίδι αὐτοῦ.

이제 말씀하셨다, "아멘! 내가 너희에게 말한다. 곧 아무도 없다, 인정받는((환영 받는) 선지자가, 그의 고향에서는."

4:25   ἐπ᾽ ἀληθείας δὲ λέγω ὑμῖν, πολλαὶ χῆραι ἦσαν ἐν ταῖς ἡμέραις Ἠλίου ἐν τῷ Ἰσραήλ, ὅτε ἐκλείσθη ὁ οὐρανὸς ἐπὶ ἔτη τρία καὶ μῆνας ἕξ, ὡς ἐγένετο λιμὸς μέγας ἐπὶ πᾶσαν τὴν γῆν,

"진리에 대하여, 이제 내가 너희에게 말한다, 많은 과부들이 있었다, 엘리야 시 대에 이스라엘 안에, 그때 그 하늘이 닫혔다, 3년 6개월 동안, 그래서 큰 기근 이 있었다, 그 온 땅에."

4:26   καὶ πρὸς οὐδεμίαν αὐτῶν ἐπέμφθη Ἠλίας εἰ μὴ εἰς Σάρεπτα τῆς Σιδωνίας πρὸς γυναῖκα χήραν.

"그리고(그럼에도) 그들 중, 아무에게도 보내심을 받지 않았다, 엘리야가. 오직 시돈의 사렙다로, 과부된 여인 한 명을 향해서(제외하고)."

4:27   καὶ πολλοὶ λεπροὶ ἦσαν ἐν τῷ Ἰσραὴλ ἐπὶ Ἐλισαίου τοῦ προφήτου, καὶ οὐδεὶς αὐτῶν ἐκαθαρίσθη εἰ μὴ Ναιμὰν ὁ Σύρος.

"그리고 많은 악성 피부병 환자들이 있었다, 이스라엘 안에, 엘리사 시대에. 그 런데 그들 중 아무도 깨끗함을 받지 못했다, 오직 수리아 사람, 나아만(을 제외하고)."

4:28 καὶ ἐπλήσθησαν πάντες θυμοῦ ἐν τῇ συναγωγῇ ἀκούοντες ταῦτα

그러자 가득해졌다(꽉 찼다), 모든 이들이 분노로. 그 회당 안의, 이것들을(이 말씀을) 들은 후에.

4:29 καὶ ἀναστάντες ἐξέβαλον αὐτὸν ἔξω τῆς πόλεως καὶ ἤγαγον αὐτὸν ἕως ὀφρύος τοῦ ὄρους ἐφ᾽ οὗ ἡ πόλις ᾠκοδόμητο αὐτῶν ὥστε κατακρημνίσαι αὐτόν·

그리고 그들은 일어나서, 쫓아냈다, 그를 밖으로, 그 도시(마을)의. 그리고 끌고 갔다, 그를 그 언덕(고지/산)의 눈썹(이마/가장자리)으로. 그들의 그 도시(마을)가 세워진 그곳 위에. 그분을 아래로 떨어뜨리고자.

4:30 αὐτὸς δὲ διελθὼν διὰ μέσου αὐτῶν ἐπορεύετο.

그분은 이제 통과한 후, 그들 가운데를 관통해서, 가셨다.

사순절 제9일: 사순절 첫째 주, 목요일(누가복음 5:1-11)

5:1 Ἐγένετο δὲ ἐν τῷ τὸν ὄχλον ἐπικεῖσθαι αὐτῷ καὶ ἀκούειν τὸν λόγον τοῦ θεοῦ καὶ αὐτὸς ἦν ἑστὼς παρὰ τὴν λίμνην Γεννησαρὲτ

이제 일어났다(발생했다), 그 안에(그분을 향해), 그 무리가 둘러싸기를, 그분을. 그리고 듣기를 하나님의 말씀을. 그리고 그분은 서 계셨다, 게네사렛 호수(해변/항구) 가에.

5:2 καὶ εἶδεν δύο πλοῖα ἑστῶτα παρὰ τὴν λίμνην· οἱ δὲ ἁλιεῖς ἀπ᾽ αὐτῶν ἀποβάντες ἔπλυνον τὰ δίκτυα.

그리고 그분은 보셨다, 두 개의 배를, 정박되어 있는 상태의, 그 호숫가에. 이제 그 어부들은 그 배들로부터 나온 후에, 그물들을 씻고 있었다.

5:3 ἐμβὰς δὲ εἰς ἓν τῶν πλοίων, ὃ ἦν Σίμωνος, ἠρώτησεν αὐτὸν ἀπὸ τῆς γῆς ἐπαναγαγεῖν ὀλίγον· καθίσας δὲ ἐκ τοῦ πλοίου ἐδίδασκεν τοὺς ὄχλους.

이제 오르신 후, 그 배들(두 개) 중 하나 안에. 그것은 시몬의 것이었다. 그(예수님)는 그(시몬)에게 요청하셨다, 땅으로부터 조금 떨어져 (바다로) 나가기를, 이제 앉으신 후에, 그 배에서부터, 계속 가르치셨다, 그 무리들을.

5:4 Ὡς δὲ ἐπαύσατο λαλῶν, εἶπεν πρὸς τὸν Σίμωνα· ἐπανάγαγε εἰς τὸ βάθος καὶ χαλάσατε τὰ δίκτυα ὑμῶν εἰς ἄγραν.

이제 말씀하시기를 마치신 즈음, 그분은 말씀하셨다, 그 시몬을 향해. 너는 나아가라! 깊은 곳으로, 그리고 너희의 그물들을 내려라, 낚시(사냥/물고기 잡기) 위해.

5:5 καὶ ἀποκριθεὶς Σίμων εἶπεν· ἐπιστάτα, δι᾽ ὅλης νυκτὸς κοπιάσαντες οὐδὲν ἐλάβομεν· ἐπὶ δὲ τῷ ῥήματί σου χαλάσω τὰ δίκτυα.

그러자 대답하며 시몬이 말했다, "귀하신 분(선생님)이여! 온밤 동안 우리가 수고했으나 아무것도 얻지 못했습니다. 이제 당신이 발화하신 말씀에 의지해, 내가 내릴 것입니다, 그 그물들을."

5:6 καὶ τοῦτο ποιήσαντες συνέκλεισαν πλῆθος ἰχθύων πολύ, διερρήσσετο δὲ τὰ δίκτυα αὐτῶν.

그리고(그래서) 그렇게 행동(순종)했더니, 그들이 에워쌌다, 충만한 물고기들을 많이, 이제 그들의 그물들이 찢어진다.

5:7 καὶ κατένευσαν τοῖς μετόχοις ἐν τῷ ἑτέρῳ πλοίῳ τοῦ ἐλθόντας συλλαβέσθαι αὐτοῖς· καὶ ἦλθον καὶ ἔπλησαν ἀμφότερα τὰ πλοῖα ὥστε βυθίζεσθαι αὐτά.

그래서 그들이 신호했다, 동업자들에게 다른 배에 있는, 와서 도와달라고 그들을. 그러자 그들이 왔다 그리고 채웠다. 양쪽(배 두 척)에 가득. 그 결과 그것들은 (그 배들은) 가라앉게 되었다(잠기기 시작했다).

5:8 Ἰδὼν δὲ Σίμων Πέτρος προσέπεσεν τοῖς γόνασιν Ἰησοῦ λέγων· ἔξελθε ἀπ᾽ ἐμοῦ, ὅτι ἀνὴρ ἁμαρτωλός εἰμι, κύριε.

이제 (이런 상황을) 시몬 베드로가 보고 나서, 앞으로 엎드렸다, 예수님의 무릎들로. 말하면서, "당신은 떠나소서! 나로부터, 왜냐하면 나는 죄인입니다. 주님이시여!"

5:9 θάμβος γὰρ περιέσχεν αὐτὸν καὶ πάντας τοὺς σὺν αὐτῷ ἐπὶ τῇ ἄγρᾳ τῶν ἰχθύων ὧν συνέλαβον,

그래서/왜냐하면 놀라움(경이로움)이 사로잡았다, 그(베드로)를 그리고 그와 함께한 모든 사람들을. 물고기의 잡힘(사냥)으로 인해, 곧 그들이 함께 잡은 것(취한 것).

5:10 ὁμοίως δὲ καὶ Ἰάκωβον καὶ Ἰωάννην υἱοὺς Ζεβεδαίου, οἳ ἦσαν κοινωνοὶ τῷ Σίμωνι. καὶ εἶπεν πρὸς τὸν Σίμωνα ὁ Ἰησοῦς· μὴ φοβοῦ· ἀπὸ τοῦ νῦν ἀνθρώπους ἔσῃ ζωγρῶν.

이제 동일하게 세베대의 아들들인 야고보와 요한도, 그들은 동업자들이었다, 시몬에게(시몬과 함께). 그리고 말씀하셨다. 시몬에게 예수님께서, "너는 두려워 말라, 이제부터 사람들을 네가 생포할 것이다(잡는 사람이 되리라)."

5:11 καὶ καταγαγόντες τὰ πλοῖα ἐπὶ τὴν γῆν ἀφέντες πάντα ἠκολούθησαν αὐτῷ.

그러자 아래로 이끈 후 그 배들을 육지 곁에, 모든 것을 내버려둔 후, 그들이 따라갔다, 그분을.

사순절 제10일: 사순절 첫째 주, 금요일(누가복음 6:20-26)

6:20 Καὶ αὐτὸς ἐπάρας τοὺς ὀφθαλμοὺς αὐτοῦ εἰς τοὺς μαθητὰς αὐτοῦ ἔλεγεν· Μακάριοι οἱ πτωχοί, ὅτι ὑμετέρα ἐστὶν ἡ βασιλεία τοῦ θεοῦ.

그리고 그분은 그의 눈들을 들어 올리신 후, 그의 제자들을 향해, 말씀하셨다. "복되도다! 가난한(낮은) 자들이여! 왜냐하면 그 하나님의 나라가 너희의 것이다."

6:21 μακάριοι οἱ πεινῶντες νῦν, ὅτι χορτασθήσεσθε. μακάριοι οἱ κλαίοντες νῦν, ὅτι γελάσετε.

"복되도다! 배고픈(궁핍한) 자들이여! 지금! 왜냐하면, 너희가 배부르게 될 것이다. 복되도다! 우는(애통하는) 자들이여! 지금! 왜냐하면, 너희가 크게 웃을 것이기 때문이다."

6:22 μακάριοί ἐστε ὅταν μισήσωσιν ὑμᾶς οἱ ἄνθρωποι καὶ ὅταν ἀφορίσωσιν ὑμᾶς καὶ ὀνειδίσωσιν καὶ ἐκβάλωσιν τὸ ὄνομα ὑμῶν ὡς πονηρὸν ἕνεκα τοῦ υἱοῦ τοῦ ἀνθρώπου·

"복되도다! 너희가 (이런) 상황에 있는 것이, 사람들이 너희를 미워하는 상태. 그리고 그들이 너희를 배제할 때, 그리고 그들이 욕(중상, 모략, 비난)하고 너희의 그 이름을 버릴 때, 인자 때문에/인하여 악하다고(악한 방식으로)."

6:23 χάρητε ἐν ἐκείνῃ τῇ ἡμέρᾳ καὶ σκιρτήσατε, ἰδοὺ γὰρ ὁ μισθὸς ὑμῶν πολὺς ἐν τῷ οὐρανῷ· κατὰ τὰ αὐτὰ γὰρ ἐποίουν τοῖς προφήταις οἱ πατέρες αὐτῶν.

"너희는 기뻐하라! 저런 날들에(그때에) 그리고 (기뻐) 뛰라! 보라, 왜냐하면 너희의 그 상이 풍성하다. 하늘에서. 왜냐하면 이와 같이 너희의 아버지들(선조들)이 선지자들에게 행하였다. [너희는 지금 선지자의 위치에 서 있는 것이다!]"

6:24 Πλὴν οὐαὶ ὑμῖν τοῖς πλουσίοις, ὅτι ἀπέχετε τὴν παράκλησιν ὑμῶν.

"그럼에도 불구하고, 그러나/반대로, 화가 있을 것이다, 너희에게, 그 부유한 자들에게. 왜냐하면 너희는 충분히 받았다, 너희의 위로를(수입/받을 것을) (다 받았다)."

6:25 οὐαὶ ὑμῖν, οἱ ἐμπεπλησμένοι νῦν, ὅτι πεινάσετε. οὐαί, οἱ γελῶντες νῦν, ὅτι πενθήσετε καὶ κλαύσετε.

"화가 있을 것이다, 너희에게, 지금 배부른 너희에게, 왜냐하면 너희가 굶주리게 될 것이다. 화가 있을 것이다, 지금 크게 웃는 자들이여, 왜냐하면 너희가 슬퍼하게 될 것이고 울게 될 것이다."

6:26　οὐαὶ ὅταν ὑμᾶς καλῶς εἴπωσιν πάντες οἱ ἄνθρωποι·
κατὰ τὰ αὐτὰ γὰρ ἐποίουν τοῖς ψευδοπροφήταις οἱ
πατέρες αὐτῶν.

"화가 있을 것이다, 모든 사람이 너희에게(너희를) 좋게 말하는/칭찬하는 말을
할 때. 왜냐하면 그와 같이 너희의 조상들이 가짜 선지자들에게 행하였다."

사순절 제11일: 사순절 첫째 주, 토요일(누가복음 13:31-35)

13:31　Ἐν αὐτῇ τῇ ὥρᾳ προσῆλθάν τινες Φαρισαῖοι λέγοντες
αὐτῷ· ἔξελθε καὶ πορεύου ἐντεῦθεν, ὅτι Ἡρῴδης θέλει
σε ἀποκτεῖναι.

바로 그 시간에, 나아왔다, 어떤 바리새인들이, 그분께 말하면서, "당신은 떠나
소서! 그리고 가소서! 여기서부터, 왜냐하면 헤롯이 당신 죽이기를 원한다."

13:32　καὶ εἶπεν αὐτοῖς· πορευθέντες εἴπατε τῇ ἀλώπεκι
ταύτῃ· ἰδοὺ ἐκβάλλω δαιμόνια καὶ ἰάσεις ἀποτελῶ
σήμερον καὶ αὔριον καὶ τῇ τρίτῃ τελειοῦμαι.

그러자 그분은 그들에게 말씀하셨다. "너희는 가서 말하라, 저 여우에게. 보라
내가 마귀들을 쫓아내고 병든 자를 온전케 하리라. 오늘과 내일, 그리고 그다
음 3일째 날에는 내가 (나의 사명을) 다 이루게 되리라."

13:33　πλὴν δεῖ με σήμερον καὶ αὔριον καὶ τῇ ἐχομένῃ
πορεύεσθαι, ὅτι οὐκ ἐνδέχεται προφήτην ἀπολέσθαι
ἔξω Ἰερουσαλήμ.

"당연히 나는 오늘과 내일 그리고(즉) 다가오는 날들에 나아갈 것이다. 왜냐하
면 선지자가 예루살렘 밖에서 죽을 수 없는 법이다."

13:34　Ἰερουσαλὴμ Ἰερουσαλήμ, ἡ ἀποκτείνουσα τοὺς
προφήτας καὶ λιθοβολοῦσα τοὺς ἀπεσταλμένους πρὸς
αὐτήν, ποσάκις ἠθέλησα ἐπισυνάξαι τὰ τέκνα σου ὃν
τρόπον ὄρνις τὴν ἑαυτῆς νοσσιὰν ὑπὸ τὰς πτέρυγας,
καὶ οὐκ ἠθελήσατε.

"예루살렘아! 예루살렘아! 선지자들을 죽이고 너에게 보내진 사람들을 향해 돌
로 친 존재야! 얼마나 여러 번, 너의 자녀들을 내가 모으려 했더냐? 마치 암탉
이 자기 새끼들을 날개 아래로 모으려 하는 것처럼, 그러나 너희는 원하지 않
았다."

13:35　ἰδοὺ ἀφίεται ὑμῖν ὁ οἶκος ὑμῶν. λέγω [δὲ] ὑμῖν, οὐ μὴ
ἴδητέ με ἕως [ἥξει ὅτε] εἴπητε· εὐλογημένος ὁ ἐρχόμενος
ἐν ὀνόματι κυρίου.

"보라! 너희의 그 집(예루살렘)이 너희에게(너희로부터) 버려질 것이다. 이제 내가
너희에게 말한다. 너희는 나를 보지 못할 것이다. '주의 이름으로 오시는 분께

찬송하리로다'라고 너희가 말하게 될 그때가 오기까지."

사순절 제12일: 사순절 둘째 주, 주일(시편 27편: 이 책에서는 개역개정판을 사용함)

사순절 제13일: 사순절 둘째 주, 월요일(누가복음 7:11-17)

7:1 Ἐπειδὴ ἐπλήρωσεν πάντα τὰ ῥήματα αὐτοῦ εἰς τὰς ἀκοὰς τοῦ λαοῦ, εἰσῆλθεν εἰς Καφαρναούμ.

이후에, 그분의 모든 발화들(말씀들)을 성취하셨다(마무리하셨다), 백성의 들음들을 위해서(향해서). (그리고 나서) 그분은 들어가셨다, 가버나움으로.

7:2 Ἑκατοντάρχου δέ τινος δοῦλος κακῶς ἔχων ἤμελλεν τελευτᾶν, ὃς ἦν αὐτῷ ἔντιμος.

이제 백인대장(백부장)의 어떤 종(하인)이 약함/병을 가져서, 생을 마치려고 하는 상태였다(죽기 직전의 상태였다). 그 종은 그에게 가치 있는(소중한) 사람이었다.

7:3 ἀκούσας δὲ περὶ τοῦ Ἰησοῦ ἀπέστειλεν πρὸς αὐτὸν πρεσβυτέρους τῶν Ἰουδαίων ἐρωτῶν αὐτὸν ὅπως ἐλθὼν διασώσῃ τὸν δοῦλον αὐτοῦ.

이제 들은 후에, 그 예수에 관하여, 그는 보냈다, 그분을 향해, 유대인 장로들을, 요청하면서(요청하고자) 그분을. 즉 그분이 오셔서 그의 종을 고쳐주시기를.

7:4 οἱ δὲ παραγενόμενοι πρὸς τὸν Ἰησοῦν παρεκάλουν αὐτὸν σπουδαίως λέγοντες ὅτι ἄξιός ἐστιν ᾧ παρέξῃ τοῦτο·

이제, 그들이 그 예수께(예수를) 향해 나아와서 간청했다, 그분을(께) 열심히(급히), 말하면서(말하기를), "그에게는 합당합니다, 이것을 제공해 주시는 것이."

7:5 ἀγαπᾷ γὰρ τὸ ἔθνος ἡμῶν καὶ τὴν συναγωγὴν αὐτὸς ᾠκοδόμησεν ἡμῖν.

"왜냐하면 그가 사랑한다, 우리 민족으로 그리고 그 회당을 그가 지었다. 우리에게/우리를 위해."

7:6 ὁ δὲ Ἰησοῦς ἐπορεύετο σὺν αὐτοῖς. ἤδη δὲ αὐτοῦ οὐ μακρὰν ἀπέχοντος ἀπὸ τῆς οἰκίας ἔπεμψεν φίλους ὁ ἑκατοντάρχης λέγων αὐτῷ· κύριε, μὴ σκύλλου, οὐ γὰρ ἱκανός εἰμι ἵνα ὑπὸ τὴν στέγην μου εἰσέλθῃς·

이제, 예수께서 그들과 함께 가셨다/가는 중이셨다. 이제 이미 그분께서 멀지 않게 가시고 있는데, 그 집으로부터, 보냈다, 친구들을. 그 백인대장이 말하면서 그에게, "주여! 수고하지[문자적으로, "가죽을 벗기다"] 마소서! 왜냐하면 나는 적합하지 못합니다. 나의 집/지붕 아래에 당신이 들어오심이."

7:7 διὸ οὐδὲ ἐμαυτὸν ἠξίωσα πρὸς σὲ ἐλθεῖν· ἀλλ' εἰπὲ λόγῳ, καὶ ἰαθήτω ὁ παῖς μου.

"그러므로 나 자신도 자격이 안 된다는 것을, 당신을 향해 나아가는 것이. 오히려/다만 말씀으로 말하소서. 그리고 나의 소년이 나으리라(그러면 나의 소년이 회복될 것입니다)" 하고."

7:8 καὶ γὰρ ἐγὼ ἄνθρωπός εἰμι ὑπὸ ἐξουσίαν τασσόμενος ἔχων ὑπ᾽ ἐμαυτὸν στρατιώτας, καὶ λέγω τούτῳ· πορεύθητι, καὶ πορεύεται, καὶ ἄλλῳ· ἔρχου, καὶ ἔρχεται, καὶ τῷ δούλῳ μου· ποίησον τοῦτο, καὶ ποιεῖ.

"왜냐하면 나도 권위 아래 있는 사람으로 나 자신의 (권위) 아래에도 군사들이 있습니다. 그래서 내가 그들에게 말합니다. 너는 나아가라, 그러면 그는 나아갑니다. 그리고 다른 이에게 너는 오라, 그러면 그가 옵니다. 그리고 나의 종에게 너는 이것을 하라 그러면 그가 합니다."

7:9 ἀκούσας δὲ ταῦτα ὁ Ἰησοῦς ἐθαύμασεν αὐτὸν καὶ στραφεὶς τῷ ἀκολουθοῦντι αὐτῷ ὄχλῳ εἶπεν· λέγω ὑμῖν, οὐδὲ ἐν τῷ Ἰσραὴλ τοσαύτην πίστιν εὗρον.

이제 이것들(이 말들)을 들으신 후, 그 예수께서 감탄하셨다. 그를(에 대해) 그리고 방향을 트신 후, 자신을 따르는 자들에게 무리에게 말씀하셨다. "내가 말한다, 너희에게, 이스라엘 (사람) 중에서도 이와 같은(이만한) 믿음을 만난 적이 없다."

7:10 Καὶ ὑποστρέψαντες εἰς τὸν οἶκον οἱ πεμφθέντες εὗρον τὸν δοῦλον ὑγιαίνοντα.

그리고 돌아간 후에, 그 집으로 보냄받았던 사람들이, 발견했다/만났다. 그 종을, 건강해진 상태(로 있는).

7:11 Καὶ ἐγένετο ἐν τῷ ἑξῆς ἐπορεύθη εἰς πόλιν καλουμένην Ναῒν καὶ συνεπορεύοντο αὐτῷ οἱ μαθηταὶ αὐτοῦ καὶ ὄχλος πολύς.

그리고 이런 일이 있었다. 그다음 날에, 나인이라 불리는 도시 안으로 그분은 들어가셨다. 그리고 그분과 함께 그의 제자들과 많은 무리가 동행했다.

7:12 ὡς δὲ ἤγγισεν τῇ πύλῃ τῆς πόλεως, καὶ ἰδοὺ ἐξεκομίζετο τεθνηκὼς μονογενὴς υἱὸς τῇ μητρὶ αὐτοῦ καὶ αὐτὴ ἦν χήρα, καὶ ὄχλος τῆς πόλεως ἱκανὸς ἦν σὺν αὐτῇ.

이제 그 도시의 성문에 가까이 오셨을 때, 그리고 보라! 그들(사람들)이 죽은 자, 즉 그의 어머니의 독자 아들을 밖으로 (메어) 나르고 있었다. 그녀는 이미 과부였다(남편이 죽어서 없었다). 그 성의 상당한 사람/무리가 그녀와 함께 있었다(장례 행렬을 따르고 있었다).

7:13 καὶ ἰδὼν αὐτὴν ὁ κύριος ἐσπλαγχνίσθη ἐπ᾽ αὐτῇ καὶ εἶπεν αὐτῇ· μὴ κλαῖε.

그리고 그녀를 보신 후, 주님께서 불쌍히 여기셨다, 그녀에 대해, 그리고 그녀에게 말씀하셨다. "너는 울지 말라!"

7:14　καὶ προσελθὼν ἥψατο τῆς σοροῦ, οἱ δὲ βαστάζοντες ἔστησαν, καὶ εἶπεν· νεανίσκε, σοὶ λέγω, ἐγέρθητι.

그리고 가까이 가셔서 그 관(들것)에 (손을) 대셨다/잡았다. 이제 들고 있는 자들이 멈추었다. 그리고 말씀하셨다. "젊은이! 너에게 내가 말한다! 너는 일어나라!"

7:15　καὶ ἀνεκάθισεν ὁ νεκρὸς καὶ ἤρξατο λαλεῖν, καὶ ἔδωκεν αὐτὸν τῇ μητρὶ αὐτοῦ.

그러자 일어났다, 그 죽은 자가. 그리고 말하기 시작했다. 그리고 (예수께서) 주셨다. 그를, 그의 어머니에게.

7:16　ἔλαβεν δὲ φόβος πάντας καὶ ἐδόξαζον τὸν θεὸν λέγοντες ὅτι προφήτης μέγας ἠγέρθη ἐν ἡμῖν καὶ ὅτι ἐπεσκέψατο ὁ θεὸς τὸν λαὸν αὐτοῦ.

이제 두려움/경이가 모든 사람을 사로잡았다. 그래서 그들은 영광을 돌렸다. 하나님께 말하면서, "위대한 선지자가 일어나셨다. 우리 중에 그리고 이렇게 하나님께서 그분의 백성을 방문하셨다."

7:17　καὶ ἐξῆλθεν ὁ λόγος οὗτος ἐν ὅλῃ τῇ Ἰουδαίᾳ περὶ αὐτοῦ καὶ πάσῃ τῇ περιχώρῳ.

이 말/소문이 퍼져나갔다, 유대의 전부(온) 유대 땅에, 그분에 관해. 그리고 그 주변 모두에.

사순절 제14일: 사순절 둘째 주, 화요일(누가복음 7:18-28)

7:18　αἱ ἀπήγγειλαν Ἰωάννῃ οἱ μαθηταὶ αὐτοῦ περὶ πάντων τούτων. καὶ προσκαλεσάμενος δύο τινὰς τῶν μαθητῶν αὐτοῦ ὁ Ἰωάννης

그리고 보고했다, 요한에게, 그의 제자들이. 이 모든 것들[예수님의 말씀과 기적들]에 대해서. 그리고(그러자) 그의 제자들 중에서 2명을 불렀다, 그 요한이.

7:19　ἔπεμψεν πρὸς τὸν κύριον λέγων· σὺ εἶ ὁ ἐρχόμενος ἢ ἄλλον προσδοκῶμεν;

그(요한)는 보냈다, 주님을 향해, 말하면서[이 질문을 제자들에게 담아서], "당신이 그 오실 분이십니까? 혹은(아니면) 다른 분을 우리가 기다려야 합니까?"

7:20　παραγενόμενοι δὲ πρὸς αὐτὸν οἱ ἄνδρες εἶπαν· Ἰωάννης ὁ βαπτιστὴς ἀπέστειλεν ἡμᾶς πρὸς σὲ λέγων· σὺ εἶ ὁ ἐρχόμενος ἢ ἄλλον προσδοκῶμεν;

이제 가까이 가서, 그분께, 그 남자들(요한의 제자들)이 말했다. "세례 요한이 우리를 보냈습니다. 당신에게 말하면서 당신이 그 오실 분이십니까? 혹은(아니면) 다른 분을 우리가 기다려야 합니까?"

7:21 ἐν ἐκείνῃ τῇ ὥρᾳ ἐθεράπευσεν πολλοὺς ἀπὸ νόσων καὶ μαστίγων καὶ πνευμάτων πονηρῶν καὶ τυφλοῖς πολλοῖς ἐχαρίσατο βλέπειν.

바로 그 시간에(그즈음에), 그분은 치유하셨다, 많은 이들을. 병과 고통, 그리고 악한 영들로(영들로부터), 그리고 많은 소경을 볼 수 있게, 은혜/호의를 베풀고 계셨다.

7:22 καὶ ἀποκριθεὶς εἶπεν αὐτοῖς· πορευθέντες ἀπαγγείλατε Ἰωάννῃ ἃ εἴδετε καὶ ἠκούσατε· τυφλοὶ ἀναβλέπουσιν, χωλοὶ περιπατοῦσιν, λεπροὶ καθαρίζονται καὶ κωφοὶ ἀκούουσιν, νεκροὶ ἐγείρονται, πτωχοὶ εὐαγγελίζονται·

그리고 대답하시면서 말씀하셨다, 그들에게. "너희는 가거라, 너희는 보고해라. 요한에게. 너희가 보고 들은 것들을, 소경들이 본다. 다리 저는 자들이 걷는다. 악성 피부병자들이 깨끗해진다. 청각장애인들이 듣는다. 죽은 자들이 일어난다. (즉,) 가난한 자들에게 복음이 전파된다"라고.

7:23 καὶ μακάριός ἐστιν ὃς ἐὰν μὴ σκανδαλισθῇ ἐν ἐμοί.

"그리고 복되도다! 누구든지 시험 들지/실족하지 않는 자들은, 내 안에서(나로 인해)."

7:24 Ἀπελθόντων δὲ τῶν ἀγγέλων Ἰωάννου ἤρξατο λέγειν πρὸς τοὺς ὄχλους περὶ Ἰωάννου· τί ἐξήλθατε εἰς τὴν ἔρημον θεάσασθαι κάλαμον ὑπὸ ἀνέμου σαλευόμενον;

이제 요한의 보낸 자들(제자들)이 떠난 후에, 말씀하기 시작하셨다. 무리들에게. 요한에 대해서. "너희는 무엇을 보려고 나갔느냐? 광야로? 바람에 흔들리는 갈대를?"

7:25 ἀλλὰ τί ἐξήλθατε ἰδεῖν ἄνθρωπον ἐν μαλακοῖς ἱματίοις ἠμφιεσμένον; ἰδοὺ οἱ ἐν ἱματισμῷ ἐνδόξῳ καὶ τρυφῇ ὑπάρχοντες ἐν τοῖς βασιλείοις εἰσίν.

"아니면, 무엇을 보려고 너희는 나갔느냐? 부드러운 옷으로 치장/옷 입고 있는 사람들을? 보라! 호화롭고 사치스러운 옷들을 (입고) 지내는 사람들은 왕궁에 있다."

7:26 ἀλλὰ τί ἐξήλθατε ἰδεῖν προφήτην; ναὶ λέγω ὑμῖν, καὶ περισσότερον προφήτου.

"그러면 무엇을 보려고 너희가 나갔느냐? 선지자냐? 그렇지! 내가 너희에게 말한다. 선지자를 능가하는 사람, 선지자보다 탁월한 사람을(사람에 대해서)."

7:27 οὗτός ἐστιν περὶ οὗ γέγραπται· ἰδοὺ ἀποστέλλω τὸν ἄγγελόν μου πρὸ προσώπου σου, ὃς κατασκευάσει τὴν ὁδόν σου ἔμπροσθέν σου.

"그는 (이런 사람)이다, 그에 대해, 기록되어 있다. (이렇게) 보라, 내가 나의 천사/

사자를 보낸다. 너의 앞에. 그가 준비할 것이다. 너의 길을, 너의 앞에서."

7:28 λέγω ὑμῖν, μείζων ἐν γεννητοῖς γυναικῶν Ἰωάννου οὐδείς ἐστιν· ὁ δὲ μικρότερος ἐν τῇ βασιλείᾳ τοῦ θεοῦ μείζων αὐτοῦ ἐστιν.

"내가 너희에게 말한다. 여자들이 낳은 자들 중에서 요한보다 더 큰 사람은 없다. 이제(그러나) 하나님의 나라에서 가장 작은 자도 그(요한)보다 크다."

사순절 제15일: 사순절 둘째 주, 수요일(누가복음 8:22-39)

8:22 Ἐγένετο δὲ ἐν μιᾷ τῶν ἡμερῶν καὶ αὐτὸς ἐνέβη εἰς πλοῖον καὶ οἱ μαθηταὶ αὐτοῦ καὶ εἶπεν πρὸς αὐτούς· διέλθωμεν εἰς τὸ πέραν τῆς λίμνης, καὶ ἀνήχθησαν.

이제 이런 일이 있었다, 날들 중의 하나에. 그리고(즉) 그분께서 배 안으로 올라가신 후, 그분의 제자들도. 그리고 그들에게 말씀하셨다. "건너가자, 호수(항구) 건너편으로." 그래서 그들은 출발했다.

8:23 πλεόντων δὲ αὐτῶν ἀφύπνωσεν. καὶ κατέβη λαῖλαψ ἀνέμου εἰς τὴν λίμνην καὶ συνεπληροῦντο καὶ ἐκινδύνευον.

이제 그들이 항해하는 동안, 그분은 잠드셨다. 그리고 회오리바람이 내리쳤다. 그 호수에, 그러자 (물이 배에) 가득 차서 위험한 상황이 되었다.

8:24 προσελθόντες δὲ διήγειραν αὐτὸν λέγοντες· ἐπιστάτα ἐπιστάτα, ἀπολλύμεθα. ὁ δὲ διεγερθεὶς ἐπετίμησεν τῷ ἀνέμῳ καὶ τῷ κλύδωνι τοῦ ὕδατος· καὶ ἐπαύσαντο καὶ ἐγένετο γαλήνη.

이제 그들(제자들)이 나아와서 깨웠다. 그분께 말하면서, "스승님(에피스타타)! 스승님!우리가 죽어갑니다(망해갑니다)." 이제 그분께서 깨어나신(일어나신) 후, 꾸짖으셨다. 그 바람에게 그리고 그 물의 소동(요동)에게. 그러자 멈추었고 고요해졌다.

8:25 εἶπεν δὲ αὐτοῖς· ποῦ ἡ πίστις ὑμῶν; φοβηθέντες δὲ ἐθαύμασαν λέγοντες πρὸς ἀλλήλους· τίς ἄρα οὗτός ἐστιν ὅτι καὶ τοῖς ἀνέμοις ἐπιτάσσει καὶ τῷ ὕδατι, καὶ ὑπακούουσιν αὐτῷ;

이제 그들에게 그분은 말씀하셨다. "너희의 그 믿음은 어디에?" 이제 그들이 두려워하면서, 놀랐다. 말하기를 서로서로. "도대체 이분은 누구신가? 곧 심지어 바람들에게 명령하시니, 그리고 물에게도, 그것들이 그분께 순종한다."

8:26 Καὶ κατέπλευσαν εἰς τὴν χώραν τῶν Γερασηνῶν, ἥτις ἐστὶν ἀντιπέρα τῆς Γαλιλαίας.

그리고 그들이 도착했다, 거라사의 땅, 지역 안에. 그곳은 갈릴리의 반대편이다.

8:27 ἐξελθόντι δὲ αὐτῷ ἐπὶ τὴν γῆν ὑπήντησεν ἀνήρ τις ἐκ τῆς πόλεως ἔχων δαιμόνια καὶ χρόνῳ ἱκανῷ οὐκ ἐνεδύσατο ἱμάτιον καὶ ἐν οἰκίᾳ οὐκ ἔμενεν ἀλλ' ἐν τοῖς μνήμασιν.

이제 그분께서 (배에서 땅으로) 내리시니 그 땅 위에서 한 남자/사람이 만났다/마주쳤다. 그는 그 도시의 출신으로, 마귀들에게 사로잡혀, 그리고 상당한 시간 동안(오랫동안) 옷도 입지 않고, 집에도 거하지(머물지) 않으며, 오히려 무덤들 가운데 (있었다).

8:28 ἰδὼν δὲ τὸν Ἰησοῦν ἀνακράξας προσέπεσεν αὐτῷ καὶ φωνῇ μεγάλῃ εἶπεν· τί ἐμοὶ καὶ σοί, Ἰησοῦ υἱὲ τοῦ θεοῦ τοῦ ὑψίστου; δέομαί σου, μή με βασανίσῃς.

이제 예수님을 보고서 소리 지른 후, 엎드렸다. 그분께 그리고 큰 소리를(로) 그가 말했다. "나와 당신이 무슨 (상관인가)? 예수여! 지존하신(가장 높으신) 하나님의 아들이여! 제가 당신께 부탁합니다. 나를 고문/괴롭게 하지 마소서!"

8:29 παρήγγειλεν γὰρ τῷ πνεύματι τῷ ἀκαθάρτῳ ἐξελθεῖν ἀπὸ τοῦ ἀνθρώπου. πολλοῖς γὰρ χρόνοις συνηρπάκει αὐτὸν καὶ ἐδεσμεύετο ἁλύσεσιν καὶ πέδαις φυλασσόμενος καὶ διαρρήσσων τὰ δεσμὰ ἠλαύνετο ὑπὸ τοῦ δαιμονίου εἰς τὰς ἐρήμους.

왜냐하면 그분이 명령하셨기 때문이다, 그 더러운 영에게, 그 사람으로부터 나오라고. 왜냐하면 (그 지역 사람들이) 많은 시간/자주 그 사람을 붙잡아서, 그를 쇠사슬과 족쇄들로 묶어놓고 지켰지만, 그 마귀에 의해 그 묶인 것들을 (다) 끊어버리고 광야들로 몰려/이끌려 나갔기 때문이다.

8:30 ἐπηρώτησεν δὲ αὐτὸν ὁ Ἰησοῦς· τί σοι ὄνομά ἐστιν; ὁ δὲ εἶπεν· λεγιών, ὅτι εἰσῆλθεν δαιμόνια πολλὰ εἰς αὐτόν.

이제 그에게 예수께서 물으셨다. "너에게 이름이 무엇이냐?" 이제 그 마귀들이 말했다. "군단!" 곧 많은 마귀가 그 사람 안에 들어갔기 때문이다.

8:31 καὶ παρεκάλουν αὐτὸν ἵνα μὴ ἐπιτάξῃ αὐτοῖς εἰς τὴν ἄβυσσον ἀπελθεῖν.

그리고 마귀들이 간청했다. 그를(그분께). 명령하지 마시기를, 그들에게. 무저갱(아뷔소스) 안으로 들어가라고.

8:32 ἦν δὲ ἐκεῖ ἀγέλη χοίρων ἱκανῶν βοσκομένη ἐν τῷ ὄρει· καὶ παρεκάλεσαν αὐτὸν ἵνα ἐπιτρέψῃ αὐτοῖς εἰς ἐκείνους εἰσελθεῖν· καὶ ἐπέτρεψεν αὐτοῖς.

이제 그곳에 상당히 많은 돼지 떼가 있었다, 산에서 방목/먹이를 먹고 있는. 그

래서 그들이 간청했다. 그분이 그들에게 허락해주시기를, 저것들 안으로 들어
가게. 그래서 (주님은) 허락하셨다. 그들에게.

8:33 ἐξελθόντα δὲ τὰ δαιμόνια ἀπὸ τοῦ ἀνθρώπου εἰσῆλθον
εἰς τοὺς χοίρους, καὶ ὥρμησεν ἡ ἀγέλη κατὰ τοῦ
κρημνοῦ εἰς τὴν λίμνην καὶ ἀπεπνίγη.
이제 그 마귀들이 나와서, 그 사람으로부터, 들어갔다. 그 돼지들 안으로, 그러
자 그 떼(돼지들)가 달렸다. (산의) 가파른 경사 아래로, 그 호수 안으로. 그리고
(그 떼가) 익사했다.

8:34 Ἰδόντες δὲ οἱ βόσκοντες τὸ γεγονὸς ἔφυγον καὶ
ἀπήγγειλαν εἰς τὴν πόλιν καὶ εἰς τοὺς ἀγρούς.
이제 (돼지를) 방목하던 자들이 그것(그렇게 된 일)을 보고 도망쳤다. 그리고 알렸
다. 그 도시 안으로 그리고 땅들과 농촌들 안으로.

8:35 ἐξῆλθον δὲ ἰδεῖν τὸ γεγονὸς καὶ ἦλθον πρὸς τὸν Ἰησοῦν
καὶ εὗρον καθήμενον τὸν ἄνθρωπον ἀφ' οὗ τὰ δαιμόνια
ἐξῆλθεν ἱματισμένον καὶ σωφρονοῦντα παρὰ τοὺς
πόδας τοῦ Ἰησοῦ, καὶ ἐφοβήθησαν.
이제 (사람들이) 나와서 그렇게 된 일을 보고자. 그래서 예수님께 왔다. 그리고
발견했다. 앉아 있는 그 사람을, 그로부터 마귀들이 떠나가고, 옷을 차려입고,
온전한 정신으로, 예수님의 발 곁에 (있는), 그래서 그들은 두려워했다.

8:36 ἀπήγγειλαν δὲ αὐτοῖς οἱ ἰδόντες πῶς ἐσώθη ὁ
δαιμονισθείς.
이제 그들이/본 자들이/목격자들이 알려주었다. 그들에게 어떻게 그 마귀에게
사로잡힌 자가 구원받았는지를.

8:37 καὶ ἠρώτησεν αὐτὸν ἅπαν τὸ πλῆθος τῆς περιχώρου
τῶν Γερασηνῶν ἀπελθεῖν ἀπ' αὐτῶν, ὅτι φόβῳ μεγάλῳ
συνείχοντο· αὐτὸς δὲ ἐμβὰς εἰς πλοῖον ὑπέστρεψεν.
그리고 요청했다. 그분께 모든 그 무리들이, 거라사 땅의, 그 주변 지역에서 떠
나시길. 그들로부터. 왜냐하면 그 거대한 두려움에 그들이 사로잡혔기 때문에,
이제 그분은 배 안으로 돌아가셨다.

8:38 ἐδεῖτο δὲ αὐτοῦ ὁ ἀνὴρ ἀφ' οὗ ἐξεληλύθει τὰ δαιμόνια
εἶναι σὺν αὐτῷ· ἀπέλυσεν δὲ αὐτὸν λέγων·
이제 계속 요청했다. 그분께, 그 사람 즉, 그로부터 그 마귀들이 나간 그 사람
이. 그분(주님)과 함께하기를. 이제 그를 (자유롭게) 보내시며 말씀하시길.

8:39 ὑπόστρεφε εἰς τὸν οἶκόν σου καὶ διηγοῦ ὅσα σοι
ἐποίησεν ὁ θεός. καὶ ἀπῆλθεν καθ' ὅλην τὴν πόλιν
κηρύσσων ὅσα ἐποίησεν αὐτῷ ὁ Ἰησοῦς.
"너는 돌아가라, 너의 집으로. 그리고 철저하게 알려라, 하나님께서 너에게 행

하신 만큼(전부를)!" 그래서 그가 갔다. 그 온 도시에 철저하게 전파하며, 예수께 서 그에게 행하신 만큼(전부를).

사순절 제16일: 사순절 둘째 주, 목요일(누가복음 8:40-56)

8:40 Ἐν δὲ τῷ ὑποστρέφειν τὸν Ἰησοῦν ἀπεδέξατο αὐτὸν ὁ ὄχλος· ἦσαν γὰρ πάντες προσδοκῶντες αὐτόν.
이제 예수께서 돌아오시자, 그분을 환영했다, 그 무리가. 왜냐하면 모두들 그분 을 기다렸기 때문에.

8:41 καὶ ἰδοὺ ἦλθεν ἀνὴρ ᾧ ὄνομα Ἰάϊρος καὶ οὗτος ἄρχων τῆς συναγωγῆς ὑπῆρχεν, καὶ πεσὼν παρὰ τοὺς πόδας [τοῦ] Ἰησοῦ παρεκάλει αὐτὸν εἰσελθεῖν εἰς τὸν οἶκον αὐτοῦ,
그리고 보라! 한 사람이 왔다, 그에게 이름은 야이로, 그리고 그는 회당의 장 (長)으로 책임을 가진 사람이었다. 그리고 엎드린 후, 예수님의 발들 곁에, 그가 간청했다, 그분께. 그의 집 안으로 오시기를.

8:42 ὅτι θυγάτηρ μονογενὴς ἦν αὐτῷ ὡς ἐτῶν δώδεκα καὶ αὐτὴ ἀπέθνῃσκεν. Ἐν δὲ τῷ ὑπάγειν αὐτὸν οἱ ὄχλοι συνέπνιγον αὐτόν.
그 이유는 외동딸이 그에게 있었다, 약 12살. 그리고 그녀는 죽어가고 있었기 때문이다. 그분께서 내려가실 때, 무리가 그분을 에워싸서 밀쳤다(질식시켰다/옹 위했다).

8:43 Καὶ γυνὴ οὖσα ἐν ῥύσει αἵματος ἀπὸ ἐτῶν δώδεκα, ἥτις [ἰατροῖς προσαναλώσασα ὅλον τὸν βίον] οὐκ ἴσχυσεν ἀπ' οὐδενὸς θεραπευθῆναι,
그리고 한 여자가 있었는데, 피의 유출(혈루병)로 12년 전부터. [그 기간을 의사들에 게 허비했다. (그녀의) 온 생애를 (그럼에도)] 아무에게서도 치유를 받을 수 없었다.

8:44 προσελθοῦσα ὄπισθεν ἥψατο τοῦ κρασπέδου τοῦ ἱματίου αὐτοῦ καὶ παραχρῆμα ἔστη ἡ ῥύσις τοῦ αἵματος αὐτῆς.
(그녀는) 다가와서, 뒤로. 만졌다. 그분의 옷의 가장자리(끝/옷술)를. 그러자 즉시, 그녀의 피 흐름(유출)이 멈추었다.

8:45 καὶ εἶπεν ὁ Ἰησοῦς· τίς ὁ ἁψάμενός μου; ἀρνουμένων δὲ πάντων εἶπεν ὁ Πέτρος· ἐπιστάτα, οἱ ὄχλοι συνέχουσίν σε καὶ ἀποθλίβουσιν.
그리고 예수님께서 말씀하셨다. "누가 나에게 손을 대었느냐?" 이제 부인했다 (아니라고 했다), 모두들. 베드로가 말했다. "스승님! (이 많은) 무리들이 에워싸 밀 치고 있습니다. 당신을!"

8:46　ὁ δὲ Ἰησοῦς εἶπεν· ἥψατό μού τις, ἐγὼ γὰρ ἔγνων δύναμιν ἐξεληλυθυῖαν ἀπ᾽ ἐμοῦ.

이제 예수님께서 말씀하셨다. "누군가 나를 [의도적으로] 만졌다. 왜냐하면 내가 알았기/느꼈기 때문이다. 능력이 나갔다는 것을, 나로부터."

8:47　ἰδοῦσα δὲ ἡ γυνὴ ὅτι οὐκ ἔλαθεν, τρέμουσα ἦλθεν καὶ προσπεσοῦσα αὐτῷ δι᾽ ἣν αἰτίαν ἥψατο αὐτοῦ ἀπήγγειλεν ἐνώπιον παντὸς τοῦ λαοῦ καὶ ὡς ἰάθη παραχρῆμα.

이제 그 여자가 알았다(안 후에), 숨길 수 없다는 것을. 떨면서 나왔다. 그리고 엎드렸다. 그분께 그분을 만진 것, 바로 그 이유로 인해, 그녀가 보고했다. 모든 무리 앞에서, 그리고 그녀가 어떻게 즉시 치유받았는지를.

8:48　ὁ δὲ εἶπεν αὐτῇ· θυγάτηρ, ἡ πίστις σου σέσωκέν σε· πορεύου εἰς εἰρήνην.

이제 그분이 그녀에게 말씀하셨다. "딸이여! 너의 그 믿음이 너를 구원했다. 평안히 가라!"

8:49　Ἔτι αὐτοῦ λαλοῦντος ἔρχεταί τις παρὰ τοῦ ἀρχισυναγώγου λέγων ὅτι τέθνηκεν ἡ θυγάτηρ σου· μηκέτι σκύλλε τὸν διδάσκαλον.

아직 그분이 말씀하는 중에, 어떤 사람이 왔다. 회당장의 집으로부터, 말하기를, "당신의 그 딸이 죽었다. 더 이상 그 선생님을 수고롭게 하지 말라."

8:50　ὁ δὲ Ἰησοῦς ἀκούσας ἀπεκρίθη αὐτῷ· μὴ φοβοῦ, μόνον πίστευσον, καὶ σωθήσεται.

이제 예수께서 들으신 후, 대답하셨다, 그에게, "너는 두려워하지 말라! 오직 너는 믿으라! 그러면 (그녀가) 구원받을 것이다!"

8:51　ἐλθὼν δὲ εἰς τὴν οἰκίαν οὐκ ἀφῆκεν εἰσελθεῖν τινα σὺν αὐτῷ εἰ μὴ Πέτρον καὶ Ἰωάννην καὶ Ἰάκωβον καὶ τὸν πατέρα τῆς παιδὸς καὶ τὴν μητέρα.

이제 그 집 안으로 가신 후, 그분은 들어가기를 허락하지 않으셨다. 누구도 그분과 함께, 오직 베드로와 요한, 야고보 그리고 그 (죽은) 딸의 아버지와 어머니를 제외하고.

8:52　ἔκλαιον δὲ πάντες καὶ ἐκόπτοντο αὐτήν. ὁ δὲ εἶπεν· μὴ κλαίετε, οὐ γὰρ ἀπέθανεν ἀλλὰ καθεύδει.

이제 울고 있었다. 그리고 가슴을 치고 있었다. (죽은) 그녀를 (위해) 이제 그분은 말씀하셨다. "너희는 울지 마라! 왜냐하면 그녀가 죽은 것이 아니다. 오히려 자고 있다."

8:53　καὶ κατεγέλων αὐτοῦ εἰδότες ὅτι ἀπέθανεν.

그러자 그들이 비웃었다. 그분(의 말)에 대해. 그들이 알고 있기에, 즉 그녀가 죽었다(는 것을).

8:54   αὐτὸς δὲ κρατήσας τῆς χειρὸς αὐτῆς ἐφώνησεν λέγων·
ἡ παῖς, ἔγειρε.

이제 그분은 그녀의 그 손을 붙잡고 나서, 소리치셨다. 말씀하시며, "소녀야! 너
는 일어나라!"

8:55   καὶ ἐπέστρεψεν τὸ πνεῦμα αὐτῆς καὶ ἀνέστη
παραχρῆμα καὶ διέταξεν αὐτῇ δοθῆναι φαγεῖν.

그러자 돌아왔다, 그 소녀의 영이. 그리고 일어났다, 즉시. 그래서 지시하셨다,
그녀에게 주라고, 먹을 것을.

8:56   καὶ ἐξέστησαν οἱ γονεῖς αὐτῆς· ὁ δὲ παρήγγειλεν
αὐτοῖς μηδενὶ εἰπεῖν τὸ γεγονός.

그러자 그녀의 부모들이 놀랐다. 이제 경계/명령하셨다. 그들에게. 아무에게도
말하지 말라고 이렇게 된 일을.

사순절 제17일: 사순절 둘째 주, 금요일(누가복음 9:18-27)

19:18   καὶ ἦλθεν ὁ δεύτερος λέγων· ἡ μνᾶ σου, κύριε,
ἐποίησεν πέντε μνᾶς.

"그리고 왔다, 두 번째 (종이) 말하기를, '주인님! 당신의 1므나로 5므나를 만들
었습니다.'"

19:19   εἶπεν δὲ καὶ τούτῳ· καὶ σὺ ἐπάνω γίνου πέντε πόλεων.

"이제 그에게(도) 그가 말했다. '너도 다섯 도시를 다스리는 자가 되어라!'"

19:20   καὶ ὁ ἕτερος ἦλθεν λέγων· κύριε, ἰδοὺ ἡ μνᾶ σου ἦν
εἶχον ἀποκειμένην ἐν σουδαρίῳ·

"그리고 다른 (종이) 왔다. 말하기를, '주인님! 보소서! 당신의 1므나가 (여기) 있
습니다. 제가 수건으로 잘 싸서 가지고 있었습니다'".

19:21   ἐφοβούμην γάρ σε, ὅτι ἄνθρωπος αὐστηρὸς εἶ, αἴρεις ὃ
οὐκ ἔθηκας καὶ θερίζεις ὃ οὐκ ἔσπειρας.

"'그 이유는 제가 당신을 두려워했기 때문입니다. 당신은 엄격한 사람이라서,
두지 않은 것을 취하시고, 씨 뿌리지 않은 것을 거두십니다.'"

19:22   λέγει αὐτῷ· ἐκ τοῦ στόματός σου κρινῶ σε, πονηρὲ
δοῦλε. ᾔδεις ὅτι ἐγὼ ἄνθρωπος αὐστηρός εἰμι, αἴρων ὃ
οὐκ ἔθηκα καὶ θερίζων ὃ οὐκ ἔσπειρα;

"(주인이) 그에게 말했다. '너의 입으로부터(네가 한 말을 근거로) 내가 너를 판단/심
판한다. 악한 종아! 네가 알았느냐? 곧 내가 엄격한 사람이라고, 두지 않은 것
을 취하고, 씨뿌리지 않은 것을 거두는(거두려고 하는) 사람이라고?'"

19:23   καὶ διὰ τί οὐκ ἔδωκάς μου τὸ ἀργύριον ἐπὶ τράπεζαν;
κἀγὼ ἐλθὼν σὺν τόκῳ ἂν αὐτὸ ἔπραξα.

"'그리고(그러면) 어째서 너는 나의 그 은(돈)을 두지(맡기지) 않았느냐? 환전상의 좌판에, 그러면(그렇게 했다면) 내가 와서, 그것(은/돈)과 이자까지 함께 얻었다(찾았을 것이다).'"

19:24 καὶ τοῖς παρεστῶσιν εἶπεν· ἄρατε ἀπ' αὐτοῦ τὴν μνᾶν καὶ δότε τῷ τὰς δέκα μνᾶς ἔχοντι–

"그리고 옆에 서 있는 자들에게 말했다. '그로부터 그 므나를 빼앗아라, 그리고 주어라 10므나를 가진 자에게.'"

19:25 καὶ εἶπαν αὐτῷ· κύριε, ἔχει δέκα μνᾶς–

"그러자 그에게 (그들이) 말했다. '주인님! 그는 (이미) 10므나를 가지고 있습니다.'"

19:26 λέγω ὑμῖν ὅτι παντὶ τῷ ἔχοντι δοθήσεται, ἀπὸ δὲ τοῦ μὴ ἔχοντος καὶ ὃ ἔχει ἀρθήσεται.

"내가 너희에게 말한다, 즉 '모든 가진 자에게 주어질 것이다. 이제(그러나) 가진 것이 없는 자로부터 그 가진 것이/것조차 빼앗길 것이다.'"

19:27 πλὴν τοὺς ἐχθρούς μου τούτους τοὺς μὴ θελήσαντάς με βασιλεῦσαι ἐπ' αὐτοὺς ἀγάγετε ὧδε καὶ κατασφάξατε αὐτοὺς ἔμπροσθέν μου.

"'더욱이, 나의 그 원수들을 (곧) 내가 왕이 되는 것을 원하지 않던 자들을, 여기로 끌어와라! 그리고 내 앞에서 그들을 철저히 죽여라!'"

사순절 제18일: 사순절 둘째 주, 토요일(누가복음 13:1-9)

13:1 Παρῆσαν δέ τινες ἐν αὐτῷ τῷ καιρῷ ἀπαγγέλλοντες αὐτῷ περὶ τῶν Γαλιλαίων ὧν τὸ αἷμα Πιλᾶτος ἔμιξεν μετὰ τῶν θυσιῶν αὐτῶν.

이제, 어떤 사람이 그분께, 그때 왔다. 그분께 알려주면서, 갈릴리 사람들에 대해, 그들의 그 피를 빌라도가 섞었다고 그들의 제물과 함께.

13:2 καὶ ἀποκριθεὶς εἶπεν αὐτοῖς· δοκεῖτε ὅτι οἱ Γαλιλαῖοι οὗτοι ἁμαρτωλοὶ παρὰ πάντας τοὺς Γαλιλαίους ἐγένοντο, ὅτι ταῦτα πεπόνθασιν;

그러자 대답하시며, 그분께서 그들에게 말씀하셨다. "너희는 생각하느냐? 이 갈릴리 사람들이 죄인이라고? 갈릴리에 있는 모든 사람보다? 그들에게 안 좋은 일이 닥쳤다고?"

13:3 οὐχί, λέγω ὑμῖν, ἀλλ' ἐὰν μὴ μετανοῆτε πάντες ὁμοίως ἀπολεῖσθε.

"아니다! 내가 너희에게 말한다. 오히려 너희들도 모두 회개하지 않으면, 이처럼 멸망하리라!"

13:4 ἢ ἐκεῖνοι οἱ δεκαοκτὼ ἐφ' οὓς ἔπεσεν ὁ πύργος ἐν τῷ

Σιλωὰμ καὶ ἀπέκτεινεν αὐτούς, δοκεῖτε ὅτι αὐτοὶ
ὀφειλέται ἐγένοντο παρὰ πάντας τοὺς ἀνθρώπους τοὺς
κατοικοῦντας Ἰερουσαλήμ;

"또한(혹은) 저 18명의 사람에게, 그들 위에 그 탑/망대가 무너졌다, 실로암에
서. 그래서 그들을 죽였다. 너희는 생각하느냐? 그들이 빚진 자/죄인들이라고?
예루살렘에 거주하는 모든 사람보다 (더 죄인이라고)?"

13:5 οὐχί, λέγω ὑμῖν, ἀλλ᾽ ἐὰν μὴ μετανοῆτε πάντες
ὡσαύτως ἀπολεῖσθε.

"아니다! 내가 너희에게 말한다. 오히려 만약 너희가(도) 회개하지 않으면, 모두
다 그와 같이 멸망하리라."

13:6 Ἔλεγεν δὲ ταύτην τὴν παραβολήν· συκῆν εἶχέν τις
πεφυτευμένην ἐν τῷ ἀμπελῶνι αὐτοῦ, καὶ ἦλθεν ζητῶν
καρπὸν ἐν αὐτῇ καὶ οὐχ εὗρεν.

이제 이러한 비유를 그분이 말씀하셨다. "무화과(나무)를 어떤 사람이 가지고
있었다. (그것을) 그의 포도원에 심은 후에, 그가 왔다, 열매를 구하며, 그(나무)
안에. 그런데 발견할 수 없었다."

13:7 εἶπεν δὲ πρὸς τὸν ἀμπελουργόν· ἰδοὺ τρία ἔτη ἀφ᾽ οὗ
ἔρχομαι ζητῶν καρπὸν ἐν τῇ συκῇ ταύτῃ καὶ οὐχ
εὑρίσκω· ἔκκοψον [οὖν] αὐτήν, ἱνατί καὶ τὴν γῆν
καταργεῖ;

"이제 그가 말했다, 그 포도원 관리자에게. '보라 3년을 이 나무 위에 (투자했고,
그 후에), 내가 왔다, 이 무화과(나무)에서 열매를 구하러. 그런데 아무것도 내가
발견할 수 없다. 그러므로 이것을 찍어 버려라. 무슨 이유로 그 땅을 허비/쓸모
없게 만드느냐?'"

13:8 ὁ δὲ ἀποκριθεὶς λέγει αὐτῷ· κύριε, ἄφες αὐτὴν καὶ
τοῦτο τὸ ἔτος, ἕως ὅτου σκάψω περὶ αὐτὴν καὶ βάλω
κόπρια,

"이제 그(주인)에게 그(포도원 관리자)가 대답하며 말했다. '주인님! 올해(까지) 그것
을 그냥 두십시오! 제가 그 나무 주변을 파고, 제가 거름을 줄 때까지.'"

13:9 κἂν μὲν ποιήσῃ καρπὸν εἰς τὸ μέλλον· εἰ δὲ μή γε,
ἐκκόψεις αὐτήν.

"'그러면 열매가 열리게 될지도 모릅니다, 그다음 해에. 하지만 그렇게 되지 않
는다면, 그 나무를 당신이 (직접) 찍어 버리소서!'"

사순절 제19일: 사순절 셋째 주, 주일(시편 63:1-8: 이 책에서는 개역개정판을 사용함)

사순절 제20일: 사순절 셋째 주, 월요일(누가복음 9:57-62)

9:57 Καὶ πορευομένων αὐτῶν ἐν τῇ ὁδῷ εἶπέν τις πρὸς αὐτόν· ἀκολουθήσω σοι ὅπου ἐὰν ἀπέρχῃ.

그리고 그들이 가는 중에, 그 길에서 어떤 이가 그분께 말했다. "제가 따를 것입니다. 당신을, 당신이 어디로 가시든지."

9:58 καὶ εἶπεν αὐτῷ ὁ Ἰησοῦς· αἱ ἀλώπεκες φωλεοὺς ἔχουσιν καὶ τὰ πετεινὰ τοῦ οὐρανοῦ κατασκηνώσεις, ὁ δὲ υἱὸς τοῦ ἀνθρώπου οὐκ ἔχει ποῦ τὴν κεφαλὴν κλίνῃ.

그러자 그에게 말씀하셨다, 예수님께서. "여우들도 굴들을 가지고 있고 공중의 새들도 둥지들을 (가지고 있다.) 하지만 인자는 가지고 있지 않다, 머리를 기울일 장소도."

9:59 Εἶπεν δὲ πρὸς ἕτερον· ἀκολούθει μοι. ὁ δὲ εἶπεν· [κύριε,] ἐπίτρεψόν μοι ἀπελθόντι πρῶτον θάψαι τὸν πατέρα μου.

이제 다른 이에게 (그분은) 말씀하셨다. "나를 따라오라!" 이제 그가 말했다. "주여! 허락해주소서, 나에게 가서 먼저 나의 아버지를 장례/매장하도록."

9:60 εἶπεν δὲ αὐτῷ· ἄφες τοὺς νεκροὺς θάψαι τοὺς ἑαυτῶν νεκρούς, σὺ δὲ ἀπελθὼν διάγγελλε τὴν βασιλείαν τοῦ θεοῦ.

이제 그에게 말씀하셨다. "죽은 자들이 자신들의 죽은 자들을 장례/매장하게 하라[맡겨두라]! 너는 이제 가서 전파하라 하나님의 나라를!"

9:61 Εἶπεν δὲ καὶ ἕτερος· ἀκολουθήσω σοι, κύριε· πρῶτον δὲ ἐπίτρεψόν μοι ἀποτάξασθαι τοῖς εἰς τὸν οἶκόν μου.

이제 다른 이도 말했다. "제가 당신을 따르겠습니다. 주여! 먼저 다만 나에게 허락해주소서. 나의 집에 소속된 사람들에게 작별(인사)하도록."

9:62 εἶπεν δὲ [πρὸς αὐτὸν] ὁ Ἰησοῦς· οὐδεὶς ἐπιβαλὼν τὴν χεῖρα ἐπ᾽ ἄροτρον καὶ βλέπων εἰς τὰ ὀπίσω εὔθετός ἐστιν τῇ βασιλείᾳ τοῦ θεοῦ.

이제 그를 향해 주님께서 말씀하셨다. "아무도(그 누구도) 쟁기를 잡아놓고서 뒤의 것들을 향해 돌아보는 사람은, 하나님 나라에 합당하지 않다."

사순절 제21일: 사순절 셋째 주, 화요일(누가복음 10:25-37)

10:25 Καὶ ἰδοὺ νομικός τις ἀνέστη ἐκπειράζων αὐτὸν λέγων· διδάσκαλε, τί ποιήσας ζωὴν αἰώνιον κληρονομήσω;

그리고 보라, 어떤 율법학자가 일어났다. 그분을 철저히 시험하려(시험하며) 말하기를. "선생이여! 무엇을 행해야 내가 영원한 생명을 상속하리이까?"

10:26 ὁ δὲ εἶπεν πρὸς αὐτόν· ἐν τῷ νόμῳ τί γέγραπται; πῶς ἀναγινώσκεις;

이제 그분이 말씀하셨다, 그에게. "율법 안에 무엇이라 기록되었는가? 너는 어떻게 인식/이해하였는가?"

10:27 ὁ δὲ ἀποκριθεὶς εἶπεν· ἀγαπήσεις κύριον τὸν θεόν σου ἐξ ὅλης [τῆς] καρδίας σου καὶ ἐν ὅλῃ τῇ ψυχῇ σου καὶ ἐν ὅλῃ τῇ ἰσχύϊ σου καὶ ἐν ὅλῃ τῇ διανοίᾳ σου, καὶ τὸν πλησίον σου ὡς σεαυτόν.

그가 이제 대답하면서 말했다. "너의 주, 하나님을 사랑하라, 너의 모든 마음과 너의 모든 혼과 너의 모든 힘과 너의 모든 뜻/사고/이해/정신으로, 그리고 너의 이웃을 너 자신처럼 (사랑하라!)."

10:28 εἶπεν δὲ αὐτῷ· ὀρθῶς ἀπεκρίθης· τοῦτο ποίει καὶ ζήσῃ.

이제 그분은 그에게 말씀하셨다. "올바르게 대답했다. 이것을 너는 행하라. 그러면 네가 살 것이다(즉, 영생을 얻으리라)."

10:29 ὁ δὲ θέλων δικαιῶσαι ἑαυτὸν εἶπεν πρὸς τὸν Ἰησοῦν· καὶ τίς ἐστίν μου πλησίον;

이제 그가 자신을 옳게/의롭게 (보이고) 싶어서 말했다, 예수님께. "그러면, 누가 나의 이웃입니까?"

10:30 Ὑπολαβὼν ὁ Ἰησοῦς εἶπεν· ἄνθρωπός τις κατέβαινεν ἀπὸ Ἰερουσαλὴμ εἰς Ἰεριχὼ καὶ λῃσταῖς περιέπεσεν, οἳ καὶ ἐκδύσαντες αὐτὸν καὶ πληγὰς ἐπιθέντες ἀπῆλθον ἀφέντες ἡμιθανῆ.

대답으로, 예수님께서 말씀하셨다. "어떤 사람이 내려갔다. 예루살렘에서 여리고로. 그리고 강도들에 의해 포위당했다. 그들이 그의 옷을 벗기고, 폭력/구타로 공격한 후, 가버렸다. 반쯤 죽은 상태로 내버려두고."

10:31 κατὰ συγκυρίαν δὲ ἱερεύς τις κατέβαινεν ἐν τῇ ὁδῷ ἐκείνῃ καὶ ἰδὼν αὐτὸν ἀντιπαρῆλθεν·

"우연히 (때마침) 이제 어떤 제사장이 내려가고 있었다, 저(그) 길로. 그리고 그를 본 후에, 반대편으로 (피해서) 지나갔다."

10:32 ὁμοίως δὲ καὶ Λευίτης [γενόμενος] κατὰ τὸν τόπον ἐλθὼν καὶ ἰδὼν ἀντιπαρῆλθεν.

"마찬가지로, 이제 (어떤) 레위인도 (그렇게 했다), 그 장소에 가다가, 본 후에, 반대편으로 (피하여) 지나갔다."

10:33 Σαμαρίτης δέ τις ὁδεύων ἦλθεν κατ' αὐτὸν καὶ ἰδὼν ἐσπλαγχνίσθη,

"이제 어떤 사마리아인이 여행을 하다가 그곳에 이르게 되었고, (그 상황을) 보고서, 긍휼한 마음을 품었다(불쌍히 여겼다)."

10:34 καὶ προσελθὼν κατέδησεν τὰ τραύματα αὐτοῦ ἐπιχέων ἔλαιον καὶ οἶνον, ἐπιβιβάσας δὲ αὐτὸν ἐπὶ τὸ ἴδιον

κτῆνος ἤγαγεν αὐτὸν εἰς πανδοχεῖον καὶ ἐπεμελήθη
αὐτοῦ.

"그래서 가까이 가서, 그의 상처들에 기름(올리브)과 포도주를 붓고 나서 싸매었다(붕대로 감아주었다). 그를 자신의 짐승 위에 실어서(태워서) 그를 이끌었다(데려갔다), 여인숙(여관/판도케이온)으로. 그리고 그를 돌봐주었다(간호했다)."

10:35 καὶ ἐπὶ τὴν αὔριον ἐκβαλὼν ἔδωκεν δύο δηνάρια τῷ
πανδοχεῖ καὶ εἶπεν· ἐπιμελήθητι αὐτοῦ, καὶ ὅ τι ἂν
προσδαπανήσῃς ἐγὼ ἐν τῷ ἐπανέρχεσθαί με ἀποδώσω
σοι.

"그리고 다음 날에, 2데나리온을 꺼내서, 주었다. 여관 주인에게 그리고 그가 말했다. '이 사람을 돌봐주십시오! 추가 비용이 생긴다면, 내가 돌아올 때 내가 당신께 갚겠습니다.'"

10:36 τίς τούτων τῶν τριῶν πλησίον δοκεῖ σοι γεγονέναι τοῦ
ἐμπεσόντος εἰς τοὺς λῃστάς;

"누가 이 세 사람 중에서 생각되는가(여겨지는가)? 너에게, 강도들에게 당한 그 사람의 이웃이 되었다고?"

10:37 ὁ δὲ εἶπεν· ὁ ποιήσας τὸ ἔλεος μετ' αὐτοῦ. εἶπεν δὲ
αὐτῷ ὁ Ἰησοῦς· πορεύου καὶ σὺ ποίει ὁμοίως.

이제 그가 말했다. "그 사람에게/사람과 함께 자비를 행한 사람." 이제 예수께서 그에게 말씀하셨다. "가거라! 그리고 너도 그와 같이 행하라!"

사순절 제22일: 사순절 셋째 주, 수요일(누가복음 11:1-8)

11:1 Καὶ ἐγένετο ἐν τῷ εἶναι αὐτὸν ἐν τόπῳ τινὶ
προσευχόμενον, ὡς ἐπαύσατο, εἶπέν τις τῶν μαθητῶν
αὐτοῦ πρὸς αὐτόν· κύριε, δίδαξον ἡμᾶς προσεύχεσθαι,
καθὼς καὶ Ἰωάννης ἐδίδαξεν τοὺς μαθητὰς αὐτοῦ.

그리고 (이런 일이) 있었다. 그분께서 어떤 장소에서 기도하시는 중이셨고, 그분이 멈추시자(마치시자) 그의 제자들 중에서 누군가 말했다, 그분을 향해. "(당신이) 가르쳐주소서! (지금!) 우리에게, 기도하기를. 요한이 그의 제자들에게 가르쳐 준 것처럼."

11:2 εἶπεν δὲ αὐτοῖς· ὅταν προσεύχησθε λέγετε· Πάτερ,
ἁγιασθήτω τὸ ὄνομά σου· ἐλθέτω ἡ βασιλεία σου·

이제/그러자 그분이 그들에게 말씀하셨다. 너희가 기도할 때 (이렇게) 말하라! '아버지, 당신의 이름이 거룩하게 되소서! 당신의 그 나라(왕국)가 임하소서(오소서)!'

11:3 τὸν ἄρτον ἡμῶν τὸν ἐπιούσιον δίδου ἡμῖν τὸ καθ'
ἡμέραν·

'우리의 빵/양식, 즉 매일의 생존에 필요한 것을 우리에게 주소서, 날마다!'

11:4 καὶ ἄφες ἡμῖν τὰς ἁμαρτίας ἡμῶν, καὶ γὰρ αὐτοὶ ἀφίομεν παντὶ ὀφείλοντι ἡμῖν· καὶ μὴ εἰσενέγκῃς ἡμᾶς εἰς πειρασμόν.

'우리의 죄들을 우리로부터 사해주소서/탕감하소서, 그리고 그래서 우리에게 빚진/죄지은 모든 사람을 우리도 사해/탕감해주도록. 그리고 시험 안으로 우리가 들어가지 않게 하소서!'

11:5 Καὶ εἶπεν πρὸς αὐτούς· τίς ἐξ ὑμῶν ἕξει φίλον καὶ πορεύσεται πρὸς αὐτὸν μεσονυκτίου καὶ εἴπῃ αὐτῷ· φίλε, χρῆσόν μοι τρεῖς ἄρτους,

그리고(이어서) 그들에게 말씀하셨다. "너희로부터 누가 친구가 있을 것인데, 그에게 가서, 한밤중에, 그에게 말한다면[가정법], '친구여! 나에게 빵 세 덩이만 빌려주게!'"

11:6 ἐπειδὴ φίλος μου παρεγένετο ἐξ ὁδοῦ πρός με καὶ οὐκ ἔχω ὃ παραθήσω αὐτῷ·

"왜냐하면 나의 친구가 길에서 (여행을 하다가) 나에게 왔고(왔는데), 내가 그에게 대접할 것이 없기 때문이네."

11:7 κἀκεῖνος ἔσωθεν ἀποκριθεὶς εἴπῃ· μή μοι κόπους πάρεχε· ἤδη ἡ θύρα κέκλεισται καὶ τὰ παιδία μου μετ᾽ ἐμοῦ εἰς τὴν κοίτην εἰσίν· οὐ δύναμαι ἀναστὰς δοῦναί σοι.

"저 사람이 (집) 안에서 대답한다(말할 것이다). '귀찮게(힘들게) 하지 말게! 이미 문이 닫혔고, 나의 아이들과 함께 침대 안에 있으니, 일어나서 자네에게 줄 수 없네.'"

11:8 λέγω ὑμῖν, εἰ καὶ οὐ δώσει αὐτῷ ἀναστὰς διὰ τὸ εἶναι φίλον αὐτοῦ, διά γε τὴν ἀναίδειαν αὐτοῦ ἐγερθεὶς δώσει αὐτῷ ὅσων χρῄζει.

"내가 너희에게 말한다. 그가 일어나서 그에게 주지 않을 것이나, (단순히) 친구라는 이유로, (하지만) 그(친구)의 부끄러움을 무릅쓴 요청으로 인해, 그는 일어나 그 요구하는 것을 그에게 줄 것이다."

사순절 제23일: 사순절 셋째 주, 목요일(누가복음 11:33-36)

11:33 Οὐδεὶς λύχνον ἅψας εἰς κρύπτην τίθησιν [οὐδὲ ὑπὸ τὸν μόδιον] ἀλλ᾽ ἐπὶ τὴν λυχνίαν, ἵνα οἱ εἰσπορευόμενοι τὸ φῶς βλέπωσιν.

"아무도 등불을 켠 후에, 덮개(지하실) 아래에 두지 않고, 됫박(바가지) 아래에도 두지 않는다. 오히려 등대 위에 (둔다). 들어가는 사람들이 그 빛을 볼 수 있도록

(보도록)."

11:34 Ὁ λύχνος τοῦ σώματός ἐστιν ὁ ὀφθαλμός σου. ὅταν ὁ ὀφθαλμός σου ἁπλοῦς ᾖ, καὶ ὅλον τὸ σῶμά σου φωτεινόν ἐστιν· ἐπὰν δὲ πονηρὸς ᾖ, καὶ τὸ σῶμά σου σκοτεινόν.

"몸의 등불은 (바로) 너의 눈이다. 너의 눈이 건강하게 초점을 맞추면, 온몸이 빛으로 가득해진다/밝아진다. 만약 나쁘거나 약하게 되어 초점을 흐리게 하면, 너의 몸은 어둡게 된다."

11:35 σκόπει οὖν μὴ τὸ φῶς τὸ ἐν σοὶ σκότος ἐστίν.

"주의하라! 그러므로 그 빛이 네 안에서 어둡게 되지 않도록."

11:36 εἰ οὖν τὸ σῶμά σου ὅλον φωτεινόν, μὴ ἔχον μέρος τι σκοτεινόν, ἔσται φωτεινὸν ὅλον ὡς ὅταν ὁ λύχνος τῇ ἀστραπῇ φωτίζῃ σε.

"그러므로 만약 너의 온몸이 밝으면(빛으로 가득하면) 그래서 한 (작은) 부분도 어두움을 가지고 있지 않게 되면, 온전한 밝음을 누리리라. 마치 등불의 불빛(광선)이 너를 비출 때처럼."

사순절 제24일: 사순절 셋째 주, 금요일(누가복음 12:22-32)

12:22 Εἶπεν δὲ πρὸς τοὺς μαθητὰς [αὐτοῦ]· διὰ τοῦτο λέγω ὑμῖν· μὴ μεριμνᾶτε τῇ ψυχῇ τί φάγητε, μηδὲ τῷ σώματι τί ἐνδύσησθε.

이제 그분은 말씀하셨다. (그의) 제자들을 향해. "이러하므로 내가 너희에게 말한다. 너희는 염려하지 말라, 혼에게(목숨을 위해). 무엇을 먹을까, 또한 몸들을 위해, 무엇을 입을까?"

12:23 ἡ γὰρ ψυχὴ πλεῖόν ἐστιν τῆς τροφῆς καὶ τὸ σῶμα τοῦ ἐνδύματος.

"왜냐하면 그 혼(목숨)이 음식보다 많다(중요하다). 그리고 그 몸이 그 옷보다 (중요하다)."

12:24 κατανοήσατε τοὺς κόρακας ὅτι οὐ σπείρουσιν οὐδὲ θερίζουσιν, οἷς οὐκ ἔστιν ταμεῖον οὐδὲ ἀποθήκη, καὶ ὁ θεὸς τρέφει αὐτούς· πόσῳ μᾶλλον ὑμεῖς διαφέρετε τῶν πετεινῶν.

"너희는 주의 깊게 관찰해보라. 까마귀들을, 곧 그것들은 씨 뿌리지도 않고, 추수하지도 않는다. 그것들에게는 저장실도 없고, 창고도 없다. 그래도 하나님께서 그것들을 먹이신다. 하물며 너희는 저 새들보다 얼마나 더 귀하냐?"

12:25 τίς δὲ ἐξ ὑμῶν μεριμνῶν δύναται ἐπὶ τὴν ἡλικίαν αὐτοῦ προσθεῖναι πῆχυν;

"이제 너희 중 누가 염려한다고, 수명(키)를 한 규빗[약 45cm]이라도 늘릴 수 있느냐?"

12:26 εἰ οὖν οὐδὲ ἐλάχιστον δύνασθε, τί περὶ τῶν λοιπῶν μεριμνᾶτε;

"그러므로 가장 작은 것조차, 너희가 할 수 없다면, 너희 힘으로. 어째서 나머지 것들에 대해 너희는 염려하느냐?"

12:27 κατανοήσατε τὰ κρίνα πῶς αὐξάνει· οὐ κοπιᾷ οὐδὲ νήθει· λέγω δὲ ὑμῖν, οὐδὲ Σολομῶν ἐν πάσῃ τῇ δόξῃ αὐτοῦ περιεβάλετο ὡς ἓν τούτων.

"너희는 주의 깊게 관찰해보라! 백합(들꽃)을, 그것이 어떻게 자라는가? 일하지도 않고, 실을 만들지도 않는다. 이제 내가 너희에게 말한다. 솔로몬의 모든 영광으로, 옷 입지 못했다, 이(꽃)들 중 하나 같이도."

12:28 εἰ δὲ ἐν ἀγρῷ τὸν χόρτον ὄντα σήμερον καὶ αὔριον εἰς κλίβανον βαλλόμενον ὁ θεὸς οὕτως ἀμφιέζει, πόσῳ μᾶλλον ὑμᾶς, ὀλιγόπιστοι.

"이제 만약, 들에 풀꽃조차, 오늘 있다가 내일 아궁이(화로)에 던져질. 하나님께서 이렇게 입혀 주신다면, 하물며 얼마나 더 너희는 (입히시겠는가?) 믿음이 작은 자들아!"

12:29 καὶ ὑμεῖς μὴ ζητεῖτε τί φάγητε καὶ τί πίητε καὶ μὴ μετεωρίζεσθε·

"그리고 너희는 구하지 말라/추구하지 말라! 무엇을 먹을까, 그리고 무엇을 마실까, 그리고 염려(불안/초조)하지/동요하지 말라!"

12:30 ταῦτα γὰρ πάντα τὰ ἔθνη τοῦ κόσμου ἐπιζητοῦσιν, ὑμῶν δὲ ὁ πατὴρ οἶδεν ὅτι χρῄζετε τούτων.

"왜냐하면 이것들은 이 세상 백성들이 끝없이/철저히 추구하는 것이다. 이제 너희 아버지께서 아신다, 곧 이런 것들이 너희에게 필요하다는 것을."

12:31 πλὴν ζητεῖτε τὴν βασιλείαν αὐτοῦ, καὶ ταῦτα προστεθήσεται ὑμῖν.

"오히려(더욱이), 너희는 구하라! 그분의 나라를, 그러면 이것들을 너희에게 추가해(덤으로) 주시리라."

12:32 Μὴ φοβοῦ, τὸ μικρὸν ποίμνιον, ὅτι εὐδόκησεν ὁ πατὴρ ὑμῶν δοῦναι ὑμῖν τὴν βασιλείαν.

"너희는 두려워 말라! 작은 무리야! 곧 (왜냐하면), 너희의 그 아버지께서 좋게 생각하신다, 너희에게 주시길, 그 나라를(하나님의 나라를)."

사순절 제25일: 사순절 셋째 주, 토요일 (누가복음 15:11-32)

15:11 Εἶπεν δέ· ἄνθρωπός τις εἶχεν δύο υἱούς.

이제 그분께서 말씀하셨다. "어떤 사람에게 두 아들이 있었다."

15:12 καὶ εἶπεν ὁ νεώτερος αὐτῶν τῷ πατρί· πάτερ, δός μοι τὸ ἐπιβάλλον μέρος τῆς οὐσίας. ὁ δὲ διεῖλεν αὐτοῖς τὸν βίον.

"그들 중 더 젊은(어린) 자가 말했다. 아버지에게, '아버지! 저에게 주세요 (아버지의) 소유(재산)으로부터 (나에게) 할당된 몫을.' 이제 그(아버지)가 그들에게 나눠주었다, 생명(재산)을."

15:13 καὶ μετ᾽ οὐ πολλὰς ἡμέρας συναγαγὼν πάντα ὁ νεώτερος υἱὸς ἀπεδήμησεν εἰς χώραν μακρὰν καὶ ἐκεῖ διεσκόρπισεν τὴν οὐσίαν αὐτοῦ ζῶν ἀσώτως.

"그리고 많은 날이 지나지도 않았는데, 모든 것을 모아서, 그 더 어린 아들은 먼 나라로 여행을 갔고, 거기서 자신의 소유(재산)를 흩날려버렸다. 무절제/방탕하게 살면서."

15:14 δαπανήσαντος δὲ αὐτοῦ πάντα ἐγένετο λιμὸς ἰσχυρὰ κατὰ τὴν χώραν ἐκείνην, καὶ αὐτὸς ἤρξατο ὑστερεῖσθαι.

"이제 그의 모든 것을 다 허비하고 나서, 심한 흉년이 발생했다, 그 나라 전역에, 그래서 그는 비참해지기(궁핍, 가난해지기) 시작했다."

15:15 καὶ πορευθεὶς ἐκολλήθη ἑνὶ τῶν πολιτῶν τῆς χώρας ἐκείνης, καὶ ἔπεμψεν αὐτὸν εἰς τοὺς ἀγροὺς αὐτοῦ βόσκειν χοίρους,

"그래서 (그는) 가서, 그 나라(지역)의 백성 중에서, 한 명에게 붙어살았다. 그러자 그 사람이 보냈다, 그를, 그의 땅(밭)들로 돼지들을 치도록(사육하도록)."

15:16 καὶ ἐπεθύμει χορτασθῆναι ἐκ τῶν κερατίων ὧν ἤσθιον οἱ χοῖροι, καὶ οὐδεὶς ἐδίδου αὐτῷ.

"그리고 그는, 돼지들이 먹는 쥐엄 열매를(열매로도) 실컷 먹기를 갈망했다. 그래도/하지만 그에게 주는 사람이 아무도 없었다."

15:17 εἰς ἑαυτὸν δὲ ἐλθὼν ἔφη· πόσοι μίσθιοι τοῦ πατρός μου περισσεύονται ἄρτων, ἐγὼ δὲ λιμῷ ὧδε ἀπόλλυμαι.

"이제 자신에게 와서(제정신을 차리고) 말했다. '얼마나 많은가! 내 아버지의 많은 일꾼들! 그들은 먹을 것이 풍족하다! 이제(그런데) 나는 기근/배고픔으로 여기서 죽어간다.'"

15:18 ἀναστὰς πορεύσομαι πρὸς τὸν πατέρα μου καὶ ἐρῶ αὐτῷ· πάτερ, ἥμαρτον εἰς τὸν οὐρανὸν καὶ ἐνώπιόν σου,

"'나는 일어나서 가야겠다(갈 것이다), 나의 아버지께로, 그리고 말해야겠다. 그분께, 아버지여 제가 죄지었습니다, 하늘을 향해, 그리고 당신 앞에.'"

15:19 οὐκέτι εἰμὶ ἄξιος κληθῆναι υἱός σου· ποίησόν με ὡς ἕνα

τῶν μισθίων σου.
"'저는 더 이상 합당하지 않습니다, 당신의 아들이라 불리는 것이, 나를 만드소
서(취급하소서)! 당신의 일꾼들 중에서 하나로.'"

15:20 καὶ ἀναστὰς ἦλθεν πρὸς τὸν πατέρα ἑαυτοῦ. Ἔτι δὲ
αὐτοῦ μακρὰν ἀπέχοντος εἶδεν αὐτὸν ὁ πατὴρ αὐτοῦ
καὶ ἐσπλαγχνίσθη καὶ δραμὼν ἐπέπεσεν ἐπὶ τὸν
τράχηλον αὐτοῦ καὶ κατεφίλησεν αὐτόν.
"그리고 일어나서 갔다, 자신의 아버지께로, 이제 그의 거리가 먼데도, 그를, 그
의 아버지가 보았고, 불쌍히 여겼다. 그리고 달려가서 껴안고 그의 목을, 그에
게 입 맞추었다."

15:21 εἶπεν δὲ ὁ υἱὸς αὐτῷ· πάτερ, ἥμαρτον εἰς τὸν οὐρανὸν
καὶ ἐνώπιόν σου, οὐκέτι εἰμὶ ἄξιος κληθῆναι υἱός σου.
"이제 그 아들이 그에게 말했다. '아버지여, 제가 죄지었습니다, 하늘을 향해,
그리고 당신 앞에. 저는 더 이상 합당하지 않습니다, 당신의 아들이라 불리는
것이,'"

15:22 εἶπεν δὲ ὁ πατὴρ πρὸς τοὺς δούλους αὐτοῦ· ταχὺ
ἐξενέγκατε στολὴν τὴν πρώτην καὶ ἐνδύσατε αὐτόν,
καὶ δότε δακτύλιον εἰς τὴν χεῖρα αὐτοῦ καὶ ὑποδήματα
εἰς τοὺς πόδας,
"이제 그 아버지가 말했다, 그의 종들을 향해. '즉시 최고의 옷을 가져와라! 그
리고 그에게 입혀주라! 그리고 그의 손에 반지를 주고(끼워주고) 그의 발들에 신
을 신겨주어라!'"

15:23 καὶ φέρετε τὸν μόσχον τὸν σιτευτόν, θύσατε, καὶ
φαγόντες εὐφρανθῶμεν,
"'그리고 살찐 송아지를 끌어와라! 잡아라! 우리가 먹고 즐기자!'"

15:24 ὅτι οὗτος ὁ υἱός μου νεκρὸς ἦν καὶ ἀνέζησεν, ἦν
ἀπολωλὼς καὶ εὑρέθη. καὶ ἤρξαντο εὐφραίνεσθαι.
"'왜냐하면 나의 이 어린 아들은 죽었다, 그리고 다시 살아났다. 잃었다, 그리고
다시 얻었다(찾았다).' 그러자 그들이 기뻐하기 시작했다."

15:25 Ἦν δὲ ὁ υἱὸς αὐτοῦ ὁ πρεσβύτερος ἐν ἀγρῷ· καὶ ὡς
ἐρχόμενος ἤγγισεν τῇ οἰκίᾳ, ἤκουσεν συμφωνίας καὶ
χορῶν,
"이제 그의 나이 많은 아들이 밭에 있었다. 그리고 돌아오다가 그 집에 가까워
졌다. (집에서) 음악과 춤추는 소리를 듣게 되었다."

15:26 καὶ προσκαλεσάμενος ἕνα τῶν παίδων ἐπυνθάνετο τί
ἂν εἴη ταῦτα.
"그러자 종들 중의 하나를 불러서 물어보았다. '이것들이(이 들리는 소리들이) 다

뭐냐(이 무슨 일이냐)?'"

15:27 ὁ δὲ εἶπεν αὐτῷ ὅτι ὁ ἀδελφός σου ἥκει, καὶ ἔθυσεν ὁ πατήρ σου τὸν μόσχον τὸν σιτευτόν, ὅτι ὑγιαίνοντα αὐτὸν ἀπέλαβεν.

"이제 그(종)가 그(첫째 아들)에게 말했다. 즉, '당신의 동생이 왔습니다. 그래서 당신의 아버지께서 살찐 송아지를 잡으셨습니다. 곧 그를 건강한 몸으로 받아들임으로 인해서 말입니다.'"

15:28 ὠργίσθη δὲ καὶ οὐκ ἤθελεν εἰσελθεῖν, ὁ δὲ πατὴρ αὐτοῦ ἐξελθὼν παρεκάλει αὐτόν.

"이제 그는 화를 내고 들어가기를 원하지 않았다. 이제 그 아버지가 나와서 그를 달랬다."

15:29 ὁ δὲ ἀποκριθεὶς εἶπεν τῷ πατρὶ αὐτοῦ· ἰδοὺ τοσαῦτα ἔτη δουλεύω σοι καὶ οὐδέποτε ἐντολήν σου παρῆλθον, καὶ ἐμοὶ οὐδέποτε ἔδωκας ἔριφον ἵνα μετὰ τῶν φίλων μου εὐφρανθῶ·

"이제 그가 대답하며 말했다, 그의 아버지에게. '보세요! 저는 오랜 해 동안 당신에게 종처럼 섬겼습니다. 당신의 명령(계명) 하나도 어긴 적이 없어도, 나에게 염소 새끼 하나 주셔서 나의 벗들과 함께 즐기도록 하신 적이 없더니,'"

15:30 ὅτε δὲ ὁ υἱός σου οὗτος ὁ καταφαγών σου τὸν βίον μετὰ πορνῶν ἦλθεν, ἔθυσας αὐτῷ τὸν σιτευτὸν μόσχον.

"'당신의 아들, 당신의 생명/재산을 창녀들과 함께 다 먹어(삼켜) 버린 이 녀석이 돌아오자, 살찐 송아지를 그를 위해 잡으셨네요!'"

15:31 ὁ δὲ εἶπεν αὐτῷ· τέκνον, σὺ πάντοτε μετ᾽ ἐμοῦ εἶ, καὶ πάντα τὰ ἐμὰ σά ἐστιν·

"이제 그(아버지)가 그(첫째 아들)에게 말했다. '애야! 너는 항상 나와 함께 있어서, 나의 모든 것이 너의 것이다.'"

15:32 εὐφρανθῆναι δὲ καὶ χαρῆναι ἔδει, ὅτι ὁ ἀδελφός σου οὗτος νεκρὸς ἦν καὶ ἔζησεν, καὶ ἀπολωλὼς καὶ εὑρέθη.

"'이제 기뻐하고 즐거워하는 것이 합당하다, 바로 이 너의 동생은 죽었다가 살았고 잃었다가 다시 얻었다(얻었기 때문이다).'"

사순절 제26일: 사순절 넷째 주, 주일(시편 32편: 이 책에서는 개역개정판을 사용함)

사순절 제27일: 사순절 넷째 주, 월요일(누가복음 12:35-40)

12:35 Ἔστωσαν ὑμῶν αἱ ὀσφύες περιεζωσμέναι καὶ οἱ λύχνοι καιόμενοι·

"서 있으라! 너희의 그 허리에 띠를 띠고, 그리고 그 등불들을 밝히고(켜서)."

12:36   καὶ ὑμεῖς ὅμοιοι ἀνθρώποις προσδεχομένοις τὸν κύριον
ἑαυτῶν πότε ἀναλύσῃ ἐκ τῶν γάμων, ἵνα ἐλθόντος καὶ
κρούσαντος εὐθέως ἀνοίξωσιν αὐτῷ.

"그리고 너희는 자신의 주인을 기다리는 사람처럼 되어라! 그때 그가 결혼식에
서부터 돌아올 때, 문을 두드리면 즉시 그(주인)에게 문을 열어주려고."

12:37   μακάριοι οἱ δοῦλοι ἐκεῖνοι, οὓς ἐλθὼν ὁ κύριος εὑρήσει
γρηγοροῦντας· ἀμὴν λέγω ὑμῖν ὅτι περιζώσεται καὶ
ἀνακλινεῖ αὐτοὺς καὶ παρελθὼν διακονήσει αὐτοῖς.

"복되도다! 저러한 종들은, 주인이 와서 그들이(종들이) 깨어 있는 것을 본다면,
아멘(진실로) 내가 말한다, 너희에게. 즉 그가(주인이) 허리띠를 맬 것이다. 그들
(종들)을 식사 자리에 눕게 할 것이다. 그리고 나아와서 그들을 섬길 것이다."

12:38   κἂν ἐν τῇ δευτέρᾳ κἂν ἐν τῇ τρίτῃ φυλακῇ ἔλθῃ καὶ
εὕρῃ οὕτως, μακάριοί εἰσιν ἐκεῖνοι.

"그리고 만약, 2경이나 그리고 만약 3경에, 그가 와서 이런 상황을 발견하면 저
들에게 복이 있으리라!" [고대 이스라엘의 밤 시간은 다음과 같이 구분된다. ① 로마식 구분:
1경(오후 6시~9시), 2경(오후 9시~12시), 3경(오전 0시~3시), 4경(오전 3시~6시); ② 헬라/히브
리식 구분: 1경(오후 6시~10시), 2경(오후 10시~오전 2시), 3경(오전 2시~6시)]

12:39   τοῦτο δὲ γινώσκετε ὅτι εἰ ᾔδει ὁ οἰκοδεσπότης ποίᾳ
ὥρᾳ ὁ κλέπτης ἔρχεται, οὐκ ἂν ἀφῆκεν διορυχθῆναι
τὸν οἶκον αὐτοῦ.

"이제/하지만, 너희가 이것을 안다. 만약 그 집주인이 어떤 시간에 올지 (미리)
알았다면, 즉 그 도둑이 오는 (시간을), 그가 그의 집을 도둑맞도록 두지 않았을
것이다."

12:40   καὶ ὑμεῖς γίνεσθε ἕτοιμοι, ὅτι ᾗ ὥρᾳ οὐ δοκεῖτε ὁ υἱὸς
τοῦ ἀνθρώπου ἔρχεται.

"그리고(그러니), 너희도 준비하고 있으라! 너희가 생각하지/예상하지 않은 시
간에, 인자가 올 것이다."

사순절 제28일: 사순절 넷째 주, 화요일(누가복음 13:22-30)

13:22   Καὶ διεπορεύετο κατὰ πόλεις καὶ κώμας διδάσκων καὶ
πορείαν ποιούμενος εἰς Ἱεροσόλυμα.

그리고 그분은 통과하셨다(두루 다니셨다). 도시들과 마을들을 따라, 가르치시며,
그렇게 여정을 이어가셨다(이동하셨다). (갈릴리에서) 예루살렘으로.

13:23   Εἶπεν δέ τις αὐτῷ· κύριε, εἰ ὀλίγοι οἱ σῳζόμενοι; ὁ δὲ
εἶπεν πρὸς αὐτούς·

이제 어떤 사람이 그분께 말했다. "주여! 적을까요? 구원받을 사람들이?" 그분
께서 이제 그들에게 말씀하셨다.

13:24 ἀγωνίζεσθε εἰσελθεῖν διὰ τῆς στενῆς θύρας, ὅτι πολλοί, λέγω ὑμῖν, ζητήσουσιν εἰσελθεῖν καὶ οὐκ ἰσχύσουσιν.

"너희는 힘쓰라(최선을 다하라! 노력하라)! 좁은 문을 통해 들어가기를! 곧 많다(많을 것이다). 내가 너희에게 말하는데, 들어가려 했으나 그럴 수 없는 사람들이."

13:25 ἀφ' οὗ ἂν ἐγερθῇ ὁ οἰκοδεσπότης καὶ ἀποκλείσῃ τὴν θύραν καὶ ἄρξησθε ἔξω ἑστάναι καὶ κρούειν τὴν θύραν λέγοντες· κύριε, ἄνοιξον ἡμῖν, καὶ ἀποκριθεὶς ἐρεῖ ὑμῖν· οὐκ οἶδα ὑμᾶς πόθεν ἐστέ.

"집주인이 일어나서 그 문을 닫은 후에, 너희가 밖에서 그 문을 두드리기 시작하고, (다음과 같이) 말하여도, '주여! 우리에게 열어주소서'라고. 그분은 대답으로 말씀하신다. '나는 너희가 어디에서부터인지 모른다.'"

13:26 τότε ἄρξεσθε λέγειν· ἐφάγομεν ἐνώπιόν σου καὶ ἐπίομεν καὶ ἐν ταῖς πλατείαις ἡμῶν ἐδίδαξας·

"그때 너희는 말하기 시작하리라. '우리는 당신 앞에서 먹고 마셨습니다. 그리고 넓은 공간들에서 우리를 당신은 가르치셨습니다.'"

13:27 καὶ ἐρεῖ λέγων ὑμῖν· οὐκ οἶδα [ὑμᾶς] πόθεν ἐστέ· ἀπόστητε ἀπ' ἐμοῦ πάντες ἐργάται ἀδικίας.

"그러나 그분께서 너희에게 이런 내용을 말씀하실 것이다. '나는 너희를 모른다. 너희가 어디에서 왔는지, 너희는 나로부터 떠나라! 불의를 행한 모든 자들아!'"

13:28 ἐκεῖ ἔσται ὁ κλαυθμὸς καὶ ὁ βρυγμὸς τῶν ὀδόντων, ὅταν ὄψησθε Ἀβραὰμ καὶ Ἰσαὰκ καὶ Ἰακὼβ καὶ πάντας τοὺς προφήτας ἐν τῇ βασιλείᾳ τοῦ θεοῦ, ὑμᾶς δὲ ἐκβαλλομένους ἔξω.

"거기에 우는 자와 이를 가는 자가 있으리라. 그때 너희는 볼 것이다. 아브라함, 이삭, 그리고 야곱과 모든 선지자가 하나님 나라에 있고, 너희는 이제 밖으로 쫓겨난 것을."

13:29 καὶ ἥξουσιν ἀπὸ ἀνατολῶν καὶ δυσμῶν καὶ ἀπὸ βορρᾶ καὶ νότου καὶ ἀνακλιθήσονται ἐν τῇ βασιλείᾳ τοῦ θεοῦ.

"그리고 (사람들이) 올 것이다, 동과 서에서부터, 북과 남에서부터. 그리고 (잔칫상에) 기대어 누울 것이다, 하나님 나라에서."

13:30 καὶ ἰδοὺ εἰσὶν ἔσχατοι οἳ ἔσονται πρῶτοι καὶ εἰσὶν πρῶτοι οἳ ἔσονται ἔσχατοι.

"그러니, 보라! 나중 된 자인데 먼저 될 사람들이 있을 것이고, 먼저 된 자인데 나중 될 사람들도 있으리라."

사순절 제29일: 사순절 넷째 주, 수요일(누가복음 14:25-33)

14:25   Συνεπορεύοντο δὲ αὐτῷ ὄχλοι πολλοί, καὶ στραφεὶς
εἶπεν πρὸς αὐτούς·

이제, 함께 갔다, 그분과 많은 무리가, 그러자 (그분께서) 돌이키셔서 그들을 향해 말씀하셨다.

14:26   εἴ τις ἔρχεται πρός με καὶ οὐ μισεῖ τὸν πατέρα ἑαυτοῦ
καὶ τὴν μητέρα καὶ τὴν γυναῖκα καὶ τὰ τέκνα καὶ τοὺς
ἀδελφοὺς καὶ τὰς ἀδελφὰς ἔτι τε καὶ τὴν ψυχὴν ἑαυτοῦ,
οὐ δύναται εἶναί μου μαθητής.

"만약 누구든지 나를 향해 오는 자가, 자신의 아버지나 어머니를 미워하지 않으면, 그리고 아내와 자녀들 그리고 형제와 자매들, 심지어 자신의 목숨까지도, 나의 제자가 될 수 없다."

14:27   ὅστις οὐ βαστάζει τὸν σταυρὸν ἑαυτοῦ καὶ ἔρχεται
ὀπίσω μου, οὐ δύναται εἶναί μου μαθητής.

"누구든지 자신의 그 십자가를 들어 올리지 않고(감당하지 않고) 나의 뒤를 따르는 자는, 나의 제자가 될 수 없다."

14:28   Τίς γὰρ ἐξ ὑμῶν θέλων πύργον οἰκοδομῆσαι οὐχὶ
πρῶτον καθίσας ψηφίζει τὴν δαπάνην, εἰ ἔχει εἰς
ἀπαρτισμόν;

"이제 너희들 중 누가, 망대(타워)를 세우길 원한다면, 먼저 앉아서 계산하지 않겠는가? 그 (소요) 비용을, 완공까지 (충분하게) 가지고 있는지에 대해."

14:29   ἵνα μήποτε θέντος αὐτοῦ θεμέλιον καὶ μὴ ἰσχύοντος
ἐκτελέσαι πάντες οἱ θεωροῦντες ἄρξωνται αὐτῷ
ἐμπαίζειν

"그 결과, 그렇게 하지 않고 그것의 기초만 쌓은 후, 전부를 완성하지 못하면, 보는 사람들이 그를 조롱하기(비웃기) 시작할 것이다."

14:30   λέγοντες ὅτι οὗτος ὁ ἄνθρωπος ἤρξατο οἰκοδομεῖν καὶ
οὐκ ἴσχυσεν ἐκτελέσαι.

"곧 그들이 말하기를, 이 사람이 건축하기를 시작했으나, 완성할 능력이 없었다."

14:31   Ἢ τίς βασιλεὺς πορευόμενος ἑτέρῳ βασιλεῖ συμβαλεῖν
εἰς πόλεμον οὐχὶ καθίσας πρῶτον βουλεύσεται εἰ
δυνατός ἐστιν ἐν δέκα χιλιάσιν ὑπαντῆσαι τῷ μετὰ
εἴκοσι χιλιάδων ἐρχομένῳ ἐπ᾽ αὐτόν;

"또한, 어떤 왕이 나갈 때, 다른 왕을 만나려고, 전쟁하고자, 먼저 앉아서 고려하지 않겠는가? 할 수 있을지를 10,000명의 군사로, 20,000명의 군사를 가지고 오는 자를(적군을)."

14:32   εἰ δὲ μή γε, ἔτι αὐτοῦ πόρρω ὄντος πρεσβείαν
ἀποστείλας ἐρωτᾷ τὰ πρὸς εἰρήνην.

"이제 만약 불가능하다면, 그 (적군의) 왕이 아직 멀리 있을 때, 사신단을 보내서
요청할 것이다. 평화 화친을 맺자고."

14:33   οὕτως οὖν πᾶς ἐξ ὑμῶν ὃς οὐκ ἀποτάσσεται πᾶσιν τοῖς
ἑαυτοῦ ὑπάρχουσιν οὐ δύναται εἶναί μου μαθητής.

"이와 같이, 그러므로, 너희들 중에서 모두가(누구든지) 자신이 소유하고 있는 모
든 것을 포기하지 않으면, 나의 제자가 될 수 없다."

사순절 제30일: 사순절 넷째 주, 목요일(누가복음 15:4-10)

15:4   τίς ἄνθρωπος ἐξ ὑμῶν ἔχων ἑκατὸν πρόβατα καὶ
ἀπολέσας ἐξ αὐτῶν ἓν οὐ καταλείπει τὰ ἐνενήκοντα
ἐννέα ἐν τῇ ἐρήμῳ καὶ πορεύεται ἐπὶ τὸ ἀπολωλὸς ἕως
εὕρῃ αὐτό;

"너희들 중 어떤 사람이 100마리 양들을 가지고 있다가 그것 중에서 하나를 잃
어버리면, 99마리를 광야(들판)에 두고서, 그 잃은 것을 추적하지 않겠느냐? 그
것을 찾을 때까지."

15:5   καὶ εὑρὼν ἐπιτίθησιν ἐπὶ τοὺς ὤμους αὐτοῦ χαίρων

"그리고 찾으면, 그의 어깨 위에 멘다, 즐거워하며(기쁨으로)."

15:6   καὶ ἐλθὼν εἰς τὸν οἶκον συγκαλεῖ τοὺς φίλους καὶ τοὺς
γείτονας λέγων αὐτοῖς· συγχάρητέ μοι, ὅτι εὗρον τὸ
πρόβατόν μου τὸ ἀπολωλός.

"그리고 그 집안으로 와서, 함께 (모두) 모은다, 친구들과 이웃들을, 말하며 그들
에게, '함께 기뻐하자, 나와, 왜냐하면 나의 잃었던 그 양을 내가 찾았다.'"

15:7   λέγω ὑμῖν ὅτι οὕτως χαρὰ ἐν τῷ οὐρανῷ ἔσται ἐπὶ ἑνὶ
ἁμαρτωλῷ μετανοοῦντι ἢ ἐπὶ ἐνενήκοντα ἐννέα
δικαίοις οἵτινες οὐ χρείαν ἔχουσιν μετανοίας.

"내가 너희에게 말한다, 곧, 이와 같은 기쁨이 하늘에 있다. 1(명의) 죄인이 회개
할 때(회개하는 것에 대해) 99(명의) 의인들에 대해 보다, 그들은 회개할 필요가 없
는."

15:8   Ἢ τίς γυνὴ δραχμὰς ἔχουσα δέκα ἐὰν ἀπολέσῃ δραχμὴν
μίαν, οὐχὶ ἅπτει λύχνον καὶ σαροῖ τὴν οἰκίαν καὶ ζητεῖ
ἐπιμελῶς ἕως οὗ εὕρῃ;

"또한 어떤 여자가 10드라크마를 가지고 있었는데, 만약 1드라크마를 잃어버렸
다면, 등불을 켜서 그 집을 청소하여 최선을 다해 찾지 않겠는가? 그것을 발견
할 때까지."

15:9   καὶ εὑροῦσα συγκαλεῖ τὰς φίλας καὶ γείτονας λέγουσα·

συγχάρητέ μοι, ὅτι εὗρον τὴν δραχμὴν ἣν ἀπώλεσα.

"그래서 찾으면, 친구들과 이웃들을 함께 모아서, 말하기를, '함께 기뻐하자 나와, 왜냐하면, 내가 잃어버렸던 그 드라크마를 내가 찾았다.'"

15:10 **οὕτως, λέγω ὑμῖν, γίνεται χαρὰ ἐνώπιον τῶν ἀγγέλων τοῦ θεοῦ ἐπὶ ἑνὶ ἁμαρτωλῷ μετανοοῦντι.**

"이와 같이(그러므로) 내가 너희에게 말한다. 기쁨이 된다(발생한다), 하나님의 천사들 앞에서, 1(명의) 죄인이 회개한 것에 대해(회개한 것이)."

사순절 제31일: 사순절 넷째 주, 금요일(누가복음 16:1-12)

16:1 **Ἔλεγεν δὲ καὶ πρὸς τοὺς μαθητάς· ἄνθρωπός τις ἦν πλούσιος ὃς εἶχεν οἰκονόμον, καὶ οὗτος διεβλήθη αὐτῷ ὡς διασκορπίζων τὰ ὑπάρχοντα αὐτοῦ.**

이제 그분은 말씀하셨다, 제자들을 향해서도. "어떤 부유한 사람이 있었는데 그는 (한) 청지기를 가지고 있었다. 그(주인)에게 안 좋은 소식이 들렸다. 그(주인)의 소유물들을 그가 흩어버린다고(허비한다고)."

16:2 **καὶ φωνήσας αὐτὸν εἶπεν αὐτῷ· τί τοῦτο ἀκούω περὶ σοῦ; ἀπόδος τὸν λόγον τῆς οἰκονομίας σου, οὐ γὰρ δύνῃ ἔτι οἰκονομεῖν.**

"그래서 부른 후에 그(주인)가 그에게 말했다. '이것이 무엇이냐? 내가 너에 대해 듣는 것이? 너의 청지기직의 일[문자적으로, "말"]을 정리해라(내려놓아라)! 왜냐하면 너는 청지기직 일하는 것을 더 이상 할 수 없다.'"

16:3 **εἶπεν δὲ ἐν ἑαυτῷ ὁ οἰκονόμος· τί ποιήσω, ὅτι ὁ κύριός μου ἀφαιρεῖται τὴν οἰκονομίαν ἀπ᾽ ἐμοῦ; σκάπτειν οὐκ ἰσχύω, ἐπαιτεῖν αἰσχύνομαι.**

"이제, 자신에게(속으로) 그 청지기가 말했다. '내가 무엇을 해야 하나? 주인이 나의 청지기 직분을 빼앗았으니 나로부터, 땅을 파기에는 내가 힘이 강하지 않고 구걸하기에는 내가 수치스럽구나.'"

16:4 **ἔγνων τί ποιήσω, ἵνα ὅταν μετασταθῶ ἐκ τῆς οἰκονομίας δέξωνταί με εἰς τοὺς οἴκους αὐτῶν.**

"'내가 무엇을 해야 할지 알겠다. 이 청지기직에서 면직된/해고된 후에 그들이 나를 받아들이도록(환대하도록) 해야겠다. 그들의 집으로.'"

16:5 **καὶ προσκαλεσάμενος ἕνα ἕκαστον τῶν χρεοφειλετῶν τοῦ κυρίου ἑαυτοῦ ἔλεγεν τῷ πρώτῳ· πόσον ὀφείλεις τῷ κυρίῳ μου;**

"그래서 어느 날(한 날), 각각 자신의 주인에게 빚진 자들을 불러서, 그는 말했다. 첫째(로 온 사람)에게 '나의 주인에게 당신은 얼마나 빚졌나요?'"

16:6 **ὁ δὲ εἶπεν· ἑκατὸν βάτους ἐλαίου. ὁ δὲ εἶπεν αὐτῷ·**

δέξαι σου τὰ γράμματα καὶ καθίσας ταχέως γράψον πεντήκοντα.

"이제 그가 말했다. '기름 100바토스(말).' 이제 그가 그에게 말했다. '당신은 그 문서들을 취해서(잡고서) 앉으라! (그리고) 빨리 50이라고 쓰라!'"

16:7　ἔπειτα ἑτέρῳ εἶπεν· σὺ δὲ πόσον ὀφείλεις; ὁ δὲ εἶπεν· ἑκατὸν κόρους σίτου. λέγει αὐτῷ· δέξαι σου τὰ γράμματα καὶ γράψον ὀγδοήκοντα.

"그 후에 다른 이에게 말했다. '당신은 이제 얼마나 빚졌나요?' 그가 말했다. '밀 100고르.' 그에게 말했다. '당신의 그 문서들을 취하라, 그리고 쓰라 80이라고.'"

16:8　καὶ ἐπῄνεσεν ὁ κύριος τὸν οἰκονόμον τῆς ἀδικίας ὅτι φρονίμως ἐποίησεν· ὅτι οἱ υἱοὶ τοῦ αἰῶνος τούτου φρονιμώτεροι ὑπὲρ τοὺς υἱοὺς τοῦ φωτὸς εἰς τὴν γενεὰν τὴν ἑαυτῶν εἰσιν.

"그러자 칭찬/박수갈채했다. 그 주인[여기서 '주인'은 '예수님'을 지칭할 수도 있다]이, 그 불의한 청지기를. 왜냐하면 그가 현명하게/신중하게 행했기에. 왜냐하면/그러므로 이 시대의 아들들/사람들은 더 현명/신중하다, 빛의 아들들보다. 자기들 시대에 일들을 처리함에 있어서."

16:9　Καὶ ἐγὼ ὑμῖν λέγω, ἑαυτοῖς ποιήσατε φίλους ἐκ τοῦ μαμωνᾶ τῆς ἀδικίας, ἵνα ὅταν ἐκλίπῃ δέξωνται ὑμᾶς εἰς τὰς αἰωνίους σκηνάς.

"그래서 내가 너희에게 말한다. 스스로 자신들의 친구들을 만들어라. 불의의 재물/돈으로부터/을 이용해서, 그것이 없어질 때/사라질 때 그들이 너희를 받아주도록, 영원한 초막/집으로."

16:10　Ὁ πιστὸς ἐν ἐλαχίστῳ καὶ ἐν πολλῷ πιστός ἐστιν, καὶ ὁ ἐν ἐλαχίστῳ ἄδικος καὶ ἐν πολλῷ ἄδικός ἐστιν.

"가장 작은 것에 신실한 자는 (또한) 많은(큰) 것에도 신실하며, 가장 작은(소홀한) 것에 불의한 자는 많은(큰) 것에도 불의하다."

16:11　εἰ οὖν ἐν τῷ ἀδίκῳ μαμωνᾷ πιστοὶ οὐκ ἐγένεσθε, τὸ ἀληθινὸν τίς ὑμῖν πιστεύσει;

"그러므로 만약 불의한 재물에, 너희가 신실하게 되지 않는다면, 진정한 것을 누가 너희에게 맡기겠느냐?"

16:12　καὶ εἰ ἐν τῷ ἀλλοτρίῳ πιστοὶ οὐκ ἐγένεσθε, τὸ ὑμέτερον τίς ὑμῖν δώσει;

"그리고 만약 다른 것(남의 것)에 너희가 신실하게 되지 않는다면, 너희 (자신의) 것을 누가 너희에게 주겠느냐?"

사순절 제32일: 사순절 넷째 주, 토요일(요한복음 12:1-8: 이 책에서는 개역개정판을 사용함)

사순절 제33일: 사순절 다섯째 주, 주일(시편 126편: 이 책에서는 개역개정판을 사용함)

사순절 제34일: 사순절 다섯째 주, 월요일(누가복음 17:11-19)

17:11 Καὶ ἐγένετο ἐν τῷ πορεύεσθαι εἰς Ἰερουσαλὴμ καὶ αὐτὸς διήρχετο διὰ μέσον Σαμαρείας καὶ Γαλιλαίας.

그리고 이런 일이 있었다. 예루살렘을 향해 가는 중에 그분이 통과하셨다. 사마리아와 갈릴리 사이를 통해.

17:12 Καὶ εἰσερχομένου αὐτοῦ εἴς τινα κώμην ἀπήντησαν [αὐτῷ] δέκα λεπροὶ ἄνδρες, οἳ ἔστησαν πόρρωθεν

그리고 그분이 들어가시니 어떤 마을 안으로, 그분을 만났다(만나러 왔다). 10명의 악성 피부병 남자들이, 그들은 멀리 서 있었다.

17:13 καὶ αὐτοὶ ἦραν φωνὴν λέγοντες· Ἰησοῦ ἐπιστάτα, ἐλέησον ἡμᾶς.

그리고 그들은 (목)소리를 높여 말했다. "예수 선생님! 우리를 불쌍히 여기소서!"

17:14 καὶ ἰδὼν εἶπεν αὐτοῖς· πορευθέντες ἐπιδείξατε ἑαυτοὺς τοῖς ἱερεῦσιν. καὶ ἐγένετο ἐν τῷ ὑπάγειν αὐτοὺς ἐκαθαρίσθησαν.

그러자 그분은 보시고 그들에게 말씀하셨다. "너희는 가서 보여라! 자신들(자신의 몸들)을 제사장들에게. 그러자 그들이 되었다/일어났다. 내려가는 중에, 그들이 깨끗하게 되는 것이."

17:15 Εἷς δὲ ἐξ αὐτῶν, ἰδὼν ὅτι ἰάθη, ὑπέστρεψεν μετὰ φωνῆς μεγάλης δοξάζων τὸν θεόν,

이제 그들 중에서 하나가(한 명이) 그가 치료된 것을 보고, 돌아왔다, 큰 소리로 하나님께 영광을 돌리며.

17:16 καὶ ἔπεσεν ἐπὶ πρόσωπον παρὰ τοὺς πόδας αὐτοῦ εὐχαριστῶν αὐτῷ· καὶ αὐτὸς ἦν Σαμαρίτης.

그리고 (그의) 얼굴이 (땅에) 닿도록 엎드렸다, 그분의 발들 곁에, 그분께 감사하며. 그리고/그런데 그는 사마리아 사람이었다.

17:17 ἀποκριθεὶς δὲ ὁ Ἰησοῦς εἶπεν· οὐχὶ οἱ δέκα ἐκαθαρίσθησαν; οἱ δὲ ἐννέα ποῦ;

이제 예수님께서 대답하시며 말씀하셨다. "10명이 깨끗함을 받지 않았느냐? (그런데) 이제 그 아홉은 어디 있느냐?"

17:18 οὐχ εὑρέθησαν ὑποστρέψαντες δοῦναι δόξαν τῷ θεῷ εἰ μὴ ὁ ἀλλογενὴς οὗτος;

"하나님께 영광을 돌리고자 돌아온 사람들 중에서 이 이방인 외에는 발견되지 않는 것이냐?"

17:19 καὶ εἶπεν αὐτῷ· ἀναστὰς πορεύου· ἡ πίστις σου σέσωκέν σε.

그리고 그에게 말씀하셨다. "일어나서 가거라! 너의 믿음이 너를 구원했다!"

사순절 제35일: 사순절 다섯째 주, 화요일(누가복음 18:9–14)

18:9 Εἶπεν δὲ καὶ πρός τινας τοὺς πεποιθότας ἐφ᾽ ἑαυτοῖς ὅτι εἰσὶν δίκαιοι καὶ ἐξουθενοῦντας τοὺς λοιποὺς τὴν παραβολὴν ταύτην·

이제 그분께서 말씀하셨다. 자기 자신들을 의롭다고 믿으며 나머지(다른) 사람들을 멸시하는(하찮게) 여기는 자들에게 이 비유를.

18:10 Ἄνθρωποι δύο ἀνέβησαν εἰς τὸ ἱερὸν προσεύξασθαι, ὁ εἷς Φαρισαῖος καὶ ὁ ἕτερος τελώνης.

"두 사람이 올라갔다. 성전으로, 기도하려고, 한 명은 바리새인이고 다른 한 명은 세리다(세리였다)."

18:11 ὁ Φαρισαῖος σταθεὶς πρὸς ἑαυτὸν ταῦτα προσηύχετο· ὁ θεός, εὐχαριστῶ σοι ὅτι οὐκ εἰμὶ ὥσπερ οἱ λοιποὶ τῶν ἀνθρώπων, ἅρπαγες, ἄδικοι, μοιχοί, ἢ καὶ ὡς οὗτος ὁ τελώνης·

"그 바리새인은 자기 자신에게로 향하고 서서(따로 분리되어 서서) 이런 내용으로 기도했다. '오 하나님 저는 감사드립니다. 당신께, 제가 다른(나머지) 사람들과 같지 않다는 것을, 약탈자들, 불의한 자들, 간음하는 자들, 혹은(또한) 이 세리 같은 자.'"

18:12 νηστεύω δὶς τοῦ σαββάτου, ἀποδεκατῶ πάντα ὅσα κτῶμαι.

"'저는 금식합니다. 주마다 2번씩, 저는 십일조를 드립니다. 제가 얻은 것 모든 것의.'"

18:13 ὁ δὲ τελώνης μακρόθεν ἑστὼς οὐκ ἤθελεν οὐδὲ τοὺς ὀφθαλμοὺς ἐπᾶραι εἰς τὸν οὐρανόν, ἀλλ᾽ ἔτυπτεν τὸ στῆθος αὐτοῦ λέγων· ὁ θεός, ἱλάσθητί μοι τῷ ἁμαρτωλῷ.

"이제 그 세리는 멀리 서서, 눈을 들어서 하늘을 향해 보지도 못했다. 오히려 그의 가슴을 치면서 말했다. '오 하나님 죄인인 저에게 자비를 베풀어주소서!'"

18:14 λέγω ὑμῖν, κατέβη οὗτος δεδικαιωμένος εἰς τὸν οἶκον αὐτοῦ παρ᾽ ἐκεῖνον· ὅτι πᾶς ὁ ὑψῶν ἑαυτὸν ταπεινωθήσεται, ὁ δὲ ταπεινῶν ἑαυτὸν ὑψωθήσεται.

"내가 말한다, 너희에게. 이 사람이 내려갔다, 의롭게 여겨져서 그의 집으로, 저 사람보다. 왜냐하면, 자신을 높이는 모든 자는 낮추어질 것이고 자신을 낮추는 자는 높여질 것이다(것이기 때문이다)."

사순절 제36일: 사순절 다섯째 주, 수요일(누가복음 19:1-10)

19:1 Καὶ εἰσελθὼν διήρχετο τὴν Ἰεριχώ.

그리고 들어가셔서, 통과하셨다(지나가셨다), 여리고를.

19:2 Καὶ ἰδοὺ ἀνὴρ ὀνόματι καλούμενος Ζακχαῖος, καὶ αὐτὸς ἦν ἀρχιτελώνης καὶ αὐτὸς πλούσιος·

그리고, 보라! (한) 남자, 이름이 삭개오(라고) 불리는 (사람이 있었다), 그리고 그는 세리장이었고 그는 부자(였다).

19:3 καὶ ἐζήτει ἰδεῖν τὸν Ἰησοῦν τίς ἐστιν καὶ οὐκ ἠδύνατο ἀπὸ τοῦ ὄχλου, ὅτι τῇ ἡλικίᾳ μικρὸς ἦν.

그리고 그는 추구했다, 예수님을 보고자, 그가 어떤 사람인지. 그러나 할 수 없었다, 무리로 인하여(사람들이 많아서 접근하기가 어려워서) 즉(또한) 그는 키가 작았다.

19:4 καὶ προδραμὼν εἰς τὸ ἔμπροσθεν ἀνέβη ἐπὶ συκομορέαν ἵνα ἴδῃ αὐτὸν ὅτι ἐκείνης ἤμελλεν διέρχεσθαι.

그리고(그래서) 먼저 달려가서 (무리) 앞으로, 올라갔다, 돌무화과나무 위에, 그분을 보기 위해, 그곳으로 그분께서 지나가실 때.

19:5 καὶ ὡς ἦλθεν ἐπὶ τὸν τόπον, ἀναβλέψας ὁ Ἰησοῦς εἶπεν πρὸς αὐτόν· Ζακχαῖε, σπεύσας κατάβηθι, σήμερον γὰρ ἐν τῷ οἴκῳ σου δεῖ με μεῖναι.

그리고 그 장소에 그분이 오셨을 때, 예수님께서 위를 보시고, 그를 향해, 말씀하셨다. "삭개오야! 어서 내려오너라! 왜냐하면 오늘, 너의 집 안에, 내가 반드시 머물러야겠다."

19:6 καὶ σπεύσας κατέβη καὶ ὑπεδέξατο αὐτὸν χαίρων.

그래서 (삭개오는) 서둘러 내려왔고, 그분을 영접했다(손님으로 환영했다/자기 집으로 모셨다), 즐거워하며(기쁨으로).

19:7 καὶ ἰδόντες πάντες διεγόγγυζον λέγοντες ὅτι παρὰ ἁμαρτωλῷ ἀνδρὶ εἰσῆλθεν καταλῦσαι.

그러자 모든 사람이 보고서 수군댔다(불평했다), 말하기를 "죄인과 함께 들어갔다 (그 집에) 손님으로 머물려고."

19:8 σταθεὶς δὲ Ζακχαῖος εἶπεν πρὸς τὸν κύριον· ἰδοὺ τὰ ἡμίσιά μου τῶν ὑπαρχόντων, κύριε, τοῖς πτωχοῖς δίδωμι, καὶ εἴ τινός τι ἐσυκοφάντησα ἀποδίδωμι τετραπλοῦν.

이제 삭개오가 서서 말했다. 주님을 향해, "보소서! 나의 소유물들의 절반을 주여! 가난한 자들에게 제가 줍니다(현재형). 그리고 만약 누구의 것을 부당하게 (속여) 사취한 것이 있다면, 네 배를(네 배로) 갚습니다."

19:9 εἶπεν δὲ πρὸς αὐτὸν ὁ Ἰησοῦς ὅτι σήμερον σωτηρία τῷ οἴκῳ τούτῳ ἐγένετο, καθότι καὶ αὐτὸς υἱὸς Ἀβραάμ ἐστιν·

이제 그를 향해 예수님께서 말씀하셨다. 곧(즉/다음과 같이) "오늘 구원이 이 집에 왔다/이르렀다. 이 사람도 아브라함의 (잃어버린) 아들이기 때문이다."

19:10 ἦλθεν γὰρ ὁ υἱὸς τοῦ ἀνθρώπου ζητῆσαι καὶ σῶσαι τὸ ἀπολωλός.

"왜냐하면(그래서) 인자가 왔다. 찾아서 구원하려고 파괴된 자를(잃어버린 자를)."

사순절 제37일: 사순절 다섯째 주, 목요일(누가복음 20:9-19)

20:9 Ἤρξατο δὲ πρὸς τὸν λαὸν λέγειν τὴν παραβολὴν ταύτην· ἄνθρωπός [τις] ἐφύτευσεν ἀμπελῶνα καὶ ἐξέδετο αὐτὸν γεωργοῖς καὶ ἀπεδήμησεν χρόνους ἱκανούς.

이제 백성들을 향해 그분이 말하기를 시작하셨다, 이런 비유를 (사용하셔서). "(어떤) 사람이 포도원을 만들었다(심었다). 그리고 그것을 소작인들에게 맡겼다. 그리고 외국으로 갔다, 충분한(상당한) 시간 동안."

20:10 καὶ καιρῷ ἀπέστειλεν πρὸς τοὺς γεωργοὺς δοῦλον ἵνα ἀπὸ τοῦ καρποῦ τοῦ ἀμπελῶνος δώσουσιν αὐτῷ· οἱ δὲ γεωργοὶ ἐξαπέστειλαν αὐτὸν δείραντες κενόν.

"그리고 적당한 때가 되어, 그 소작인들을 향해 종을 보냈다, 포도원의 열매들로부터 (일부를) 그에게 주도록(바치도록). 이제(하지만) 그 소작인들은 쫓아 보냈다, 그(종)를, 때린 후에, 빈손으로."

20:11 καὶ προσέθετο ἕτερον πέμψαι δοῦλον· οἱ δὲ κἀκεῖνον δείραντες καὶ ἀτιμάσαντες ἐξαπέστειλαν κενόν.

"그리고 추가했다, 다른 종 보내기를, 이제 그 역시 때리고 나서 모욕을 준 다음 빈손으로 보냈다."

20:12 καὶ προσέθετο τρίτον πέμψαι· οἱ δὲ καὶ τοῦτον τραυματίσαντες ἐξέβαλον.

"그리고 추가했다, 세 번째 (종을) 보내기를, 이제 그 종에게도 마찬가지로 심하게 때린 후에 쫓아 보냈다."

20:13 εἶπεν δὲ ὁ κύριος τοῦ ἀμπελῶνος· τί ποιήσω; πέμψω τὸν υἱόν μου τὸν ἀγαπητόν· ἴσως τοῦτον ἐντρα-πήσονται.

"이제 말했다, 그 포도원 주인이, '내가 어떻게 할까? 내가 내 사랑하는 아들을 보내야겠다. 아마도 그는 그들이 존중하리라(공경하리라/공경하겠지).'"

20:14 ἰδόντες δὲ αὐτὸν οἱ γεωργοὶ διελογίζοντο πρὸς ἀλλήλους λέγοντες· οὗτός ἐστιν ὁ κληρονόμος· ἀποκτείνωμεν αὐτόν, ἵνα ἡμῶν γένηται ἡ κληρονομία.

"이제 그를 소작인들이 보고 서로 의논했다. 말하기를, '그는 상속자다, 그를 죽이자! 그래서 그 상속권(재산/유산)이 우리의 것이 되도록.'"

20:15 καὶ ἐκβαλόντες αὐτὸν ἔξω τοῦ ἀμπελῶνος ἀπέκτειναν. τί οὖν ποιήσει αὐτοῖς ὁ κύριος τοῦ ἀμπελῶνος;

"그래서 그를 포도원 밖에(으로) 쫓아낸 다음(몰아낸 다음), 그들은 죽였다. 그러니 어찌하겠느냐? 그들에게, 그 포도원 주인이."

20:16 ἐλεύσεται καὶ ἀπολέσει τοὺς γεωργοὺς τούτους καὶ δώσει τὸν ἀμπελῶνα ἄλλοις. ἀκούσαντες δὲ εἶπαν· μὴ γένοιτο.

"그가 올 것이며 멸망시킬 것이다, 그러한 소작인들을. 그리고 그 포도원은 다른 이들에게 줄 것이다." 이제 (사람들이) 듣고 나서 말했다. "결코 (그렇게) 되지 않으리다!"

20:17 ὁ δὲ ἐμβλέψας αὐτοῖς εἶπεν· τί οὖν ἐστιν τὸ γεγραμμένον τοῦτο· λίθον ὃν ἀπεδοκίμασαν οἱ οἰκοδομοῦντες, οὗτος ἐγενήθη εἰς κεφαλὴν γωνίας;

이제 그분은 그들을 유심히 보시고 말씀하셨다. "그러면 어째서 이런 내용이 기록되었느냐? 건축하는 자들이 버린 돌이, 그것이 모퉁이의 머릿돌이 되었다."

20:18 πᾶς ὁ πεσὼν ἐπ᾽ ἐκεῖνον τὸν λίθον συνθλασθήσεται· ἐφ᾽ ὃν δ᾽ ἂν πέσῃ, λικμήσει αὐτόν.

"이 돌 위에 떨어지는 모든 것은 산산이 조각나게 될 것이다, 또한 (누군가) 그 존재 위에 그 돌이 떨어진다면, 그를 가루로 만들 것이다."

20:19 Καὶ ἐζήτησαν οἱ γραμματεῖς καὶ οἱ ἀρχιερεῖς ἐπιβαλεῖν ἐπ᾽ αὐτὸν τὰς χεῖρας ἐν αὐτῇ τῇ ὥρᾳ, καὶ ἐφοβήθησαν τὸν λαόν, ἔγνωσαν γὰρ ὅτι πρὸς αὐτοὺς εἶπεν τὴν παραβολὴν ταύτην.

그리고(그러자) 추구했다, 서기관들과 대제사장들이 그분을 붙잡으려고(손을 대고자), 그들의 손으로, 그 시간에(그 자리에서). 그리고/그러나 그들은 두려워했다, 그 백성을. 왜냐하면 그들이 알았다, 자신들을 향해, 그분이 그러한 비유를 말씀하셨다는 것을.

사순절 제38일: 사순절 다섯째 주, 금요일(누가복음 21:7-19)

21:7 Ἐπηρώτησαν δὲ αὐτὸν λέγοντες· διδάσκαλε, πότε οὖν ταῦτα ἔσται καὶ τί τὸ σημεῖον ὅταν μέλλη ταῦτα γίνεσθαι;

이제 그들이 계속 물었다, 그분께 말하면서. "선생님! 그러면 언제 이런 일들이 있을까요? 그리고 어떤 징조가? 이런 일들이 일어나려고 할 때."

21:8 ὁ δὲ εἶπεν· βλέπετε μὴ πλανηθῆτε· πολλοὶ γὰρ ἐλεύσονται ἐπὶ τῷ ὀνόματί μου λέγοντες· ἐγώ εἰμι, καὶ· ὁ καιρὸς ἤγγικεν. μὴ πορευθῆτε ὀπίσω αὐτῶν.

이제 그분이 말씀하셨다. "주시하라(주의하라)! 너희가 속임 당하지 않도록, 왜냐하면 많은 이들이 나의 이름 위로 올 것이다, 말하면서, 바로 나다! 그때가 왔다고. 너희는 그런 자들을 뒤따라 가지 말라!"

21:9 ὅταν δὲ ἀκούσητε πολέμους καὶ ἀκαταστασίας, μὴ πτοηθῆτε· δεῖ γὰρ ταῦτα γενέσθαι πρῶτον, ἀλλ᾽ οὐκ εὐθέως τὸ τέλος.

"이제 전쟁과 난리(소란)을 너희가 들을 때, 너희는 공포에 떨지 말라! 왜냐하면 이런 일들이 반드시 일어나야 하지만, 그럼에도 즉시 끝은 아니다."

21:10 Τότε ἔλεγεν αὐτοῖς· ἐγερθήσεται ἔθνος ἐπ᾽ ἔθνος καὶ βασιλεία ἐπὶ βασιλείαν,

그때, 그분이 그들에게 말씀을 (계속) 하셨다. "민족이 민족을 대항하여 일어날 것이다. 나라가 나라를 대적해서(도)."

21:11 σεισμοί τε μεγάλοι καὶ κατὰ τόπους λιμοὶ καὶ λοιμοὶ ἔσονται, φόβητρά τε καὶ ἀπ᾽ οὐρανοῦ σημεῖα μεγάλα ἔσται.

"한편으로 큰 지진이 그리고 여러 지역마다 흉년과 전염병이 있으리라. 한편으로 공포, 무서운 일들, 그리고 하늘로부터 큰 표적들도 있으리라."

21:12 Πρὸ δὲ τούτων πάντων ἐπιβαλοῦσιν ἐφ᾽ ὑμᾶς τὰς χεῖρας αὐτῶν καὶ διώξουσιν, παραδιδόντες εἰς τὰς συναγωγὰς καὶ φυλακάς, ἀπαγομένους ἐπὶ βασιλεῖς καὶ ἡγεμόνας ἕνεκεν τοῦ ὀνόματός μου·

"이제 이 모든 일 전에, 그들의 손들이 너희에게 대어, 그들이 박해/핍박할 것이다. 회당들과 감옥들에 넘겨주어서(집어넣어서) 너희는 끌려갈 것이다. 왕들과 지도자들 앞에, 나의 이름으로 인해."

21:13 ἀποβήσεται ὑμῖν εἰς μαρτύριον.

"결과가 될 것이다, 너희에게, 증거로."

21:14 θέτε οὖν ἐν ταῖς καρδίαις ὑμῶν μὴ προμελετᾶν ἀπο— λογηθῆναι·

"그러므로 각오하라! 너희의 마음 안에, 변호하기를 미리 계획하지(숙고하지) 않기로."

21:15   ἐγὼ γὰρ δώσω ὑμῖν στόμα καὶ σοφίαν ᾗ οὐ δυνήσονται
ἀντιστῆναι ἢ ἀντειπεῖν ἅπαντες οἱ ἀντικείμενοι ὑμῖν.
"왜냐하면 내가 줄 것이다, 너희에게, 입과 지혜를, 너희의 모든 반대자들이 대
항하거나 반박할 수 없는 내용으로."

21:16   παραδοθήσεσθε δὲ καὶ ὑπὸ γονέων καὶ ἀδελφῶν καὶ
συγγενῶν καὶ φίλων, καὶ θανατώσουσιν ἐξ ὑμῶν,
"이제 너희가 넘겨지게 되리라, 그리고 부모들과 형제들에 의해, 그리고 친지
와 친구들에 의해, 그래서 그들이 너희 중에서 (몇몇은) 죽일 것이다."

21:17   καὶ ἔσεσθε μισούμενοι ὑπὸ πάντων διὰ τὸ ὄνομά μου.
"그리고 미움받게 될 것이다, 모든 이들에 의해, 나의 이름으로 인해서(때문에)."

21:18   καὶ θρὶξ ἐκ τῆς κεφαλῆς ὑμῶν οὐ μὴ ἀπόληται.
"그러나 너희의 머리로부터 (하나의) 털도 상처 입지 않으리라!"

21:19   ἐν τῇ ὑπομονῇ ὑμῶν κτήσασθε τὰς ψυχὰς ὑμῶν.
"너희의 그 인내로, 너희는 얻게 될 것이다, 너희의 영혼들을."

사순절 제39일: 사순절 다섯째 주, 토요일(누가복음 22:1-23:49)

22:1   Ἤγγιζεν δὲ ἡ ἑορτὴ τῶν ἀζύμων ἡ λεγομένη πάσχα.
이제 가까워졌다, 누룩들이 없는 그 명절, 유월절이라고 불리는 그 명절이.

22:2   καὶ ἐζήτουν οἱ ἀρχιερεῖς καὶ οἱ γραμματεῖς τὸ πῶς
ἀνέλωσιν αὐτόν, ἐφοβοῦντο γὰρ τὸν λαόν.
그리고 계속 추구했다, 대제사장들과 율법학자들이, 어떻게 그를 제거해 버릴
까 (하고). 왜냐하면, 그 백성을 그들이 두려워했기에.

22:3   Εἰσῆλθεν δὲ σατανᾶς εἰς Ἰούδαν τὸν καλούμενον
Ἰσκαριώτην, ὄντα ἐκ τοῦ ἀριθμοῦ τῶν δώδεκα·
이제 사탄이 들어갔다, 유다 안으로, 이스카리옷이라 불리는, 열둘(제자)의 수에
들어간 사람 중에서 (하나인).

22:4   καὶ ἀπελθὼν συνελάλησεν τοῖς ἀρχιερεῦσιν καὶ
στρατηγοῖς τὸ πῶς αὐτοῖς παραδῷ αὐτόν.
그래서 그는 떠나서 의논했다, 대제사장들과 경비 대장들에게 어떻게 그들에
게 그분을 넘겨줄지(에 대해서).

22:5   καὶ ἐχάρησαν καὶ συνέθεντο αὐτῷ ἀργύριον δοῦναι.
그러자 그들은 기뻐했고 약속했다, 그에게 돈을 주기로.

22:6   καὶ ἐξωμολόγησεν, καὶ ἐζήτει εὐκαιρίαν τοῦ παραδοῦναι
αὐτὸν ἄτερ ὄχλου αὐτοῖς.
그러자 그(유다)가 고백했다(동의했다), 그리고 그는 계속 찾았다, 기회(적시)를, 그
분을 넘겨줄, 무리가 없을 때, 그들에게.

22:7 Ἦλθεν δὲ ἡ ἡμέρα τῶν ἀζύμων, [ἐν] ᾗ ἔδει θύεσθαι τὸ πάσχα·

이제 왔다, 누룩들이 없는 그날이, 반드시 그 유월절 양을 잡아야 하는 그날이.

22:8 καὶ ἀπέστειλεν Πέτρον καὶ Ἰωάννην εἰπών· πορευθέντες ἑτοιμάσατε ἡμῖν τὸ πάσχα ἵνα φάγωμεν.

그래서 보내셨다, 베드로와 요한을, 말씀하시며, "너희는 가서 준비해라! 우리를 위해, 그 유월절 양(식사)을 우리가 먹을 수 있도록."

22:9 οἱ δὲ εἶπαν αὐτῷ· ποῦ θέλεις ἑτοιμάσωμεν;

이제 그들이 그분께 말했다. "어디서 당신은 원하십니까? 우리가 준비하기를."

22:10 ὁ δὲ εἶπεν αὐτοῖς· ἰδοὺ εἰσελθόντων ὑμῶν εἰς τὴν πόλιν συναντήσει ὑμῖν ἄνθρωπος κεράμιον ὕδατος βαστάζων· ἀκολουθήσατε αὐτῷ εἰς τὴν οἰκίαν εἰς ἣν εἰσπορεύεται,

이제 그들에게 그분이 말씀하셨다. "보라! 너희가 그 도시에 들어가면, 너희에게 마주치게 될 것이다, 토기 물동이를 운반하는 한 사람을, 너희는 그를 따라가라! 그가 들어가는 집 안으로."

22:11 καὶ ἐρεῖτε τῷ οἰκοδεσπότῃ τῆς οἰκίας· λέγει σοι ὁ διδάσκαλος· ποῦ ἐστιν τὸ κατάλυμα ὅπου τὸ πάσχα μετὰ τῶν μαθητῶν μου φάγω;

"그리고 너희는 말하라! 그 집의 주인에게, '선생님께서 당신께 말합니다. 어디인가, 손님방이? 거기서 유월절(양/음식)을 나의 제자들과 함께 내가 먹는다(먹으려고 하는).'"

22:12 κἀκεῖνος ὑμῖν δείξει ἀνάγαιον μέγα ἐστρωμένον· ἐκεῖ ἑτοιμάσατε.

"그렇게 하면, 너희에게 그가 보여줄 것이다, 윗층(2층)의 넓은 방으로, 자리가 준비된, 거기서 너희는 (유월절 식탁을) 준비하라!"

22:13 ἀπελθόντες δὲ εὗρον καθὼς εἰρήκει αὐτοῖς καὶ ἡτοίμασαν τὸ πάσχα.

이제 그들은 나가서, 그분이 그들에게 말씀하신 대로 발견했고, 그들은 유월절을 준비했다.

22:14 Καὶ ὅτε ἐγένετο ἡ ὥρα, ἀνέπεσεν καὶ οἱ ἀπόστολοι σὺν αὐτῷ.

그리고 시간이 되자, 그분이 사도들과 함께 식사 자세로 누우셨다.

22:15 καὶ εἶπεν πρὸς αὐτούς· ἐπιθυμίᾳ ἐπεθύμησα τοῦτο τὸ πάσχα φαγεῖν μεθ' ὑμῶν πρὸ τοῦ με παθεῖν·

그리고 그들을 향해 말씀하셨다, "내가 원하고 원하였다, 이 유월절(양/음식) 먹기를, 너희들과 함께, 내가 고난(십자가)받기 전에."

22:16 　λέγω γὰρ ὑμῖν ὅτι οὐ μὴ φάγω αὐτὸ ἕως ὅτου πληρωθῇ ἐν τῇ βασιλείᾳ τοῦ θεοῦ.

"그러므로(그래서) 나는 너희에게 말한다. 곧, 내가 더 이상 먹지 않을 것이다, 이것을. 하나님 나라에서 그것이 완성되기까지는."

22:17 　καὶ δεξάμενος ποτήριον εὐχαριστήσας εἶπεν· λάβετε τοῦτο καὶ διαμερίσατε εἰς ἑαυτούς·

그리고 잔을 잡으시고(받으시고) 감사하신 후, 말씀하셨다. "너희는 이것을 받으라! 그리고 너희들끼리 나누라!"

22:18 　λέγω γὰρ ὑμῖν, [ὅτι] οὐ μὴ πίω ἀπὸ τοῦ νῦν ἀπὸ τοῦ γενήματος τῆς ἀμπέλου ἕως οὗ ἡ βασιλεία τοῦ θεοῦ ἔλθῃ.

"왜냐하면 그래서 내가 너희에게 말한다, 내가 이제부터 (더 이상) 마시지 않을 것이다, 포도나무에서 나온 것을, 하나님 나라가 임할 때까지."

22:19 　Καὶ λαβὼν ἄρτον εὐχαριστήσας ἔκλασεν καὶ ἔδωκεν αὐτοῖς λέγων· τοῦτό ἐστιν τὸ σῶμά μου τὸ ὑπὲρ ὑμῶν διδόμενον· τοῦτο ποιεῖτε εἰς τὴν ἐμὴν ἀνάμνησιν.

그리고 빵을 취하신 후, 감사하시고, 부수어/잘라내어 그들에게 주시며 말씀하시길, "이것은 나의 몸(살)이다. 너희를 위해 내어주는 것, 이것을 너희가 행하라! 나를 기억하기 위해서."

22:20 　καὶ τὸ ποτήριον ὡσαύτως μετὰ τὸ δειπνῆσαι, λέγων· τοῦτο τὸ ποτήριον ἡ καινὴ διαθήκη ἐν τῷ αἵματί μου τὸ ὑπὲρ ὑμῶν ἐκχυννόμενον.

그리고 잔도 그와 같이, 정찬(저녁 식사) 후에, 말씀하시길, "이 잔은 새 언약, 나의 피로, 너희를 위해, 붓는/흘리는."

22:21 　Πλὴν ἰδοὺ ἡ χεὶρ τοῦ παραδιδόντος με μετ᾽ ἐμοῦ ἐπὶ τῆς τραπέζης.

"더욱이(그러나/그럼에도 불구하고) 보라! 나를 넘기는 자의 손이 나와 함께, 이 식탁 위에."

22:22 　ὅτι ὁ υἱὸς μὲν τοῦ ἀνθρώπου κατὰ τὸ ὡρισμένον πορεύεται, πλὴν οὐαὶ τῷ ἀνθρώπῳ ἐκείνῳ δι᾽ οὗ παραδίδοται.

"즉 한편으로, 인자는 결정/작정된 대로 간다, 그러나 화로다! 저 사람에게, 그를 통해 (인자를) 넘기게 하는 자."

22:23 　καὶ αὐτοὶ ἤρξαντο συζητεῖν πρὸς ἑαυτοὺς τὸ τίς ἄρα εἴη ἐξ αὐτῶν ὁ τοῦτο μέλλων πράσσειν.

그러자 그들이 함께 찾기를 시작했다, 서로를 향해, 도대체 누구인지, 그들 중에서, 이런 짓을 행하려 하는 자가!

22:24 Ἐγένετο δὲ καὶ φιλονεικία ἐν αὐτοῖς, τὸ τίς αὐτῶν δοκεῖ εἶναι μείζων.

이제 일어났다, 다툼(경쟁/논쟁)도 그들 안에서, 그들 중에서 누가 크냐에 대해 어찌 생각하는지.

22:25 ὁ δὲ εἶπεν αὐτοῖς· οἱ βασιλεῖς τῶν ἐθνῶν κυριεύουσιν αὐτῶν καὶ οἱ ἐξουσιάζοντες αὐτῶν εὐεργέται καλοῦνται.

이제 그분께서 그들에게 말씀하셨다. "이방인들의 왕들은 그들의 주인 행세를 하고, 그들의 권력자들은 은인(수혜자/은혜 베푼 자)라고 불려진다(그러기를 원한다)."

22:26 ὑμεῖς δὲ οὐχ οὕτως, ἀλλ᾽ ὁ μείζων ἐν ὑμῖν γινέσθω ὡς ὁ νεώτερος καὶ ὁ ἡγούμενος ὡς ὁ διακονῶν .

"이제 너희는 그렇지 않다(그들과는 다르다). 오히려, 너희들 중에서 큰 자는 젊은/어린 자처럼 되어라! 그리고 지도자는 섬기는 자같이."

22:27 τίς γὰρ μείζων, ὁ ἀνακείμενος ἢ ὁ διακονῶν; οὐχὶ ὁ ἀνακείμενος; ἐγὼ δὲ ἐν μέσῳ ὑμῶν εἰμι ὡς ὁ διακονῶν.

"왜냐하면, 누가 크냐? 식사 자세로 누운 자냐? 혹은 섬기는 자냐? 식사 자세로 누워 있는 자이지 않느냐? (그러나) 이제 나는 너희들 중간에서 섬기는 자이다!"

22:28 Ὑμεῖς δέ ἐστε οἱ διαμεμενηκότες μετ᾽ ἐμοῦ ἐν τοῖς πειρασμοῖς μου·

"이제, 너희는 철저히/항상 남아 있는 자들이다, 나와 함께, 나의 시험(고난의 여정) 안에."

22:29 κἀγὼ διατίθεμαι ὑμῖν καθὼς διέθετό μοι ὁ πατήρ μου βασιλείαν,

"나도 너희에게 철저히 맡긴다, 나의 아버지께서 나에게 왕국(하나님 나라)를 맡기신 것처럼."

22:30 ἵνα ἔσθητε καὶ πίνητε ἐπὶ τῆς τραπέζης μου ἐν τῇ βασιλείᾳ μου, καὶ καθήσεσθε ἐπὶ θρόνων τὰς δώδεκα φυλὰς κρίνοντες τοῦ Ἰσραήλ.

"그래서 너희가 먹고 마시도록, 나의 식탁 위에서, 나의 왕국(나라)에서, 그리고 앉을 것이다, 보좌 위에, 이스라엘의 열두 지파들을 심판할(다스릴) 그 보좌 (위에)."

22:31 Σίμων Σίμων, ἰδοὺ ὁ σατανᾶς ἐξῃτήσατο ὑμᾶς τοῦ σινιάσαι ὡς τὸν σῖτον·

"시몬아! 시몬아! 보라! 그 사탄이 요구했다, 너희를 밀(이삭)처럼 흔들려고(시험하려고)."

22:32 ἐγὼ δὲ ἐδεήθην περὶ σοῦ ἵνα μὴ ἐκλίπῃ ἡ πίστις σου·

καὶ σύ ποτε ἐπιστρέψας στήρισον τοὺς ἀδελφούς σου.

"이제/그러나, 내가 간청했다(간절히 기도했다), 너를 위해, 너의 그 믿음이 중단하지(실패하지/떨어지지) 않도록, 그래서 너는 온전히 돌아온 뒤에, 너의 형제들을 굳게(강하게) 하라!"

22:33   ὁ δὲ εἶπεν αὐτῷ· κύριε, μετὰ σοῦ ἕτοιμός εἰμι καὶ εἰς φυλακὴν καὶ εἰς θάνατον πορεύεσθαι.

이제 그가 그분께 말했다. "주여! 당신과 함께 (할) 준비가 저는 되었습니다. 감옥 안으로, 죽음 안으로, 나아가기를."

22:34   ὁ δὲ εἶπεν· λέγω σοι, Πέτρε, οὐ φωνήσει σήμερον ἀλέκτωρ ἕως τρίς με ἀπαρνήσῃ εἰδέναι.

이제 그분이 말씀하셨다. "내가 너에게 말한다, 베드로야! 오늘 수탉이 울지 않을 것이다, 나를 아는 것에 (대해) 철저하게 부인하기까지, 3번(이나). [3번이나 나를 전혀 모른다고 하기 전에는 아침이 오지 않을 것이다.]"

22:35   Καὶ εἶπεν αὐτοῖς· ὅτε ἀπέστειλα ὑμᾶς ἄτερ βαλλαντίου καὶ πήρας καὶ ὑποδημάτων, μή τινος ὑστερήσατε; οἱ δὲ εἶπαν· οὐθενός.

그리고 그들에게 말씀하셨다. "내가 너희를 보낼 때, 지갑과 가방과 신발 없이, 어떤 부족함도 없지 않았느냐?" 이제 그들이 말했다. "전혀 없었습니다!"

22:36   εἶπεν δὲ αὐτοῖς· ἀλλὰ νῦν ὁ ἔχων βαλλάντιον ἀράτω, ὁμοίως καὶ πήραν, καὶ ὁ μὴ ἔχων πωλησάτω τὸ ἱμάτιον αὐτοῦ καὶ ἀγορασάτω μάχαιραν.

이제 그들에게 말씀하셨다. "그러나 이제는 지갑 가지는 자는 챙기라! 마찬가지로 가방도, 없는 사람은 그의 겉옷을(겉옷이라도) 팔아서, 칼을 사라!"

22:37   λέγω γὰρ ὑμῖν ὅτι τοῦτο τὸ γεγραμμένον δεῖ τελεσθῆναι ἐν ἐμοί, τό· καὶ μετὰ ἀνόμων ἐλογίσθη· καὶ γὰρ τὸ περὶ ἐμοῦ τέλος ἔχει.

"왜냐하면 내가 너희에게 말한다, 즉 기록된 그것(그 말)이 반드시 나에게 이루어져야만 하기에 즉 불법한 자와 한패로 여겨졌다(라는 말이). 그래서 나에 관한 것이 끝(완성)을 가지는 것이다."

22:38   οἱ δὲ εἶπαν· κύριε, ἰδοὺ μάχαιραι ὧδε δύο. ὁ δὲ εἶπεν αὐτοῖς· ἱκανόν ἐστιν.

이제 그들이 말했다. "주여! 보소서! 칼이 여기에 2개!" 이제 그분이 그들에게 말씀하셨다. "충분하다!"

22:39   Καὶ ἐξελθὼν ἐπορεύθη κατὰ τὸ ἔθος εἰς τὸ ὄρος τῶν ἐλαιῶν, ἠκολούθησαν δὲ αὐτῷ καὶ οἱ μαθηταί.

그리고 나가셔서 곧장 가셨다, 습관대로, 올리브나무들의 산으로, 이제 그분께 (따라), 그의 제자들도 좇아갔다.

22:40 γενόμενος δὲ ἐπὶ τοῦ τόπου εἶπεν αὐτοῖς· προσεύχεσθε μὴ εἰσελθεῖν εἰς πειρασμόν.

이제 그 장소에 도착하셔서 그들에게 말씀하셨다, "너희는 기도하라! 시험 안으로 들어가지 않도록!"

22:41 καὶ αὐτὸς ἀπεσπάσθη ἀπ᾽ αὐτῶν ὡσεὶ λίθου βολὴν καὶ θεὶς τὰ γόνατα προσηύχετο

그리고 그분은 그들로부터 떨어지셨다, 돌 던지기 정도(만큼). 그리고 무릎들을 세우시고 기도하셨다.

22:42 λέγων· πάτερ, εἰ βούλει παρένεγκε τοῦτο τὸ ποτήριον ἀπ᾽ ἐμοῦ· πλὴν μὴ τὸ θέλημά μου ἀλλὰ τὸ σὸν γινέσθω.

말씀(기도)하시길, "아버지! 만약 당신이 뜻하시면, 그 잔을 나로부터 치워주소서! 다만 나의 의지/갈망대로 마시고, 당신의 것(의지/갈망)이 되기를 바랍니다!"

22:43 ὤφθη δὲ αὐτῷ ἄγγελος ἀπ᾽ οὐρανοῦ ἐνισχύων αὐτόν.

이제 그분께 나타났다, 천사가, 하늘로부터, (그래서) 그분을 힘 있게 하였다.

22:44 καὶ γενόμενος ἐν ἀγωνίᾳ ἐκτενέστερον προσηύχετο· καὶ ἐγένετο ὁ ἱδρὼς αὐτοῦ ὡσεὶ θρόμβοι αἵματος καταβαίνοντες ἐπὶ τὴν γῆν.

그리고 간절한 고뇌(열정)를 일으키셔서 (그분은) 기도하셨다. 그래서 그분의 땀이 핏방울처럼 떨어지게 되었다, 그 땅 위에.

22:45 καὶ ἀναστὰς ἀπὸ τῆς προσευχῆς ἐλθὼν πρὸς τοὺς μαθητὰς εὗρεν κοιμωμένους αὐτοὺς ἀπὸ τῆς λύπης,

그리고 그 기도(하심)에서 일어나셔서 제자들에게로 나아가 보시니, 그분은 발견하셨다, 그들이 잠들어 있는 것을, 그 슬픔(근심)으로 인하여.

22:46 καὶ εἶπεν αὐτοῖς· τί καθεύδετε; ἀναστάντες προσεύχεσθε, ἵνα μὴ εἰσέλθητε εἰς πειρασμόν.

그래서 그분은 그들에게 말씀하셨다. "어째서 너희는 누워있느냐(자느냐)? 일어나서 기도하라! 시험 안으로 들어가지 않도록!"

22:47 Ἔτι αὐτοῦ λαλοῦντος ἰδοὺ ὄχλος, καὶ ὁ λεγόμενος Ἰούδας εἷς τῶν δώδεκα προήρχετο αὐτοὺς καὶ ἤγγισεν τῷ Ἰησοῦ φιλῆσαι αὐτόν

그분이 말씀하실 바로 그때, 보라 무리가! 그리고 열둘(제자) 중에서 '유다'로 불리는 자가 그들 앞에서(앞서서) 다가왔다. 그리고 예수님께 가까이 왔다, 그분께 입맞춤하려고.

22:48 Ἰησοῦς δὲ εἶπεν αὐτῷ· Ἰούδα, φιλήματι τὸν υἱὸν τοῦ ἀνθρώπου παραδίδως;

이제 예수님께서 그에게 말씀하셨다, "유다야! 입맞춤으로 그 인자를 네가 넘기는 것이냐?"

22:49 Ἰδόντες δὲ οἱ περὶ αὐτὸν τὸ ἐσόμενον εἶπαν· κύριε, εἰ πατάξομεν ἐν μαχαίρῃ;

이제 그분 주변에 있던 자들(제자들)이 그 되는 상황을 보고서, 말했다, "주여! 우리가 칼로 칠까요?"

22:50 καὶ ἐπάταξεν εἷς τις ἐξ αὐτῶν τοῦ ἀρχιερέως τὸν δοῦλον καὶ ἀφεῖλεν τὸ οὖς αὐτοῦ τὸ δεξιόν.

그리고 그들(제자들) 중에서 한 사람이 쳤다(공격했다), 대제사장의 그 종을, 그래서 그의 오른쪽 귀가 떨어졌다.

22:51 ἀποκριθεὶς δὲ ὁ Ἰησοῦς εἶπεν· ἐᾶτε ἕως τούτου· καὶ ἁψάμενος τοῦ ὠτίου ἰάσατο αὐτόν.

이제 예수님께서 대답/반응하시며 말씀하셨다, "너희는 가만있어라! 여기까지!" 그리고 그 (떨어진) 귀를 붙여주시어 그를 치료해 주셨다.

22:52 Εἶπεν δὲ Ἰησοῦς πρὸς τοὺς παραγενομένους ἐπ᾽ αὐτὸν ἀρχιερεῖς καὶ στρατηγοὺς τοῦ ἱεροῦ καὶ πρεσβυτέρους· ὡς ἐπὶ λῃστὴν ἐξήλθατε μετὰ μαχαιρῶν καὶ ξύλων;

이제 예수님께서 말씀하셨다, 자신에 대해 (붙잡으려고) 가까이 온 자들을 향해, 대제사장들과 성전 장교(군인)들과 장로들에게. "마치 강도 위에(대하듯/붙잡으려고) 너희가 왔느냐? 칼과 몽둥이를 가지고."

22:53 καθ᾽ ἡμέραν ὄντος μου μεθ᾽ ὑμῶν ἐν τῷ ἱερῷ οὐκ ἐξετείνατε τὰς χεῖρας ἐπ᾽ ἐμέ, ἀλλ᾽ αὕτη ἐστὶν ὑμῶν ἡ ὥρα καὶ ἡ ἐξουσία τοῦ σκότους.

"날마다 내가 너희와 함께 성전 안에 있을 때, 너희는 손들을 내 위에 뻗지 않았다. 하지만 (오히려) 이제는 너희의 시간이다, 곧 어둠의 권세가 (주도권을 잡는 시간이 되었다)."

22:54 Συλλαβόντες δὲ αὐτὸν ἤγαγον καὶ εἰσήγαγον εἰς τὴν οἰκίαν τοῦ ἀρχιερέως· ὁ δὲ Πέτρος ἠκολούθει μακρόθεν.

이제 그분을 붙잡아서, 끌고 갔고, 안으로 이끌었다, 대제사장의 집 안으로, 이제 (그때) 베드로는 따라갔다, 멀리 떨어져서.

22:55 περιαψάντων δὲ πῦρ ἐν μέσῳ τῆς αὐλῆς καὶ συγκαθισάντων ἐκάθητο ὁ Πέτρος μέσος αὐτῶν.

이제 불피우고 있었다, 그 뜰의 한가운데, 그리고 사람들이 모여 앉아 있기에, 베드로도 앉았다, 그들 가운데.

22:56 ἰδοῦσα δὲ αὐτὸν παιδίσκη τις καθήμενον πρὸς τὸ φῶς καὶ ἀτενίσασα αὐτῷ εἶπεν· καὶ οὗτος σὺν αὐτῷ ἦν.

이제 그(베드로)를 보고서, 어떤 여자 하녀가, 그 빛(불)을 향하여 그가 앉아 있는 것을, 그리고 그를 유심히 보고서 말했다. "이 사람도 그와 함께 있었다!"

22:57	ὁ δὲ ἠρνήσατο λέγων· οὐκ οἶδα αὐτόν, γύναι.
	이제 그가 부인했고 말하기를, "나는 그를 모른다, 여자여!"

22:58	καὶ μετὰ βραχὺ ἕτερος ἰδὼν αὐτὸν ἔφη· καὶ σὺ ἐξ αὐτῶν εἶ. ὁ δὲ Πέτρος ἔφη· ἄνθρωπε, οὐκ εἰμί.
	그리고 잠시 후에, 다른 이가 그를 보고서 말했다(내뱉었다). "당신도 그들 중에 (속한) 사람이다." 이제 베드로가 말했다(내뱉었다). "이 사람아! 나는 아니다!"

22:59	καὶ διαστάσης ὡσεὶ ὥρας μιᾶς ἄλλος τις διϊσχυρίζετο λέγων· ἐπ' ἀληθείας καὶ οὗτος μετ' αὐτοῦ ἦν, καὶ γὰρ Γαλιλαῖός ἐστιν.
	그리고 1시간 정도 지난 후에, 다른 어떤 한 사람이 자신 있게 주장했다. "진실 위에(참으로_, 이 사람도 그와 함께 있었다, 이유는 그도 갈릴리 사람이기 때문이다."

22:60	εἶπεν δὲ ὁ Πέτρος· ἄνθρωπε, οὐκ οἶδα ὃ λέγεις. καὶ παραχρῆμα ἔτι λαλοῦντος αὐτοῦ ἐφώνησεν ἀλέκτωρ.
	이제 베드로가 말했다. "이 사람아! 나는 당신이 하는 말을, 무슨 말인지 모른다(모르겠다)!" 그리고 즉시, 그가 말하고 있을 때 수탉이 울었다.

22:61	καὶ στραφεὶς ὁ κύριος ἐνέβλεψεν τῷ Πέτρῳ, καὶ ὑπεμνήσθη ὁ Πέτρος τοῦ ῥήματος τοῦ κυρίου ὡς εἶπεν αὐτῷ ὅτι πρὶν ἀλέκτορα φωνῆσαι σήμερον ἀπαρνήσῃ με τρίς.
	그리고 예수께서 (몸을) 돌리셔서, 베드로에게 주목하시니, 베드로는 생각이 들었다, 주님께서 말씀하신 것, 그분께서 그에게 말씀하신 대로, 곧 "수탉이 울기 전에 오늘 네가 나를 세 번 부인하리라."

22:62	καὶ ἐξελθὼν ἔξω ἔκλαυσεν πικρῶς.
	그리고 밖으로 나간 후, 심하게(쓰라리게) 울었다.

22:63	Καὶ οἱ ἄνδρες οἱ συνέχοντες αὐτὸν ἐνέπαιζον αὐτῷ δέροντες,
	그러고 (나서) 그분을 함께 잡고 있는 사람들이(남자들이), 그분을 조롱하고 (껍질이 벗겨지도록) 때렸다.

22:64	καὶ περικαλύψαντες αὐτὸν ἐπηρώτων λέγοντες· προφήτευσον, τίς ἐστιν ὁ παίσας σε;
	그리고 그분을 덮어씌운 후에, 질문했다, 말하기를, "예언해보라(선지자처럼 맞춰보라)! 누구냐? 너를 때린 자가?"

22:65	καὶ ἕτερα πολλὰ βλασφημοῦντες ἔλεγον εἰς αὐτόν.
	그리고 또 다른 많은 모독하는 말을 했다, 그분에게.

| 22:66 | Καὶ ὡς ἐγένετο ἡμέρα, συνήχθη τὸ πρεσβυτέριον τοῦ λαοῦ, ἀρχιερεῖς τε καὶ γραμματεῖς, καὶ ἀπήγαγον αὐτὸν |

εἰς τὸ συνέδριον αὐτῶν

그리고 날이 (밝아) 오자, 모여들었다, 백성의 장로들과 대제사장들 또한 서기관 들도, 그리고 그분을 끌고 갔다, 그들의 공회 안으로.

22:67 λέγοντες· εἰ σὺ εἶ ὁ χριστός, εἰπὸν ἡμῖν. εἶπεν δὲ αὐτοῖς· ἐὰν ὑμῖν εἴπω, οὐ μὴ πιστεύσητε·

말하기를(심문하기를), "만약 네가 그리스도(메시아)라면 말하라! 우리에게!" 이제 그들에게 말씀하셨다. "내가 너희에게 말해도, 너희는 믿지 않을 것이다."

22:68 ἐὰν δὲ ἐρωτήσω, οὐ μὴ ἀποκριθῆτε.

"이제/또한 내가 질문해도, 너희는 대답하지 않을 것이다."

22:69 ἀπὸ τοῦ νῦν δὲ ἔσται ὁ υἱὸς τοῦ ἀνθρώπου καθήμενος ἐκ δεξιῶν τῆς δυνάμεως τοῦ θεοῦ.

"이제 지금부터, 인자가 하나님의 능력의 오른쪽에 앉게 될 것이다."

22:70 εἶπαν δὲ πάντες· σὺ οὖν εἶ ὁ υἱὸς τοῦ θεοῦ; ὁ δὲ πρὸς αὐτοὺς ἔφη· ὑμεῖς λέγετε ὅτι ἐγώ εἰμι

이제 모두가 말했다. "그러면 네가 하나님의 아들이냐? 이제 그분께서 그들을 향해 말씀하셨다. 너희가 말한다, 곧 내가 그렇다[신적인 자기 증명의 표현]."

22:71 οἱ δὲ εἶπαν· τί ἔτι ἔχομεν μαρτυρίας χρείαν; αὐτοὶ γὰρ ἠκούσαμεν ἀπὸ τοῦ στόματος αὐτοῦ.

이제 그들이 말했다. "어찌 우리가 더 이상의 증거를 필요로 하겠는가? 왜냐하면 우리가 직접 들었다, 그의 입으로부터."

23:1 Καὶ ἀναστὰν ἅπαν τὸ πλῆθος αὐτῶν ἤγαγον αὐτὸν ἐπὶ τὸν Πιλᾶτον.

그리고 그들의 그 무리 전부가 일어나서, 그분을 끌고 갔다, 빌라도 앞으로.

23:2 Ἤρξαντο δὲ κατηγορεῖν αὐτοῦ λέγοντες· τοῦτον εὕραμεν διαστρέφοντα τὸ ἔθνος ἡμῶν καὶ κωλύοντα φόρους Καίσαρι διδόναι καὶ λέγοντα ἑαυτὸν χριστὸν βασιλέα εἶναι.

이제 그분을 고소하기 시작했다, 말하기를, "이 사람을 우리가 발견했다, 왜곡/ 미혹하는 것을, 우리들의 민족을, 그리고 가이사에게 세금 바치기를 금지시키 는 것을, 그리고 말하면서 스스로를 그리스도(왕)이라고."

23:3 ὁ δὲ Πιλᾶτος ἠρώτησεν αὐτὸν λέγων· σὺ εἶ ὁ βασιλεὺς τῶν Ἰουδαίων; ὁ δὲ ἀποκριθεὶς αὐτῷ ἔφη· σὺ λέγεις.

이제 그 빌라도가 그분께 질문했다, 말하기를, "너는 유대인들의 왕인가?" 이 제 그분께서 그에게 말씀하셨다. "네가 말한다(네가 말한 그대로다)!"

23:4 ὁ δὲ Πιλᾶτος εἶπεν πρὸς τοὺς ἀρχιερεῖς καὶ τοὺς ὄχλους· οὐδὲν εὑρίσκω αἴτιον ἐν τῷ ἀνθρώπῳ τούτῳ.

이제 그 빌라도가 말했다, 대제사장들과 무리를 향해, "아무것도 내가 발견하지 못했다, 원인을(죄를) 이 사람 안에."

23:5 οἱ δὲ ἐπίσχυον λέγοντες ὅτι ἀνασείει τὸν λαὸν διδάσκων καθ᾽ ὅλης τῆς Ἰουδαίας, καὶ ἀρξάμενος ἀπὸ τῆς Γαλιλαίας ἕως ὧδε.

이제, 그들이 더 강력했다(밀어붙였다), 말하면서, 즉 "그가 선동한다, 백성을 가르치면서, 온 유대를 통해 (다니며), 그리고 갈릴리에서부터 시작해서, 여기까지."

23:6 Πιλᾶτος δὲ ἀκούσας ἐπηρώτησεν εἰ ὁ ἄνθρωπος Γαλιλαῖός ἐστιν,

이제 빌라도가 듣고 나서 물었다. 이 사람이 갈릴리 사람인지.

23:7 καὶ ἐπιγνοὺς ὅτι ἐκ τῆς ἐξουσίας Ἡρῴδου ἐστὶν ἀνέπεμψεν αὐτὸν πρὸς Ἡρῴδην, ὄντα καὶ αὐτὸν ἐν Ἱεροσολύμοις ἐν ταύταις ταῖς ἡμέραις.

그리고 철저히 알고서, 즉 헤롯의 권위로부터(관할에) 있다는 것을, 돌려보냈다, 그분을 헤롯에게로, 그는 예루살렘에 있었다. 바로 그날들에.

23:8 Ὁ δὲ Ἡρῴδης ἰδὼν τὸν Ἰησοῦν ἐχάρη λίαν, ἦν γὰρ ἐξ ἱκανῶν χρόνων θέλων ἰδεῖν αὐτὸν διὰ τὸ ἀκούειν περὶ αὐτοῦ καὶ ἤλπιζέν τι σημεῖον ἰδεῖν ὑπ᾽ αὐτοῦ γινόμενον.

이제 헤롯이 예수님을 보고서, 매우 기뻐했다. 왜냐하면 상당한 시간들으로부터(오래전부터) 그분을 보기 원했기에, 그분에 대해 들은 것을 통해, 그리고 어떤 기적이라도 보기를 기대했다, 그분에 의해 행해지는(일어나는).

23:9 ἐπηρώτα δὲ αὐτὸν ἐν λόγοις ἱκανοῖς, αὐτὸς δὲ οὐδὲν ἀπεκρίνατο αὐτῷ.

이제 그는 그분께 질문했다, 상당한 (양의) 말들로, 이제(그러나) 그분은 아무것도 그에게 대답하지 않으셨다.

23:10 εἱστήκεισαν δὲ οἱ ἀρχιερεῖς καὶ οἱ γραμματεῖς εὐτόνως κατηγοροῦντες αὐτοῦ.

이제 대제사장들과 서기관들이 일어났다, 맹렬하게, 그분을 고소하면서.

23:11 ἐξουθενήσας δὲ αὐτὸν [καὶ] ὁ Ἡρῴδης σὺν τοῖς στρατεύμασιν αὐτοῦ καὶ ἐμπαίξας περιβαλὼν ἐσθῆτα λαμπρὰν ἀνέπεμψεν αὐτὸν τῷ Πιλάτῳ.

이제 그분을 헤롯이 멸시(무시하고/하찮게 여기고), 그의 군인들과 함께, 그리고 조롱한 후, 화려한 옷을 입힌 후에, 다시 보냈다, 그분을 빌라도에게.

23:12 ἐγένοντο δὲ φίλοι ὅ τε Ἡρῴδης καὶ ὁ Πιλᾶτος ἐν αὐτῇ τῇ ἡμέρᾳ μετ᾽ ἀλλήλων· προϋπῆρχον γὰρ ἐν ἔχθρᾳ ὄντες πρὸς αὐτούς.

이제 친구들이 되었다, 그 헤롯과 그 빌라도가 바로 그날에, 서로서로, 왜냐하면 이전에는 서로를 향해 원수로 지냈기 때문이다.

23:13 Πιλᾶτος δὲ συγκαλεσάμενος τοὺς ἀρχιερεῖς καὶ τοὺς ἄρχοντας καὶ τὸν λαὸν

이제 빌라도가 함께 불러 모았다, 대제사장들과 지도자들과 백성을.

23:14 εἶπεν πρὸς αὐτούς· προσηνέγκατέ μοι τὸν ἄνθρωπον τοῦτον ὡς ἀποστρέφοντα τὸν λαόν, καὶ ἰδοὺ ἐγὼ ἐνώπιον ὑμῶν ἀνακρίνας οὐθὲν εὗρον ἐν τῷ ἀνθρώπῳ τούτῳ αἴτιον ὧν κατηγορεῖτε κατ᾽ αὐτοῦ.

그가 말했다, 그들을 향해, "너희가 내게로 끌고 왔다, 이 사람을, 백성을 미혹시키는 자처럼(자라고), 그리고(그러나) 보라! 내가 너희들 앞에서, 철저히 심문(조사)했으나, 발견하지 못했다, 이 사람 안에 죄를, 그를 대적해 너희가 고소하는 것들로써(것들에 대해)."

23:15 ἀλλ᾽ οὐδὲ Ἡρώδης, ἀνέπεμψεν γὰρ αὐτὸν πρὸς ἡμᾶς, καὶ ἰδοὺ οὐδὲν ἄξιον θανάτου ἐστὶν πεπραγμένον αὐτῷ·

"오히려(더욱이) 헤롯도 하지 못했다, 그래서 돌려보냈다, 그를 우리에게로. 그리고 보라! 죽음(사형)에 합당한 것(죄)이 없다! 그가 행한 일이."

23:16 παιδεύσας οὖν αὐτὸν ἀπολύσω.

"그러므로 그를 나는 훈계[아이들에 대한 체벌]한 후, 나는 풀어 줄 것이다."

23:17 [대다수의 헬라어 사본에 이 구절이 없으며, 있다 하더라도 삽입되었을 것이다]

[명절에는 죄수 하나를 놓아주어야 했다.]

23:18 Ἀνέκραγον δὲ παμπληθεὶ λέγοντες· αἶρε τοῦτον, ἀπόλυσον δὲ ἡμῖν τὸν Βαραββᾶν·

이제 그들이 전부 동시에(꽉 차게) 소리 질렀다. 말하기를, "이 사람을 제거하라! 이제 풀어주라! 우리에게 바라바를!"

23:19 ὅστις ἦν διὰ στάσιν τινὰ γενομένην ἐν τῇ πόλει καὶ φόνον βληθεὶς ἐν τῇ φυλακῇ.

이자는 어떤 반란(폭동)으로 인해(중에/과정에서), 도시 안에서 일어난, 살인하여(살인죄로) 감옥에 갇힌 사람이다.

23:20 πάλιν δὲ ὁ Πιλᾶτος προσεφώνησεν αὐτοῖς θέλων ἀπολῦσαι τὸν Ἰησοῦν.

이제 다시 빌라도는 앞으로 말했다(연설했다), 그들에게, 예수님을 풀어주기를 원하여.

23:21 οἱ δὲ ἐπεφώνουν λέγοντες· σταύρου σταύρου αὐτόν.

이제 그들(사람들)이 소리쳤다, 말하면서, "십자가형에 처하라! 십자가형에 처하라! 그를!"

23:22 ὁ δὲ τρίτον εἶπεν πρὸς αὐτούς· τί γὰρ κακὸν ἐποίησεν οὗτος; οὐδὲν αἴτιον θανάτου εὗρον ἐν αὐτῷ· παιδεύσας οὖν αὐτὸν ἀπολύσω.

이제 세 번째로 그가 그들을 향해, 말했다. "그렇다면, 이 사람이 무슨 악을 행했느냐? 사형할(죽일) 아무런 죄도 나는 그에게서 발견하지 못했다. 그러므로 훈육/채찍질한 후에 그를 풀어 줄 것이다!"

23:23 οἱ δὲ ἐπέκειντο φωναῖς μεγάλαις αἰτούμενοι αὐτὸν σταυρωθῆναι, καὶ κατίσχυον αἱ φωναὶ αὐτῶν.

이제(하지만) 그들은 큰 소리로 주장했다, 그분을 십자가형에 처하도록 요구하면서, 그리고 그들의 소리들이 능가했다(압도했다).

23:24 Καὶ Πιλᾶτος ἐπέκρινεν γενέσθαι τὸ αἴτημα αὐτῶν·

그래서 빌라도는 판결했다, 그들이 요구하는 것이 되도록.

23:25 ἀπέλυσεν δὲ τὸν διὰ στάσιν καὶ φόνον βεβλημένον εἰς φυλακὴν ὃν ᾐτοῦντο, τὸν δὲ Ἰησοῦν παρέδωκεν τῷ θελήματι αὐτῶν.

이제 그는 풀어주었다, 반란(폭동)과 살인으로 인해 감옥 안에 던져진 자, 그들이 계속 요구한 그자를. 이제(한편) 예수를 넘겨주었다, 그들의 뜻(의지)대로.

23:26 Καὶ ὡς ἀπήγαγον αὐτόν, ἐπιλαβόμενοι Σίμωνά τινα Κυρηναῖον ἐρχόμενον ἀπ' ἀγροῦ ἐπέθηκαν αὐτῷ τὸν σταυρὸν φέρειν ὄπισθεν τοῦ Ἰησοῦ.

그리고 그분을 끌고 가다가, 시몬이라는 밭(외곽/시골)에서 오는 구레네 사람을 붙잡아서, 그에게 십자가를 지게 했다, 나르도록(이동하도록) 예수님의 뒤를 따라.

23:27 Ἠκολούθει δὲ αὐτῷ πολὺ πλῆθος τοῦ λαοῦ καὶ γυναικῶν αἳ ἐκόπτοντο καὶ ἐθρήνουν αὐτόν.

이제 그분을 계속 따라왔다, 백성과 여자들의 많은 무리가 계속 (가슴을) 치고 계속 애통해하면서, 그분을 (위해).

23:28 στραφεὶς δὲ πρὸς αὐτὰς [ὁ] Ἰησοῦς εἶπεν· θυγατέρες Ἰερουσαλήμ, μὴ κλαίετε ἐπ' ἐμέ· πλὴν ἐφ' ἑαυτὰς κλαίετε καὶ ἐπὶ τὰ τέκνα ὑμῶν,

이제 돌이키신 후, 그녀들을 향하여 예수님께서 말씀하셨다. "예루살렘의 딸들아! 나에 대해(위해) 울지 말라! 오히려 너희 자신에 대해(위해) 울라! 그리고 너희의 자녀들에 대해(위해)."

23:29 ὅτι ἰδοὺ ἔρχονται ἡμέραι ἐν αἷς ἐροῦσιν· μακάριαι αἱ στεῖραι καὶ αἱ κοιλίαι αἳ οὐκ ἐγέννησαν καὶ μαστοὶ οἳ οὐκ ἔθρεψαν.

"보라! 곧(왜냐하면), (이렇게) 말하는 날들이 오게 된다(되기 때문이다). 복되도다! 불임의 여자들! 그리고(즉) 출산할 수 없는 자궁들과 젖먹이지 못하는 가슴들!"

23:30 τότε ἄρξονται λέγειν τοῖς ὄρεσιν· πέσετε ἐφ᾽ ἡμᾶς, καὶ τοῖς βουνοῖς· καλύψατε ἡμᾶς·

"그때 사람들이 시작할 것이다, 산들에게 말하기를, 무너져라! 우리 위에, 그리고 작은 산/언덕들에게 덮어라! 우리를."

23:31 ὅτι εἰ ἐν τῷ ὑγρῷ ξύλῳ ταῦτα ποιοῦσιν, ἐν τῷ ξηρῷ τί γένηται;

"즉 만약 젖은/푸른 나무에 이러한 것들을 그들이 행한다면, 마른 (나무)에는 어떻게 되겠는가?"

23:32 Ἤγοντο δὲ καὶ ἕτεροι κακοῦργοι δύο σὺν αὐτῷ ἀναιρεθῆναι.

이제 다른 행악자들도 끌려갔다, 둘 (명), 그분과 함께, 위로 올려지려고(십자가 처형).

23:33 Καὶ ὅτε ἦλθον ἐπὶ τὸν τόπον τὸν καλούμενον Κρανίον, ἐκεῖ ἐσταύρωσαν αὐτὸν καὶ τοὺς κακούργους, ὃν μὲν ἐκ δεξιῶν ὃν δὲ ἐξ ἀριστερῶν.

그리고 그들이 도착했을 때, 크라니온(해골)이라고 불리는 그 장소에, 거기서 그들은 그분을 십자가 처형으로 집행했다. 그리고 그 행악자들도. 하나는 우편에, 하는 좌편에.

23:34 ὁ δὲ Ἰησοῦς ἔλεγεν· πάτερ, ἄφες αὐτοῖς, οὐ γὰρ οἴδασιν τί ποιοῦσιν. διαμεριζόμενοι δὲ τὰ ἱμάτια αὐτοῦ ἔβαλον κλήρους.

이제 예수님께서 말씀하셨다. "아버지여! 저들을 용서하소서! 왜냐하면 저들이 모릅니다. 무엇을 하고 있는지." 이제 그분의 옷들을 나누어 가지려고 그들은 제비 던졌다.

23:35 Καὶ εἱστήκει ὁ λαὸς θεωρῶν. ἐξεμυκτήριζον δὲ καὶ οἱ ἄρχοντες λέγοντες· ἄλλους ἔσωσεν, σωσάτω ἑαυτόν, εἰ οὗτός ἐστιν ὁ χριστὸς τοῦ θεοῦ ὁ ἐκλεκτός.

그리고 백성은 서 있었다, 구경하며, 이제 심하게 비웃었다, 지도자들(관원들)도, 말하면서, "그가 다른 이들을 구원했다, 자기 자신을 구원하라(구원해보라!)! 만약 그가 선택된 자, 하나님의 그리스도라면."

23:36 ἐνέπαιξαν δὲ αὐτῷ καὶ οἱ στρατιῶται προσερχόμενοι, ὄξος προσφέροντες αὐτῷ

이제 그분을 조롱했다, 군병들도 나와서, 신 포도주를 그분께 내밀면서.

23:37 καὶ λέγοντες· εἰ σὺ εἶ ὁ βασιλεὺς τῶν Ἰουδαίων, σῶσον σεαυτόν.

그리고 말하기를, "만약 네가 유대인들의 왕이라면, 너 자신을(자신부터) 구원하라!"

23:38 ἦν δὲ καὶ ἐπιγραφὴ ἐπ᾽ αὐτῷ· ὁ βασιλεὺς τῶν Ἰουδαίων οὗτος.

이제 그분 위에 명패도 있었다. 유대인들의 왕, 이 사람.

23:39 Εἷς δὲ τῶν κρεμασθέντων κακούργων ἐβλασφήμει αὐτὸν λέγων· οὐχὶ σὺ εἶ ὁ χριστός; σῶσον σεαυτὸν καὶ ἡμᾶς.

이제 매달린 행악자들 중 하나가 그분께 계속 비방했다, 말하면서, "당신은 그리스도(메시아)가 아니냐? 당신 자신과 우리를 구하라!"

23:40 ἀποκριθεὶς δὲ ὁ ἕτερος ἐπιτιμῶν αὐτῷ ἔφη· οὐδὲ φοβῇ σὺ τὸν θεόν, ὅτι ἐν τῷ αὐτῷ κρίματι εἶ;

이제 다른 이가 그를 꾸중하며 대답으로 말했다. "너는 하나님을 두려워하지 않느냐? 왜냐하면 (즉) 같은 심판에 있으면서(같은 심판을 받으면서)!"

23:41 καὶ ἡμεῖς μὲν δικαίως, ἄξια γὰρ ὧν ἐπράξαμεν ἀπολαμβάνομεν· οὗτος δὲ οὐδὲν ἄτοπον ἔπραξεν.

"그리고 우리는 한편, 옳다(정당하다/당연하다), 왜냐하면 합당하기에, 우리가 한 것에, 우리가 받는 것이다. 이제 그분은 아무것도 잘못 행한 것이 없다."

23:42 καὶ ἔλεγεν· Ἰησοῦ, μνήσθητί μου ὅταν ἔλθῃς εἰς τὴν βασιλείαν σου.

그리고 그가 말했다. "예수님! 저를 기억해주세요! 당신의 나라 안으로 당신이 가실 때."

23:43 καὶ εἶπεν αὐτῷ· ἀμήν σοι λέγω, σήμερον μετ᾽ ἐμοῦ ἔσῃ ἐν τῷ παραδείσῳ.

그리고 그분께서 그에게 말씀하셨다. "아멘! 너에게 내가 말한다, 오늘, 나와 함께 있으리라, 그 낙원 안에."

23:44 Καὶ ἦν ἤδη ὡσεὶ ὥρα ἕκτη καὶ σκότος ἐγένετο ἐφ᾽ ὅλην τὴν γῆν ἕως ὥρας ἐνάτης

그리고 이미 (유대 시간으로) 6시 즈음 되었다, 그리고 어둠이 생겼다, 온 땅 위에, (유대 시간으로) 9시까지.

23:45 τοῦ ἡλίου ἐκλιπόντος, ἐσχίσθη δὲ τὸ καταπέτασμα τοῦ ναοῦ μέσον.

그 해(태양)가 어두워지자, 이제 찢어졌다, 성소의 휘장이, 가운데.

23:46 καὶ φωνήσας φωνῇ μεγάλῃ ὁ Ἰησοῦς εἶπεν· πάτερ, εἰς χεῖράς σου παρατίθεμαι τὸ πνεῦμά μου. τοῦτο δὲ εἰπὼν ἐξέπνευσεν.

그리고 크게 소리치신 후, 예수님께서 말씀하셨다. "아버지! 당신의 손들에 맡깁니다, 나의 영을!" 이제 이 말씀을 하신 후에 숨을 거두셨다.

23:47 Ἰδὼν δὲ ὁ ἑκατοντάρχης τὸ γενόμενον ἐδόξαζεν τὸν θεὸν λέγων· ὄντως ὁ ἄνθρωπος οὗτος δίκαιος ἦν.

이제 그 백부장이 그 일어난 일을 보고서, 영광을 돌렸다, 하나님께, 말하면서, "확실히, 그 사람은 의인이었다!" [빌라도 행전에는 백부장 이름을 루기노스(문자적으로, "창을 들고 있는 군인")라고 기록했다.]

23:48 καὶ πάντες οἱ συμπαραγενόμενοι ὄχλοι ἐπὶ τὴν θεωρίαν ταύτην, θεωρήσαντες τὰ γενόμενα, τύπτοντες τὰ στήθη ὑπέστρεφον.

그리고 그것을 구경하려고 함께 모였던 모든 무리는, 그렇게 된 일들을 보고 나서, 가슴을 치면서 돌아갔다.

23:49 Εἱστήκεισαν δὲ πάντες οἱ γνωστοὶ αὐτῷ ἀπὸ μακρόθεν καὶ γυναῖκες αἱ συνακολουθοῦσαι αὐτῷ ἀπὸ τῆς Γαλιλαίας ὁρῶσαι ταῦτα.

이제 서 있었다, 그분을 아는 모든 자들, 멀리 떨어져서, 그리고 그분과 함께(동행하면서) 따라왔던 여자들도, 갈릴리에서부터, 이것들을 보면서 (서 있었다).

사순절 제40일: 사순절 여섯째 주(고난주간), 주일(시편 31편: 이 책에서는 개역개정판을 사용함)

사순절 제41일: 사순절 여섯째 주(고난주간), 월요일(누가복음 22:54-65)

22:54 Συλλαβόντες δὲ αὐτὸν ἤγαγον καὶ εἰσήγαγον εἰς τὴν οἰκίαν τοῦ ἀρχιερέως· ὁ δὲ Πέτρος ἠκολούθει μακρόθεν.

이제 그분을 붙잡아서, 끌고 갔고, 안으로 이끌었다, 대제사장의 집 안으로, 이제 (그때) 베드로는 따라갔다, 멀리 떨어져서.

22:55 περιαψάντων δὲ πῦρ ἐν μέσῳ τῆς αὐλῆς καὶ συγκαθισάντων ἐκάθητο ὁ Πέτρος μέσος αὐτῶν.

이제 불피우고 있었다, 그 뜰의 한가운데, 그리고 사람들이 모여 앉아 있기에, 베드로도 앉았다, 그들 가운데.

22:56 ἰδοῦσα δὲ αὐτὸν παιδίσκη τις καθήμενον πρὸς τὸ φῶς καὶ ἀτενίσασα αὐτῷ εἶπεν· καὶ οὗτος σὺν αὐτῷ ἦν.

이제 그(베드로)를 보고서, 어떤 여자 하녀가, 그 빛(불)을 향하여 그가 앉아 있는 것을, 그리고 그를 유심히 보고서 말했다. "이 사람도 그와 함께 있었다!"

22:57 ὁ δὲ ἠρνήσατο λέγων· οὐκ οἶδα αὐτόν, γύναι.

이제 그가 부인했고 말하기를, "나는 그를 모른다, 여자여!"

22:58 καὶ μετὰ βραχὺ ἕτερος ἰδὼν αὐτὸν ἔφη· καὶ σὺ ἐξ αὐτῶν εἶ. ὁ δὲ Πέτρος ἔφη· ἄνθρωπε, οὐκ εἰμί.

그리고 잠시 후에, 다른 이가 그를 보고서 말했다(내뱉었다). "당신도 그들 중에

(속한) 사람이다." 이제 베드로가 말했다(내뱉었다). "이 사람아! 나는 아니다!"

22:59 καὶ διαστάσης ὡσεὶ ὥρας μιᾶς ἄλλος τις διϊσχυρίζετο λέγων· ἐπ᾽ ἀληθείας καὶ οὗτος μετ᾽ αὐτοῦ ἦν, καὶ γὰρ Γαλιλαῖός ἐστιν.

그리고 1시간 정도 지난 후에, 다른 어떤 한 사람이 자신 있게 주장했다. "진실 위에/참으로, 이 사람도 그와 함께 있었다, 이유는 그도 갈릴리 사람이기 때문이다."

22:60 εἶπεν δὲ ὁ Πέτρος· ἄνθρωπε, οὐκ οἶδα ὃ λέγεις. καὶ παραχρῆμα ἔτι λαλοῦντος αὐτοῦ ἐφώνησεν ἀλέκτωρ.

이제 베드로가 말했다. "이 사람아! 나는 당신이 하는 말을, 무슨 말인지 모른다(모르겠다)!" 그리고 즉시, 그가 말하고 있을 때 수탉이 울었다.

22:61 καὶ στραφεὶς ὁ κύριος ἐνέβλεψεν τῷ Πέτρῳ, καὶ ὑπεμνήσθη ὁ Πέτρος τοῦ ῥήματος τοῦ κυρίου ὡς εἶπεν αὐτῷ ὅτι πρὶν ἀλέκτορα φωνῆσαι σήμερον ἀπαρνήσῃ με τρίς.

그리고 예수께서 (몸을) 돌리셔서, 베드로에게 주목하시니, 베드로는 생각이 들었다, 주님께서 말씀하신 것, 그분께서 그에게 말씀하신 대로, 곧 "수탉이 울기 전에 오늘 네가 나를 세 번 부인하리라."

22:62 καὶ ἐξελθὼν ἔξω ἔκλαυσεν πικρῶς.

그리고 밖으로 나간 후, 심하게(쓰라리게) 울었다.

22:63 Καὶ οἱ ἄνδρες οἱ συνέχοντες αὐτὸν ἐνέπαιζον αὐτῷ δέροντες,

그러고 (나서) 그분을 함께 잡고 있는 사람/남자들이, 그분을 조롱하고 (껍질이 벗겨지도록) 때렸다.

22:64 καὶ περικαλύψαντες αὐτὸν ἐπηρώτων λέγοντες· προφήτευσον, τίς ἐστιν ὁ παίσας σε;

그리고 그분을 덮어씌운 후에, 질문했다, 말하기를, "예언해보라(선지자처럼 맞춰보라)! 누구냐? 너를 때린 자가?"

22:65 καὶ ἕτερα πολλὰ βλασφημοῦντες ἔλεγον εἰς αὐτόν.

그리고 또 다른 많은 모독하는 말을 했다, 그분에게.

사순절 제42일: 사순절 여섯째 주(고난주간), 화요일(누가복음 22:66-23:1)

22:66 Καὶ ὡς ἐγένετο ἡμέρα, συνήχθη τὸ πρεσβυτέριον τοῦ λαοῦ, ἀρχιερεῖς τε καὶ γραμματεῖς, καὶ ἀπήγαγον αὐτὸν εἰς τὸ συνέδριον αὐτῶν

그리고 날이 (밝아) 오자, 모여들었다, 백성의 장로들과 대제사장들 또한 서기관들도, 그리고 그분을 끌고 갔다, 그들의 공회 안으로.

22:67 λέγοντες· εἰ σὺ εἶ ὁ χριστός, εἰπὸν ἡμῖν. εἶπεν δὲ αὐτοῖς· ἐὰν ὑμῖν εἴπω, οὐ μὴ πιστεύσητε·

말하기를(심문하기를), "만약 네가 그리스도/메시아라면 말하라! 우리에게!" 이제 그들에게 말씀하셨다. "내가 너희에게 말해도, 너희는 믿지 않을 것이다."

22:68 ἐὰν δὲ ἐρωτήσω, οὐ μὴ ἀποκριθῆτε.

"이제/또한 내가 질문해도, 너희는 대답하지 않을 것이다."

22:69 ἀπὸ τοῦ νῦν δὲ ἔσται ὁ υἱὸς τοῦ ἀνθρώπου καθήμενος ἐκ δεξιῶν τῆς δυνάμεως τοῦ θεοῦ.

"이제 지금부터, 인자가 하나님의 능력의 오른쪽에 앉게 될 것이다."

22:70 εἶπαν δὲ πάντες· σὺ οὖν εἶ ὁ υἱὸς τοῦ θεοῦ; ὁ δὲ πρὸς αὐτοὺς ἔφη· ὑμεῖς λέγετε ὅτι ἐγώ εἰμι

이제 모두가 말했다. "그러면 네가 하나님의 아들이냐? 이제 그분께서 그들을 향해 말씀하셨다. 너희가 말한다, 곧 내가 그렇다[신적인 자기 증명의 표현]."

22:71 οἱ δὲ εἶπαν· τί ἔτι ἔχομεν μαρτυρίας χρείαν; αὐτοὶ γὰρ ἠκούσαμεν ἀπὸ τοῦ στόματος αὐτοῦ.

이제 그들이 말했다. "어찌 우리가 더 이상의 증거를 필요로 하겠는가? 왜냐하면 우리가 직접 들었다, 그의 입으로부터."

23:1 Καὶ ἀναστὰν ἅπαν τὸ πλῆθος αὐτῶν ἤγαγον αὐτὸν ἐπὶ τὸν Πιλᾶτον.

그리고 그들의 그 무리 전부가 일어나서, 그분을 끌고 갔다, 빌라도 앞으로.

사순절 제43일: 사순절 여섯째 주(고난주간), 수요일(누가복음 23:2-25)

23:2 Ἤρξαντο δὲ κατηγορεῖν αὐτοῦ λέγοντες· τοῦτον εὕραμεν διαστρέφοντα τὸ ἔθνος ἡμῶν καὶ κωλύοντα φόρους Καίσαρι διδόναι καὶ λέγοντα ἑαυτὸν χριστὸν βασιλέα εἶναι.

이제 그분을 고소하기 시작했다, 말하기를, "이 사람을 우리가 발견했다, 왜곡/미혹하는 것을, 우리들의 민족을, 그리고 가이사에게 세금 바치기를 금지시키는 것을, 그리고 말하면서 스스로를 그리스도(왕)이라고."

23:3 ὁ δὲ Πιλᾶτος ἠρώτησεν αὐτὸν λέγων· σὺ εἶ ὁ βασιλεὺς τῶν Ἰουδαίων; ὁ δὲ ἀποκριθεὶς αὐτῷ ἔφη· σὺ λέγεις.

이제 그 빌라도가 그분께 질문했다, 말하기를, "너는 유대인들의 왕인가?" 이제 그분께서 그에게 말씀하셨다. "네가 말한다(네가 말한 그대로다)!"

23:4 ὁ δὲ Πιλᾶτος εἶπεν πρὸς τοὺς ἀρχιερεῖς καὶ τοὺς ὄχλους· οὐδὲν εὑρίσκω αἴτιον ἐν τῷ ἀνθρώπῳ τούτῳ.

이제 그 빌라도가 말했다, 대제사장들과 무리를 향해, "아무것도 내가 발견하지 못했다, 원인을(죄를) 이 사람 안에."

23:5   οἱ δὲ ἐπίσχυον λέγοντες ὅτι ἀνασείει τὸν λαὸν διδάσκων καθ᾽ ὅλης τῆς Ἰουδαίας, καὶ ἀρξάμενος ἀπὸ τῆς Γαλιλαίας ἕως ὧδε.

이제, 그들이 더 강력했다(밀어붙였다), 말하면서, 즉 "그가 선동한다, 백성을 가르치면서, 온 유대를 통해(다니며), 그리고 갈릴리에서부터 시작해서, 여기까지."

23:6   Πιλᾶτος δὲ ἀκούσας ἐπηρώτησεν εἰ ὁ ἄνθρωπος Γαλιλαῖός ἐστιν,

이제 빌라도가 듣고 나서 물었다. 이 사람이 갈릴리 사람인지.

23:7   καὶ ἐπιγνοὺς ὅτι ἐκ τῆς ἐξουσίας Ἡρῴδου ἐστὶν ἀνέπεμψεν αὐτὸν πρὸς Ἡρῴδην, ὄντα καὶ αὐτὸν ἐν Ἱεροσολύμοις ἐν ταύταις ταῖς ἡμέραις.

그리고 철저히 알고서, 즉 헤롯의 권위로부터(관할에) 있다는 것을, 돌려보냈다, 그분을 헤롯에게로, 그는 예루살렘에 있었다. 바로 그날들에.

23:8   Ὁ δὲ Ἡρῴδης ἰδὼν τὸν Ἰησοῦν ἐχάρη λίαν, ἦν γὰρ ἐξ ἱκανῶν χρόνων θέλων ἰδεῖν αὐτὸν διὰ τὸ ἀκούειν περὶ αὐτοῦ καὶ ἤλπιζέν τι σημεῖον ἰδεῖν ὑπ᾽ αὐτοῦ γινόμενον.

이제 헤롯이 예수님을 보고서, 매우 기뻐했다. 왜냐하면 상당한 시간들으로부터(오래전부터) 그분을 보기 원했기에, 그분에 대해 들은 것을 통해, 그리고 어떤 기적이라도 보기를 기대했다, 그분에 의해 행해지는(일어나는).

23:9   ἐπηρώτα δὲ αὐτὸν ἐν λόγοις ἱκανοῖς, αὐτὸς δὲ οὐδὲν ἀπεκρίνατο αὐτῷ.

이제 그는 그분께 질문했다, 상당한 (양의) 말들로, 이제(그러나) 그분은 아무것도 그에게 대답하지 않으셨다.

23:10   εἱστήκεισαν δὲ οἱ ἀρχιερεῖς καὶ οἱ γραμματεῖς εὐτόνως κατηγοροῦντες αὐτοῦ.

이제 대제사장들과 서기관들이 일어났다, 맹렬하게, 그분을 고소하면서.

23:11   ἐξουθενήσας δὲ αὐτὸν [καὶ] ὁ Ἡρῴδης σὺν τοῖς στρατεύμασιν αὐτοῦ καὶ ἐμπαίξας περιβαλὼν ἐσθῆτα λαμπρὰν ἀνέπεμψεν αὐτὸν τῷ Πιλάτῳ.

이제 그분을 헤롯이 멸시/무시하고(하찮게 여기고), 그의 군인들과 함께, 그리고 조롱한 후, 화려한 옷을 입힌 후에, 다시 보냈다, 그분을 빌라도에게.

23:12   ἐγένοντο δὲ φίλοι ὅ τε Ἡρῴδης καὶ ὁ Πιλᾶτος ἐν αὐτῇ τῇ ἡμέρᾳ μετ᾽ ἀλλήλων· προϋπῆρχον γὰρ ἐν ἔχθρα ὄντες πρὸς αὐτούς.

이제 친구들이 되었다, 그 헤롯과 그 빌라도가 바로 그날에, 서로서로, 왜냐하면 이전에는 서로를 향해 원수로 지냈기 때문이다.

23:13   Πιλᾶτος δὲ συγκαλεσάμενος τοὺς ἀρχιερεῖς καὶ τοὺς ἄρχοντας καὶ τὸν λαὸν

이제 빌라도가 함께 불러 모았다, 대제사장들과 지도자들과 백성을.

23:14   εἶπεν πρὸς αὐτούς· προσηνέγκατέ μοι τὸν ἄνθρωπον τοῦτον ὡς ἀποστρέφοντα τὸν λαόν, καὶ ἰδοὺ ἐγὼ ἐνώπιον ὑμῶν ἀνακρίνας οὐθὲν εὗρον ἐν τῷ ἀνθρώπῳ τούτῳ αἴτιον ὧν κατηγορεῖτε κατ᾽ αὐτοῦ.

그가 말했다, 그들을 향해, "너희가 내게로 끌고 왔다, 이 사람을, 백성을 미혹 시키는 자처럼(자라고), 그리고(그러나) 보라! 내가 너희들 앞에서, 철저히 심문(조 사)했으나, 발견하지 못했다, 이 사람 안에 죄를, 그를 대적해 너희가 고소하는 것들로써(것들에 대해)."

23:15   ἀλλ᾽ οὐδὲ Ἡρῴδης, ἀνέπεμψεν γὰρ αὐτὸν πρὸς ἡμᾶς, καὶ ἰδοὺ οὐδὲν ἄξιον θανάτου ἐστὶν πεπραγμένον αὐτῷ·

"오히려(더욱이) 헤롯도 하지 못했다, 그래서 돌려보냈다, 그를 우리에게로. 그 리고 보라! 죽음(사형)에 합당한 것(죄가) 없다! 그가 행한 일이."

23:16   παιδεύσας οὖν αὐτὸν ἀπολύσω.

"그러므로 그를 나는 훈계[아이들에 대한 체벌]한 후, 나는 풀어 줄 것이다."

23:17   [대다수의 헬라어 사본에 이 구절이 없으며, 있다 하더라도 삽입되었을 것 이다]

[명절에는 죄수 하나를 놓아주어야 했다.]

23:18   Ἀνέκραγον δὲ παμπληθεὶ λέγοντες· αἶρε τοῦτον, ἀπόλυσον δὲ ἡμῖν τὸν Βαραββᾶν·

이제 그들이 전부 동시에/꽉 차게 소리 질렀다. 말하기를, "이 사람을 제거하 라! 이제 풀어주라! 우리에게 바라바를!"

23:19   ὅστις ἦν διὰ στάσιν τινὰ γενομένην ἐν τῇ πόλει καὶ φόνον βληθεὶς ἐν τῇ φυλακῇ.

이자는 어떤 반란(폭동)으로 인해(중에/과정에서), 도시 안에서 일어난, 살인하여 (살인죄로) 감옥에 갇힌 사람이다.

23:20   πάλιν δὲ ὁ Πιλᾶτος προσεφώνησεν αὐτοῖς θέλων ἀπολῦσαι τὸν Ἰησοῦν.

이제 다시 빌라도는 앞으로 말했다(연설했다), 그들에게, 예수님을 풀어주기를 원하여.

23:21   οἱ δὲ ἐπεφώνουν λέγοντες· σταύρου σταύρου αὐτόν.

이제 그들(사람들)이 소리쳤다, 말하면서, "십자가형에 처하라! 십자가형에 처하 라! 그를!"

23:22　ὁ δὲ τρίτον εἶπεν πρὸς αὐτούς· τί γὰρ κακὸν ἐποίησεν οὗτος; οὐδὲν αἴτιον θανάτου εὗρον ἐν αὐτῷ· παιδεύσας οὖν αὐτὸν ἀπολύσω.

이제 세 번째로 그가 그들을 향해, 말했다. "그렇다면, 이 사람이 무슨 악을 행했느냐? 사형할(죽일) 아무런 죄도 나는 그에게서 발견하지 못했다. 그러므로 훈육/채찍질한 후에 그를 풀어 줄 것이다!"

23:23　οἱ δὲ ἐπέκειντο φωναῖς μεγάλαις αἰτούμενοι αὐτὸν σταυρωθῆναι, καὶ κατίσχυον αἱ φωναὶ αὐτῶν.

이제(하지만) 그들은 큰 소리로 주장했다, 그분을 십자가형에 처하도록 요구하면서, 그리고 그들의 소리들이 능가했다(압도했다).

23:24　Καὶ Πιλᾶτος ἐπέκρινεν γενέσθαι τὸ αἴτημα αὐτῶν·

그래서 빌라도는 판결했다, 그들이 요구하는 것이 되도록.

23:25　ἀπέλυσεν δὲ τὸν διὰ στάσιν καὶ φόνον βεβλημένον εἰς φυλακὴν ὃν ᾐτοῦντο, τὸν δὲ Ἰησοῦν παρέδωκεν τῷ θελήματι αὐτῶν.

이제 그는 풀어주었다, 반란(폭동)과 살인으로 인해 감옥 안에 던져진 자, 그들이 계속 요구한 그자를. 이제(한편) 예수를 넘겨주었다, 그들의 뜻(의지)대로.

사순절 제44일: 사순절 여섯째 주(고난주간), 목요일(누가복음 23:13-25)

23:13　Πιλᾶτος δὲ συγκαλεσάμενος τοὺς ἀρχιερεῖς καὶ τοὺς ἄρχοντας καὶ τὸν λαὸν

이제 빌라도가 함께 불러 모았다, 대제사장들과 지도자들과 백성을.

23:14　εἶπεν πρὸς αὐτούς· προσηνέγκατέ μοι τὸν ἄνθρωπον τοῦτον ὡς ἀποστρέφοντα τὸν λαόν, καὶ ἰδοὺ ἐγὼ ἐνώπιον ὑμῶν ἀνακρίνας οὐθὲν εὗρον ἐν τῷ ἀνθρώπῳ τούτῳ αἴτιον ὧν κατηγορεῖτε κατ᾽ αὐτοῦ.

그가 말했다, 그들을 향해, "너희가 내게로 끌고 왔다, 이 사람을, 백성을 미혹시키는 자처럼(라고), 그리고(그러나) 보라! 내가 너희들 앞에서, 철저히 심문했으나(조사했으나), 발견하지 못했다, 이 사람 안에 죄를, 그를 대적해 너희가 고소하는 것들로써(에 대해)."

23:15　ἀλλ᾽ οὐδὲ Ἡρῴδης, ἀνέπεμψεν γὰρ αὐτὸν πρὸς ἡμᾶς, καὶ ἰδοὺ οὐδὲν ἄξιον θανάτου ἐστὶν πεπραγμένον αὐτῷ·

"오히려(더욱이) 헤롯도 하지 못했다, 그래서 돌려보냈다, 그를 우리에게로. 그리고 보라! 죽음(사형)에 합당한 것(죄가) 없다! 그가 행한 일이."

23:16　παιδεύσας οὖν αὐτὸν ἀπολύσω.

"그러므로 그를 나는 훈계[아이들에 대한 체벌]한 후, 나는 풀어 줄 것이다."

23:17 [대다수의 헬라어 사본에 이 구절이 없으며, 있다 하더라도 삽입되었을 것
이다]

[명절에는 죄수 하나를 놓아주어야 했다.]

23:18 Ἀνέκραγον δὲ παμπληθεὶ λέγοντες· αἶρε τοῦτον,
ἀπόλυσον δὲ ἡμῖν τὸν Βαραββᾶν·

이제 그들이 전부 동시에/꽉 차게 소리 질렀다. 말하기를, "이 사람을 제거하
라! 이제 풀어주라! 우리에게 바라바를!"

23:19 ὅστις ἦν διὰ στάσιν τινὰ γενομένην ἐν τῇ πόλει καὶ
φόνον βληθεὶς ἐν τῇ φυλακῇ.

이자는 어떤 반란(폭동)으로 인해(중에/과정에서), 도시 안에서 일어난, 살인하여
(살인죄로) 감옥에 갇힌 사람이다.

23:20 πάλιν δὲ ὁ Πιλᾶτος προσεφώνησεν αὐτοῖς θέλων
ἀπολῦσαι τὸν Ἰησοῦν.

이제 다시 빌라도는 앞으로 말했다(연설했다), 그들에게, 예수님을 풀어주기를
원하여.

23:21 οἱ δὲ ἐπεφώνουν λέγοντες· σταύρου σταύρου αὐτόν.

이제 그들(사람들)이 소리쳤다, 말하면서, "십자가형에 처하라! 십자가형에 처하
라! 그를!"

23:22 ὁ δὲ τρίτον εἶπεν πρὸς αὐτούς· τί γὰρ κακὸν ἐποίησεν
οὗτος; οὐδὲν αἴτιον θανάτου εὗρον ἐν αὐτῷ· παιδεύσας
οὖν αὐτὸν ἀπολύσω.

이제 세 번째로 그가 그들을 향해, 말했다. "그렇다면, 이 사람이 무슨 악을 행
했느냐? 사형할(죽일) 아무런 죄도 나는 그에게서 발견하지 못했다. 그러므로
훈육/채찍질한 후에 그를 풀어 줄 것이다!"

23:23 οἱ δὲ ἐπέκειντο φωναῖς μεγάλαις αἰτούμενοι αὐτὸν
σταυρωθῆναι, καὶ κατίσχυον αἱ φωναὶ αὐτῶν.

이제(하지만) 그들은 큰 소리로 주장했다, 그분을 십자가형에 처하도록 요구하
면서, 그리고 그들의 소리들이 능가했다(압도했다).

23:24 Καὶ Πιλᾶτος ἐπέκρινεν γενέσθαι τὸ αἴτημα αὐτῶν·

그래서 빌라도는 판결했다, 그들이 요구하는 것이 되도록.

23:25 ἀπέλυσεν δὲ τὸν διὰ στάσιν καὶ φόνον βεβλημένον εἰς
φυλακὴν ὃν ἠτοῦντο, τὸν δὲ Ἰησοῦν παρέδωκεν τῷ
θελήματι αὐτῶν.

이제 그는 풀어주었다, 반란(폭동)과 살인으로 인해 감옥 안에 던져진 자, 그들
이 계속 요구한 그자를. 이제(한편) 예수를 넘겨주었다, 그들의 뜻(의지)대로.

사순절 제45일: 사순절 여섯째 주(고난주간), 고난의 금요일(누가복음 23:26-46)

23:26 Καὶ ὡς ἀπήγαγον αὐτόν, ἐπιλαβόμενοι Σίμωνά τινα Κυρηναῖον ἐρχόμενον ἀπ᾽ ἀγροῦ ἐπέθηκαν αὐτῷ τὸν σταυρὸν φέρειν ὄπισθεν τοῦ Ἰησοῦ.

그리고 그분을 끌고 가다가, 시몬이라는 밭(외곽/시골)에서 오는 구레네 사람을 붙잡아서, 그에게 십자가를 지게 했다, 나르도록(이동하도록) 예수님의 뒤를 따라.

23:27 Ἠκολούθει δὲ αὐτῷ πολὺ πλῆθος τοῦ λαοῦ καὶ γυναικῶν αἳ ἐκόπτοντο καὶ ἐθρήνουν αὐτόν.

이제 그분을 계속 따라왔다, 백성과 여자들의 많은 무리가 계속 (가슴을) 치고 계속 애통해하면서, 그분을 (위해).

23:28 στραφεὶς δὲ πρὸς αὐτὰς [ὁ] Ἰησοῦς εἶπεν· θυγατέρες Ἰερουσαλήμ, μὴ κλαίετε ἐπ᾽ ἐμέ· πλὴν ἐφ᾽ ἑαυτὰς κλαίετε καὶ ἐπὶ τὰ τέκνα ὑμῶν,

이제 돌이키신 후, 그녀들을 향하여 예수님께서 말씀하셨다. "예루살렘의 딸들아! 나에 대해(나를 위해) 울지 말라! 오히려 너희 자신에 대해(자신을 위해) 울라! 그리고 너희의 자녀들에 대해(자녀들을 위해)."

23:29 ὅτι ἰδοὺ ἔρχονται ἡμέραι ἐν αἷς ἐροῦσιν· μακάριαι αἱ στεῖραι καὶ αἱ κοιλίαι αἳ οὐκ ἐγέννησαν καὶ μαστοὶ οἳ οὐκ ἔθρεψαν.

"보라! 곧/왜냐하면, (이렇게) 말하는 날들이 오게 된다(되기 때문이다). 복되도다! 불임의 여자들! 그리고(즉) 출산할 수 없는 자궁들과 젖먹이지 못하는 가슴들!"

23:30 τότε ἄρξονται λέγειν τοῖς ὄρεσιν· πέσετε ἐφ᾽ ἡμᾶς, καὶ τοῖς βουνοῖς· καλύψατε ἡμᾶς·

"그때 사람들이 시작할 것이다, 산들에게 말하기를, 무너져라! 우리 위에, 그리고 작은 산/언덕들에게 덮어라! 우리를."

23:31 ὅτι εἰ ἐν τῷ ὑγρῷ ξύλῳ ταῦτα ποιοῦσιν, ἐν τῷ ξηρῷ τί γένηται;

"즉 만약 젖은/푸른 나무에 이러한 것들을 그들이 행한다면, 마른 것(나무)에는 어떻게 되겠는가?"

23:32 Ἤγοντο δὲ καὶ ἕτεροι κακοῦργοι δύο σὺν αὐτῷ ἀναιρεθῆναι.

이제 다른 행악자들도 끌려갔다, 둘 (명), 그분과 함께, 위로 올려지려고(십자가 처형).

23:33 Καὶ ὅτε ἦλθον ἐπὶ τὸν τόπον τὸν καλούμενον Κρανίον, ἐκεῖ ἐσταύρωσαν αὐτὸν καὶ τοὺς κακούργους, ὃν μὲν ἐκ δεξιῶν ὃν δὲ ἐξ ἀριστερῶν.

그리고 그들이 도착했을 때, 크라니온(해골)이라고 불리는 그 장소에, 거기서 그들은 그분을 십자가 처형으로 집행했다. 그리고 그 행악자들도. 하나는 우편에, 하는 좌편에.

23:34 ὁ δὲ Ἰησοῦς ἔλεγεν· πάτερ, ἄφες αὐτοῖς, οὐ γὰρ οἴδασιν τί ποιοῦσιν. διαμεριζόμενοι δὲ τὰ ἱμάτια αὐτοῦ ἔβαλον κλήρους.
이제 예수님께서 말씀하셨다. "아버지여! 저들을 용서하소서! 왜냐하면 저들이 모릅니다. 무엇을 하고 있는지." 이제 그분의 옷들을 나누어 가지려고 그들은 제비 던졌다.

23:35 Καὶ εἱστήκει ὁ λαὸς θεωρῶν. ἐξεμυκτήριζον δὲ καὶ οἱ ἄρχοντες λέγοντες· ἄλλους ἔσωσεν, σωσάτω ἑαυτόν, εἰ οὗτός ἐστιν ὁ χριστὸς τοῦ θεοῦ ὁ ἐκλεκτός.
그리고 백성은 서 있었다, 구경하며, 이제 심하게 비웃었다, 지도자들(관원들)도, 말하면서, "그가 다른 이들을 구원했다, 자기 자신을 구원하라(구원해보라!)! 만약 그가 선택된 자, 하나님의 그리스도라면."

23:36 ἐνέπαιξαν δὲ αὐτῷ καὶ οἱ στρατιῶται προσερχόμενοι, ὄξος προσφέροντες αὐτῷ
이제 그분을 조롱했다, 군병들도 나와서, 신 포도주를 그분께 내밀면서.

23:37 καὶ λέγοντες· εἰ σὺ εἶ ὁ βασιλεὺς τῶν Ἰουδαίων, σῶσον σεαυτόν.
그리고 말하기를, "만약 네가 유대인들의 왕이라면, 너 자신(부터) 구원하라!"

23:38 ἦν δὲ καὶ ἐπιγραφὴ ἐπ᾽ αὐτῷ· ὁ βασιλεὺς τῶν Ἰουδαίων οὗτος.
이제 그분 위에 명패도 있었다. 유대인들의 왕, 이 사람.

23:39 Εἷς δὲ τῶν κρεμασθέντων κακούργων ἐβλασφήμει αὐτὸν λέγων· οὐχὶ σὺ εἶ ὁ χριστός; σῶσον σεαυτὸν καὶ ἡμᾶς.
이제 매달린 행악자들 중 하나가 그분께 계속 비방했다, 말하면서, "당신은 그리스도(메시아)가 아니냐? 당신 자신과 우리를 구하라!"

23:40 ἀποκριθεὶς δὲ ὁ ἕτερος ἐπιτιμῶν αὐτῷ ἔφη· οὐδὲ φοβῇ σὺ τὸν θεόν, ὅτι ἐν τῷ αὐτῷ κρίματι εἶ;
이제 다른 이가 그를 꾸중하며 대답으로 말했다. "너는 하나님을 두려워하지 않느냐? 왜냐하면(즉) 같은 심판에 있으면서(같은 심판을 받으면서)!"

23:41 καὶ ἡμεῖς μὲν δικαίως, ἄξια γὰρ ὧν ἐπράξαμεν ἀπολαμβάνομεν· οὗτος δὲ οὐδὲν ἄτοπον ἔπραξεν.
"그리고 우리는 한편, 옳다/정당하다(당연하다), 왜냐하면 합당하기에, 우리가 한 것에, 우리가 받는 것이다. 이제 그분은 아무것도 잘못 행한 것이 없다."

23:42 καὶ ἔλεγεν· Ἰησοῦ, μνήσθητί μου ὅταν ἔλθῃς εἰς τὴν

βασιλείαν σου.
그리고 그가 말했다. "예수님! 저를 기억해주세요! 당신의 나라 안으로 당신이
가실 때."

23:43 καὶ εἶπεν αὐτῷ· ἀμήν σοι λέγω, σήμερον μετ' ἐμοῦ ἔσῃ
ἐν τῷ παραδείσῳ.
그리고 그분께서 그에게 말씀하셨다. "아멘! 너에게 내가 말한다, 오늘, 나와 함
께 있으리라, 그 낙원 안에."

23:44 Καὶ ἦν ἤδη ὡσεὶ ὥρα ἕκτη καὶ σκότος ἐγένετο ἐφ' ὅλην
τὴν γῆν ἕως ὥρας ἐνάτης
그리고 이미 (유대 시간으로) 6시 즈음 되었다, 그리고 어둠이 생겼다, 온 땅 위에,
(유대 시간으로) 9시까지.

23:45 τοῦ ἡλίου ἐκλιπόντος, ἐσχίσθη δὲ τὸ καταπέτασμα τοῦ
ναοῦ μέσον.
그 해(태양)가 어두워지자, 이제 찢어졌다, 성소의 휘장이, 가운데.

23:46 καὶ φωνήσας φωνῇ μεγάλῃ ὁ Ἰησοῦς εἶπεν· πάτερ, εἰς
χεῖράς σου παρατίθεμαι τὸ πνεῦμά μου. τοῦτο δὲ εἰπὼν
ἐξέπνευσεν.
그리고 크게 소리치신 후, 예수님께서 말씀하셨다. "아버지! 당신의 손들에 맡
깁니다, 나의 영을!" 이제 이 말씀을 하신 후에 숨을 거두셨다.

사순절 제46일: 사순절 일곱째 주(고난주간), **토요일**(누가복음 23:50-56)

23:50 Καὶ ἰδοὺ ἀνὴρ ὀνόματι Ἰωσὴφ βουλευτὴς ὑπάρχων [καὶ]
ἀνὴρ ἀγαθὸς καὶ δίκαιος
그리고 보라! 요셉이란 이름의 남자가, (산헤드린) 의원(으로), 있었는데, (그) 남자
는 선하고 의로웠다.

23:51 - οὗτος οὐκ ἦν συγκατατεθειμένος τῇ βουλῇ καὶ τῇ
πράξει αὐτῶν- ἀπὸ Ἀριμαθαίας πόλεως τῶν Ἰουδαίων,
ὃς προσεδέχετο τὴν βασιλείαν τοῦ θεοῦ,
그는 그들(의회)의 결정(뜻)과 실행에 동의하지 않은 사람으로, 유대(인)들의 아
리마대 도시들의 출신, 그는 하나님의 나라를 고대하고 있었다.

23:52 οὗτος προσελθὼν τῷ Πιλάτῳ ᾐτήσατο τὸ σῶμα τοῦ
Ἰησοῦ
그는 빌라도에게 나아가서, 요구했다. 예수님의 그 몸을.

23:53 καὶ καθελὼν ἐνετύλιξεν αὐτὸ σινδόνι καὶ ἔθηκεν αὐτὸν
ἐν μνήματι λαξευτῷ οὗ οὐκ ἦν οὐδεὶς οὔπω κείμενος.
그리고 내려서 그분(몸)을 감쌌다, 린넨(세마포)으로, 그리고 그것을 두었다, 돌
을 파서 (만든) 무덤 안에, 아직 그 누구도 눕힌 적이 없는 그곳에.

23:54   καὶ ἡμέρα ἦν παρασκευῆς καὶ σάββατον ἐπέφωσκεν.
그리고 (그) 날은 준비하는 날이었다. 그리고 안식일이 밝아오고 있었다.

23:55   Κατακολουθήσασαι δὲ αἱ γυναῖκες, αἵτινες ἦσαν συνεληλυθυῖαι ἐκ τῆς Γαλιλαίας αὐτῷ, ἐθεάσαντο τὸ μνημεῖον καὶ ὡς ἐτέθη τὸ σῶμα αὐτοῦ,
이제 그 여자들, 갈릴리로부터 그분과 함께 왔던, 그녀들이 가까이 따라와서, 보았다, 그 무덤과 그분의 몸을, 어떻게 두었는지를.

23:56   ὑποστρέψασαι δὲ ἡτοίμασαν ἀρώματα καὶ μύρα. καὶ τὸ μὲν σάββατον ἡσύχασαν κατὰ τὴν ἐντολήν.
이제 (그녀들은) 돌아가서 준비했다, 향유와 몰약을, 그리고 한편으로 그 안식일에 멈추어 쉬었다, 그 계명(율법)에 따라.

사순절 제47일: 사순절 부활주간, 부활주일(누가복음 24:1-12)

24:1   Τῇ δὲ μιᾷ τῶν σαββάτων ὄρθρου βαθέως ἐπὶ τὸ μνῆμα ἦλθον φέρουσαι ἃ ἡτοίμασαν ἀρώματα.
이제 그 주의 첫 번째 날에, 깊은 아침에, 그 무덤에 그녀들이 갔다, 그녀들이 준비한 향료를 가지고.

24:2   εὗρον δὲ τὸν λίθον ἀποκεκυλισμένον ἀπὸ τοῦ μνημείου,
이제, 그녀들이 발견했다, 굴려서 옮겨진 그 돌을, 그 무덤에서부터.

24:3   εἰσελθοῦσαι δὲ οὐχ εὗρον τὸ σῶμα τοῦ κυρίου Ἰησοῦ.
이제, 들어가 보니, 발견할 수 없었다, 주 예수의 그 몸을.

24:4   καὶ ἐγένετο ἐν τῷ ἀπορεῖσθαι αὐτὰς περὶ τούτου καὶ ἰδοὺ ἄνδρες δύο ἐπέστησαν αὐταῖς ἐν ἐσθῆτι ἀστραπτούσῃ.
그리고(그래서) 그녀들은 당황 속에 있었다, 그런 상황에 대해. 그리고 보라! 두 남자(사람)가 서 있었다, 그녀들에게, 빛나는 옷을 입고서.

24:5   ἐμφόβων δὲ γενομένων αὐτῶν καὶ κλινουσῶν τὰ πρόσωπα εἰς τὴν γῆν εἶπαν πρὸς αὐτάς· τί ζητεῖτε τὸν ζῶντα μετὰ τῶν νεκρῶν;
이제 그녀들은 두려움에 사로잡혀, 얼굴을 땅 위로 기울였다. 그들(천사들)이 그녀들에게 말했다. "어째서 너희는 찾느냐? 산자를 죽은 자들 가운데서?"

24:6   οὐκ ἔστιν ὧδε, ἀλλ᾽ ἠγέρθη. μνήσθητε ὡς ἐλάλησεν ὑμῖν ἔτι ὢν ἐν τῇ Γαλιλαίᾳ
"그분은 여기 계시지 않는다, 오히려 일어나셨다! 너희는 기억하라! 그분께서 너희에게 어떻게 말씀하셨나를, 그분께서 갈릴리에 계실 때에,"

24:7   λέγων τὸν υἱὸν τοῦ ἀνθρώπου ὅτι δεῖ παραδοθῆναι εἰς

χεῖρας ἀνθρώπων ἁμαρτωλῶν καὶ σταυρωθῆναι καὶ τῇ τρίτῃ ἡμέρᾳ ἀναστῆναι.

"말씀하시길, 그 인자가 곧 반드시 넘겨지리라, 죄인들의 손들로, 그리고 십자 가형을 당하리라, 그리고 3일째 날에 다시 일어나리라."

24:8 καὶ ἐμνήσθησαν τῶν ῥημάτων αὐτοῦ.

그리고(그러자) 그녀들이 기억하게 되었다, 그분의 그 하신 말씀들을.

24:9 Καὶ ὑποστρέψασαι ἀπὸ τοῦ μνημείου ἀπήγγειλαν ταῦτα πάντα τοῖς ἕνδεκα καὶ πᾶσιν τοῖς λοιποῖς.

그래서 그 무덤에서부터 돌아가서 알렸다, 이 모든 것들을, 그 11명(제자)과 모든 다른 이들에게.

24:10 ἦσαν δὲ ἡ Μαγδαληνὴ Μαρία καὶ Ἰωάννα καὶ Μαρία ἡ Ἰακώβου καὶ αἱ λοιπαὶ σὺν αὐταῖς. ἔλεγον πρὸς τοὺς ἀποστόλους ταῦτα,

이제 그녀들은 막달라 마리아 그리고 요안나, 그리고 야고보의 마리아, 그리고 그녀들과 함께한 다른 이들이었다. 그녀들은 사도들을 향해 이것을 계속 말했 다.

24:11 καὶ ἐφάνησαν ἐνώπιον αὐτῶν ὡσεὶ λῆρος τὰ ῥήματα ταῦτα, καὶ ἠπίστουν αὐταῖς.

그리고(그러나) 비쳤다, 그들의 앞에, 헛소리처럼, 그러한 발화된 말들이, 그래서 그들은 그녀들을 믿지 않았다.

24:12 Ὁ δὲ Πέτρος ἀναστὰς ἔδραμεν ἐπὶ τὸ μνημεῖον καὶ παρακύψας βλέπει τὰ ὀθόνια μόνα, καὶ ἀπῆλθεν πρὸς ἑαυτὸν θαυμάζων τὸ γεγονός.

이제/하지만, 그 베드로는 일어나서 달려갔다, 그 무덤에, 그리고 들여다보았 다, 린넨(세마포)들만 (있는 것을). 그리고 떠났다, 자신의 (집을) 향해, 그 발생한 일 을 이상히 여기며.

사순절 제48일: 사순절 부활주간, 월요일(누가복음 24:13-35)

24:13 Καὶ ἰδοὺ δύο ἐξ αὐτῶν ἐν αὐτῇ τῇ ἡμέρᾳ ἦσαν πορευόμενοι εἰς κώμην ἀπέχουσαν σταδίους ἑξήκοντα ἀπὸ Ἰερουσαλήμ, ᾗ ὄνομα Ἐμμαοῦς,

그리고 보라! 그들 중의 2명이 바로 그날에 가는 중이었다, 예루살렘으로부터 60스타디온 떨어진 마을로, 그 이름은 엠마오.

24:14 καὶ αὐτοὶ ὡμίλουν πρὸς ἀλλήλους περὶ πάντων τῶν συμβεβηκότων τούτων.

그리고 그들이 동행/대화하였다, 서로서로 (그날) 발생한 일들에 대하여.

24:15 καὶ ἐγένετο ἐν τῷ ὁμιλεῖν αὐτοὺς καὶ συζητεῖν καὶ

αὐτὸς Ἰησοῦς ἐγγίσας συνεπορεύετο αὐτοῖς,

그리고 (이런 일이) 일어났다, 그들이 대화하면서, 논쟁도 하고 있을 때, 바로 예수님께서 가까이 오셔서 그들과 동행하셨던 것이다.

24:16　οἱ δὲ ὀφθαλμοὶ αὐτῶν ἐκρατοῦντο τοῦ μὴ ἐπιγνῶναι αὐτόν.

이제 (하지만) 그들의 눈들이 붙잡혀서(계속 닫혀서) 그분을 제대로 알아보지 못했다.

24:17　εἶπεν δὲ πρὸς αὐτούς· τίνες οἱ λόγοι οὗτοι οὓς ἀντιβάλλετε πρὸς ἀλλήλους περιπατοῦντες; καὶ ἐστάθησαν σκυθρωποί.

이제 그분께서 그들을 향해 말씀하셨다. "무슨 이야기인가? 너희가 서로 주고받는 것들이, 길을 가면서." 그러자 그들이 우울한 표정을 지으며 (멈추어) 섰다.

24:18　ἀποκριθεὶς δὲ εἷς ὀνόματι Κλεοπᾶς εἶπεν πρὸς αὐτόν· σὺ μόνος παροικεῖς Ἰερουσαλὴμ καὶ οὐκ ἔγνως τὰ γενόμενα ἐν αὐτῇ ἐν ταῖς ἡμέραις ταύταις;

이제 대답하기를 한 사람이, 이름은 글로바, 그분께 말했다. "당신은 혼자, 예루살렘 가까이 사는데, 알지 못하는가? 최근에 거기서 일어난 일들을."

24:19　καὶ εἶπεν αὐτοῖς· ποῖα; οἱ δὲ εἶπαν αὐτῷ· τὰ περὶ Ἰησοῦ τοῦ Ναζαρηνοῦ, ὃς ἐγένετο ἀνὴρ προφήτης δυνατὸς ἐν ἔργῳ καὶ λόγῳ ἐναντίον τοῦ θεοῦ καὶ παντὸς τοῦ λαοῦ,

그러자 그분께서 그들에게 말씀하셨다. "무슨 일인가?" 이제 그들이 그분께 말했다. "나사렛 사람 예수에 관한 일들(이다), 그는 능력 있는 선지자이셨다, 일(행동)과 말에서, 하나님 앞에서, 그리고 모든 백성 (앞에서),"

24:20　ὅπως τε παρέδωκαν αὐτὸν οἱ ἀρχιερεῖς καὶ οἱ ἄρχοντες ἡμῶν εἰς κρίμα θανάτου καὶ ἐσταύρωσαν αὐτόν.

"하지만 결국 그분을 넘겨주었다. 그 대제사장들과 그 우리의 지도자들이 사형의 판결로, 그리고 그분을 십자가형에 처했다."

24:21　ἡμεῖς δὲ ἠλπίζομεν ὅτι αὐτός ἐστιν ὁ μέλλων λυτροῦσθαι τὸν Ἰσραήλ· ἀλλά γε καὶ σὺν πᾶσιν τούτοις τρίτην ταύτην ἡμέραν ἄγει ἀφ᾽ οὗ ταῦτα ἐγένετο.

"이제 우리는 소망/기대했다, 곧 그분이 바로 이스라엘을 구속(구원)하실 분(이라고), 그런데 오히려 이 모든 일과 함께(더하여) 이러한 날들이 3일 지났다, 그 일이 일어나고 나서(부터)."

24:22　ἀλλὰ καὶ γυναῖκές τινες ἐξ ἡμῶν ἐξέστησαν ἡμᾶς, γενόμεναι ὀρθριναὶ ἐπὶ τὸ μνημεῖον,

"오히려, 우리 중에서 어떤 여자들이, 우리를 놀라게 했다, (그녀들이) 새벽/이른 아침에 그 무덤에 갔다가 일어난 일로."

24:23   καὶ μὴ εὑροῦσαι τὸ σῶμα αὐτοῦ ἦλθον λέγουσαι καὶ ὀπτασίαν ἀγγέλων ἑωρακέναι, οἳ λέγουσιν αὐτὸν ζῆν.

"그리고 그분의 몸을 발견하지 못하고 왔다, 말하기를, 천사들의 나타냄(현시)도 보았다고, 그녀들은 말한다, 그분이 사셨다고."

24:24   καὶ ἀπῆλθόν τινες τῶν σὺν ἡμῖν ἐπὶ τὸ μνημεῖον καὶ εὗρον οὕτως καθὼς καὶ αἱ γυναῖκες εἶπον, αὐτὸν δὲ οὐκ εἶδον.

"그리고 가보았다, 우리와 함께한 자들 중에서 누군가들이, 그 무덤에, 그리고 발견했다, 그렇게, 그 여자들이 말한 것과 마찬가지로, 이제 그분을 그들이 보지 못했다."

24:25   Καὶ αὐτὸς εἶπεν πρὸς αὐτούς· ὦ ἀνόητοι καὶ βραδεῖς τῇ καρδίᾳ τοῦ πιστεύειν ἐπὶ πᾶσιν οἷς ἐλάλησαν οἱ προφῆται·

그러자 그분께서 그들을 향해 말씀하셨다. "오! 이해하지 못하는 이 어리석은 자들이여! 그리고 믿는 마음이 느린/둔한 자들이여! 선지자들이 말한 모든 것들에 대해."

24:26   οὐχὶ ταῦτα ἔδει παθεῖν τὸν χριστὸν καὶ εἰσελθεῖν εἰς τὴν δόξαν αὐτοῦ;

"그 그리스도/메시아가 이러한 것들을(로) 고난을 반드시 받고 그분의 영광 안으로 들어가는 것이 아니냐?"

24:27   καὶ ἀρξάμενος ἀπὸ Μωϋσέως καὶ ἀπὸ πάντων τῶν προφητῶν διερμήνευσεν αὐτοῖς ἐν πάσαις ταῖς γραφαῖς τὰ περὶ ἑαυτοῦ.

그리고 시작하시며, 모세로부터 그리고 모든 선지자로부터 자세히/철저히 설명하셨다. 그들에게, 모든 성경에 기록된 것 안에서, 자신에 대한 것들을.

24:28   Καὶ ἤγγισαν εἰς τὴν κώμην οὗ ἐπορεύοντο, καὶ αὐτὸς προσεποιήσατο πορρώτερον πορεύεσθαι.

그리고 그들은 가까이 왔다, 그 마을 안으로, 그들이 계속 걸어온 (목적지로). 그리고/그러나 그분은 의도하셨다, 더 앞으로 나아가시려고.

24:29   καὶ παρεβιάσαντο αὐτὸν λέγοντες· μεῖνον μεθ᾽ ἡμῶν, ὅτι πρὸς ἑσπέραν ἐστὶν καὶ κέκλικεν ἤδη ἡ ἡμέρα. καὶ εἰσῆλθεν τοῦ μεῖναι σὺν αὐτοῖς.

그리고(그러자) 그들이 강권했다, 그분에게 말하면서, "우리와 함께 머뭅시다! 왜냐하면 저녁을 향하고 있으며 그날(오늘)이, 이미 기울었다." 그래서 그분은 그들과 함께 머물고자 들어가셨다.

24:30   καὶ ἐγένετο ἐν τῷ κατακλιθῆναι αὐτὸν μετ᾽ αὐτῶν λαβὼν τὸν ἄρτον εὐλόγησεν καὶ κλάσας ἐπεδίδου αὐτοῖς,

그리고 이런 일이 있었다. 그분께서 함께 식사 자세로 누워계실 때, 그 빵을 잡으시고 축복/감사하셨다, 그리고 찢어 그들에게 나눠 주셨다.

24:31 αὐτῶν δὲ διηνοίχθησαν οἱ ὀφθαλμοὶ καὶ ἐπέγνωσαν αὐτόν· καὶ αὐτὸς ἄφαντος ἐγένετο ἀπ᾽ αὐτῶν.

이제 철저히 열렸다, 그들의 눈들이, 그래서 완벽하게 인식/알게 되었다, 그분을. 그리고(그러자) 그분이 안 보이게 되었다, 그들로부터.

24:32 καὶ εἶπαν πρὸς ἀλλήλους· οὐχὶ ἡ καρδία ἡμῶν καιομένη ἦν [ἐν ἡμῖν] ὡς ἐλάλει ἡμῖν ἐν τῇ ὁδῷ, ὡς διήνοιγεν ἡμῖν τὰς γραφάς;

그리고 그들은 서로를 향해 말했다. "우리의 그 마음이 불타지 않았더냐? 그분께서 우리에게 길에서 말씀하실 때, 그분께서 그 성경들을 우리에게 철저하게 열어주실 때."

24:33 Καὶ ἀναστάντες αὐτῇ τῇ ὥρᾳ ὑπέστρεψαν εἰς Ἰερουσαλὴμ καὶ εὗρον ἠθροισμένους τοὺς ἕνδεκα καὶ τοὺς σὺν αὐτοῖς,

그리고 일어나서, 바로 그 시간에, 그들은 예루살렘으로 돌아갔다. 그리고 발견했다. 열하나들(제자들)과 그들과 함께한 자들이 모여져 있었던 것을.

24:34 λέγοντας ὅτι ὄντως ἠγέρθη ὁ κύριος καὶ ὤφθη Σίμωνι.

그 모인 무리가 말하기를, 곧, "정말로 주님께서 일어나셨고, 시몬에게 나타나셨다."

24:35 καὶ αὐτοὶ ἐξηγοῦντο τὰ ἐν τῇ ὁδῷ καὶ ὡς ἐγνώσθη αὐτοῖς ἐν τῇ κλάσει τοῦ ἄρτου.

그리고 그들(그 두 제자들)도 이야기했다/묘사했다/알려주었다, 길에서 있었던 것들을, 그리고 어떻게 그들에게 그분이 알려지셨는지를, 그 빵의 나누심으로.

사순절 제49일: 사순절 부활주간, 화요일(누가복음 24:36-53)

24:36 Ταῦτα δὲ αὐτῶν λαλούντων αὐτὸς ἔστη ἐν μέσῳ αὐτῶν καὶ λέγει αὐτοῖς· εἰρήνη ὑμῖν.

이제 그들이 이런 것을 말하고 있을 때, 그분께서 그들 가운데 서셨다(나타나셨다). 그리고 말씀하신다, 그들에게, "평화가 너희에게!"

24:37 πτοηθέντες δὲ καὶ ἔμφοβοι γενόμενοι ἐδόκουν πνεῦμα θεωρεῖν.

이제 깜짝 놀라고 두려워하게 되어서, 그들은 생각했다, 영을 보고 있다고.

24:38 καὶ εἶπεν αὐτοῖς· τί τεταραγμένοι ἐστὲ καὶ διὰ τί διαλογισμοὶ ἀναβαίνουσιν ἐν τῇ καρδίᾳ ὑμῶν;

그리고(그러자) 그분께서 그들에게 말씀하셨다. "어째서 너희는 그렇게 동요하느냐? 그리고 그 어떤 의심들을 너희는 일으키느냐? 너희의 마음 안에서."

24:39　ἴδετε τὰς χεῖράς μου καὶ τοὺς πόδας μου ὅτι ἐγώ εἰμι αὐτός· ψηλαφήσατέ με καὶ ἴδετε, ὅτι πνεῦμα σάρκα καὶ ὀστέα οὐκ ἔχει καθὼς ἐμὲ θεωρεῖτε ἔχοντα.

"너희는 보아라(알아라)! 나의 손들과 나의 발들을, 곧/그래서 내가 바로 그라는 것을. 너희는 만져보라, 나를. 그래서 보라(알라)! 곧 영은 살과 뼈를 가지고 있지 않다, (하지만) 너희가 보는 것처럼 나는 가지고 있는 상태다."

24:40　καὶ τοῦτο εἰπὼν ἔδειξεν αὐτοῖς τὰς χεῖρας καὶ τοὺς πόδας.

그리고 이러한 말씀을 하시며, 보여주셨다, 그들에게 손들과 발들을.

24:41　ἔτι δὲ ἀπιστούντων αὐτῶν ἀπὸ τῆς χαρᾶς καὶ θαυμαζόντων εἶπεν αὐτοῖς· ἔχετέ τι βρώσιμον ἐνθάδε;

이제 아직/여전히, 그들은 믿지 못하며, 그 기쁨으로 인해, 그리고 놀라고 있으니, 그분이 말씀하셨다. 그들에게, "너희가 가지고 있느냐? 어떤 먹을 것을, 여기에."

24:42　οἱ δὲ ἐπέδωκαν αὐτῷ ἰχθύος ὀπτοῦ μέρος·

이제 그들이 내어드렸다, 그분께, 요리된(구운) 생선 부분/한 조각(토막)을.

24:43　καὶ λαβὼν ἐνώπιον αὐτῶν ἔφαγεν.

그리고 받으신 후, 그들 앞에서, 그분은 드셨다.

24:44　Εἶπεν δὲ πρὸς αὐτούς· οὗτοι οἱ λόγοι μου οὓς ἐλάλησα πρὸς ὑμᾶς ἔτι ὢν σὺν ὑμῖν, ὅτι δεῖ πληρωθῆναι πάντα τὰ γεγραμμένα ἐν τῷ νόμῳ Μωϋσέως καὶ τοῖς προφήταις καὶ ψαλμοῖς περὶ ἐμοῦ.

이제 그분께서 그들을 향해 말씀하셨다. "이것들이 나의 말들이다, 내가 너희에게 말했던 것들, 너희들과 함께 있었을 때, 곧 반드시 성취되어야만 한다고 (말했던) 모든 것, 모세의 율법과 선지자들과 시편에서 나에 대해 기록된 모든 것."

24:45　τότε διήνοιξεν αὐτῶν τὸν νοῦν τοῦ συνιέναι τὰς γραφάς·

그때, 그분은 철저히 여셨다, 그들의 그 마음을. 그 성경을 깨닫게 하심으로.

24:46　καὶ εἶπεν αὐτοῖς ὅτι οὕτως γέγραπται παθεῖν τὸν χριστὸν καὶ ἀναστῆναι ἐκ νεκρῶν τῇ τρίτῃ ἡμέρᾳ,

그리고 말씀하셨다, 그들에게 곧, "이처럼 기록되었다, 그리스도/메시아가 고난받고, 죽은 자들로부터 일어나는 것을, 3번째 날에."

24:47　καὶ κηρυχθῆναι ἐπὶ τῷ ὀνόματι αὐτοῦ μετάνοιαν εἰς ἄφεσιν ἁμαρτιῶν εἰς πάντα τὰ ἔθνη. ἀρξάμενοι ἀπὸ Ἰερουσαλὴμ

"그리고 전파될 것을, 그의 이름으로 회개를(가) 죄를 해결/용서하는, 모든 민족에게, 예루살렘에서부터 시작해서."

24:48 ὑμεῖς μάρτυρες τούτων.

"너희는 이 일들의 증인들(이다)."

24:49 καὶ [ἰδοὺ] ἐγὼ ἀποστέλλω τὴν ἐπαγγελίαν τοῦ πατρός μου ἐφ᾽ ὑμᾶς· ὑμεῖς δὲ καθίσατε ἐν τῇ πόλει ἕως οὗ ἐνδύσησθε ἐξ ὕψους δύναμιν.

"그리고 (보라) 내가 보낼 것이다, 내 아버지의 약속을/약속하신 것을 너희 위에, 이제 너희는 앉아라/머물러라! 이 도시 안에, 너희가 입혀질 때까지 위로/높은 능력으로부터(인해)."

24:50 Ἐξήγαγεν δὲ αὐτοὺς [ἔξω] ἕως πρὸς Βηθανίαν, καὶ ἐπάρας τὰς χεῖρας αὐτοῦ εὐλόγησεν αὐτούς.

이제 끌고 나가셨다, 그들을, 밖으로, 베다니로 향하는 데까지, 그리고 그의 손들을 올리신 후에, 축복/축사하셨다, 그들을.

24:51 καὶ ἐγένετο ἐν τῷ εὐλογεῖν αὐτὸν αὐτοὺς διέστη ἀπ᾽ αὐτῶν καὶ ἀνεφέρετο εἰς τὸν οὐρανόν.

그리고 (이런 일이) 있었다, 그분께서 그들을 축복하실 때/하시는 동안, 그분께서 떠나셨다, 그들로부터, 그리고 올리워지셨다, 하늘로/하늘을 향하여.

24:52 Καὶ αὐτοὶ προσκυνήσαντες αὐτὸν ὑπέστρεψαν εἰς Ἰερουσαλὴμ μετὰ χαρᾶς μεγάλης

그리고 그들이 그분께 경배한 후에, 돌아갔다, 예루살렘으로, 큰 기쁨과 함께 (기뻐하면서).

24:53 καὶ ἦσαν διὰ παντὸς ἐν τῷ ἱερῷ εὐλογοῦντες τὸν θεόν.

그리고 그들은 있었다, 항상(정기적으로) 성전 안에서, 하나님을 찬양하면서.